KB123424

# 심원 김형효의
# 철학적 사유와 삶

## 해체적 사유와 마음혁명

# 심원 김형효의
# 철학적 사유와 삶

## 해체적 사유와 마음혁명

심원사상연구회 편

보고사
BOGOSA

上 심원 김형효 선생님 카페에서

下 심원 김형효 선생님(《주간한국 제공》)

심원 육필 원고

# 간행사

이 문집은 추모이자 입문입니다.

전쟁 이후 한국 철학의 2세대로 동서와 고금을 종횡하며, 25권의 방대한 철학 저술을 남긴 심원 김형효(1940~2018)의 철학 세계로 독자들을 초대합니다.

1부는 그의 철학을 리뷰한 젊은 학자 11편의 발제를 묶었고, 2부는 제자와 도반·동료 교수들이 더듬은 기억들이며, 3부는 당신이 스스로 술회한 철학적 사유의 여정입니다.

눈에 띄는 오탈자 외에는 보내주신 원고 그대로입니다. 맞춤법이나 통일성보다 개성과 분방함을 존중했으니, 그게 선생의 뜻에도 부합한 듯해서입니다. 다만 책과 논문은 꺽쇠로 통일했습니다.

권두의 격려를 기꺼이 감당해주신 혜거스님, 선생의 일생을 느꺼운 시로 읊어주신 행촌 이동준 교수님, 감사합니다.

옛 인연을 잊지 않고 글을 써 주신 분들, 그리고 기왕의 발제를 다듬어주신 분들께 고마운 인사를 전합니다.

돌아가신지 벌써 5년, 선생의 아호 그대로, 깊은 사유와 품격, 따스한 염려가, 잊히지 않고 세상에 빛으로 전해질 수 있기를 희망합니다.

2022년 12월
간행 편집위를 대표하여
한형조 근서

# 심원거사 문집 간행에 즈음하여

혜거스님
(금강선원)


   어느덧 숱한 세월 지난 그 어느 날, 선원에서 강의 후 담화 중에 거사에게 아호 심원(心遠)에 담긴 뜻이 무엇인가를 물었으나, 거사는 그저 말없이 미소로 답하였다. 물론 그 당시 거사의 깊은 의중을 모두 가늠할 길은 없었지만, 그래도 대충은 그런 뜻이려니 생각하였다.

   오늘날 거사의 문집을 간행한다는 소식을 접하면서 거사의 학덕을 다시 살펴보니 대학의 강단은 물론 사회활동 또한 적지 않은 가운데 1976년으로부터 2010년까지 34년 사이에 출간된 단행본만도 25책이다. 그 밖의 논저 또한 이루 헤아릴 수 없다. 이를 바라보면서 거사의 아호에 걸맞은 원대한 심중을 일말이나마 가늠할 수 있었다. 이처럼 오롯한 학문의 정진에 그 원대한 마음을 싣고 살아오셨음을 알았다.

   그러나 그보다 더 큰 감명을 받은 바 있다. 2006년 간행된 원효의 대승철학은 금강선원의 기신론과 유식론 강의를 참청(參聽)한 인연으로 이뤄졌다는 거사의 겸허한 말씀이 바로 그것이다. 훌륭한 양의(良醫)의 눈에는 모든 풀이 다 약재이듯이, 마치 어느 일정한 스승이 없이 모든 이를 스승으로 삼는 공자의 무상사(無常師)처럼 큰 지혜를 지닌 이는 심지어 초동목수(樵童牧叟)의 말까지 버리지 않은 것처럼 거사의 학문은 이와 같이 모든 이를 스승을 삼은 데, 그 아호의 깊은 뜻이 담겨있다.

금강선원에서의 천학비재(淺學菲才)한 나의 강의마저 가벼이 버리지 않고 이를 통해 원효의 대승철학을 성취했다는 말씀이야 남들의 선을 칭찬하기 좋아하는 호선(好善) 군자의 품행일 뿐 아니라, 부귀를 누리면서 교만하지 않기보다 더 어려운 것은 고매한 학문을 소유하고서도 아상(我相)과 주견(主見)에 빠지지 않는 일이다. 거사의 원대한 마음은 바로 타고난 총명예지의 바탕에다가 이처럼 겸겸군자(謙謙君子)의 홍량(洪量)으로 모든 것을 받아들이는 대지(大智)에 심원(心遠)이라는 아호의 깊은 뜻을 담고 있다 할 것이다. 원대한 마음의 큰 지혜는 곧 남의 지혜를 하나하나 모아서 자신의 큰 지혜를 성취하는 데에 있다. 이것이 바로 거사가 지향한 원대한 마음이자 거사의 인생관이다.

거사가 떠나신 지, 반십년(半十年)에 이른 오늘날, 거사의 유지를 따라 끊임없이 학문을 탁마하고 존모(尊慕)의 모임을 지속하면서 방대한 문집을 간행한다 하니 참으로 경하하고 찬탄할 일이다. 그 훌륭한 스승에 훌륭한 제자로 학맥을 서로 전수[相傳]하는 일은, 위로 선사를 계승하여 후학을 열어주는 것으로, 오히려 현실정치에 참여한 일시의 공훈보다 천추에 길이 학술을 천명한 공로를 더 높이 사는 것이다. 이 문집의 간행에는 이런 의미를 담아 거사의 아호에 걸맞은 원대한 마음과 정신을 밝혀주는 것이라 하겠다.

그러나 거사의 문집을 보면서 거사의 마음이 쓰인 곳[用意處]을 알지 못한다면 그것은 피모(皮毛)만을 보는 것일 뿐, 골수를 고척(刳剔)하지 못한 것이다. 거사의 문집은 육안으로 볼 수 있는 그런 문장이 아니다. 따라서 바른 안목의 정법안장(正法眼藏)으로 대해야 할 것이다. 거사의 문집을 통하여 이를 마주하는 후학이 바른 마음으로 거사의 마음과 하나가 되었을 적에 이심전심(以心傳心)의 원대한 철학이 그 어디에 있는가를 깨달으리라고 믿어 의심치 않는다. 거사의 아호에는 이처럼 자신의 생전에 국한하지 않고 자기의 일신에 한계 짓지 않고 피아와 주객이 하나로 만나는 세계를 꿈꾸면서 원대한 마음을 아호에 실었으리라 믿는다.

끝으로 고명사의(顧名思義) 견명지인(見名知人)이라 한다. 그 아호에 담긴 의의를 생각하면서 한 생애 정진으로 살아오신 거사, 그 아호의 담긴 뜻을 보면 그 인품을 알 수 있도록 성취한 분이 바로 거사를 두고 하는 말이다. 지난날 그 말이 없는 미소에 담긴 뜻이 정녕 이런 예지의 세계가 아니었을까?

# 추모시: 이천(里泉)이여 심원(心遠)이여

진리와 한 몸 되어 그 품에 안겼도다

**행촌(杏邨) 이동준**
(성균관대학교 명예교수, 한국사상연구원 원장)

## 전 육음(前 六吟)

동아대륙 가슴팍에 오똑한 젖샘터에
이천년대 마중하며 태평시대 열릴 때에
하늘이 이 강산으로 哲人을 내리셨네

천진무구 그 소년은 꿈꾼 바가 달랐다네
《思想界》를 탐독하여 '배움의 뜻' 다졌도다
初發心이 곧 正覺이라 평생의 뜻 一以貫之

그 여린 심성으로 그 무서운 철학과로
큰 스승 모시고서 불철주야 배움 정진
勇往邁進 鵬程萬里로 천신만고 석사박사

논문을 작성하여 정성껏 드렸더니
지도교수 그걸 보고 휙 집어 던졌다며
어허 무안 실망낙담 이걸 어쩜 좋단말가

정성껏 다시 써서 가져다 바쳤더니
이게 또 웬일인가 개교 이래 최고라니!
에헤야 디야 이 세상에 이런 일도 있다더냐

육년 세월 금의환향 군대복귀 공사교수
어젠 밖으로 나가고 이젠 안으로 들어와
안팎을 골고루 갖춘 발판을 굳혔도다


# 후 육음(後 六吟)

한국철학 간사되고 서강에 몸부치고
동방사상 한국철학 집중하여 탐구하고
동서고금 博文約禮로 遠心求心 아우르네

하지만 書齋요 舍廊은 雲中庵 둥지였네
이 나라 정신문화 본산이 아닐런가
철인의 탄생 기다려 준비된 요람이 아닐런가

한없이 열려있는 無碍自在 자유인으로
현상학 해석학 구조주의 해체주의 꿰뚫어 보고
지긋이 儒佛道基 두루 몰입하였도다

겸허하되 용감하고 범속하되 고결했네
세상 온갖 학문들은 자기성숙 거름일레
제 동포 온 누리 백성 모두 다 사랑했네

처음에 부친 호는 里泉이라 하였다오
만년에는 心遠이라 즐겨서 부르셨죠
오호라 그윽하도다 정겨운 이름이여

어느 땐 카 메이트 운중에서 잠실사이
퇴근 길 함께하며 고담준론 제껴놓고
꼼장어에 소주 몇 잔을 아직 생각하시나요

# 붙임 육음(六吟)

영혼의 등대여 스승이여 멘토여
冽巖 박선생이여 怡堂 안선생이여
오호 道原 류선생이여 街京 조선생이여

성실이여 존재여 마르셀의 여정이여
동덴느 교수여 베르그송이여 메를로-뽕띠여
하이데거여 레비스트로스여 그리고 또 데리다여

원효 不羈여 牧牛子 지눌이여 惻隱之心 이퇴계여
洞見大原 이율곡이여 事親事天 정다산이여
심학이며 물학이라오 그리고 또 실학이라오

언젠가 짚차 몰고 정글에 들었다가
이내 탈출 本然으로 철인의 길 일로매진
오호라 한없이 넓고 큰 배움의 바다여

반복강의 하지 않고 지식전달도 아니었네
늘 새로운 연구노트 그게 바로 수업인걸
샘솟는 말씀 나눔이 새 책되어 풍성하이

평생 반려 김여사여 義와 烈의 맺음이여
보람 미루 두 아들과 繼志述事 손주들아
雲中同門 제생들이여 씨앗 열매 거두오리

2022. 12.
杏邨 이동준 씀

# 차례

## 3부 _ 심원 자술(自述): 내 사유의 종착지

## 부록: 심원 김형효 연보 및 저술 목록

# 1부
—

## 심원의 철학을 말한다

# 무(無)에로의 여정(旅程)

## 구체철학에서 마음혁명까지

**최진덕**
(한국학중앙연구원 명예교수)

## 1. 이상을 버리고 현실로, 현실의 깊이 속으로

40여 년 전 70년대 중반, 서강대 사학과에 다니던 나는 역사학 교수님들의 너무나 뻔한 인간세상 이야기에 싫증이 나서 역사 저 넘어 형이상학적 초월의 세계를 동경하며 시인을 꿈꾸고 있었다. 사회 부적응에서 오는 외로움 속에서 철학과 문학과 신학에 관심을 가지고 있던 20대 초반의 나에게 김형효 선생님의 철학 강의는 "아, 바로 그거야"라는 깨달음을 일깨워주는 지성의 향연이었다. 처음 들어보는 낯선 프랑스 철학자들의 말은 참으로 매력적이었다.

형이상학과 시에 대한 나의 동경이 선생님의 철학과 무슨 관련이 있었는지 잘 모르겠다. 당시 선생님은 이 땅의 현실과 괴리된 강단 철학자들의 이상주의(관념론)를 통렬하게 비판하면서 구체철학(具體哲學)을 제창하고 있었다. 하지만 나는 20대 내내 역사는 폭력이고 인생은 고해라 느끼고 있었다. 나의 염세주의적 성향이 결국 불교에 대한 관심으로 이어지고 급기야는 출가를 꿈꾸는 지경에 이르기도 했다. 그런데도 역사현실을 떠나지 않는 선생님의 구체철학이 나에게 매력적으로 들렸다.

선생님이 박정희와 새마을운동을 지지하여 학생들의 반발을 샀을 때, 나는 정치에 아무 관심도 없는 편이었는데도, 무턱대고 선생님이 옳다고 느꼈다. 정치문제로 다른 학생들과 논쟁이 붙으면 정치에 대해 아는 게 별로 없었으니 판판이 깨어질 수밖에 없었다. 그런데도 나는 선생님의 입장을 끝까지 옹호했다. 선생님의 구체철학이 어떤 것인지 명료하게 알고 있는 것도 아니었다. 20대의 내가 가지고 있었던 탈속적 관심과 선생님의 구체철학 사이엔 연속성보다는 불연속성이 더 컸던 것 같다.

선생님은 늘 미리 써가지고 온 강의노트를 읽으면서 강의를 진행했다. 학생들은 선생님의 말을 받아 적기에 바빴다. 선생님은 평생 포르레중(Vorlesung) 식의 강의를 고집했다. 나는 항상 선생님의 강의가 늘 귀에 쏙쏙 들어오는 느낌이었다. 그러나 어떤 철학과 학생은 선생님의 강의를 이해할 수 없다고 불평했다. 그 학생은 논리적 훈련이 잘 되어 있는 편이었다. 반면 나는 논리학 강의를 들어본 적조차 없었다. 시를 좋아해서 "아메바에서 시인까지"라는 말을 읊조리고 살았으니 논리학에 대해서는 경멸하는 편이었다. 선생님의 강의를 잘 이해하지 못하겠다는 그 학생에 대해 나는 마음속으로 세계와 인간을 보는 안목이 형편없는 놈이라 여겼다.

그러나 중간시험이나 기말시험에 대비하여 공부할 때가 되면 문득 그 학생의 불평이 생각났다. 선생님의 강의를 받아 적은 노트를 꼼꼼하게 읽으면서 선생님의 생각을 하나하나 정리하려다 보면 논리 정연하지 않다는 느낌을 받을 때가 많았다. 나는 논리학을 좋아하지 않았음에도 답안지를 잘 쓰기 위해 어쩔 수 없이 논리적 사유를 선호했던 것인지도 모른다. 잘 정리가 안 되었던 것은 선생님이 동서고금 해박한 지식을 바탕으로 과감하게 상상력을 발휘하는 경우가 많은 탓은 아니었다. 선생님의 철학적 사유 깊숙한 곳에는 언제나 논리적으로 잘 정리되지 않는 무엇이 있었다.

교수가 된 다음 나는 여러 차례에 걸쳐 선생님의 저술에 대해 서평을 한 적이 있다. 내가 나선 것은 아무도 서평을 해주지 않았기 때문인데, 서평을 쓸 때마다 선생님의 철학적 사유를 일목요연하게 정리하기가 쉽지 않았던 기억이 생생하다. 선생님의 의도는 분명하게 알 수 있다고 생각되는데도 막상 글로 쓰려 하면 참 힘들었다. 1주기를 기념하는 학술회의를 위해 선생님의 철학적 사유를 정리해야 하는 지금, 나는 다시금 대학시절 이래의 그 곤혹스러움을 상기하게 된다.

왜 늘 곤혹스러워 할 수밖에 없는 것일까. 그것은 선생님이 평생 논리학의 모순율을 어기면서 사유해왔기 때문이 아닐까 생각된다. 그러면 선생님은 왜 논리학의 기본 원칙을 무시하면서 사유해야 했을까. 그것은 선생님이 철학적 사유를 시작할 때부터 생성 변화하는 현실의 세계를 잠시도 떠나지 않고 그 현실의 세계를 있는 그대로 직시하고자 했기 때문이 아닐까 생각된다.

서양의 논리학은 문법학과 밀접한 관련이 있다. 서양언어의 문법학에서는 명사는 주어가 되고, 동사와 형용사와 부사 등은 명사를 꾸미는 술어가 된다. 명사 중심, 주어 중심의 문법학이 논리학을 지배하게 되면 실체 중심, 자아 중심의 형이상학을 낳고, 이런 형이상학은 선과 악을 분명하게 나누는 윤리학과 불가분한 관계를 맺게 된다. 그리하여 논리학은 변화하는 현실 너머에 불변의 실체나 불변의 자아를 만들고 불변의 선을 만드는 이상주의적 사유의 경향을 낳는다.

서로 다른 사물들이 영향을 주고받으면서 경계선이 애매한 가운데 잠시도 쉬지 않고 흘러가는 현실의 세계를 있는 그대로 직관하려면 논리학을 버리고 시인이 되어야 하는지도 모른다. 실제로 선생님의 철학적 사유는, 불변의 이상에 관심을 갖더라도 변화하는 현실과의 관련성을 떠나지 않았기 때문에, 철학자와 시인의 경계선을 애매하게 넘나들었다. 30대 젊은 시절 선생님이 강단 철학자들의 이상주의를 논박하면서 제창하던 구체철학의 핵심 테제는 "이상과 현실의 양가적 묘합(兩價的 妙合)"이었다. 이 테제는 이미 논리학의 기본 원칙을 위반하면서 시에 근접하고 있었다.

선생님의 철학적 사유는 나이가 들수록 불변의 이상으로부터 멀어져가면서 변화하는 현실 속으로 깊이깊이 침잠했다. 현실 속으로 깊이깊이 침잠할수록 이상의 부재, 실체의 부재, 자아의 부재가 분명해졌다. 있는 것은 오직 변화뿐이었다. 서로 다른 사물들이 차연의 관계로, 다시 말해, 서로 다르면서도 다르지 아니한 애매한 관계로, 서로 영향을 주고받으면서 흘러가고 있을 뿐이었다. 불변의 영원한 것은 어디에도 없다. 모든 것은 없다가 있게 되고 있다가 없게 된다. 이 우주의 현실은 없음(無)과 있음(有)의 순환 외에 다른 것이 아니다.

50대 이후 선생님의 후기철학의 한복판에 자리 잡고 있는 무(無)는 우선 이상의 부재, 실체의 부재, 자아의 부재, 인간의 부재를 의미했다. 하지만 무는 어떤 것의 부재로 그치지 않았다. 무는 궁극적으로는 존재하는 모든 것, 삼라만상의 뿌리이기도 했다. 선생님은 모든 유를 자신 속에 포함하고 있는 그 무를 우리의 마음속 본성 혹은 불성(佛性)으로 이해하기도 했다. 이와 함께 젊은 시절 한때 가슴속에 품었던 이상을 송두리째 날려 보내버렸다. 선생님의 철학적 사유의 여정은 "이상과 현실의 양가적 묘합"에서 시작하여 모든 이상을 날려 보내고 현실만 남기는 쪽으로 나아가 마침내 현실의 가장 깊은 뿌리인 무에 이르렀다.

만년의 선생님은 언어와 논리적 사유를 통해서가 아니라 기도와 명상을 통해 무를 체득하고자 했다. 선생님은 더 이상 철학자가 아니었을 뿐만 아니라 시인도 아니었다. 철학자와 시인은 말을 떠나면 존립 불가능한데, 기도와 명상은 철학자의 논리적 언어와 시인의 시적 언어를 다 넘어선 곳에 있었다. 만년의 선생님은 불교신자로 일관했다. 불자로서 선생님은 마음속 깊은 곳의 본성 혹은 불성의 존재론적 욕망을 회복코자 하는 한편, 세속을 만들어가는 본능의 소유론적 욕망을 어떻게 처리할지 고심했다.

선생님은 도덕적 이상주의란 타인을 정신적으로 지배하려는 불모의 권력의지에 불과한 것으로 보았다. 도덕적 이상으로는 인간의 무의식에 뿌리박은 자아중심적 소유욕을 잠재울 수 없다는 것이 선생님의 지론이었다. 하지만 선생님은 소유론적 욕망을 충족시키기 위한 과학기술과 경제적 실용주의에는 찬성이었다. 선생님은 실리를 중시했다. 선생님은 정신적으로도 풍요롭고 물질적으로도 풍요로운 나라를 기대했다. 문제는 소유론적 욕망이 야기하는 사회적 문제였지만 도덕윤리는 해결책일 수 없다고 보았다. 도덕윤리의 연장선상에 사회주의가 있다. 선생님은 사회주의에 평생토록 반대했고 사회주의에 대한 반대는 도덕윤리에 대한 반대로 이어졌다. 선생님에게 마르크스주의는 근본적으로 도덕주의의 다른 말에 지나지 않았다. 사회주의에 대한 반감이 도덕적 이상주의에 대한 반감을 낳으면서 선생님의 모든 철학적 사유가 그렇게 방향지워졌는지도 모른다.

정신적 풍요를 가져오는 존재론적 욕망과 물질적 풍요를 가져오는 소유론적 욕망 사이에는 괴리가 있다. 본성과 본능, 존재와 소유의 이분법은 선생님의 만년의 두꺼운 저서들(『물학 심학 실학』, 『철학적 사유와 진리』) 속에서 늘 고민거리였다. 본능의 소유론적 욕망을 본성의 존재론적 욕망으로 바꾸자는 것이 선생님이 주창한 "마음혁명"의 요체였다.(『마음혁명』) 도덕은 소유론적 욕망에도 없고 존재론적 욕망에도 없는 허구에 불과했다. 하지만 본성과 본능, 존재와 소유의 이분법에는 선생님이 그토록 극복하고자 했던 선악의 이분법이 그림자처럼 따라다녔다. 현실의 깊이 속으로 몰입하면서 지워버린 이상이 현실 속에 다른 이름으로 재등장하는 것 같기도 했다.

나는 선생님에게 자주 질문을 던졌다. 어떻게 소유론적 욕망을 존재론적 욕망으로 바꿀 수 있는가? 어떻게 존재론적 욕망의 충족이 소유론적 욕망의 충족까지 가능하게 해주는가? 무로부터 어떻게 유가 출현할 수 있는가? 선생님은 질문할 때마다 존재와 소유, 본성과 본능이 서로 다르지만 별개의 것들일 수는 없다고 친절하게 설명해주었다. 하지만 선생님의 설명은 만족스럽지 않았다. 존재와 소유, 본성과 본능이 서로 다르다고 한다면 양자 사이에는 괴리가 있을 수밖에 없고 이분법은 극복될 수가 없는 것 아닌가? 하지만 모든 문제를 의문의 여지없이 다 설명해주는 만족스러운 철학은 세상 어디에도 없을지 모른다.

동서고금 모든 철학은 자신 속에 균열을 안고 있고 이것은 인간 사유의 운명일 수밖에 없다. 왜냐하면 인간은 영원히 봉합될 수 없는 균열 속에서만 존재할 수 있기 때문이다. 균열은 사유의 정직성의 표현일지도 모른다. 다른 한편, 나는 선생님이 인간의 소유욕을 있는 그대로 긍정하기를 주저하는 데에 괴리의 원인이 있지 않나 생각하기도 했다. 내가 보기에 "세상이 이래선 안 된다"는 비판의식이 찌꺼기처럼 만년의 선생님의 의식 속에 사라지지 않고 남아있었다. 이상주의의 희미한 잔재였다. 하지만 최만년 치매로 진입하기 직전 선생님은 이 잔재마저 깨끗이 치워버렸다. 선생님의 마음은 철학적 사유의 한계를 넘어 무사유 혹은 무심(無心)의 경지로 나아가고 있었다.

최만년의 선생님에겐 모든 것이 좋았다. 선생님은 "철학은 필요 없어, 그냥 본능대로 즐겁게 살면 된다"는 말을 자주 했다. 선생님의 후기 철학적 사유를 근본에서부터 괴롭히던 본성과 본능, 존재와 소유의 이분법이 사라지는 순간이었다. 그때 니체야말로 가장 원더풀한 철학자라고 선생님은 말했다. 선생님은 자신이 도달했던 최후의 경지를 정식으로 글로 쓴 적이 없었던 것으로 나는 기억한다. 그리고 2013년 치매가 본격화되었다. 치매 상태의 선생님이 보여준 해탈한 듯한 그 미소는 선생님이 도달한 무심의 경지를 암시하는 것이 아닐까 생각된다.


## 2. 30대의 구체철학과 40대의 정치참여

선생님은 1940년생이다. 선생님이 태어난 20세기는 서양근대문명의 압도적 우위 속에서 동서양의 전면적 교류가 이루어지고 하나의 지구촌이 등장한 인류문명사의 전환기였다. 20세기는 또한 우리 민족이 커다란 비참과 커다란 영광을 함께 맛보았던 한국사 최대의 격동기이기도 했다. 선생님의 철학적 사유는 동서양의 전면적 교류, 식민지와 분단, 전쟁과 빈곤으로 얼룩진 이 땅의 비극, 그리고 그 비극의 극복과정과 분리되지 않는다.

선생님은 공허한 추상적 관념의 유희를 즐긴 적은 없었다. 선생님의 모든 철학적 사유는 동서문명 교류의 가장 심오한 표현 가운데 하나이고, 비극으로 점철된 가난한 약소국가에서 태어난 한 철학자의 고뇌와 희망, 좌절과 극복의 표현이었다고 볼 수 있다. 그렇다고 해서 선생님의 철학적 사유가 늘 시공의 조건에 의해 구속을 받았던 것은 아니었다. 선생님은 시공의 조건 속에 있으면서 그런 조건을 넘어 가장 오래된 동시에 가장 새로운 진리, 가장 서양적인 동시에 가장 동양적인 진리를 향한 사유의 편력을 멈추지 않았다. 하지만 편력의 여정 어디서나 선생님은 시공의 조건을 도외시하지 않았고 또한 자신의 조국에 대한 염려를 단 한 번도 놓은 적이 없었다.

선생님은 억센 항구도시이면서도 시인과 예술가가 유별나게 많았던 마산에서 청소년기를 보냈다. 중학교 시절 슈베르트의 미완성교향곡을 듣고 눈물을 흘렸다는 얘기를 선생님으로부터 들은 적이 있다. 이같은 예술가적 기질은 선생님의 철학적 사유에 큰 영향을 주었을 것이다. 뒷날 가브리엘 마르셀이나 메를로-뽕띠의 부드러운 철학에게 매료되고, 평생토록 탈속적인 관심을 늘 지녔던 것은 선생님의 그런 기질 덕분이 아닐까 생각된다. 그러나 다른 한편, 선생님은 고등학교 때 박종홍의 『철학개론』을 읽고 서울대 철학과로 진학하기로 결심한다. 선생님은 대학 시절 박종홍 선생님으로부터 한국의 철학적 전통에 대한 관심과 함께 조국의 아픈 현실을 진정으로 아파하는 나라사랑의 마음을 배웠다.

예술가적 기질과 함께 애국자적 기질을 동시에 지니고 있었지만 4.19를 전후한 시기 대학 시절의 선생님은 정치참여와는 담을 쌓고 오직 공부밖에 모르는 철학도였다. 그러나 1962년 벨기에 루벵대학으로 유학을 떠나 가브리엘 마르셀 연구로 박사학위를 받고 1968년 귀국한 다음, 30대의 선생님은 많은 논문과 시론 및 강의를 통해 이 땅의 현실에 뿌리박은 구체철학을 제창하여, 고답적 관념론에 빠져있던 우리 철학계와 흑백논리가 횡행하던 우리 지식인 사회에 새바람을 불러일으켰다.(『평화를 위한 철학』(1976), 『현실에의 철학적 접근』(1976), 『韓國思想散考』(1976) 참조.)

구체적 현실보다 추상적 이상을 더 중시하다 보면 흑백논리에 빠져 열광주의(fanaticism)의 광기를 낳을 수 있다. 선생님은 평생토록 열광주의의 광기를 싫어했다. 구체철학은 우리가 그 안에서 살 수밖에 없는 복잡다단한 현실을 직시하면서 "이상과 현실의 양가적 묘합"을 요구했지만 강조점은 늘 감각의 원초적 경험을 통해 파악되는 현실에 두어져 있었다. 그리하여 선생님은 조선조 이래 어디선가 빌려온 허울 좋은 명분에 사로잡혀 걸핏하면 자기 나라의 생존 현실을 도외시하던 이 땅의 수많은 이상주의적 지식인들과는 다른 길로 가게 된다.

선생님은 "고난의 현실 속에서 과연 미래를 위하여 철학자는 선구적으로 어떻게 하여야 하는가?"(『현실에의 철학적 접근』, p.39)라고 진지하게 물었다. 선생님은 몸을 가진 인간에겐 소유의 욕망 즉 인욕(人欲)이 불가피함을 역설했다. "소유는 관념(이상)이 주는 진리의 이름으로 무시되어야 할 것이 아니라 이 세계가 우리에게 주는 가장 바람직한 창조의 하나이다. … 소유의 세계를 도외시하는 것은 본질적으로 배고픔과 목마름과 잘 살고 싶다는 인간의 성실성을 무시하는 것이며 또 인간의 존엄성은 정신의 상아탑 속에 있다는 관념론자(이상주의자)들의 거짓 교훈에 속은 것이다."(『평화를 위한 철학』, p.95)

선생님은 조선조 이래 이 땅의 지식인들이 이상주의에 치우쳐 도외시해온 인욕의 현실을 긍정하고 거기에서 철학적 사유를 출발시키고 있다. 이것은 같은 시대에 박정희 대통령이 대학 강단의 "어설픈 관념론(이상주의)"을 경멸하면서 당시의 지식인들을 향해 "냉엄한 현실"에 직면하기를 요구하던 것과 일맥상통한다. 선생님의 철학적 사유는 박정희 대통령의 애국적이고 현실주의적인 행동과 궤를 같이 했다. 가브리엘 마르셀이 박정희와 같은 영웅을 염두에 두었을 것 같지는 않다. 하지만 소유욕의 현실을 도외시하는 이상주의(관념론)와 대결하는 선생님의 구체철학은 박정희 대통령과의 공감의 여지가 넓었다. 인간의 소유욕은 사회생활과 경제생활을 요구하고 더 나아가 국가를 요구한다. 그러나 이상주의적 철학은 소유욕을 경멸하고 사회생활과 경제생활을 천시하는가 하면 더 나아가 국가까지도 소홀히 여긴다.

그런 이상주의에 맞서 선생님은 다음과 같이 말한다. "나는 한국인이다. 내가 체험한 생활들은 나에게 사고를 가르쳐주었으나 그러한 사고가 나에게 생활하는 것을 가르쳐주지는 않는다. 구체철학이란 마르셀적인 뜻에서 단적으로 '생활에서 사유로 상승하고 다시금 사유에서 생활로 하강'하는 플라톤적 변증법"이다."(『현실에의 철학적 접근』, p.79) 마르셀뿐만 아니라 플라톤까지 동원하면서 선생님은 철학자라면 생활을 떠나 관념의 상아탑에 살아도 된다는 철학자의 상식을 깨고 자신의 국가와 그 안에서의 구체적 생활현실 속으로 하강할 것을 요구했다.

그리하여 선생님은 당시 지식인들의 거센 비난에도 불구하고 용감하게 박정희 대통령의 새마을운동을 찬양하고 나섰던 것이다.

30대의 선생님에게는 "생활"(현실)과 "사유"(이상)의 "플라톤적 변증법" 운운하는 데서 알 수 있듯 이상주의의 흔적이 뚜렷이 남아있었다. 실제로 젊은 시절 선생님은 플라톤, 토마스 아퀴나스, 칸트, 자크 마리탱, 루이 라벨 등 이상주의적 경향의 철학자들을 즐겨 인용한 바 있다. 하지만 이상에 대해 말하더라도 그 이상은 현실과 이원적으로 구별되고 현실보다 우위에 있는 그런 추상적 관념이 아니었다. 선생님은 영혼에 대해 말하더라도 늘 몸과의 관련 속에서 말하고, 신에 대해 말해도 이 세계와의 관련 속에서 말했다. 감각을 통해 파악되는 구체적 현실과 이원적으로 대립하는 추상적 관념으로서의 이상에 집착하는 자세를 선생님은 가브리엘 마르셀의 말을 빌려 "추상의 정신"이라 지목하면서 그 위험성을 몹시 경계했다. 추상의 정신이 공산주의나 나치즘과 같은 열광주의의 광기를 낳는다고 선생님은 비판했다.

젊은 시절 선생님의 구체철학은 이상과 현실, 존재와 소유, 영혼과 신체, 정신과 물질, 보이지 않는 것과 보이는 것, 동일자와 이타자, 내면과 외면, 의지와 무의지, 인간과 역사, 영원과 시간 등등 서로 다른 것들이 "하나이면서 둘"(一而二)인 관계로 애매하게 얽혀있다고 보았다. 그런 애매성의 세계는 애당초 논리 정연하게 해명될 수가 없는 그런 세계일 수밖에 없다. 그런 세계로 향하는 철학은 명석한 논리적 체계와는 거리가 멀 수밖에 없다. 그래서 선생님에게 있어 철학은 젊은 시절부터 최말년에 이르기까지 명석한 논증이 아니고 완성을 모르는 정신적 모험이었다. 선생님은 "미완성은 모든 구체철학의 본질"이라는 말도 했다.

선생님이 30대에 쓴 글들은 철학적 상상력과 생명력이 넘치긴 하지만 늘 일목요연하게 정리가 안 되는 혼란이 있다. 그것은 젊은 시절의 미숙함의 표현이라기보다는 구체철학에 숙명적으로 따라다니는 한계일지도 모른다. 흥미로운 것은 당시의 글들을 자세히 읽어보면 그 속에 만년의 원숙한 철학적 사유의 싹이 모두 다 들어있다는 사실이다. 젊은 시절 선생님의 열정적인 글을 읽을 때마다 나는 "천재는 만들어지지 않고 태어난다"는 말을 떠올리게 된다. 선생님의 철학적 사유의 편력은 끊임없이 새로운 사유의 세계를 열어나가는 과정인 동시에 젊은 시절 사유의 원점으로 회귀하여 오래된 것을 반복하는 과정이기도 했다는 생각이 든다.

선생님은 2003년 『물학 심학 실학』이라는 두꺼운 책을 써서 세상의 모든 사유를 물학(物學), 심학(心學), 실학(實學) 세 가지 아키타입으로 구분한 바 있다. 간단히 말하면 심학은 현실을 넘어 이상을 강조하는 도덕적 이상주의이고, 실학은 욕망의 현실에 충실한 과학기술적 실용주의이다. 그리고 물학은 이 우주란 서로 다른 것들이 하나이면서 둘의 관계로 애매하게 얽혀 있는 차연의 세계라고 보는 해체주의이다. 선생님은 물학을 근본으로 보고 실학의 필요성을 긍정하지만 심학에 대해서는 매우 부정적이다.

선생님의 젊은 시절의 글 속에서는 물학과 심학과 실학이 분명하게 구분되지 아니한 채 한꺼번에 등장한다. 예컨대 「평화를 위한 철학」이란 글은 선생님이 1970년 만30세의 나이에 발표한 글이다. 30세의 젊은이가 썼다고 믿어지지 않는 이 놀라운 글을 읽어보면 그 속에는 이미, 한편으로는 이상주의(관념론)적 측면(=심학=도덕적 이상주의)도 있고, 다른 한편으로는 실용주의적 측면(=실학=과학기술주의)도 있는가 하면, 그 중심에는 이상과 현실이 둘이면서 하나로 얽혀있는 양가적 묘합이 자리 잡고 있다. 젊은 시절 선생님이 줄기차게 말했던 바로 이 양가적 묘합이 뒷날 해체주의를 받아들이는 사유의 터전이 된다.

그러나 젊은 시절의 선생님은 무(無)라든가 공(空)에 대해서는 전혀 관심이 없었다. 당시의 선생님은 노장과 불교를 허무주의에 불과한 것으로 이해했다. 구체철학의 강조점은 소유욕으로 가득 찬 사회경제적 현실과 국가에 두어져 있었다. 선생님은 무나 공과는 정반대의 휴머니스트의 길로 향하고 있었다. 선생님은 가난하고 힘없는 약소민족의 설움을 극복하고 민족중흥을 이루려는 박정희 대통령의 근대화 염원을 지지했다. "하면 된다"는 박정희의 적극적 행동주의에 동의하고 있었으니, 노장이나 불교가 눈에 들어올 리 없었다. 선생님은 70년대 말 박종홍의 발의로 세워진 한국정신문화연구원으로 자리를 옮긴다. 80년대에는 한국정신문화연구원 부원장을 역임하고 민정당 국회의원으로 정치에 참여하게 된다.

예술가적이고 탈속적이던 선생님의 부드러운 영혼은 80년대 이후 40대의 나이에 접어들면서 민족중흥의 뜨거운 열정으로 현실을 경영하는 행정가 혹은 정치가로 변모한 것이다. 선생님의 마음속 어딘가에 강인한 남성적 기질이 있어 그것이 애국심과 맞물려 그런 변모를 가능케 했을 것이다. 하지만 책임은 지지 않고 이념과 명분에 따라 현실을 비판하기에 열중하고, 학자라면 오직 학문을 위한 학문에만 종사해야 한다고 단순하게 믿어온 이 땅의 지식인들 사이에서 선생님의 변모는 비난의 대상이 될 수밖에 없었다.

더구나 당시는 전두환 대통령의 오공시절이었다. 대부분의 지식인들은 박정희를 악질적인 군사독재자로 비난했는데 전두환은 박정희보다 더 훨씬 악질적인 군사독재자로 믿어 의심치 않았다. 선생님은 자신의 정치참여가 수많은 비난을 감내해야 하는 오욕의 길임을 몰랐을 리 없다. 선생님은 이미 1970년대 중반, 박정희 대통령을 지지하면서 어용교수라는 낙인이 찍히고, 비난과 욕설의 표적이 되기 시작했었다. 새마을운동을 지지하는 선생님의 칼럼이 어느 신문에 실리고난 다음날, 선생님이 강의실에 들어오자마자 한 학생이 손을 들고 일어나 해명을 요구한 적이 있었다. 이것은 서강대의 어느 강의실에서 내가 직접 목격했던 장면이다. 선생님은 강의노트를 덮고 팔을 걷어붙이고는 우리의 경제적 가난과 약소국의 비애에 대해 말했다. 선생님의 말씀이 감동적이었지만 "저 교수 사꾸라야"라고 수군거리는 학생들이 적지 않았다. 자신이 가르치는 학생들마저 도무지 설득이 되지 않았다. 이상주의적 경향은 그만큼 뿌리가 깊었다. 선생님의 정치참여는 한 점의 사심도 없이 철학적 소신과 애국심에 따른 것이었지만, 어용교수라는 낙인은 그 후 누구나 다 아는 선생님의 상징이 되었다.

40대의 선생님은 참으로 바빴다. 겉으로 보면 출세였지만 선생님의 내면은 외롭기 그지없었다. 주위 지식인들의 몰이해와 비난이 우심한 탓이기도 했고, 정치참여가 자신의 본령이 아닌 탓이기도 했다. 철학자의 본령은 사유 아니면 명상이다. 어느 것이나 현실과는 거리를 두고 있다. 본령을 떠나 현실의 한복판에서 주로 민족사와 전통사상에 의지하며 국민윤리의 길을 모색하던 1980년대 선생님의 저술을 보면 1970년대에 비해 철학적으로 빈곤해지고 생명력이 약화되었다는 느낌을 지우기 어렵다. 본령을 떠나 정치현장에서 너무 바쁜 탓도 있었겠지만 국민윤리를 만들어내야 한다는 사명감이 큰 탓도 있었을 것이다.

당시 나는 다른 학생들처럼 왼쪽으로 많이 기울어 전두환 정권과 선생님의 정치참여에 대해 매우 비판적이었다. 실제로 혼자 국회까지 선생님을 찾아가 의원직 사퇴를 종용한 적도 있었다. 지금 생각해보면 세상모르고 저지른 철없는 짓이었지만 당시엔 그게 선생님을 위한 길이라 여겼다. 제일 아끼는 제자까지 대놓고 반발을 했으니, 선생님의 외로움은 더욱 커졌을 것이다. 70년대, 80년대 이 땅의 지식인들은 박정희와 전두환을 이해하는 데에 완전히 실패했다고 나는 생각한다. 박정희와 전두환은 당시의 지식인들보다 애국심이 더 투철했고 그들보다 훨씬 더 멀리 내다보고 있었다. 선생님의 외로움은 시대의 한계를 넘어 멀리 내다볼 줄 알았던 그 애국적 영웅들과 함께 느낄 수밖에 없었던 운명적 외로움이었다.

1987년 6·29와 함께 선생님의 정치적 몰락은 불가피했다. 지인들은 등을 돌렸다. 선생님의 덕을 본 사람들까지 선생님을 비난했다. 당시 어떤 교수님이 내게 말했다. "김형효는 끝났어." 권력의 단맛을 보았으니, 더 이상 공부하지 못할 거라는 냉소였다. 나이 지긋한 어떤 교수님은 "재주 있는 사람인데 참 안 됐어"라며 동정을 표했다. 동정 뒤에는 비아냥이 섞여 있었다. 학생들은 "어용교수 물러가라"는 피켓을 들고 연구실 앞에서 시위를 했다.

40대 말의 선생님은 자신의 철학적 소신과 애국심이 가져온 참담한 결과에 엄청난 정신적 충격을 받았다. 견디기 어려운 실존적 고통과 함께 인간과 역사에 대한 아득한 절망이 선생님을 엄습했다. 그때 겪은 좌절과 고통과 절망에서 벗어나기 위한 선생님의 철학적 몸부림이 1990년대 이후(50세 이후) 철학적 사유의 깊이를 더하고 방대한 저술을 할 수 있었던 원동력이었던 것이 아닌가 생각된다. 1970년대 선생님의 이른바 구체철학은 1980년대의 정치참여와 좌절을 계기로 훨씬 더 넓어지고 깊어지기 시작했다. 현실적 패배의 고통 속에서 철학적 깨달음을 얻은 셈이다.


## 3. 후기의 철학적 사유 혹은 무에로의 여정

6·10항쟁과 6·29선언이 있었던 80년대 말은 선생님의 삶에 있어서 뿐만 아니고 선생님의 철학에 있어서도 일대 전환기였다. 그때를 고비로 선생님은 활발한 활동을 다 접고 현실의 장(場)에서 물러나 연구실에 틀어박혀 다시금 철학적 사유에 침잠하게 된다. 이와 함께 선생님의 철학적 사유도 이전과는 결정적으로 바뀌게 된다. 선생님의 철학적 사유는 80년대 말을 경계로 전기와 후기로 나누어진다고 볼 수 있다. 전기와 후기 사이엔 연속성이 적지 않지만 불연속성 또한 상당히 크다.

선생님의 전기철학은 현상학과 실존주의와 유교에 바탕을 둔 구체철학으로 특징 지워진다. 반면 선생님의 후기철학은 구체철학이 늘 지니고 있던 인간주의(humanism)의 냄새를 완전히 지우고자 하는 데서 시작된다. 인간의 의지와 노력과 열정이 빚어내는 역사와 사회와 정치의 혼탁한 드라마에 대한 염증과 체념이 선생님의 후기철학의 출발점이다. 이념을 세우고 역사를 만드는 것을 능사로 여기는 인간주의적 철학에 대한 선생님의 거부감이 처음 표출된 저술이 1989년에 나온 『구조주의의 사유체계와 사상』였다.

레비스트로스, 푸코, 라깡, 알뛰세르의 구조주의에 관한 이 방대한 책을 통해 선생님은 인간이 그의 의지와 노력으로는 어찌 할 수 없는 불변의 구조에 의해 놀아나고 있을 뿐임을, 그래서 인간 자체도 그의 의지와 노력과 열정도 결국 죄다 허망함을 알려주고자 했던 것 같다. 인간세계의 현실을 단지 냉정하게 응시하기만 하는 구조주의에 대한 관심이 데리다의 해체주의와 노장철학에 대한 관심으로 이어지고, 다시 하이데거의 존재사유와 불교에 대한 관심으로 이어지면서 선생님의 후기철학은 그 절정(絶頂) 혹은 심저(深底)에 이르게 된다.

선생님이 연구실로 복귀한 다음, 학자로서의 기가 이미 꺾이지 않았을까 염려하는 사람들이 간혹 있었지만 그것은 전혀 기우에 불과했다. 선생님은 매일 오전 9시반 경 연구실에 나와 오후 7시 넘어서야 귀가하는 단조로운 생활을 80년대 말 이후 정년 때까지 어김없이 계속했다. 선생님을 불러내는 사람들도 별로 없었지만 선생님 자신도 바깥출입을 자제하고 오로지 연구실에 눌러앉아 읽고 생각하고 쓰는 일에 쉬지 않고 몰두했다.

선생님은 1989년 구조주의에 대한 방대한 저서 이후 봇물 터지듯이 무게 있는 철학 저술들을 쏟아내기 시작했다. 90년대 초중반 선생님은 젊은 시절부터 심취했던 가브리엘 마르셀과 베르그송과 메를로-뽕띠에 대한 국내 초유의 본격적인 저술들을 출간한다. 『가브리엘 마르셀과 여정의 형이상학』(1990), 『베르그송의 철학』(1991), 『메를로-뽕띠와 애매성의 철학』(1996)이 그것들이다.

이 책들은 무색무취한 연구서들이 아니다. 선생님은 늘 철학사가(哲學史家)이기에 앞서 철학자였기에 자신의 내적 요구와 무관한 객관적 연구에는 매달리지 않는 편이다. 선생님은 철학사 속의 어떤 철학자를 다루건 자신의 내적 요구에서 출발한 다음, 그 철학자의 철학을 소화하여 자신의 사유의 밑천으로 삼는다. 하지만 그 철학이 더 이상 만족스럽지 않으면 미련 없이 버리고 다른 철학을 향해 사유 여행을 떠난다.

또한 선생님은 90년대 이후에도 동양철학과 한국철학에 대한 새로운 해석 작업을 계속했다. 맹자와 순자를 비교한『맹자와 순자의 철학』(1992)을 출간하고, 한국철학사의 다섯 거봉 원효, 지눌, 퇴계, 율곡, 다산에 대한 현대적 해석을 시도하여 이를 뒤에『원효에서 다산까지』(2000)라는 책으로 묶었다. 동양철학과 한국철학에 대한 선생님의 새로운 해석 역시 무색무취한 객관적 연구라기보다는 선생님의 숨결이 짙게 실려 있는 자신의 철학적 사유의 편력과정에 속한다. 선생님은 무얼 연구하건 객관적 연구자 이상이고 싶어 했다. 선생님에게 중요한 것은 철학사적 사실이 아니고 자신의 철학적 사유였기 때문이다.

역사현실에 대한 체념과 인간주의에 대한 회의로 말미암아 구조주의를 연구하면서 새로이 편력의 여정을 시작했던 선생님의 철학적 사유는 90년대 이후 데리다의 해체주의에 대해 관심을 가지면서 또 한 번의 결정적인 전기를 마련한다. 1993년에 나온『데리다와 해체철학』은 포스트모더니즘이 유행하기 시작하던 당시 우리 지식인사회의 요구에 부합하기도 했다. 하지만 데리다의 해체주의에 대한 선생님의 관심은 그런 외적 측면보다는 이념을 세우고 역사를 만드는 인간주체의 작위적 노력을 해체하고 싶어 하던 선생님 자신의 내적인 요구에 가장 잘 부합했다는 측면에서, 또 하이데거의 존재론적 사유와 노장과 불교의 오래된 사유에로 돌아가는 길을 예비했다는 측면에서 매우 중요하다.

선생님은 해체주의를 가볍게 보아 넘길 수 있는 일과성 유행사조로 읽지 않고, 가장 오래된 동시에 가장 새로운 본성의 진리에로 돌아가는 길로 읽었다. 그래서 선생님은 데리다의 해체철학이 노장과 근본적으로 다르지 않다는 사실을 발견하고는 지적인 환희에 가득 차『데리다와 노장(老莊)의 독법』(1994)이라는 노장해석사에 길이 남을 획기적인 저술을 출간한다. 데리다의 해체주의에 대한 관심과 노장에 대한 새로운 독해를 거치면서 선생님이 하이데거와 불교로 나아갔던 것은 사유 편력의 자연스런 도정이었다. 선생님은 데리다의 해체철학이 하이데거에서 유래함을 알고는 젊은 시절 너무 난해해서 접어두었던 하이데거를 다시 읽기 시작하고, 아울러 하이데거의 존재론적 사유가 불교의 가르침과 너무나 흡사하다는 사실을 깨닫게 된다. 그리하여 선생님의 철학적 사유는 후기철학의 절정 혹은 심저에로 다가가기 시작한다.

선생님은 이미 1995년 가을 한국학대학원 강의를 통해 하이데거의 불교적 해석을 선보였다. 당시 강의에 참석했던 나는 하이데거의 사유가 왜 매력적인지, 그리고 왜 심오한지를 비로소 알 수 있었고, 이와 함께 동양철학에 대한 나의 이해방식도 전면적으로 바뀌었다. 학부시절 이래 내가 들었던 선생님의 모든 강의 가운데 최고였다. 선생님은 그때의 강의를 바탕으로 해서 그 후 하이데거의 전기철학을 유식학으로 해석한 『하이데거와 마음의 철학』(2000)과 전회 이후 하이데거의 후기철학을 화엄학으로 해석한 『하이데거와 화엄의 사유』(2002)를 출간했다.

하이데거를 불교로 해석한 이 두 저술은 오랜 기간에 걸친 끈질긴 학습과 사색의 산물이었다. 선생님은 하이데거를 읽기 위해 젊은 시절 접어두었던 독일어를 다시 꺼내 열심히 공부하면서 기억을 되살리는 한편, 불교 전반에 대해 새롭게 공부했다. 선생님은 하이데거와 불교 사이에 깊은 연관이 있음을 확인하면서 지적인 깨달음의 기쁨을 누렸다. 1995년 가을의 강의는 그런 기쁨으로 충만한 강의였다. 선생님이 하이데거한테 깊이 매료된 것은 왜일까? 그것은 하이데거가 플라톤 이래 서양의 형이상학적 전통을 뒤집어엎으면서 선생님의 젊은 시절 구체철학보다 훨씬 더 심오하게 인간과 세계의 현실을 있는 그대로 구체적으로 보여주었기 때문일 것이다.

니체는 "생성이 곧 존재"라고 했다. 영원한 신이나 본체 혹은 불변의 영혼과 같은 형이상학적 실체는 어디에도 없다. 있는 것은 각기 다른 사물들이 서로 영향을 주고받으면서 시작도 끝도 없이 돌고 도는 영겁회귀뿐이다. 니체는 도덕과 정의와 같은 명분의 근거가 될 만한 추상적 이상을 모조리 추방하고 구체적 현실만 남기고자 했다. 하이데거의 사유 또한 니체의 그런 사유와 다르지 않다. 『존재와 시간』은 "시간이 곧 존재"라는 말로 요약될 수 있다. 하이데거는 이 책에서 과거의 철학자들이 소홀히 다루었던 생성의 세계, 시간의 세계를 인간의 마음 즉 "현존재"와의 상호관련 속에서 구체적으로 보여주었다. 전회 이후 후기의 하이데거는 한 걸음 더 나아가 세계를 대상화하고 이상을 만들어내는 인간 그 자신마저 사물의 일종으로 돌려버림으로써 휴머니즘의 마지막 잔재를 청산해버리고 오직 상호작용하는 사물들의 유희만을 구체적 현실로 보게 된다. 그것이 바로 선생님이 말하는 물학(物學)이다.

추상적 이상을 날려버리고 시간과 함께 생성하고 유희하는 사물들의 구체적 현실 속으로 깊숙이 들어갈 때 최종적으로 마주하게 되는 것은 "무"다. "유" 즉 모든 사물들은 없다가 있게 되고 있다가 없게 된다. "이상과 현실의 양가적 묘합"은 이제 "유와 무의 상호작용"(有無相生)으로 바뀐다. 이상은 없어지고 현실은 유와 무의 상호작용 외에 다른 것이 아니게 된다. 하지만 유보다는 무가 더 근본적이다. 무가 체(體)라면 유는 용(用)이다. 이렇게 말하면 무가 또 하나의 이상 아니냐고 반문할 수도 있는데 이 반문은 자가당착이다. 무는 이상도 아니고 도대체 아무것도 아니다. 조금이라도 규정 가능하다면 그것은 무가 아니다. 그렇지만 아무것도 아닌 무 속에는 현실의 모든 유가 다 포함되어 있다.

무는 규정 가능한 어떤 것이 아니라는 점에서, 또한 유와 별개의 어떤 것이 아니라는 점에서 형이상학적 실체와 같은 이상일 수 없다. 무를 이해한다는 것은 쉬운 일이 아니다. 나에게도 여전히 숙제로 남아 있다. 그래도 다음과 같이 대충 말할 수 있다. "무는 유의 뿌리로서 유와 다르다. 그러나 무는 유와 별개의 어떤 것이 아니다. 무 속에 유가 있고 유 속에 무가 있다. 유가 곧 무이기도 하다." 무와 유의 체용관계는 하이데거가 말하는 존재와 존재자의 관계와 유사하다. 이렇게 생각하면서 선생님은 하이데거의 사유 속에서 불교와 노장을 찾아냈다.

하이데거에 관한 선생님의 두 저술은 하이데거에 대한 새로운 해석이란 점에서도 중요하지만 그보다는 선생님의 철학적 사유를 인간의 일체의 작위가 사라지고 없는 무(無)의 고요한 집으로 안내해주었다는 점에서 더 중요하다. 하이데거가 말하는 무에서 불교의 공(空)이나 노장의 허(虛)를 읽어내는 가운데 선생님의 철학적 사유는 모든 사람들의 마음속에 '늘 이미' 있어온, 그리고 동서양의 수많은 성자들이 한결같이 말해온 본성의 진리를 재발견한다. 이제 선생님의 철학적 사유는 더 이상 여러 갈래의 길 위에서 편력하지 않고, 일체의 작위가 사라지고 심지어 일체의 사유마저 사라진, 선생님이 자주 본성이라 일컫는 무의 "고요한 집"에 편안히 안착한다.

그리하여 젊은 시절 구체철학에서 시작하여 길고 긴 우회의 길을 걸어온 선생의 철학적 사유는 이제 반야와 해탈을 향한 간절한 발원으로 바뀌기 시작한다. 바로 이것이 선생님의 철학적 사유의 종점이자 철학적 사유 너머로의 출발점이 될 후기철학의 절정 혹은 심저라 할 수 있다. 이후 선생님은 새로운 철학과 새로운 사유를 찾아 편력하는 철학자도 아니고 사유가도 아닌, '늘 이미' 있어온 본성의 고요한 집에 머물며 홀로 자신의 마음을 닦는 수행자이기를 진심으로 원하게 된다.

회갑을 맞으면서 21세기로 접어든 다음, 선생님은 하이데거와 노장불교가 가르치는 무심의 지혜에 더욱 더 깊이 침잠하는 한편, 그런 입장에서 무위를 강조하는 해체주의와 작위를 강조하는 구성주의를 대비시키면서 동서양철학사를 다시 보는 획기적인 저술들을 정력적으로 써낸다. 선생님은 노자를 새로 해석한 『사유하는 도덕경』(2004)을 펴내고, 원효에 대한 새로운 저술을 준비하는 한편, 동서양의 철학적 사유들을 세 종류로 유형화한 『물학 심학 실학』(2003), 그리고 동서철학에 대한 해박한 지식과 심오한 통찰을 바탕으로 세상보기의 다양한 방법과 진리가 무언지를 밝히고자 하는 『철학적 사유와 진리』(2004)를 펴낸다.

선생님의 이런 저작들은 '늘 이미' 있어온 본성의 보편적 진리에 뿌리박고 있으면서도 20세기 한국을 살아온 선생님 자신만의 독특한 색깔을 보여줌으로써 드디어 "김형효철학"이라 이름 지을 수 있는 독자적인 철학의 등장을 세상에 알렸다. 철학계의 공식 반응은 전혀 없었다. 제자인 내가 쓴 몇 편의 서평 외에는 단 한 편의 서평도 나오지 않았다. 하지만 은밀하게 선생님을 존경한다고 말하는 교수들이 드문드문 나타나고 있었다.

60대 이후 선생님은 한편으로는 몸과 마음을 다해 불교와 노장과 하이데거가 알려주는 무(無)의 세계로 깊이 침잠하여 거기에로 모든 것들을 수렴시키면서도, 다른 한편으로는 동서양 철학사 전체로, 더 나아가 인간세계 전체로, 다시 말해 유(有)의 무상한 세계 전체로 자신의 관심을 확장시켰다. 인간세상에서 벌어지는 일치고 선생님의 관심의 대상이 안 되는 일은 하나도 없는 듯했다. 나라사랑의 마음에서 구체철학을 제창하고 정치참여까지 불사하던 80년대 말 이전 선생님의 열정은 완전히 식어버리지 않고 무의 본성에 바탕을 둔 유의 세계에 대한 관심으로 승화되었다. 그러나 선생님의 사유와 수행의 근본에는 늘 무한 글자가 확고하게 자리 잡고 있었다.

앞에서 시사한 바 있듯이 무는 아무것도 아닌 동시에 또한 모든 것이다. 아무것도 아니므로 무는 어떤 규정성도 가질 수 없다. 그렇다면 무는 개념적 파악이 불가능하다. 무가 모든 것이라 해도 결과는 마찬가지다. 모든 것 역시 어떤 규정성도 갖지 않기 때문에 개념적 파악이 불가능하다. 개념적으로 생각하면 할수록 무로부터 멀어질 뿐이다. 무 앞에서 철학은 장애물에 불과하다. 그렇다면 남은 길은 홀로 마음을 닦는 수행밖에 없다. 하지만 다시 더 생각해보면 수행조차 불필요할 수도 있다. 수행이란 목표를 세우고 여기에서 그 목표까지 나아감이다. 무가 아무것도 아니라면 무는 애당초 목표로 설정될 수 없다. 무가 모든 것이라면 목표를 굳이 세울 필요가 없다. 철학과 마찬가지로 수행도 무 앞에서는 장애물에 불과하다.

그렇다면 아무것도 하지 말아야 한다. 철학이나 수행이 아니라 무위가 필요하다. 무위 즉 아무것도 하지 않음이란 주어진 모든 것을 주어지는 대로 다 좋다고 긍정하는 것이다. 조금이라도 부정을 한다면 그것은 무위가 아니고 유위가 된다. 모든 유(有)가 다 무의 드러남, 본성의 현현이라고 즐겁게 긍정하는 것이 무위다. 선생님의 수행은 아무 수행도 하지 않는 수행, 아무것도 하지 않는 무위의 수행을 향하고 있었다.

그런 무위의 수행은 철학이나 수행을 다시 긍정하고 더 나아가 인간 세상의 온갖 일까지도 다 긍정할 수 있다. 선생님은 철학의 한계를 말하고 수행에 열중하면서도 다른 한편 세상걱정을 계속하면서 어느 누구보다도 열심히 저술활동에 매진했다. 선생님은 홀로 앉아서 참선수행을 할 때에도 시간이 언제 흘러갔는지도 모를 정도로 희열을 느끼고, 또 책을 쓰기 위해 깊이 사색할 때에도 희열을 느낀다고 자주 말했다. 만년의 선생님은 자신의 모든 일이 무 한 글자로 수렴된다고 여겼던 것 같다. 하지만 나처럼 합리적인 안목으로 보면 논리적으로는 잘 설명이 안 되는 모종의 불일치가 늘 선생님을 따라다니는 것처럼 보인다. 그렇게 보이는 것은 내가 아직도 합리적인 안목의 한계를 극복하지 못한 탓일 수 있다.

## 4. 본성의 존재론적 욕망과 본능의 소유론적 욕망의 초점 불일치

만년의 선생님은 자신의 철학적 순례과정에 대해 다음과 같이 회고한 바 있다. "내면적인 존재론적 신비의 철학과 애매모호성을 기조로 하는 역사현실의 철학이 다시 초점이 일치하지 않게 나의 철학공부 행로에서 나타났다. … 나는 한편으로 내면적 정신의 신비를 그리워하는 철학과 다른 한편으로 이성에 의한 혁명적 현실타파의 불가능성과 세상의 현상을 애매모호성으로 읽어야 한다는 상반된 철학을 안고 귀국했다."(『철학 나그네』(2010), pp.178-179) "이상"(내면적 정신의 신비)과 "현실"(역사현실의 애매함)의 초점 불일치가 선생님의 전기철학을 지배했다. 그 결과 "안팎으로 행복하려고 철학공부에 매진했는데, 심리적으로나 사회적으로나 나는 행복하지 못했다"(동상 p.181)고 선생님은 술회한다.

초점 불일치를 극복하기 위해 젊은 시절의 선생님은 이상과 현실을 다 인정하는 양가성의 논리를 자주 구사했다. "나의 사유는 어느 한쪽을 선택하지 못하고 거의 예외 없이 양쪽을 다 인정하는 이중성과 양가성의 철학 방식을 표명했다. 그래서 중년기에 나는 '~일뿐만 아니라 또 한~(not only~, but also~)'이라는 표현법을 자주 썼다."(동상 p.183) 이런 "어중간한 타협"은 구조주의에 대한 학습을 계기로 "나의 오랜 철학 여행을 쉽게 해줄 수 있는 조그만 나의 집을 발견하도록 하는 역할을 했다. 구조주의에서 내가 배운 성과는 의식과 자아의 소멸이 진리의 터전이라는 것이다. … 자의식과 인간의 목소리가 사라짐으로써 대립적인 것으로 여겨졌던 모든 문제의식이 무의미하게 사라졌다."(동상 p.184)

철학적 사유의 여행을 쉽게 해준 그 조그만 집이 바로 "무아(無我)의 집"이다. 이 집에서 해체주의적 사유(존재론적 사유)가 시작되었다. "단적으로 말해 내가 도달한 해체철학이란 집은 의식과 인간의 소멸, 그리고 양가성의 인정으로 집약된다. 그런 사유는 인간의 자연동형론(physiomorphism)을 띤다. 인간의 자연동형론은 구성주의적인 자연의 인간동형론(anthropomorphism)과는 다른 길을 간다. 나는 이 해체철학을 무(無)와 공(空)을 닮으려는 사유라고 명명하고 싶다. 이 사유가 나의 지나간 모든 철학적 이율배반을 해체시키는 것 같은 안심(安心)의 집이다."(동상 p.185)

그러나 "무아의 집" 혹은 "안심의 집"이 모든 문제의 해결책일 수는 없어 보인다. 선생님은 본능의 소유론적 욕망이 지배하는 세상사를 다 잊은 적이 없다. "무아의 집"에서 본성의 존재론적 욕망은 충족될 수 있지만 세상을 지배하는 본능의 소유론적 욕망은 충족되기 어려워 보인다. 만년의 선생님은 본능의 소유론적 욕망과 본성의 존재론적 욕망은 한 뿌리에 나왔음을 강조하면서 본능의 소유론적 욕망을 본성의 존재론적 욕망으로 바꾸기만 하면 자리이타(自利利他)의 복락(福樂)의 세계가 열린다고 역설했다. 그것이 바로 "마음혁명"이다. 하지만 앞서 말한 바대로 본능의 소유론적 욕망을 어떻게 본성의 존재론적 욕망을 바꿀 수 있는지 석연하지가 않다. 두 가지 욕망 간의 초점 불일치는 여전해 보인다.

두 가지 욕망 사이에 도덕윤리를 개입시키면 초점 불일치가 어느 정도 해소될지 모른다. 하지만 도덕윤리에 대한 선생님의 불신은 시종일관 완강했다. 『물학 심학 실학』이라는 두꺼운 책의 메시지는 "인간세상을 초탈하거나 초월하라. 이것이 최상이다. 그렇지 않으면 인간세상을 합리적으로 관리하기에 힘써라. 단, 도덕으로 인간세상을 재단하지 말라!"로 요약된다. 인간세상으로부터의 초탈 혹은 초월과 인간세상의 합리적 관리 사이에 도덕윤리를 둘 법도 한데, 선생님은 이 책에서 기어이 '도덕의 종언'의 선언했다. 초탈 혹은 초월과 합리적 관리 사이에는 도대체 연결고리도 보이지 않는다.

『철학적 사유와 진리에 대하여』에서도 선생님의 입장은 마찬가지다. 이 책에서 펼쳐지는 철학적 논의의 출발점은 몸을 가진 인간의 욕망이다. 인간의 의식과 합리적인 이성의 밑바닥에는 의지적인 노력으로는 도저히 통제할 수 없는 무의식적이고 자연적인 욕망이 숨어있다. "인간은 욕망하는 존재이다." 인간은 겉으로 어떻게 작위하건 결국은 자신의 자연적 욕망에 따를 뿐이다. 인간의 다양한 언어활동과 사유활동도 결국은 그 욕망의 다양한 자기표현에 불과하다. 요컨대 욕망이 말하고, 욕망이 사유하고, 욕망이 욕망한다. 이것이 코기토 이전부터 이미 주어져 있는 사실성의 진리이다.

인간은 오직 욕망이 욕망하는 것만 욕망할 뿐, 욕망이 욕망하지 않는 것은 결코 욕망하지 않는다. 그렇다면 욕망 너머에 신과 같은 절대적 존재자 혹은 도덕적 선을 설정하고 욕망이 욕망하지 않는 그런 것들을 욕망하도록 요구해온, 플라톤과 토마스와 주희 등 동서양의 주류 철학자들의 이성주의적 형이상학과 신학 및 도덕주의는 인간이 내심 좋아하지 않는 허울 좋은 명분에 불과하다. 선생님은 합리적 이성과 당위적 도덕은 의식의 차원에만 머물 뿐이므로 무의식의 욕망을 통제하는 데에 전적으로 무력하다고 강조한다. 이성과 도덕의 원칙에 따라 이기심으로 가득 찬 인간세상을 바꾸어보려는 사회정치적 혁명은 실패할 수밖에 없다.

욕망은 인간만의 것은 아니다. 이 우주가 온통 욕망이다. 천지만물이 모두 자기 안에 머물지 않고 늘 타자를 지향한다. 타자지향성이 곧 욕망이다. 이 우주에 가득 차 있는 타자지향성으로서의 욕망이 곧 하이데거가 말하는 "관심"(Sorge)이고, 동양철학에서 말하는 마음(心)이고 기(氣)이다. 모든 것이 관심이고, 마음이고, 기이다. 선생님은 이 책의 첫머리에서 인간의 욕망이 본능의 소유론적 욕망과 본성의 존재론적 욕망으로 이중화되어 있음을 밝힌다. 본능의 소유론적 욕망은 타자를 집어삼켜 자기 것으로 만들려는 욕망인 반면, 본성의 존재론적 욕망은 타자에게 자기 것을 아낌없이 베풀어주려는 욕망이다.

선생님은 라깡의 정신분석학을 통해 본능의 소유론적 욕망을 해명하고, 융의 분석심리학과 하이데거의 철학적 사유를 통해 본성의 존재론적 욕망을 해명한다. 라깡과 하이데거의 이른바 "그것(Es)"이 바로 욕망이고, 그 익명의 욕망이 말하고 사유하고 욕망하는데, 라깡의 "그것"은 본능의 소유론적 욕망인 반면, 하이데거의 "그것"은 본성의 존재론적 욕망이다. 그 두 가지 상이한 욕망이 "불일이불이(不一而不二)"의 관계로 얽혀 있는 것이 곧 인간의 욕망이다. 선생님은 인간의 두 가지 욕망을 다 긍정하는 한편, 두 가지 욕망 가운데 어느 것도 충족시켜 주지 못한 채 허구의 이상만 추구하는 도덕적 사유를 철저히 배격한다.

본능의 소유론적 욕망은 사회생활 속에서 이기심을 조장하여 사회적 악을 발생시키기도 하지만 도구적 이성으로서의 지능을 개발시켜 문명의 발달과 역사의 진보를 가져오기도 한다고 선생님은 말한다. 그리고 이기적 소유욕의 반사회성은 소유욕 자체를 부정하는 당위적 도덕이 아니라 위반 시 손해를 주는 법(法)에 의해 보다 효과적으로 통제될 수 있다고 선생님은 강조한다. 하지만 본능의 소유론적 욕망에 대한 선생님의 긍정은 제한적이다. 소유론적 욕망은 일시적으로 만족될 뿐, 곧 다시 허기져서 결국은 번뇌의 원인이 된다. 소유욕의 만족은 우리에게 지속적으로 기쁨을 주지 못한다. 소유는 본질적으로 무상하다. 선생님의 궁극적 관심은 본성의 존재론적 욕망과 이 욕망으로부터 출현하는 본성의 존재론적 사유에 있다. 그런 사유는 소유의 무상함을 절감할 때 다가오기 시작한다. 본성의 그런 사유는 인간과 신을 포함해서 천지만물이 없다가 있게 되고 있다가 없어지는, 다시 말해 무와 유가 차연의 관계 속에서 반복 순환하는 이 세상의 실상에 대한 깨달음 외에 다른 것이 아니다.

선생님은 말한다. "없음의 고향을 전제하지 않고는 있음이 성립하지 않는다. 모든 있음은 반드시 없음으로 회귀한다. 그리고 없음이 다시 있음으로 되돌아온다. 이런 유/무의 왕(往)/복(復)을 하이데거는 자연이연(自然而然)한 자연성(Physis)이라고 그리스어로 쓰고 있다." 자연성이 바로 본성이고, 본성이 바로 세상의 근본적인 법칙이다. 기독교의 신성(神性), 불교의 불성(佛性) 혹은 자성(自性), 양명학의 양지(良知)는 모두 본성과 다르지 않다. 본성은 세상 어디에나 주어져 있다. 본성은 마음에도 있고 마음 밖의 사물에도 있기에 심(心)과 물(物)이 하나다. 그러나 본성은 욕망의 세계를 초월해 있는 형이상학적 실체나 보편적 원리와 같은 것이 아니다. 본능이 욕망이듯이 본성도 욕망일 뿐이다. 다만 두 가지 욕망의 욕망하는 방향이 서로 다를 뿐이다.

타자를 자신 속에 흡수하여 자기 것으로 소유하고자 욕망하는 본능과는 달리, 본성은 유무가 교역하는 이 세상 속으로 자신의 모든 것을 시여(施與)하고자 욕망한다. 이것이 본성의 존재론적 욕망이다. 본성의 존재론적 욕망에서 존재론적 사유가 출현한다. 존재론적 사유는 근원적으로 인간의 사유가 아니라 본성의 사유이다. 본성의 존재론적 사유는 깨달음 외에 다른 것이 아니다. 본성의 사유 즉 깨달음을 얻기 위해서는 철학이 아니라 수행이 필요함을 선생님은 『철학적 사유와 진리에 대하여』의 마지막 장에서 감동적으로 역설한다. "본성의 사유가 가는 곳은 수행이다. 수행을 통하여 본성이 자신의 빛을 현시하기 때문이다." 본성의 빛은 개념적으로는 파악되지 않는다. 철학적 사유로는 접근이 안 되고 오직 수행만이 본성으로 돌아가는 길이다. 그러나 수행은 내가 무언가를 하는 것이 아니다. 수행은 나를 버리고 본성에 귀의하는 것이다. 나를 버리는 것이 결정적으로 중요하다.

본성의 존재론적 욕망으로 하여금 말하게 하고 그 말에 귀를 기울이는 것이 바로 수행이다. 선생님은 그런 수행의 방법으로 기도와 선정을 든다. 기도는 본성을 이인칭의 "님"으로 부르고, 선정은 본성을 삼인칭의 "그것"으로 맞이한다. 기도와 선정은 소유적 자아에 대한 집착을 버린다는 점에서 공통적이다. 기도와 선정 모두 자아를 버리고 마음을 비워 본성의 말에 귀를 기울이는 수행이다. 그런 수행만이 무상하기 짝이 없는 소유의 만족을 넘어 무상하지 아니한 마음의 평화와 기쁨을 우리에게 줄 수 있다. 인간은 누구나 그런 평화와 기쁨을 원한다. 철학은 이제 인간의 이 소망에 봉사해야 한다. 이를 위해 철학은 본성의 사유에 자신을 맡기는 수행으로 바뀌어야 한다.

그런데 선생님은 인간의 욕망이 본능의 소유론적 욕망과 본성의 존재론적 욕망으로 이중화되어 있다고 지적하면서 이 책을 시작했다. 양자가 서로 다르면서도 같은 차연의 관계로 이중화되어 있다면 어느 욕망이 더 근본적이라고 말하기는 어렵다. 하지만 선생님은 본능의 소유론적 욕망보다는 본성의 존재론적 욕망이 더 근본적인 욕망이라고 보아, 이 책 뒷부분에서 "우리는 역사와 사회생활의 현장에서 어느 정도 거리를 두는 법을 익혀야 한다"고 말하기도 한다. 여기에서 우리의 합리적인 사유가 다소 흔들리지 않을 수 없다.

본성과 본능의 상관적 차이, 소유론적 욕망과 존재론적 욕망의 상관적 차이, 그리고 이 두 가지 상이한 욕망에서 출현하는 현실적인 유위적 사유와 사실적인 무위적 사유의 상관적 차이, 이런 상관적 차이들을 전제한다면 어느 쪽이 더 근본적이라고 말할 수 없는 것이 아닐까? 역사와 사회생활을 추동시키는 본능의 소유론적 욕망도 본성의 존재론적 욕망만큼이나 좋은 것이라고 긍정되어야 하지 않을까? 소유론적 사유를 일부러 배제한다면 존재론적 사유는 그 무위성을 잃어버리는 것이나 아닐까? 소유도 좋고 존재도 좋다고 말할 수 있어야 참된 무위적 사유일 수 있는 것이 아닐까? 유와 무가 차연의 관계라면 왜 반드시 무가 근본이어야 하는가?

선생님이 남긴 책 속에는 이 물음에 대한 해답이 나오지 않는다. 그러나 치매가 본격화되기 전 최만년의 선생님은 나한테 자주 말했다. "최

선생, 우린 왜 철학을 했을까? 철학은 아무 쓸모없는 학문이야." 최만년의 선생님에게서 언뜻언뜻 해탈한 성자의 풍모가 보였다. 선생님은 정년하기 전 60대 무렵부터 연구실에 나오면 목탁을 두드리며 염불을 했다. 혹시 옆방에서 들을까 소리를 낮추어 조용히 했다. 선생님은 "나는 머리 안 깎은 중"이라 말했다. 철학적 사유는 사라지고 기도와 좌선이 선생님의 주된 공부가 되어가고 있었다. 그 무렵부터인가 선생님은 모든 욕망이 다 좋은 것이라 말하면서 본성과 본능은 다르지 않다고 말했다. 선생님의 이 말은 만년의 여러 가지 저서들 속에서 역설했던 본성과 본능의 차이를 근본적으로 부정하는 놀라운 발언이었다.

최만년의 선생님에게는 좋은 것도 좋고 나쁜 것도 좋았다. 도덕의 종언, 철학의 종언, 사유의 종언에 이은 선생님의 철학적 사유의 최종 귀결은 "다 좋다" 한 마디일 것이다. "다 좋다"면 서로 다른 모든 것은 다를 수가 없고 다 하나가 된다. 좋은 것과 나쁜 것을 가리지 않고 모든 것은 다 신성이 되고 불성이 된다. 그렇다면 존재론적 욕망과 소유론적 욕망 사이에는 이제 아무 괴리도 없게 된다. 존재와 소유는 다르지만 동시에 존재가 곧 소유이고 소유가 곧 존재인 것이다. 본성과 본능은 서로 다르지만 동시에 본성이 곧 본능이고 본능이 곧 본성이다. 이렇게 되면 도덕윤리는 더 이상 설 자리가 없게 된다.

그러나 선생님은 최만년의 놀라운 생각을 글로 쓴 적이 없었다. 측근의 몇몇 사람들에게 말로만 전했을 뿐이다. 측근들 중에도 선생님의 말이 갖는 의미를 충분히 파악하는 사람은 얼마 되지 않았다. 선생님은 그런 말을 한 다음 얼마 안 있어 치매 상태에 빠져들었다. 선생님은 말을 잃어갔다. 철학적 사유는 더 이상 불가능해졌다. 그 대신 선생님의 얼굴에는 그윽한 미소가 번지고 있었다. 내가 뵐 때마다 그랬다.

예전에는 잘 볼 수 없었던, 부처님을 닮은 미소였다. 선생님은 말을 넘고 사유를 넘어 "무아의 집"에 정말로 안착한 것인지도 몰랐다.

## 5. 근현대 한국사상사의 흐름과 선생님의 철학적 사유

선생님은 조선시대 이래 지금까지도 이 땅의 지식인들을 압도하고 있는, 도덕윤리를 그 본령으로 하는 이상주의적 사유의 한계를 넘어 구체적 현실 속으로 깊이깊이 침잠했다. 선생님의 심오한 철학적 사유는 허구의 추상적 이상이 아니라 우리가 그 안에서 태어나 그 안에서 살다가 그 안에서 죽어가는 구체적 현실에 깊이 뿌리박은 사유 외에 다른 것이 아니었다. 선생님의 철학적 사유는 "주자학의 왕국" 조선이 무너져 내리기 시작하던 19세기 말의 두 가지 사건을 기억나게 한다.

하나의 사건은 명치유신 이후 근대화에 성공한 일본을 직접 눈으로 보고 유교를 걷어 차버린 개화의 선구자 김옥균(1851~1894)의 등장이다. 개화(=근대화=서구화)는 오직 인욕의 긍정 위에서만 가능하다. 김옥균은 유교를 걷어참으로써 천리를 버리고 인욕을 긍정하는 길을 열기 시작했다. 김옥균은 서세동점의 물결 앞에서 유교를 버린 최초의 사대부 지식인이었다. 다른 하나의 사건은 김옥균과 거의 같은 시기에 유교 대신 불교를 택하고 목숨을 건 참선 끝에 깨달음을 얻은 다음, 갖가지 기행으로 조선의 유교윤리를 통쾌하게 유린해버린 경허(鏡虛, 1849~1912)의 등장이다. 불교는 인욕을 도덕적으로 부정하는 유교와는 달리 존재론적 사유에 충실함으로써 본능의 소유론적 욕망에 대해서도 유교보다 훨씬 더 관대한 편이다. 선불교의 마지막 깨달음에 따르면 윤회가 곧 열반이고 중생이 다 부처다. 그렇다면 모든 것이 다 좋아야 하므로 인욕 혹은 소유론적 욕망 또한 다 좋을 수밖에 없다.

김옥균은 본능의 소유론적 욕망을 해방하는 길로 나아갔다. 반면 경허는 본성의 존재론적 욕망에 충실했다. 하지만 어느 쪽이건 도덕윤리의 당위성을 둘러싸고 전개된 조선시대 주자학의 이상주의적 내지 도덕주의적 사유에 대한 도전이라는 점에서는 김옥균과 경허는 다르지 않았다. 19세기 말 이후 우리의 사상사적 흐름 속에서 보면 김형효 선생님의 철학적 사유는 경허 스님의 본성의 존재론적 욕망을 체(體)로 받아들이면서 개화를 추구했던 김옥균의 본능의 소유론적 욕망까지 용(用)으로 받아들이려 했다고 말할 수 있다. 개화당의 김옥균도, 선불교의 경허도 조선조 주자학의 전통 속에서는 절대로 용납될 수 없는 인물들이다. 그렇다면 김옥균의 사유와 경허의 사유를 체용으로 수용하고 있는 선생님의 철학적 사유는 철저하게 조선조 주자학적 전통의 대척점에 서 있다고 봐야 할 것이다.

선생님은 젊은 시절 한때 주자학을 긍정적으로 보았지만 후기에 들어가면 주자학을 서양중세의 토미즘과 비교하는 가운데 일종의 종교신학적 형이상학 내지 거기에 바탕을 둔 도덕윤리로 보았다. 선생님이 보기에 주자학은 인간의 현실을 무시하는 이상주의적 계열의 도덕형이상학이었다. 그래서 선생님은 주자학을 그다지 높게 평가하지 않았다. 주자학에 대한 선생님의 관점은 20세기 이후 국내외 학계의 일반적 해석과 크게 다르지 않다고 볼 수 있지만 만년으로 갈수록 주자학에 대한 선생님의 부정적 시각이 강해졌다. 선생님은 주자학보다는 양명학을 훨씬 더 긍정적으로 보았다. 그것은 양명학 속에 노장불교의 해체주의가 잠재되어 있음을 예리하게 간파한 때문이었다.

주자학에 대한 선생님의 부정적 시각의 밑바닥에는 주자학이 이상주의와 도덕주의로 인해 한편으로는 존재론적 깊이를 상실했고 다른 한편으로는 소유론적 실용성을 상실했다는 관점이 확고하게 자리 잡고 있었다. 주자학의 이상주의와 도덕주의는 존재론적 사유도 방해하고 소유론적 욕망도 방해한다. 반면 경허는 주자학이 몰랐던 존재론적 사유의 깊이를 일깨워주었고, 김옥균은 주자학이 부정했던 소유론적 욕망의 중요성을 일깨워주었다. 두 인물의 등장과 더불어 19세기 말 조선조의 주자학은 몰락의 길로 접어들게 되었다고 볼 수 있다. 선생님 스스로 자신의 철학적 사유가 갖는 정신사적 의미를 이렇게 명시적으로 밝힌 적은 한 번도 없지만 선생님의 철학적 사유는 조선조 주자학의 정신적 몰락을 재촉했던 바로 그 정신사적 흐름 속에 자리 잡고 있다.

선생님은 말년으로 갈수록 유교와 주자학을 싫어했고 조선조를 싫어했다. 이것은 이상주의에 뿌리박은 좌파 도덕주의와 사회주의에 대한 선생님의 평생에 걸친 부정적 자세와 짝하는 현상이었다. 만년의 선생님은 "도덕"이라는 단어를 입에 담기조차 싫어했다. 선생님은 하이데거가 도덕을 말하지 않았다는 사실을 자주 상기시켰다. 선생님은 정치적 이념이 다르다는 이유로 누군가를 차별하고 불이익을 준 적이 단 한 번도 없었지만 평생토록 이상주의와 도덕주의와 사회주의에 대한 부정적인 자세를 바꾼 적이 없었다.

한말 최대 풍운아 김옥균은 실패한 혁명가였다. 그의 묘지명에는 "비상한 재주를 품고 비상한 시대를 만났으나 비상한 공은 없었고 비상한 죽음만 있었다"고 쓰여 있다. 하지만 김옥균이 지녔던 개화의 꿈은 대한민국 시대에 와서 거의 대부분 실현되었다. 19세기 말 이후 개화(=근대화=서구화) 외에 다른 대안이 없었다. 주자학의 가르침을 극단적으로 추종하는 주자학 원리주의자(fundamentalist)들로 구성된 위정척사파와 최제우와 최시형 등이 창도한 민중종교인 동학은 둘 다 현실적 대안이 될 수 없는 수구적인 이상주의에 불과했다. 플라토니즘의 통속화가 기독교이듯 동학은 주자학의 통속화로 보아야 한다. 동학은 근대를 열기보다 오히려 닫는 쪽으로 작용했다.

그러나 오늘날 김옥균, 윤치호, 서재필, 이승만 등 개화파는 친일파 내지 친미파로 매도되고, 개화파의 먼 후예라 할 수 있는 박정희 역시 친일파로 매도되고 있다. 박정희의 계승자이자 선생님이 5공 시절 그 밑에서 국회의원을 지낸 바 있는 전두환에 대한 평가는 이루 말할 수 없이 참담하다. 반면 위정척사파와 동학은 나쁜 평가를 받지 않고 심지어 칭송까지 받고 있다. 그 이유는 뻔하다. 한국의 지식계를 장악하고 있는 좌파 이상주의자들이 민족주의와 민중주의를 금과옥조로 여기기 때문이다. 개인주의와 자유주의를 중시하는 개화파의 사고방식은 민족주의와도 맞지 않고 민중주의와도 맞지 않는 반면, 위정척사파와 동학의 사고방식은 대충 민족주의와 민중주의에 들어맞아 보인다.

본능의 소유론적 욕망에 대해 개화파는 긍정적인 반면 위정척사파와 동학은 매우 부정적이다. 대체로 봐서, 개화파는 본능의 소유론적 욕망을 충족시키기 위한 현실적이고 실용적인 우파 사상으로 이어진 반면, 조선조의 주자학과 그 극단화인 위정척사파 및 동학 계열은 비현실적이고 이상적이고 수구적인 좌파 사상으로 이어졌다. 선생님이 말한 물학과 실학과 심학이라는 구분을 활용한다면 개화파는 실학을 추구한 반면 위정척사파와 동학은 심학을 추구했다고 말할 수 있다. 오늘날 대한민국 시대의 우파 현실주의와 좌파 이상주의의 대결은 그 연원을 소급하면 19세기 말의 그 같은 사상사적 대결구도와 만나게 된다. 이렇게 조망해보면 선생님의 철학적 사유를 더 실감나게, 더 역동적으로 이해할 수 있을 듯하다.

본성의 존재론적 욕망과 본능의 소유론적 욕망을 둘 다 긍정하는 선생님의 철학적 사유는 경허 이래 선불교의 존재론적 사유가 계승하는 동시에 김옥균 이래 개화파의 소유론적 사유를 계승한다고 볼 수 있지만 앞서 말한 대로 선생님에게는 존재론적 사유가 체라면 소유론적 욕망은 용이어서 소유론적 사유보다는 존재론적 사유가 더 근본적이다. 그런데 개화파의 김옥균은 역사 속에 머물지만 선불교의 경허는 역사를 넘어선다. 두 인물은 노는 곳이 정반대라 해도 좋을 정도로 다르다. 이것은 존재론적 사유와 소유론적 욕망 또한 영역이 각기 다름을 시사한다. 어떻게 각기 다른 양자가 체용관계를 가지는 가운데 존재론적 사유가 소유론적 욕망을 포용할 수 있는가. 그것은 존재론적 사유가 깊어져서 구체적 현실의 가장 깊은 곳으로까지 침잠하여 무와 만났기 때문이다. 무가 아무것도 아니고 동시에 모든 것이라면 본성과 본능의 구분, 존재와 소유의 구분, 체와 용의 구분은 무의미해지고, 모든 것이 다 좋을 따름이다.

그러나 오늘날 대한민국의 지식계를 지배하고 있는 사상은 김옥균 이래의 개화사상도 아니고 경허 이래의 선불교사상도 아니다. 선생님의 철학적 사유는 주류 사상과는 거리가 멀다. 주류는 주자학과 동학의 후예들이 차지하고 있다.

주자학과 동학의 후예들은 20세기에 들어와 서양의 종교와 철학을 수입하고 새로운 종교나 철학을 창안하면서, 다소 혼란스럽지만 꽤나 깊이 있어 보이는 나름대로의 종교와 철학을 만들어낸 바 있다. 예를 들면, 일제시대 천도교와 대종교 계통의 사상가들, 기독교를 동양식으로 재해석한 유영모와 함석헌, 그리고 함석헌의 영향을 받은 민중신학자 안병무 등이 그들이다.(이규성, 『한국현대철학사론』 참조) 그들 중에는 선생님과 비슷하게 노장불교와 친화적인 사상가들도 있었다. 다석 유명모(1890~1981)가 대표적이다. 하지만 선생님과 유영모 사이에는 상당한 거리가 있다. 유영모는 인간세상과 소유론적 욕망에 대해 너무 부정적이어서 분위기가 너무 어둡다. 그의 어두움은 존재론적 사유가 그다지 깊지 못한 탓일 수도 있다고 생각된다. 심오함의 극치는 천박함과 구별되지 않고 어둠의 극치는 밝음과 구별되지 않는다. 너무 어둡다는 것은 아직도 이상주의와 도덕주의에 사로잡혀 있다는 뜻이다.

유영모를 포함해서 그들은 동서철학을 넘나들며 궁극적 실체를 관념적으로 상상하면서 과도하게 정신주의적 내지 이상주의적 경향을 보여주었다. 그들은 궁극적 실체로 회귀하려고 인간세상의 현실로부터 멀리 달아나거나 아니면 그 궁극적 실체를 자기화해서 인간세상의 현실을 획기적으로 바꾸기를 꿈꾸었다. 그 꿈을 실현하기 위해 북한으로 넘어가기도 했다. 남쪽 대한민국에 남은 지식인들 중에도 그 꿈을 잊지 못하는 자들이 많았다. 유영모는 역사현실을 외면하고 궁극적 실체의 어두운 깊이에 침잠했지만 그의 제자인 함석헌은 북한의 김일성한테 실망하고 월남을 했음에도 불구하고 그 꿈의 실현을 위해 반정부운동을 벌였다.

그들은 결국 주자학과 동학의 후예들이었기에 어떤 경우이건 인욕을 긍정하는 자본주의와 그 자본주의로부터 발원하는 서양근대문명 전반에 대해서는 부정 일변도일 수밖에 없었다. 그런 만큼 그들은 현실성이 없는 경우가 많았다. 그들은 일제시대 때부터 독립운동을 하더라도 실용적이고 실리적이기보다는 너무 이상주의적이고 도덕주의적

이어서, 사회주의나 공산주의 혹은 무정부주의에 기울었다. 해방 후 좌우대립이 격화되고 남북이 분단되고 전쟁까지 벌어졌지만 그들은 남한에 살면서도 자본주의와 자유민주주의를 근간으로 하는 대한민국에 대해서는 시종일관 적대적인 태도를 취했다.

도덕적 좌파 이상주의에 기운 그들은 한편으로는 본능의 소유론적 욕망을 적대시했고 다른 한편으로는 본성의 존재론적 사유를 알지 못했다. 소유론적 욕망을 적대시하는 한 존재론적 사유를 알기는 어렵다. 그래서 그들은 재래의 논리학과 형이상학 혹은 신학과 윤리학에 머물면서 자신들의 좌파 이상주의를 정당화했다. 젊은 시절의 구체철학 이래 만년의 해체주의를 거쳐 최말년에 전면긍정에 이르기까지 선생님의 철학적 사유는 그들의 도덕적 좌파 이상주의에 대한 근본적인 도전이었다고 보면 된다. 도덕적 좌파 이상주의는 본능의 소유론적 욕망도 채워주지 못하고 본성의 존재론적 욕망도 채워주지 못한다는 것이 선생님의 지론이었다. 다시 말해, 도덕적 좌파 이상주의는 우리를 물질적으로도 빈곤하게 만들고 정신적으로도 빈곤하게 만든다는 것이다.

하지만 오늘날 대한민국을 지배하고 있는 것은 선생님의 철학적 사유가 아니고 그들의 도덕적 좌파 이상주의다. 그들의 도덕적 좌파 이상주의가 우리 지식인 사회를 장악한 것은 어제 오늘의 일이 아니다. 더 거슬러 올라가면 조선조 이래의 주자학적 전통과도 깊숙이 이어져 있다. 선생님은 조선조 이래 우리의 마음속에 도덕적 좌파 이상주의가 얼마나 깊이 뿌리를 내리고 있는지 잘 알고 있었기에 "마음혁명"을 외쳤다. 마음혁명은 존재론적 사유와 소유론적 사유가 불일불이의 관계로 겹쳐져 있는, 정신적으로도 풍요롭고 물질적으로도 풍요로운 "자리이타(自利利他)"의 길이다. 선생님은 그렇게 믿고 기회 있을 때마다 마음혁명을 외쳤다. 방송에 나가 대중강연도 하고 절에서 설법도 했다.

마음혁명은 좌파 이상주의자들이 추구하는 사회혁명이나 정치혁명과 같은 외적인 혁명에 대한 안티테제였다. 선생님은 외적인 혁명은 세상을 더 나쁘게만 만들 뿐이라고 보았다. 세상을 좋게 바꾸려면 각자 자신의 마음을 바꾸는 마음혁명 외에 다른 방법이 없다고 선생님은 생각했다. 하지만 모든 것이 "다 좋다"는 최만년 선생님의 경지에 비추어보면 마음혁명이란 말도 어색한 데가 있다. 모든 것이 "다 좋다"면 굳이 세상을 바꿀 일도 없고 자신의 마음을 바꿀 일도 없다. 세상을 있는 그대로 "다 좋다"고 긍정하고, 마음에서 일어나는 모든 생각도 있는 그대로 "다 좋다"고 긍정하는 것이 진짜 마음혁명인지도 모른다.

합리적으로 보면 마음혁명의 정체도 애매한 데가 있다. 하지만 수행자인 선생님에겐 그렇지 않았던 것 같다. 선생님은 치매 직전까지도 사람들 앞에서 말할 기회가 주어지면 어떤 경우이건 마다하지 않고 확신에 차서 마음혁명을 설파했다. 중생을 위해 말로 하는 보시였다. 만년의 선생님은 시끄러운 세상으로부터 등을 돌리고 명상을 통해 반야의 지혜를 얻고 싶어 하면서도 세상에 대한 걱정을 잠시도 놓지 않았다. 젊은 시절부터 최만년에 이르기까지 나라사랑은 선생님의 고질이었다.

선생님은 불교에 귀의하여 마음혁명을 설파하면서도 박정희에 대한 깊은 존경심을 잃지 않았다. 선생님에게 불교가 존재론적 사유를 대변한다면 박정희라는 영웅은 소유론적 사유의 절정에 있다. 두 개의 이질적인 사유는 체용관계에 있다고 선생님은 생각하지만 그 체용관계의 내막이 구체적으로 어떤 것인지 나는 아직도 궁금한 게 많다. 어떻게 존재론적 사유가 소유론적 욕망의 긍정으로 이어지는지, 어떻게 부처님과 같은 성자가 박정희와 같은 영웅으로 이어지는지, 어떻게 자리

(自利)의 추구가 이타(利他)의 결과를 낳는지 선생님은 분명하게 설명해준 적이 없다.

젊은 시절 이래 이상주의, 도덕주의, 사회주의에 대한 선생님의 일관된 부정적 입장은 모든 것이 다 좋다는 최만년의 입장과 어떤 관계인지도 궁금하다. 모든 것이 다 좋다면 물학과 실학과 심학의 구분은 무의미해지고 모든 것이 일거에 단순해지는 것 같기도 하지만 합리적인 안목으로 보면 사태가 더 복잡해지는 것 같기도 하다. 모든 것이 다 좋다는 존재론적 사유의 극치에서는 이상주의, 도덕주의, 사회주의까지도 배제할 수가 없기 때문이다. 아무리 봐도 선생님의 철학적 사유는 젊은 시절부터 최만년에 이르기까지 시종일관 애매하다.

애매하다는 것은 풍부하다는 뜻일 수도 있다. 선생님의 책을 좋아하는 독자들 중에 좌파 이상주의자들이 꽤 있는 것은 선생님의 철학적 사유가 가진 애매성과 더불어 풍부함을 말해주는 증거일 수도 있다. 철학적 사유가 심오해지면 경계를 넘어 애매해지는 동시에 풍부해지는지도 모르겠다. 내가 기억하는 선생님은 늘 우파 애국자였지만 선생님의 철학적 사유에는 좌우의 경계선마저 허물어버리면서 좌우를 다 받아들이는 심오함과 애매함과 풍부함이 있다. 그러므로 선생님의 철학적 사유를 함부로 우파적 사유라고 규정해서는 안 된다고 생각된다. 선생님의 철학적 사유는 좌우의 이념대결을 월등히 넘어서면서 좌와 우 모두를 포용하고 있다.

선생님이 던지는 철학적 메시지는 쉽고 분명해 보이는데도 그것을 일목요연하게 정리를 하려면 정리가 잘 안 되는 것은 선생님의 철학적 사유가 가지고 있는 그 심오함과 애매함과 풍부함 때문일 것이다. 합리적 사유로는 도저히 접근하기 힘든 인간과 세계의 가장 깊은 곳, 아무것도 없는 바로 그곳의 무(無) 속에 심오함과 함께 애매함과 풍부함이 있는 듯하다. 일목요연하게 정리한다는 것은 합리적 사유에 속한다. 모든 것이 다 좋다고 말하는 선생님의 철학적 사유의 본향은 우리가 수행자가 되어 몸과 마음으로 따라갈 때에만 동참할 수 있을 뿐, 합리적 사유에 의해 일목요연하게 정리할 수 있는 그런 대상이 아니다.

# 1장

## 불교와 하이데거

# 심원의 하이데거와 니체 해석에 대해서

동서비교철학이 나아갈 방향과 관련하여

**박찬국**

(서울대학교 철학과 교수)

## 1. 심원선생에 대한 단상

나는 심원선생의 글을 국내의 어떤 철학자가 쓴 글보다도 더 많이 접한 것 같다. 이는 심원선생의 관심영역이 나의 관심영역과 많이 겹치기 때문인 것 같다. 심원선생도 말년에 갈수록 불교에 심취했던 것으로 보이는데 나 역시 불교를 매우 좋아한다. 이 때문에 심원선생이 쓰신 글들 중 특히 불교와 관련된 책들인 『하이데거와 마음의 철학』, 『하이데거와 화엄의 사유』, 『원효의 대승철학』을 큰 관심을 갖고 읽었다.

나는 이렇게 글을 통해서는 국내의 다른 어떤 철학자보다도 심원선생과 많이 접했는데, 정작 심원선생을 직접 뵙고 이야기를 나눈 것은 한 손가락으로 헤아릴 수 있을 정도인 것 같다. 그럼에도 불구하고 심원선생과의 만남은 나에게 깊은 인상을 남겼다. 나는 심원선생은 철학에 깊이 빠져 있는 극히 진지한 분이라는 인상을 받았으며 또한 뛰어난 학문적 업적에도 불구하고 단순히 겸손을 가장하지 않고 겸손이 체화되어 있는 분이라는 인상을 받았다.

나는 심원선생의 『하이데거와 화엄의 사유』에 대한 서평에서 이렇게 쓴 적이 있다.

"800여 페이지에 달하는 책을 앞에 두고 우선 느끼는 것은 해가 거듭해도 수그러들 줄 모르고 오히려 치열해져만 가는 노(老)교수의 학문적 열정과 힘에 대한 경탄과 존경이다. 60이 넘은 나이에 하이데거의 전기사상과 불교의 유식학을 비교하는 야심작인 『하이데거와 마음의 철학』을 내놓은 지 2년이 채 지나지도 않아, 김교수는 다시 하이데거의 후기사상과 불교의 화엄학을 모든 측면에서 철저하게 비교하고 있는 방대한 책을 내놓고 있는 것이다."

이렇게 국내외의 철학계에서 그 유례를 찾아보기 힘든 혁혁한 성과를 냈으면 나름 자신에 대한 강한 자부심을 풍길 수도 있으련만 심원선생에게서는 그런 느낌을 받지 못했다. 학문적인 진지함과 겸손함, 바로 이것이 심원선생을 한 번이라도 대면한 사람이라면 누구나 받았을 인상이라고 생각된다.

철학하는 분들 중에서 내가 인격적으로 큰 감화를 받았던 몇 분 원로교수님이 있는데 심원선생도 그 중 한 분이시다. 심원선생은 박정희 정권과 전두환 정권에 참여했다는 이유로 철학하는 사람들 사이에서 논란이 되었던 것으로 알고 있다. 그런데 나는 만약 심원선생과 직접 대면해 본 사람이라면 누구나, 그 정권에 참여한 것의 잘잘못은 어떻든 간에 심원선생이 단순히 권력에 아부해서 이득을 보겠다는 비속한 마음으로 참여한 것은 아니라고 느꼈을 것이라고 생각한다. 적어도 내가 직접 접해 본 심원선생은 그렇게 누추한 분은 아니었다. 나는 심원선생은 진정한 애국의 길이 무엇인지에 대한 고심에서 두 정권에 참여했을 것이라고 생각한다.

군사정권에 대한 박종홍교수나 심원선생의 참여를 생각할 때 나뿐 아니라 철학하는 사람이라면 누구나 하이데거의 나치 참여를 떠올리게 될 것 같다. 나는 오래 전에 『하이데거와 나치즘』(문예출판사, 2001)이란 책을 쓴 적이 있다. 이 책은 나중에 『하이데거는 나치였는가』(철학과현실사, 2007)이란 제목으로 개정판이 나왔다. 나는 심원선생과 마찬가지로 하이데거 역시 권력에 편승하여 이득을 보겠다는 의도에서가 아니라 나치운동이 총체적 난국이라고 할 수 있는 당시의 독일 상황을 극복하고 독일인들의 정신혁명을 일으킬 수 있을 것이라는 믿음에서 나치에 참여했다고 생각한다.

하이데거를 박종홍교수나 심원선생과 비교할 때 공통점으로 떠오르는 또 하나의 것은 제자들이 그 분들에 대해서 보여주는 깊은 애정과 존경이다. 독일에서 유학할 때 참석한 하이데거 학회에서 나에게 가장 경이롭게 느껴졌던 것은 가다머를 비롯한 제자들이 보여준 하이데거에 대한 엄청난 존경심이었다. 그것은 단순한 예의치레라고는 볼 수 없는, 하이데거에 대한 진정한 경탄과 애정에서 비롯된 존경심이었다. 그들이 보여주는 스승에 대한 존경심은 '스승의 그림자도 밟지 말라'는 동양의 말이 무색할 정도로 진중했다. 나는 박종홍교수나 심원선생은 하이데거와 마찬가지로 제자들로부터 진심 어린 존경을 받은 몇 분 안 되는 철학교수들일 것이라고 생각한다.

## 2. 심원선생의 동서비교철학

심원선생처럼 동서양철학과 한국철학을 폭넓고 깊이 있게 섭렵한 분은 그 전에도 없었고 앞으로도 나타나기 어려울 것 같다. 이렇게 폭넓고 깊은 공부와 함께 심원선생은 동서비교철학에서 한국뿐 아니라 전세계적으로도 유례를 찾아보기 힘든 업적을 남겼다. 유식철학의 관점에서 하이데거의『존재와 시간』을 해석한『하이데거와 마음의 철학』과 화엄철학의 관점에서 후기 하이데거를 해석한『하이데거와 화엄의 사유』, 해체론적 입장에서 도덕경을 해석한『사유하는 도덕경』, 역시 해체론적 입장에서 원효를 해석한『원효의 대승철학』은 그 해석의 타당성에 대해서 논란은 있을 수 있겠지만 그 연구 모두가 해당 주제에 대한 큰 업적이며 후학들이 넘어서야 할 큰 산이라는 사실을 부인하기는 어렵다.

심원선생의 동서비교철학이 갖는 가장 큰 특색이자 장점은 동양철학과 서양철학 사이의 생산적인 대화를 매개함으로써 사태를 보다 명료하면서도 풍요롭게 파악하고 서술하고 있다는 점이다. 동서철학을 비교하는 기존의 많은 연구는 보통 양자의 유사한 점들을 단순히 병치하는 것으로 시종하면서 사태 자체에 대한 이해를 심화시키거나 풍요롭게 하는 데는 거의 기여하는 바가 없었다. 이에 반해 심원선생은 인간과 세계와 사물, 사유와 언어와 같은 철학적인 주제들을 비교되는 두 사상 중 어느 하나에만 의거할 때보다도 훨씬 더 풍요로우면서도 선명하게 드러내고 있다. 심원선생은 동서철학을 비교하면서도 이러한 비교의 과제가 사태 자체에 대한 보다 철저한 규명임을 잊지 않고 있는 것이다. 이러한 방식의 비교철학은 비교되는 두 사상을 깊이 있게 이해하고 있을 뿐 아니라 두 사상이 말하려고 하는 사태 자체를 명료하게 통찰한 사람만이 할 수 있는 것이다. 이 점에서 나는 심원선생을 비교철학의 달인(達人)이라고 부르고 싶다.

일례를 들면 심원선생은 하이데거의 Mit-sein이라는 개념을 단순히 사회적 존재로 해석하지 않고 만물과 함께 어우러지는 것으로 해석하며, sein-lassen이란 개념을 '자식의 고귀한 존재를 온몸으로 느끼는 어머니의 마음'으로 해석하고 있다. 이러한 해석은 하이데거에 대한 연구사에서 보기 드문 참으로 대담하면서도 독창적이고 해석이다. 그것은 하이데거가 말하려는 사태를 화엄사상의 시각에서 보다 심오하면서도 풍요롭게 파악하고 있다고 할 수 있다.

심원선생의 비교철학이 갖는 또 하나의 특색은 동서철학의 생산적인 대화를 매개함으로써 현대문명이 직면하고 있는 위기를 분석하고 그 위기를 극복할 수 있는 비전을 제시하려고 한다는 점이다. 심원선생의 비교철학은 단순히 학문적인 차원에 머무는 것이 아니라 철저하게 현실참여적인 성격을 갖는다고 할 수 있는 것이다. 이 점에서 심원선생의 비교철학은 또한 이 시대에 철학이 나아가야 할 방향을 보여주려는 하나의 시도라고도 할 수 있다. 냉전시대에 철학이 사회주의 국가들에서는 정치의 시녀에 불과한 것이었다면, 냉전이 끝나고 전 세계가 과학기술의 개발에 매달리고 있는 현실에서 철학은 과학의 시녀로 전락해 있다. 그나마 이 시녀는 정작 자신이 봉사하는 과학이 전혀 도움을 요청하지도 않고 거들떠보지도 않는 비참한 시녀에 불과하다. 심원선생은 오늘날 인문학 특히 그 중에서 철학의 죽음이 운위되는 것은 철학이 이렇게 과학의 시녀로 전락한 데에 그 원인이 있다고 본다. 심원선생은 이러한 상태에서 철학이 벗어나는 것은 철학이 하이데거의 후기사상이나 화엄학이나 선학처럼 정신의 깨달음에로 입문(initiation)하는 길을 제시하는 학문이 될 경우에만 가능하다고 본다.

나는 심원선생이 개척한 이러한 비교철학의 방식이 비교철학이 나아갈 방향들 중 극히 중요한 방향이라고 생각한다.

### 1) 심원선생의 핵심사상

심원선생이 동서비교철학을 통해서 말하려고 하는 핵심적인 내용은 다음과 같이 요약할 수 있을 것 같다.

"현대문명은 소유론적인 철학에 입각해 있다. 소유론적인 철학이란 만물을 주체와 객체로 구별한 후 객체를 주체가 정복하거나 소유하고 주체가 원하는 방향으로 변형시키려는 철학이며 이러한 소유론적인 철학은 현대에서는 자본주의와 사회주의로 나타나고 있다.

이러한 소유론적인 철학은 존재자적인 관점에 선 철학을 의미하기도 하는데, 이 경우 존재자란 이성적 사유를 통해서 붙잡히는 것, 개념적으로 파악되는 것을 가리킨다. 이렇게 존재자적 관점에서 세상을 보는 입장은 세상을 서로 분리된 개체들의 합으로 보는 개인주의로 빠지든가 아니면 개체들을 무시하고 전체만을 인정하는 전체주의로 빠지게 된다. 세상을 분리된 개체들의 합으로 보는 것이 자본주의라면 개체들을 무시하고 전체만을 인정하는 것이 바로 사회주의다.

소유론적인 철학과 존재자적 관점에 선 철학은 인간중심주의의 철학이기도 하다. 그것은 인간을 세계의 중심으로 보면서 모든 것을 인간의 관점에서 평가하고 차별하는 철학이다. 이러한 철학에서는 인간 이외의 다른 존재자들은 인간이 소유하고 지배해야 하는 대상이 된다.

소유론적인 철학에 대립되는 것은 존재론적인 철학이다. 서양의 전통형이상학을 지배해 온 소유론적인 철학과 존재자적인 관점을 넘어서려고 하는 존재론적인 철학은 하이데거와 니체, 그리고 노장과 불교와 같은 해체론적인 철학이라고 할 수 있다. 소유론적인 철학이 존재자적인 관점에 선 철학인 반면에 존재론적인 철학은 존재의 관점에 선 철학이다. 존재자적인 관점이 근본적으로 주객분리에 입각하면서 객체들을 개념적으로 파악하여 그것들을 소유하고 지배하려고 하는 반면에, 존재의 관점은 주체의 제한된 관점을 존재자들에게 강요하지 않고 오히려 자신을 철저하게 비워 공(空)과 무(無)의 입장으로 돌아가면서 존재자들로 하여금 자신들의 고귀하고 성스러운 진리를 스스로 개현하도록 하는 관점이다. 세상을 이렇게 존재의 관점에서 볼 경우 개체와 전체는 서로 분리되지 않으며 모든 것은 서로 상의상자(相依相資)하는 것으로 나타난다. 따라서 소유론적인 철학이 다른 존재자들을 소유하고 지배하려는 의지에 사로잡혀 있다면 존재론적인 철학은 다른 존재자들에게 감사하면서 그것들을 그 자체로 존재하도록 하게 하려는 철학이다.

현대가 직면하고 있는 위기는 마음의 변화를 통해서만, 다시 말해서 소유론적인 철학에 의해서 지배되던 마음이 존재론적인 철학에 의해서 규정되는 마음으로 변화됨으로써만 극복할 수 있다. 세상은 세상을 살아가는 사람들의 마음의 종합이며 마음을 고치지 않으면 세상은 절대로 달라지지 않는다. 따라서 자신의 마음은 고치지 않고 세상을 정의롭게 만들려고 하는 모든 철학은 아만과 아집에 사로잡힌 광신적인 독선주의와 전체주의로 귀착될 수밖에 없다."

물론 소유론적인 철학에 대해서 존재론적인 철학을 내세운다고 해서 심원선생이 물질적인 풍요가 가질 수 있는 긍정적인 의의마저도 무시하는 것은 아니다. 다만 심원선생은 우리가 물질적 풍요를 도모하되 물질의 노예가 되지 않는 것이 필요하다고 보고 있으며 물질에 대한 탐욕에서 자유로운 자만이 물질을 참으로 즐길 수 있다고 보고 있다.

위와 같은 사상이 심원선생의 동서비교철학을 관통하고 있는 핵심사상이라고 여겨진다. 예를 들어 심원선생은 하이데거의 후기 사상을 "소유와 경제와 과학기술에 집착하는 인간중심주의의 사상을 넘어서 인간이 '마음의 가난'을 다시 기억하고 그러한 가난한 마음에서 열려오는 존재의 빛 안에 인간이 거주할 것"을 촉구하는 사상으로 파악하면서 하이데거의 이러한 사상은 무(無)와 공(空)의 신비를 깊이 체득할 것을 역설하는 불교의 화엄학과 동일한 사태를 지향한다고 보고 있는 것이다.

## 2) 동서비교철학이 나아가야 할 방향

나는 심원선생의 비교철학이 거둔 혁혁한 성과와 그것이 갖는 지대한 의의를 십분 인정하면서도, 여기서는 특히 하이데거와 니체의 사상을 불교사상과 비교하는 연구가 나아가야 할 방향을 심원선생과는 다른 측면에서 살펴보려고 한다. 심원선생은 니체에 대해서는 책을 쓴 적은 없고 간략한 글을 남겼지만 니체에 대한 심원선생의 관심과 애정은 서양철학자들 중 베르크손이나 하이데거 그리고 마르셀이나 해체론적인 철학에 대한 관심과 애정 못지않았던 것 같다. 이성보다는 본능을 중시하고 운명을 긍정하는 니체의 사상이 선불교의 정신에 직접적으로 와 닿는다고 심원선생은 보았던 것 같다.

심원선생은 철학의 조류를 크게 일원론적인 입장, 이원론적인 입장에서 이상과 당위를 중시하는 입장, 이원론적인 입장에서 이상과 당위보다는 경험과 현실을 중시하는 입장으로 나누고 있다. 이러한 분류가 지나치게 도식적이고 성기고 거칠다고 생각할 수도 있겠지만, 국내에서 행해져 온 동서비교철학연구의 현실을 살펴보면 심원선생의 동서철학비교가 상당히 세심한 것이라고도 할 수 있다. 2018년도 2학기에 본인은 〈서양철학과 불교의 비교〉라는 주제로 대학원에서 강의를 했다. 이 강의는 서양철학자들과 불교를 비교하는 국내논문들을 검토하는 식으로 행해졌다. 그런데 놀라운 점은 이러한 논문들 거의 모두가 각 논문이 다루는 서양철학자의 사상과 불교를 본질적으로 동일하거나 유사하다고 보는 입장을 취하고 있다는 것이었다. 플라톤과 불교를 비교하는 연구자는 양자 사이에 차이보다는 본질적인 동일성 내지 유사성이 성립한다고 보았다. 그러나 플라톤뿐 아니라 아리스토텔레스, 퓌론의 회의주의, 스피노자, 칸트, 헤겔, 쇼펜하우어, 니체, 하이데거, 비트겐슈타인, 제임스, 푸코, 들뢰즈, 데리다와 불교를 비교하는 거의 모든 연구가 이들 서양철학자들의 사상과 불교 사이에 본질적인 동일성 내지 유사성이 존재한다고 보았다.

이러한 논문들의 입장을 받아들인다면 우리는 서양철학 거의 전부가 불교와 본질적으로 동일하거나 유사하다는 결론을 내려야 할 것이다. 이러한 연구들에 비하면 심원의 동서철학 비교는 상당히 섬세하다고 보아야 할 것 같다. 적어도 심원은 서양철학의 거의 모두가 아니라 그 중 일원론적인 입장을 취하는 철학을 불교와 유사한 것으로 보고 있기 때문이다.

서양철학과 불교를 비교하는 국내논문들은 거의 불교의 입장에서 서양철학을 재단하는 입장을 취하고 있다고 볼 수 있다. 그러나 나는 동서비교철학을 하는 바람직한 방향은 가다머가 말하는 지평융합의 입장에서 행해져야 한다고 생각한다. 이러한 지평융합은 일차적으로 서로 비교되는 두 사상이 서로 다른 지평에 서 있다는 사실을 인정하는 것과 함께 이루어진다. 가다머는 그러한 지평융합의 대표적인 것이 고대그리스철학에 대한 하이데거의 연구라고 보았다. 하이데거는 고대

그리스인들이 자연을 근대철학이나 현대철학과는 전혀 다르게 경험하고 사유했다고 보면서, 고대그리스인들이 경험했던 자연이 근현대의 자연과 어떤 식으로 다른지를 분명하게 보여주려고 했다.

이러한 지평융합과 반대되는 연구태도가 어떤 하나의 지평을 다른 지평에게 강요하는 연구태도라고 볼 수 있다. 이러한 태도의 대표적인 것이 신칸트학파의 플라톤 해석과 신헤겔학파의 아리스토텔레스 해석이 아닐까 한다. 신칸트학파는 플라톤의 철학을 칸트 철학과, 신헤겔학파는 아리스토텔레스의 철학을 헤겔 철학과 본질적으로 유사한 것으로 보면서, 칸트 철학이나 헤겔 철학의 입장에서 플라톤이나 아리스토텔레스를 해석하려고 했다. 이 경우 칸트는 플라톤 철학의 완성자로, 헤겔은 아리스토텔레스 철학의 완성자로 간주되며, 플라톤이나 아리스토텔레스는 불완전한 칸트나 헤겔이 된다.

이렇게 자신이 서 있는 사유지평을 과거의 다른 사상을 해석할 때 적용하는 예는 신칸트학파와 신헤겔주의에서만 보이는 것은 아니다. 예를 들어 오늘날 양자 역학이나 진화론을 불교를 해석하는 데 적용하는 연구들을 우리는 상당히 많이 접할 수 있다. 이러한 연구들은 암암리에 양자 역학이나 진화론의 권위를 빌려서 불교를 정당화하고 불교의 권위를 높이려는 의도를 갖고 있는 것 같다. 이러한 연구들은 거의 대부분이 불교의 가르침의 핵심을 연기설로 본다. 고정불변의 실체는 없고 모든 것은 가변적이고 직물처럼 서로 얽혀 있는 사건이라는 것이다. 심원 역시 연기설을 불교사상이나 노장사상의 핵심이라고 보는 것 같다. 심원의 이러한 입장은 모든 실체를 부정하는 해체론에 의거하여 불교나 노장을 해석하려는 데서도 드러난다.

그러나 과연 불교의 연기설은 이러한 모든 현대적 연구가 주창하는 연기설과 동일하거나 유사한가? 나는 불교의 연기설은 굳이 양자역학이나 진화론 혹은 해체론을 끌어들이지 않고서도 이해할 수 있는 극히 상식적인 가르침이라고 생각한다. 불교에서 연기설은 '고정불변의 실체는 존재하지 않으며 모든 것이 무상하다고 보는' 제행무상설과 긴밀하게 결부되어 있다. 불교에서 깨닫는다는 것은 무상을 깨닫는 것이다. 인간을 비롯한 모든 것은 우리의 통제를 벗어난 인연에 따라서 생기고 인연에 따라서 사라지며, 그 어떤 것도 영원히 존재하지 않는다. 이러한 사실은 조금만 생각하면 누구나 다 이해할 수 있는 사실이다. 그러면 우리는 다 깨달은 사람인가? 불교의 연기설이 양자역학이나 진화론과 구별되는 점은 불교는 제행무상이라는 사실에 주목하면서 그러한 사실로부터 어떤 것에도 집착하지 말라는 가르침을 끌어낸다는 점이다.

모든 것이 무상하다는 것을 머리로 아는 것은 쉽지만 이렇게 머리로 이해한 것을 온 몸과 마음으로 체화하기는 어렵다. 우리는 모든 것의 무상함을 잘 알고 있지만 돈과 명예 그리고 직위에 집착하면서 서로 싸우는 것이다. 이러한 집착에서 온전히 벗어난 사람이 깨달은 사람이다. 불교의 연기설은 단순히 사실을 파악하는 것을 넘어서 마음을 변혁하는 것을 목표하며 이 점에서 그것은 일체유심조의 사상과 불가분의 관계에 있다. 집착심에 사로잡혀 있을 때 세계는 우리에게 고통스러운 세계로 나타나지만 집착심에서 벗어나면 세계는 아름다운 세계로 나타난다. 양자역학이나 진화론은 고정불변의 실체는 존재하지 않는다고 보겠지만 일체유심조의 사상과는 전혀 무관하다.

그러면 해체론은 어떤가? 이것 역시 철학인 이상 세계에 대한 인간의 태도를 바꾸는 것을 목표한다고 볼 수 있다. 이 점에서 해체론은 불교와 일정한 유사성을 갖는다고 할 수 있다. 그러나 나는 불교는 여타의 서양 사상들은 물론이고 해체론과도 다른 삶의 태도를 갖고 있지 않나 생각한다.

약간 극단적인 예를 들어 말하자면 불교에서는 자신과 가까운 사람이 옆에서 벼락을 맞아 죽는 순간에도 한 생명이 인연에 따라서 왔다가 인연에 따라서 사라졌다고 생각하면서 여여한 마음을 견지해야 한다고 말한다. 불교에서는 우리 인간을 비롯한 모든 사물이 뜬구름과 같다고 말한다. 나는 이는 한갓 비유가 아니라 불교가 파악하는 존재의 실상을 가장 잘 드러낸 표현이라고 생각한다. 뜬구름이 아무런 고정되고 통일적인 실체성을 갖지 않듯이 모든 사물도 그러하다. 그러니 모든 것을 뜬구름처럼 왔다고 뜬구름처럼 사라지는 것으로 생각하면서 그 어떤 것에도 매이지 말고, 기쁜 일이나 슬픈 일이 있어도 항상 여여하라는 것이다.

나는 진화론이나 양자역학은 물론이고 해체론이나 하이데거의 철학도 과연 이런 주장을 자신의 핵심사상으로 갖는지 의문이다. 데리다든 들뢰즈든 하이데거든 과연 모든 것을 뜬구름처럼 보라고 설파하는가? 그리하여 자신과 가장 가까운 사람이 옆에서 갑자기 죽음을 맞아도 뜬구름이 생겼다가 사라진 것처럼 생각하면서 여여한 마음을 견지하라고 가르치는가?

나 역시 심원선생과 마찬가지로 불교와 하이데거 철학의 유사성에 초점을 맞춘 연구들을 해왔다. 하이데거 사상도 불교와 마찬가지로 우리가 집착하는 세간적인 가치에 대한 집착에서 벗어날 것을 촉구한다. 그러나 하이데거는 '그 어떤 것에도 매이지 말라'는 가르침을 불교처럼 철저하게 설파하지는 않는 것 같다. 그는 신들과 조국 그리고 조국의 대지에 뿌리박은 토착 언어의 중요성에 대해서 말한다. 그러나 불교에게는 신들도 조국도 민족도 허깨비에 불과하다.

불교가 모든 것을 뜬구름처럼 본다고 해서 불교가 허무주의를 설파하는 것은 아니다. 허무주의는 인생에는 어떠한 의미도 가치도 없다고 보는 사상이다. 허무주의에 사로잡힌 사람들은 삶에서 극심한 공허감과 허무감을 느낀다. 이러한 공허감과 허무감은 삶에게 어떤 고정된 의미와 가치를 부여하고 싶지만 그런 것이 발견되지 않는 데서 생긴다. 그러나 불교에서는 이러한 영원불변의 절대적인 의미와 가치는 존재하지 않는다고 본다. 오히려 이렇게 고정된 의미와 가치를 통해서 삶에 어떤 안정된 토대를 부여하려는 태도 자체가 뜬구름 같은 삶을 영원히 지속적인 것으로 만들려는 집착에서 비롯되었다고 본다.

불교에서는 이러한 의미나 가치를 찾으려는 욕망조차도 버리고 삶을 뜬구름처럼 볼 것을 요구한다. 이렇게 모든 집착을 버리게 되면 허무감이나 공허감이 아니라 오히려 우리가 예상하지 못했던 평온한 충만함이 우리 마음에 깃들게 된다. 이러한 평온한 충만한 마음 이외의 어떤 것도 우리의 의지처가 되지 못한다. 이렇게 평온하고 충만한 마음 상태에서는 모든 것이 아름답게 보인다. 이는 뜬구름이 아무런 실체성도 없지만 우리가 아무런 생각 없이 그것을 올려다보면 아름답게 보이는 것과 마찬가지다.

이 점에서 불교는 현실을 마냥 허무한 것으로서 부정하지 않고 현실을 긍정하지만, 그 어떤 것에도 애착을 두지 않는 방식으로 긍정한다. 그것은 우리가 뜬구름을 보면서 그 아름다움을 관조하듯 매사에 평온한 관조의 태도로 임한다. 나는 바로 이 점에서 불교의 현실긍정과 니체의 현실긍정 사이에는 무시할 수 없는 차이가 존재한다고 생각한다.

니체는 운명애를 말하면서 현실을 긍정하지만 이러한 긍정은 번뇌

세상이 열반세상이라고 주장할 때 불교에서 보이는 현실 긍정과는 다르다. 니체는 카이사르나 나폴레옹을 초인에 가까운 사람들로 칭송한다. 이들은 자신들이 겪었을 역경과 곤경에도 불구하고 자신들의 삶을 긍정했을 가능성이 있다. 그러나 불교에서 보기에 이들은 세상에 대한 집착에 사로잡힌 자들이다. 니체는 세상을 뜬구름처럼 보라고 설파한 적은 없다. 오히려 그는 성욕을 비롯하여 명예욕이나 승부욕에서 벗어날 것을 요구하지 않고 정신화할 것을 요구한다. 그는 성욕을 남녀 간의 사랑으로, 명예욕이나 승부욕도 이왕이면 자신과 대등한 자나 자신보다 우월한 자와 겨루려는 태도로 승화시킬 것을 요구하는 것이다. 니체에게는 세상을 뜬구름처럼 보라는 말은 염세주의나 현실도피주의로밖에 여겨지지 않았을 것이다.

나는 하이데거보다는 니체에 대해서 불교가 갖는 거리가 훨씬 더 크다고 생각한다. 하이데거는 우리가 흔히 세속적인 욕망이라고 생각하는 소유욕이나 명예욕 그리고 승부욕 등으로부터 벗어날 것을 주장하는 반면에, 니체는 그것들에서 벗어날 것을 주장하기보다는 그것들을 발전적으로 승화하거나 정신화할 것을 주장하기 때문이다. 아울러 하이데거만 해도 성욕을 삶의 중요한 요소로서 강조한 적이 없지만 니체는 성욕을 훌륭한 문화적인 작품을 낳는 중요한 동인으로 보고 있다.

하이데거나 불교 그리고 니체와 불교 사이의 유사성을 주장하는 국내외의 많은 연구가 양자 사이의 이러한 차이를 무시하는 경향이 있다고 생각한다. 하이데거와 불교의 유사성에 대한 심원선생의 치밀한 분석은 국내외의 어떤 분석에서도 보기 힘든 놀라운 성과를 올리고 있기는 하지만, 심원선생의 분석도 이러한 기본적인 차이를 충분히 고려하는 것 같지는 않다.

### 3) 서양의 전통형이상학의 본질적인 성격을 어떻게 파악할 것인가?

동서비교철학이 나아가야 할 방향과 관련해서뿐 아니라 서양의 전통형이상학의 본질적인 성격과 관련해서도 나는 심원선생과 약간 의견을 달리 한다. 서양의 전통형이상학의 본질적인 성격에 대한 심원선생의 견해는 플라톤 이래의 서양의 철학을 존재망각의 역사로 보는 하이데거의 견해와 유사하다고 할 수 있다.

하이데거가 말하는 것처럼 서양 형이상학의 역사는 존재망각의 역사로 볼 수 있는 측면이 있지만 그렇다고 해서 그것이 전부라고 볼 수는 없을 것 같다. 우리는 야스퍼스와 마찬가지로 플라톤, 아리스토텔레스, 플로티노스, 아우구스티누스, 칸트, 셸링, 키르케고르와 같은 철학자들이 우리들에게 여전히 존재 자체와 인간과 세계에 대해서 우리가 계승해야 할 중대한 통찰을 제시하고 있다고 볼 수도 있을 것이다. 이런 관점에서 우리는 서양형이상학의 역사에 대한 하이데거의 견해는 형이상학에서 단지 하나의 본질적인 특성에 지나지 않는 것을 형이상학의 본질 전체로 보고 있는 것은 아닌가라는 의문을 제기할 수 있다.

야스퍼스뿐 아니라 이미 많은 비판가들이 서양 형이상학의 역사를 현대의 기술문명에서 완성되는 표상적 사유의 역사, 즉 모든 것을 대상화시켜서 파악하는 사유의 역사로 파악하는 것에 대해서 이의를 제기했었다. 볼프강 드 보어(Wolfgang de Boer)는 「형이상학에 대한 하이데거의 오해」라는 논문에서 존재망각은 전통형이상학의 역사 자체에 존재하는 것이 아니라 오히려 현대의 유럽인들이 2000년에 걸쳐서 서양의 역사를 지탱해 온 위대한 형이상학적 전통을 망각한 데서 비롯된다고 보고 있다.

서양의 전통형이상학에서 존재자들의 최고의 근거인 신은 단순히 인간의 이성에 의해서 구명될 수 있는 근거가 아니다. 표상적 사유에서는 근거 자체도 개념적으로 파악될 수 있지 않으면 안 된다. 그 경우에만 근거에로 나아가는 것은 '의미를 가질 수 있고 '유용한' 것이 될 것이다. 그러나 최고의 존재자, 즉 근원으로 나아갈 경우에는 '개념적으로 파악될 수 없으며 우리의 통제를 벗어난 것'(das Unverfügbare)이 문제가 되기 때문에 우리에게 유용한 것이 문제되고 있지 않다. 즉 그것은 하이데거가 말하는 무와 본질적으로 동일한 성격을 갖고 있는 것이다.

이런 맥락에서 막스 뮐러 역시 "'형이상학의 역사에서도 제일원인은 신비주의의 심연(Abgrund)과 마찬가지로 심연일 수 있으며, 제대로 사유된 존재의 유비에서 제1원인은 제2원인에서 뒤로 이어지는 계열로부터 단절되어 있으며 제1원인에의 도달은 항상 '초월' 내지 '비약'이며 결코 직선적인 진행은 아니라는 사실"을 지적하고 있다. 서양의 전통 형이상학이 이와 같이 표상적 사유를 극복할 수 있는 단초들을 이미 가지고 있다면, 우리는 서양 형이상학의 역사에서 존재망각의 극복을 위한 소중한 통찰들을 얻을 수 있을 것이다.

그렇다고 해서 이는 우리가 형이상학의 역사에 대한 하이데거나 심원선생의 해석이 기여한 바를 전적으로 부인해야 한다는 것을 의미하는 것은 아니다. 하이데거나 심원선생의 해석은 그것이 한편으로는 형이상학의 역사를 단순화하는 그만큼 형이상학에서 극복되어져야 할 것이 무엇인지를 명확히 드러내고 있다. 그리고 다른 한편으로 우리는 형이상학의 역사에 대한 이렇게 단순하면서도 바로 그 때문에 예리한 해석을 철저하게 사유함으로써, 표상적 사유를 극복하는 단초들을 서양의 전통 형이상학 자체에서 발견할 수 있으며 우리가 더 명확히 사유해야 할 유산으로서 계승할 수 있다.

# 실존적, 해체적, 그리고 존재적...

## 김형효 철학에서 해체의 의미

**박진영**

(미국 아메리칸 대학교 철학과 교수)

김형효 교수는 그의 한 논문에서 쟈끄 데리다의 해체 철학이 자신의 철학적 여정에 끼친 영향을 다음과 같이 밝힌 바 있다. "나는 데리다를 통하여 노장사상과 불교사상을 철학적으로 접근할 수 있는 계기를 터득했고, 또 오랫동안 난공불락이던 하이데거를 풀이할 수 있었다. 그는 나의 철학적 행정에서 가장 큰 전환기를 제공해준 사상가였다."[1] 최근 십여년동안 발표된 그의 글은 이 말의 진실성을 보여준다. 그는 원효의 철학, 화엄과 유식 불교 철학을 해체적 사유양식으로 읽었고, 또한 노장을 데리다와 함께 읽었다. 그 과정에서 그는 동서비교철학을

---

[1] 김형효, 「나의 철학적 사유의 길과 현대 프랑스 철학: 구조주의와 해체주의를 중심으로」, 『김형효 선생님 논문 합본집: 철학의 오디세이』, 51쪽.

그의 철학적 사유양식의 중심으로 가지고 왔다.

그럼에도 불구하고 그의 해체철학적 사유는 데리다의 그것과 구별됨을 우리는 볼 수 있다. 이 글에서는 김형효 교수의 해체적 사유양식을 그의 표현대로 '해체와 무(無)의 존재론' 혹은, '무(無)의 해체론적 존재론'이라고 정의해보고 이러한 김형효 교수의 철학 세계의 모습을 잠시 엿보고자 한다. '해체와 무의 존재론'으로서 김형효 교수의 사유양식은 데리다의 해체철학과 어떻게 다르며, 이는 우리의 철학하기에 어떠한 의미를 주는지 생각해 보고자 한다.

## 1. 실존적, 존재적, 그리고 해체적...

김형효 교수는 다양한 철학적 사고를 몇몇의 철학소(哲學素, philosophemes)들을 이용하여 정리하곤 한다. 그 한 예로 무위적(無爲的)/ 당위적(當爲的)/ 유위적(有爲的)의 구분을 들 수 있다. 이 구분을 그는 다시 물학(物學)/ 심학(心學)/ 실학(實學)으로 연결한다.[2] 또 다른 철학소의 영역으로 그는 '소유론적인 구성적 사유'와 '존재론적인 해체적 사유'라는 구분을 사용한다. 전자는 이성적 철학을 말하고 후자는 본성적 철학을 말하고 있다.[3] 소유론적, 구성적, 이성적 철학은 심학과 같은 계열에 놓을 수 있고, 본성적, 존재론적, 해체적 사유는 물학과

---

2 김형효, 「도구적 세상보기와 초탈적 세상보기-이승종 교수의 비판에 대한 답변」, 『오늘의 동양사상』 6호, 2002년 참조.
3 김형효, 「21세기의 철학적 세상보기: 동서사상의 理通事局論」, 『김형효 선생님 논문 합본: 철학의 오디세이』.

같은 계열에 놓을 수 있을 것이다. 물론 여기에 사용된 철학소들은 설명이 없이는 오해의 소지가 있는 것들도 있다. 그 한 예가 물학이다. 그가 말하는 물학은 물질론과 연결되지 않는다. 심학 역시 원효의 일심이나 마음의 철학에서의 마음과 연결되어서는 안 된다.

포스트모더니즘의 대표적 철학자 중 한 사람이었던 장 프랑수아 리오타르(1921~1991)는 포스트모던이 지향하는 세계를 '비인간적'이라고 규정한 바 있다. 리오타르가 분명히 명시하듯이 여기서 '비인간적'이라는 표현은 우리가 흔히 사용하는 인간적의 반대 용어로 비인간적이라는 부정적인 의미에서의 비인간적과는 구별된다. 리오타르는 인간적이라는 표현을 인간중심주의적이라는 의미와 동일시하면서, 포스트모더니즘은 인간이 인간을 세계의 중심에 놓는 사고를 지양한다는 의미에서 포스트모더니즘을 "비인간적"이라고 특징지은 것이다. 이는 김형효 교수가 휴머니즘을 형이상학적 이성중심주의의 전체주의적 사고양식의 한 양상으로 비판하면서 데리다의 해체철학을 근대적 형이상학적, 도덕주의적 당위의 철학의 한계를 보여주는 철학으로 규정한 것과 같은 맥락에서 이해될 수 있다.

스스로를 세계의 중심에 놓은 인간의 인문주의 철학은 소유론적인 사유양식이다. 이에 비해 해체철학은 주관이 객관을 소유하고자하는 사고 양식의 한계를 보여줌으로써 주관과 객관, 자아와 타자의 상호연관성, 나아가 이들이 '하나가 아니지만 둘도 아닌'(不一而不二) 모습을 보여주는 물학이다. 물학이라는 일반적 사유양식 안에서 김형효 교수는 동양철학과 서양철학, 특히 포스트모더니즘적 사고양식과 동양의 반실체론적 사유양식인 불교와 노자를 연결시켜왔다.

그렇다면 이 철학소들의 모자이크에서 해체 철학적 사유는 어떻게 존재론과 연결될 수 있는가? 이 질문은 사실상 김형효 교수의 해체적 사유의 가장 중요한 부분 중 하나를 다루는 문제라고 볼 수 있다. 이 질문에 대한 답을 위해 우리는 김형효 교수가 사용하는 또 다른 철학소들의 집합인, 실존적, 해체적, 그리고 존재적이라는 모음을 통해 설명해 보자.

김형효 교수는 메를로-뽕띠, 하이데거, 원효, 지눌을 논하는 글에서 존재성(본질성)을 실존성에 대립해서 사용한다. 그는 실존성과 본질성(혹은 존재성)이 불일이며 불이로 나타나는 것을 불교적, 해체적 사유양식으로 보았고, 이러한 사유 양식은 그의 철학에서 불교와 해체철학이 만나는 장소이기도 하다. 그러나 여기서 주의해야할 것은 본질성(존재성)은 해체적이라는 것이다. 이는 김형효 교수의 사유양식에서 최소한 다음과 같은 두 가지 중요한 의미를 지닌다. 첫째는 형이상학적 사고에서 본질론(존재론)이 동양적 사유양식과 대립을 보이는 반면, 해체적 존재론은 이 둘의 만남을 가능하게 한다. 둘째로, 해체적 존재론은 궁극적으로 구원과 해방, 그리고 존재에의 허무주의적 부정을 넘어서 긍정적 사유양식을 가능하게 한다.

형이상학을 넘어서서 탈근대적 실존성에 대한 이해의 한 예로 김형효 교수의 메를로-뽕띠에 관한 해석을 들 수 있다. 이십세기 전반기 대륙철학자의 주체와 객체 사이의 관계에 대한 철학 중에서 동양철학을 많이 언급하지 않으면서 불교적 사고 양식에 가장 가깝게 접근하고 있는 철학자 중 한 사람이 아마 모리스 메를로-뽕띠(1908~1961)일 것이다.[4] 김형

---

4 메를로-뽕띠가 동양사상을 전혀 언급하지 않은 것은 아니다. 한 예로, Les philosophes célèbres의 서문에서 그는 헤겔의 동양사상에 대한 논의를 비판하면서 동양적 사고를 언급한 바 있다. 이 서문의 영어 번역 "Everywhere and Nowhere"은 Sings, trans.

효 교수는 메를로-뽕띠의 철학을 『메를로-뽕띠와 애매성의 철학』(1996)
에서 논의한 바 있다. 그리고 그의 영어 논문 「메를로-뽕띠에 있어서
'살'의 의미와 그 불교적 해석(Merleau-Pontean 'Flesh' and its Buddhist
Interpretation)」에서 메를로-뽕띠의 철학과 불교 철학이 만나는 공간을
다루었다.

메를로-뽕띠 철학의 근간을 이루는 세계의 "애매성"(ambiguïté)은 근
본적으로 세계가 전통 형이상학에서 보는 이원적, 택일적, 실체론의
세계가 아닌 반실체론적 세계임을 말한다. 세계는 그 구조나 원리를
명확히 이해하거나 설명할 수 있도록 되어 있는 실체가 아니라는 것이
다. 주관과 객관을 이원론적으로 보고, 이 둘의 명확한 구분에 근거한
형이상학적 전통에 대해 이원론의 허상을 밝히는 것으로 메를로-뽕띠
의 철학은 시작된다. 메를로-뽕띠에게 주관과 객관, 자아와 타자는 서
로 절대적으로 분리되어있는 것이 아니라 상호가 서로 연관관계에 의
해서 존재한다. 이러한 주관과 객관의 명확한 분리의 불가능성을 메를
로-뽕띠는 그의 철학에서 '살'(la chair; flesh)이라는 개념으로 구체화
한다. 메를로-뽕띠의 '살'에 대한 김형효 교수의 해석을 읽어보자.

살은 감각적으로 보이는 현상의 사실적 얽힘 관계, 즉 지각 가능한
것을 말하기에 실존적인 차원을 나타내기도 하지만, 또한 그것은 현상
의 안보이는 면을 감각화시킨 것이기에 존재의 육화와 분리되어서 이
해될 수도 없다. 그래서 〈살〉은 메를로-뽕띠가 보여주듯이 그의 특유
한 철학적 용어로, 가시적인 현상이 비가시적인 본질과 따로 떨어져서

---

Richard C. McCleary (Evanston, Ill: Northwestern University Press, 1964)에 실려
있다.

존립하지 않음을 지시하는 용어다.[5]

이렇게 보면 메를로-뽕띠에서 살은 구체적이면서도 상징적이다. 김
형효 교수의 말대로 살은 감각적으로 보이는 현상이기에 실존적인 차
원이지만, 또한 존재의 보이지 않는 면을 나타내는 것이기에 보임과
보이지 않음, 현상과 현상적 존재의 얽힘관계를 나타내 준다. 이런 점
에서 김형효 교수에게 메를로-뽕띠의 철학은 그가 생각하고 있는 "실
존성"을 강조하는 철학이다. 실존적 현상학자로서 메를로-뽕띠는 본
다는 행위, 인식한다는 행위, 그리고 살아있다는 행위의 현상학적 모
습을 밝히려고 노력했고, 그러한 뒷면에서 그가 물질주의와 과학주의,
그리고 무엇보다 이전의 형이상학적 관념론을 모두 부적절한 철학의
행위로 보고 있음을 우리는 알 수 있다.

메를로-뽕띠는 주관과 객관, 보이는 것과 보이지 않는 것의 상호연
관성을 그의 후기 철학의 대표적 저서인 『보이는 것과 보이지 않는
것』(Le Visible et l'invisible)에서 교차배어법(chiasmus)으로 설명한다.
주체는 단순히 객체를 보고, 객체는 주체에 의해 보임을 당한다는 이
원론적 세계의 이해와 달리, 메를로-뽕띠는 주체는 객체를 보면서, 또
한 객체에 의해 보여짐에 의해 '봄'(visibilité)이라는 현상이 가능하다는
주체와 객체의 상호 연관성을 통해 존재를 이해한다. 이를 통해 그는
존재를 주체나 객체로 단편화하려는, 그리하여, 각 단편들에게 고정불
변의 실체를 주어 세계를 질서화하려는 형이상학의 꿈에 제동을 건다.

---

5 Hyong-hyo Kim, "Merleau-Pontean 'Flesh' and its Buddhist Interpretation,"
translated by Jin Y. Park, in *Merleau-Ponty and Buddhism*, edited by Jin Y. Park
and Gereon Kopf (Lanham, MD: Lexington Books, 2009), p.23.

'애매성', '살', '교차배어법'은 메를로-뽕띠의 실존적 현상학이 가지고 있는 철학의 성격을 단적으로 나타내주는 개념들이라 하겠다. 그리고 이들은 메를로-뽕띠의 철학이 그 근본에 있어 불교의 연기적 세계관을 공유하고 있다는 것을 보여준다. 메를로-뽕띠가 말하는 '애매성'이나 '살'의 개념은 세계안의 존재자가 독립적 본질을 가지고 개체적으로 존재하는 것이 아니라, 상호연관관계, 즉 '교차배어법'적 관계 하에서 존재하며, 그 근본적인 구조는 이성적이고 명확하게 설명되어지는 단계를 넘어선다는 점에서 불교의 연기적, 공적 세계관을 닮아 있다.

김형효 교수는 그의 글에서 메를로-뽕띠 철학이 불교와 공유하고 있는 점을 지적할 뿐 아니라, 그 공유점이 끝나는 점 역시 중요한 철학적 사유로 제시한다. 김형효 교수는 말한다. "메를로-뽕띠의 철학에서 세속제적인 연기법(緣起法)은 이 세계의 근원적인 사실로서 그려져 있으나, 진여제적인 개공법(皆空法)은 찾아보기 어렵다. 말하자면 그는 이중긍정적인 의타기적인 연기의 법을 말하나, 그 연기의 이면이 동시에 이중부정적인 해탈법에 다름 아님을 지적하지 않는다."[6] 김형효 교수는 메를로-뽕띠의 철학은 "살"로 규정되어지는 실존적 상황을 철저히 나타내고 있지만, 실존성을 넘어서려는 시도를 부정하기 때문에 불교가 제시하는 궁극적인 해탈을 말할 수 없다고 보는 것이다. 그는 "진여적 본각은 몸을 잊은 초탈적 해방과 자유의 수준이다. 인간이 몸의 상황을 벗어나지 못하는 한, 인간은 메를로-뽕띠의 말처럼 실존적 현실의 드라마에 얽매일 수 밖에 없다"[7]고 본 것이다.

---

6 Hyong-hyo Kim, "Merleau-Pontean 'Flesh' and its Buddhist Interpretation," p.18.

메를로-뽕띠는 형이상학의 극복을 지향했고, 따라서 그의 현상학은 존재의 실존성에 충실하고자 했지만, 김형효 교수에게는 실존성만을 보여줌은 충분하지 않았던 것이다. 김형효 교수는 메를로-뽕띠 철학의 여정을 다음과 같이 말한다.

메를로-뽕띠의 전기 철학은 『지각의 현상학』을 중심으로 현상학적 실존철학의 테두리에 충실한 사유를 한 반면, 후기는 그의 저서 『보이는 것과 안 보이는 것』에서 보이듯, 존재론적 사유를 도입하였다. 그의 존재론은 대문자 〈존재〉(Being)가 있음을 긍정하지만, 그 존재가 어떤 경우에도 이 세상의 구체적이고 지각적인 현실을 떠나서 성립하는 초감각적인 의미를 띠지 않는다. 말하자면 그의 철학은 〈존재가 존재한다〉는 철학적 명제를 긍정하기 위하여 우리가 지각하는 세상을 거부하지는 않는다. 〈존재〉를 유지하기 위해 현상을 버리는 것은 그에게 미이라를 살아있는 존재로 착각하는 일과 동일하다. 따라서 그의 철학에서 존재론은 어디까지나 감각적이고 실존적인 현실과 관련된 안에서만 허여된다.[8]

여기서 우리는 김형효 교수의 철학적 사유, 특히 그의 해체철학의 사유의 독특한 면을 본다. 해체는 본질성(존재성)을 포함하며 이는 곧 구원 혹은 해방으로 이어진다는 사고다. 앞에서 언급했듯 여기서 말하는 본질성은 결코 전통 형이상학적인 의미에서의 본질은 아니다. 그럼

---

7 Hyong-hyo Kim, "Merleau-Pontean 'Flesh' and its Buddhist Interpretation," p.29.

8 Hyong-hyo Kim, "Merleau-Pontean 'Flesh' and its Buddhist Interpretation," p.33.

에도 불구하고 해체적 사유양식의 궁극에 존재성을 놓는 것이 얼마만큼 해체적인가 하는 질문을 우리는 하지 않을 수 없다.


## 2. 해체는 존재론을 말할 수 있는가?

메를로-뽕띠 철학에서 본질의 부재를 논하며 김형효 교수는 그 본질의 성격을 하이데거적 존재와 화엄의 성기(性起)로 해석한다. 그는 "모든 존재하는 것의 진여와 공성(空性)을 주장하는 불교의 궁극적 진리가 메를로-뽕띠의 철학에서는 보이지 않는다."고 말한다.[9] 주관과 객관의 교차성, 상호꼬임, 그리고 그 애매한 관계를 통해 세계를 보는 메를로-뽕띠지만, 끝까지 주체가 완전히 사라지지 않았다는 뜻으로 이해될 수 있다.

김형효 교수는 자신의 존재에 대한 이해를 하이데거의 존재개념, 화엄의 법성(法性), 그리고 선불교의 불성(佛性)과 연결시킨다. 김형효 교수에게 하이데거의 존재는 '이미 그리고 언제나'(always already) 있는 것이며, 그것이 바로 하이데거가 말하는 본질(Wesen)이라고 보고, 선불교의 육조 혜능(慧能)의 단경(『壇經』)에서 논의되는 불성, 화엄의 법성, 즉, 성기(性起), 하이데거의 본질을 본질적 존재론으로 이해하고 그 성격을 해체적이라고 본다.

메를로-뽕띠의 철학이 실존적 존재론에 머무르는 것을 김형효 교수

---

9  Hyong-hyo Kim, "Merleau-Pontean 'Flesh' and its Buddhist Interpretation," p.18.

는 그의 사고에서 〈나는 나의 몸이다〉를 넘어서 〈나는 나의 몸인 것만
은 아니다〉라는 〈존재론적 요구〉가 보이지 않기 때문이라고 한다. 이
것이 메를로-뽕띠의 철학이 마르셀의 철학, 하이데거의 철학, 화엄적
사유와 구분되는 점이라고 그는 말한다. 이 〈존재론적 요구〉란 결국
김형효 교수에게는 형이상학적 실체로서의 존재가 아니라 하이데거가
말하는 존재와 존재자 사이의 차이로서 해체적 존재론을 의미한다. 하
이데거의 존재론을 해체론으로 보는 김형효 교수에게 데리다의 하이
데거 비판은 데리다가 하이데거의 존재론을 오해한 것으로 해석된다.
하이데거의 존재론이 데리다 자신의 사유처럼 해체적 존재론임에도
불구하고, 데리다는 하이데거의 존재론을 존재-신학적인 면으로 보았
다는 것이다. 그러나 데리다가 하이데거의 존재론을 오해했다는 그의
반복적인 주장에도 불구하고, 이처럼 존재론의 궁극적 의미를 요구하
는 김형효 교수의 철학 자체가, 데리다의 하이데거에 대한 비판과 같
은 비판을 받을 수 있다는 점을 지적하지 않을 수 없다. 데리다는 하이
데거의 철학을 존재론적-신학(onto-theology)으로 규정하고, 따라서
그의 철학에는 여전히 형이상학의 잔재가 남아있다고 해석했다. 김형
효 교수의 존재의 궁극적 의미에 대한 강조 역시 형이상학적 잔재로
해석될 가능성은 충분히 있다.

　하이데거의 철학에서 〈존재(Sein)〉는 형이상학적 실체는 아닐 수 있
다. 그러나 하이데거의 철학에서 말하는 소위 "존재와 존재자 사이의
차이"(ontio-ontological difference)는 데리다 철학의 입장에서 보면 차
이이지 차연은 아니다. 하이데거가 말하는 "존재"는 모든 개별적 존재
자가 공동으로 가지고 있는 것이다. 이 "둘 사이의 차이"를 하이데거는
자신의 근본적 존재론의 기본으로 삼았고, 따라서 자신의 존재론은 형

이상학에 근거한 존재론과 다르다고 주장했다. 그러나 데리다의 입장
에서는 근본적인 어떤 것과 개개 존재자가 서로가 서로를 형성하는 차
연적인 관계에 있지 않다면, 이 근본적인 존재는 여전히 형이상학적인
근원일 수 밖에 없는 것이다.

이러한 논리가 바로 데리다가 그의 첫 번째 저서 『문자학에 대하여』
(De la grammatologie)의 첫머리에서 강조한 점이다. 데리다는 또한 차연
에 대한 그의 기본 개념을 논의하는 논문 「차연」(Différance)에서도 이를
분명히 밝히고 있다. 이 글에서 데리다는 자신의 차연(différance)의 개념
을 차이(différence)와 흔적(trace)의 합성으로 본다. 데리다는 차이를 근
대 사고를 지배해 온 기본 개념의 하나로 규정하고, 이 논문에서 차연의
개념에 대한 선구자로, 니체, 하이데거, 소쉬르, 레비나스 그리고 프로
이드를 들고 있다. 즉, 하이데거의 존재와 존재자 사이의 차이를 존재론
적 차이, 소쉬르의 언어학에서의 차이의 개념을 기호학적 차이로 보고,
프로이드의 정신분석학에 나타나는 정신에 찍힌 과거의 모습, 그 흔적,
그리고 레비나스 철학에 나오는 타자의 모습, 즉 타자의 흔적을 흔적의
예로 논의한다. 차이와 흔적이 합하여져서, 다름과 지연이 합하여진
차연(différance; 差延)이 되는 것이다. 그렇다면 우리는 하이데거의 존재
론적 철학이 왜 데리다에게는 여전히 형이상학적이고 존재신학적인 전
개의 한 양상으로 이해될 수 밖에 없는지 알 수 있다. 하이데거가 말하는
〈존재(Sein)〉에서 우리는 흔적의 모습을 보기 어렵다. 존재 안에 흔적이
존재한다는 것은 동일성/정체성(identity)은 이미 그 안에 비 정체성적인
요소, 타자를 포함하고 있다는 것이다. 하이데거의 〈존재〉는 존재자체
다. 그러나 데리다에게 순수한 개념의 동일성 혹은 정체성은 우리의
환상 밖에서는 존재하지 않았다. 이런 의미에서 김형효교수가 주장하듯

이 하이데거의 존재(Sein)를 메를로-뽕띠의 존재(l'Être)와 크게 다르게 보는 것이 어느 만큼 가능할지 우리는 묻지 않을 수 없다. 만일 메를로-뽕띠의 철학에서 존재(l'Être)가 존재한다면, 그리고 그의 후기 철학에서 존재가 존재자의 실존성인 살 안에서 교차배열법(chiasmus)적으로 존재함으로써 포스트모던적인 차연의 개념을 잉태하고 있지만, 아직 완전히 그 지점에 도달하지 않았다면, 우리는 똑같은 질문을 하이데거에게도 할 수 있을 것이다. 아니면 차라리, 존재와 존재자 사이의 차이의 가능성을 존재론의 근거로 삼았다는 점에서 하이데거의 철학은, 그 관계를 애매성으로 해석한 메를로-뽕띠보다 더 형이상학적 위치에 가깝게 있다고 말하는 것이 합당할 것이다. 그러나 김형효 교수는 하이데거의 존재를 해체적으로 해석하고, 메를로-뽕띠의 존재를 아직 해체에 이르지 못한 것이라고 해석한다. 그가 이러한 해석을 한 중요한 이유 중 하나는 흥미롭게도 구원의 문제와 연결된다.

김형효 교수는 하이데거와 메를로-뽕띠 사상의 차이를 논하며 전자가 "존재론적 구원을 제안하고 있음"에 비하여 후자는 "실존적 존재론에 입각한 세계의 정직한 사실의 이해를 철학의 사명"으로 여기고 있다고 말한다.[10] 그렇다면, 우리는 김형효 교수가 말하는 하이데거 철학의 "존재론적 구원"의 성격이 무엇인지 묻지 않을 수 없다. 구원의 가능성은 그가 메를로-뽕띠의 철학과 불교의 차이를 논하는 주제이기도 하다. 그는 불교의 목적은 중생을 고통에서 구원하는데 있는 반면, 메를로-뽕띠 철학에는 그러한 구원의 제시가 부재한다는 것이다. 구원의 의미는

---

10  Hyong-hyo Kim, "Merleau-Pontean 'Flesh' and its Buddhist Interpretation," p.35

무엇일까? 구원의 방법은 어떠한 것이 있을까? 불교가 말하는 고통에서의 구원이란 어떤 종류의 고통을 의미하며 어떠한 방식의 구원을 불교는 제시하는가? 철학하기에 있어서의 구원의 가능성이란 어떻게 설명되는가? 김형효 교수는 이에 대해 자세히 논의하지 않고 있다.

이 맥락에서 우리는 그의 지눌에 대한 이해를 생각해 볼 수도 있겠다. 김형효 교수는 그의 지눌에 관한 글의 바로 첫머리에서 지눌을 형이상학자로 규정했다. "지눌의 불교 사상을 우리가 철학적으로 담론화할 때, 그는 분명히 불교적인 형이상학자로 나타난다."[11]라고 그는 말한다. 김형효 교수는 이 형이상학의 성격을 "중생이나 불가의 초심자들로 하여금 불성(佛性)에 대한 정신적 체험을 갖게 하는 교육적 방식으로 표현되어 있고, 또 인간의 마음 속에 현존하는 불성의 가치를 깨닫도록 하는 불교학입문의 성격을 보이고 있다."고 말하고 있다. 즉, 교육적인 면에서 형이상학이라는 것이다. 그러나, 논의가 전개되면서 그는 지눌 철학을 "자심(自心)의 형이상학"이라고 규정한다.[12] 여기서 우리는 자연스레 원효에 대한 그의 견해와 지눌에 대한 그의 해석의 차이를 보게된다. 「텍스트 이론과 원효 사상의 논리적 讀法」(1994)에서 김형효 교수는 원효의 일심철학을 데리다의 텍스트 이론(la textualité)을 통해 해석하여 한국 불교와 해체철학을 연결시켰다. 이 글에서 그는 특히 "일심 이문(一心二門)"의 작용, 즉, 일상적으로는 이원적으로 생각되는 개념이 원효의 불교에서는 양자택일(either-or) 혹은 헤겔적 법증법적 논리와는 구별되

---

11  김형효, 「知訥사상의 실존성과 본질성」, 『知訥의 사상과 그 현대적 의미』, 한국정신문화연구원, 1996, 3쪽.
12  김형효, 「知訥사상의 실존성과 본질성」, 8쪽.

는 "양면부정"과 "양면긍정"의 논리라고 말하고 이 논리를 데리다의 〈문자학〉(la grammatology)과 유사하다고 말한다. 또한 전통적으로 이원적으로 생각되는 일심(一心)은 세계와 우주를 보는 방법의 지혜와 연결고리를 갖고 있지, 결코 우주의 궁극적 근원이나 실체가 아니라고 말하고, "따라서 마명(馬鳴, Asvaghosa)이 마음(心)을 「Mahayana」(摩訶衍, 大乘)라고 『기신론(起信論)』에서 언급한 것도 心의 정의라기보다 心의 작용을 뜻한 것이라고 보아야 하리라" 라고 말한다.[13] 원효 사상의 일심을 해체철학적으로 해석함으로써, 김형효 교수는 원효 사상을 형이상학적으로 해석하는 전통에서 해방시키려고 한 것이다. 그렇다면 김형효 교수는 왜 원효의 일심(一心)은 해체적이고, 지눌의 자심(自心)은 형이상학적이라고 생각했을까. 이에 대해 그는 다음과 같이 말한다.

　　"원효가 말한 一心도 저와 같이 (하이데거의 철학을 일컬음) 〈근거없는 근거〉라고 보아지기에 지눌이 말한 自心의 〈心底〉나 〈心地〉나 〈心城〉과 결코 같은 계열에 속하지 않는다.[14]

같은 맥락에서 원효의 일심(一心)은 데리다의 해체적, 〈문자학적〉 성격을 지니는데 반해, 지눌의 자심(自心)은 실체를 지닌 본질론적 형이상학이라고 규정한다. 이러한 해석에 근거해 그는 결국 지눌 철학의 우리시대에서의 의미에 대해 회의를 나타내며 다음과 같은 말로 지눌에 관한 글을 맺는다. "안으로만 접혀지는 경향을 보이는 그의 사상은

---

13　김형효, 「텍스트 이론과 元曉 사상의 논리적 독법」, 『元曉의 사상과 그 현대적 의미』, 한국정신문화연구원 1994, 14쪽.
14　김형효, 「知訥사상의 실존성과 본질성」, 10쪽

오늘의 철학적 화두 앞에서 너무도 실존적이어서 고해(苦海)의 현상과 우주적 메타이론을 동시에 생각하려는 이가 갖는 철학적 문제의식을 진정시키기가 어려울 것으로 보인다."[15]

왜 김형효 교수에게 지눌의 마음은 그렇게도 형이상학적으로 읽히는 것일까? 그가 혜능의 마음을 하이데거의 마음과 같이 놓고, 이를 모두 존재론적 사유, 그것도 형이상학적 본질론으로서의 존재론이 아니라 해체적 존재론의 사유로 보았다는 점을 생각하면 더욱 의문이 되지 않을 수 없다. 심지어 그는 말한다.

> 마음이 없으면 만법도 없다고 하는 慧能조사의 말처럼, 有無와 사사물물 사이에 존재하는 差延의 법도 마음과 연관되지 않으면 무의미. 그래서 그런 법성이 마음에 다가오는 것을 법성의 〈명령〉(Geheiß=order)이라고 불렀고, 또 그 명령이 마음에 울리는 것을 원용한 울림의 뜻인 〈圓音〉(Geläut=round sound)라고 하였다. 그 명령에 따르고 원음의 소리에 귀를 기울이는 것을 하이데거는 〈마음의 길을 닦음〉. 마음의 길은 마음이 세상과 만나는 것을 가능케 하는 통로이듯이, 마음은 늘 상대방과 만나는 장소의 개념을 띄고 있음. 그래서 하이데거는 마음을 〈마을〉이라고 보고, 마음을 또한 〈만남의 장소〉라고 부르기도 하였음."[16]

여기서 묘사된 마음과 지눌 철학에서의 마음은 어떻게 구별되는가? 지눌이 말하는 마음, 심성, 심지, 심저로 표현되는 마음이 여기에 묘사된 하이데거의 마음보다 더 형이상학적이어야 하는 이유는 무엇일까?

---

15  김형효, 「知訥사상의 실존성과 본질성」, 60쪽.
16  김형효, 「후기 하이데거 철학사상과 불교」, 『김형효 선생님 논문 합본: 철학의 오디세이』, 8쪽.

더욱이 혜능의 마음이 해체적이라면, 지눌의 마음은 왜 형이상학적이 어야 하는가? 나아가 우리는 묻지 않을 수 없다. 과연 해체는 구원일 수 있는가? 만일 불교의 목적을 구원에만 한정시킨다면, 그리고 그 구원을 목적으로 불교와 서구철학을 비교하여, 메를로-뽕띠의 철학을 구원에 대하여 눈을 감는 살의 현상학이라고 규정한다면, 이는 해체철학과 불교의 관계를 단지 한계적인 상황에서만 볼 수 있다는 주장이 되지 않을까? 그러나 김형효 교수의 다른 글들은 다음 장에서 논의 되듯이 해체철학의 좀 더 사회적인 모습을 보여준다.

## 3. 해체는 어떻게 구원이 되는가?: 무(無)의 해체적 존재론

김형효 교수의 철학적 사유에서 해체는 존재의 근원 없는 근원의 긍정적 가능성을 제시해주는 것이라고 말할 수 있을 것이다. 이것은 또한 그의 사유에서 유와 무가 하나도 아니고 그렇다고 둘도 아님(不一而不二)을 보여줌으로써, 우리의 삶을 형이상학적인 총체적 전체주의적, 소유적 삶의 형식에서 구원해 주면서, 동시에 근거의 부재를 어두운 허무주의에서 구제하는 가능성을 보여주는 것이라고도 할 수 있다. 김형효 교수가 『데리다의 해체철학』 이후 데리다가 하이데거의 존재론을 오해했다는 것을 강조한 것은, 결국, 그의 사유에서 해체의 의미는 데리다의 해체철학과 하이데거의 해체철학과도 다른, 이 둘을 함께 아우르는 것임을 보여준다고 볼 수도 있다. 이런 그의 사유의 양식은 그의 한 논문의 소제목, "데리다의 해체주의와 무의 존재론으로 가는 길"에서도 잘 나타난다.[17] 데리다의 해체주의가 하이데거의 무를 만날 때 그의 해체적 무의 존재론이 이루어지는 것처럼 보인다.

앞에서 언급했듯이, 김형효 교수가 데리다에 관한 글을 쓰기 시작한 이후, 데리다의 해체주의적 철학하기는 그의 사유양식의 근간을 이룬다고 해도 과언이 아니다. 그러면서도 그는 하이데거를 존재신학의 맥락에서 해체하는 데리다의 입장을 거부한다. 오히려 그는 무(無)의 세계를 통해 존재의 모습을 보여주는 하이데거의 철학을 "포스트-모던적인 해체주의자"로 해석하기를 강조한다.[18] 이러한 그의 하이데거 읽기 그리고 그를 통해 형성된 무의 해체적 존재론은 『데리다의 해체철학』에 나타난 그의 하이데거 해석과는 거리가 있다.

『데리다의 해체철학』에서 김형효 교수는 하이데거 철학에 대해 데리다와 의견을 같이하고 있다. 그런 점에서 『데리다의 해체철학』에서 김형효 교수는 또한 해체철학과 존재론을 함께 묶고 있지도 않은 듯하다. 『데리다의 해체철학』에서 김형효 교수는 다음과 같이 말한다.

> 존재론적 사고는 우리가 이미 앞에서 본 개념에 따르면 결국 〈지배권〉을 강화하기 위한 제한경제의 사유방식과 같다. 〈지배권〉을 강화시키기 위한 철학은 언제나 휴머니즘의 이름 아래 사회적 이상주의와 철학적 관념주의와 주관성의 의미상의 무게를 더욱 육중하게 형성해 왔을 뿐이다. 인류는 이상주의와 의미의 과다에 의하여 질식되어 왔다. (중략) 이성과 이상은 언제나 폭력을 정당화시켰다.[19]

17  김형효, 「나의 철학적 사유의 길과 현대 프랑스 철학: 구조주의와 해체주의를 중심으로」, 50쪽.
18  김형효, 「나의 철학적 사유의 길과 현대 프랑스 철학: 구조주의와 해체주의를 중심으로」, 50쪽.
19  김형효, 『데리다의 해체철학』, 민음사, 1993, 376-377쪽.

현존의 형이상학적 존재론을 전체적 사고 양식, 그리고 그 사고 양식이 본질적으로 내포하고 있는 폭력과의 연관에서 보는 것은 탈현대 사고 철학자들이 공통으로 보이고 있는 점이라 하겠다. 김형효 교수가 말하듯, 동일성과 전체성에 의해 닫혀진 진리는 그 닫혀있음의 정당화를 위해 안과 밖을 나누고, 안에 있는 자의 진리의 정당화는 앞에서 언급한 당위성의 윤리학과 소유론적인 심학을 낳는다. 해체적 사유양식은 이러한 소유론적 형이상학의 폭력에 대한 전면적인 제동이라고도 볼 수 있다. 데리다가 그의 첫 번째 저서『문자학에 대하여』의 초반부에서부터 폭력의 문제를 심도 있게 다루는 이유도 여기에 있다.

『데리다의 해체철학』의 서론에서 김형효 교수는 데리다 철학의 난해함에도 불구하고 왜 우리는 그의 철학을 이해하려고 하는가 하는 질문을 독자에게 던진다. 그는 데리다가 의미를 지향하는 인간의 일반적 성격과 달리 "의미로 가득 찬 질식할 것 같은 〈세계의 바깥〉으로 탈출을 시도한다"고 말한다.[20] 그리고 이 〈세계의 바깥〉을 다음과 같이 데리다의 말을 인용하여 설명한다. "장소가 아닌 것도 아니고, 또 하나의 다른 세계도 아니고, 유토피아도 아니고, 현장부재 증명도 아닌 그런 곳." 해체철학이 구원일 수 있다면, 그 구원이 보여줄 수 있는 이 〈세계의 바깥〉은 어디인가?『데리다의 해체철학』에서 김형효 교수는 이 세계의 바깥에 대해 구체적으로 제시하지 않는다. 데리다에게 이 〈세계의 바깥〉이 어디가 되었던, 『데리다의 해체철학』이후 전개된 김형효 교수의 사유를 보면 그는 이 〈세계의 바깥〉을 노장(老莊)의 무(無), 불교의 공(空) 그리고 이 둘을 데리다의 차연(差延)과 합하여 하이데거의

---

20 김형효, 『데리다의 해체철학』, 17쪽.

존재–존재자의 차연(Unter-Schied)에서 찾은 듯 하다.

　이러한 여정은 어떻게 보면 일반적으로 우리가 생각할 수 있는 실존적
→존재적→해체적이라는 과정과 달리, 실존적→해체적→존재적이라는
움직임을 보인다고 할 수 있다. 그리고 이러한 실존적, 해체적, 무의
존재론을 말하는 김형효 교수의 최근 철학적 사유를 형성해온 요소를
살펴보면, 우리는 이를 그의 철학의 여정을 특징 지어온 비교철학, 특히
동–서 비교철학적 사유에서 찾을 수도 있을 것이다. 그의 철학은 하이데
거적 성격을 말해주면서 동시에 그의 해체철학의 이해가 불교적 도가적
인 반실체론적 동양의 사유양식에 맞물려 있음을 말해준다. 이런 점에
서 그가 중시하는 후기 하이데거 철학이 동아시아 철학과 깊은 관계를
맺고 있다는 것은 무관하지 않은 듯 하다.[21]

　김형효 교수의 무의 해체적 존재론은 도가의 무, 그리고 불교의 공
의 사상에 대한 그의 표현으로 볼 수 있고, 이는 또한 데리다의 해체와
하이데거의 존재론의 그 나름의 재해석, 즉, 김형효 교수적 사유양식
이라고 볼 수 있다. 데리다의 해체는 그의 철학에서 하이데거라는 우
회를 거쳐 서양철학이 동양철학으로 나아가는 가능성을 열어주었고,
無(불교의 空)는 동양철학이 다시 하이데거라는 매개를 거쳐 서양철학
과 만나는 길을 밝혀주었다.

　김형효 교수의 철학에서 이와 같은 동양과 서양의 만남, 데리다와
하이데거와 노장과 불교를 통한 만남은 서구에서 현재 진행되는 동–

---

21　이에 관한 논의로는 Reinhard May, *Heidegger's Hidden Sources: East Asian Influences on His Work*, Trans. by Graham Parkes (Routledge, 1993).

서 비교철학, 특히 해체철학과 불교의 만남에 대한 논의에 몇몇의 좋은 시사점을 준다. 이 점을 우리는 다음의 세 가지 방향에서 생각해 볼 수 있다.

1. 데리다의 해체철학은 무엇을 어디까지 해체할 수 있는가? 이천년의 서구철학을 '현존의 형이상학'이라고 규정하고 그에서 나타나는 중심주의를 해체하는 데리다의 사유양식은 철저히 텍스트에 관한 작업이다. "텍스트 밖에는 아무것도 없다./ 텍스트의 밖은 없다."("Il n'y a pas de hors-texte.")라는[22] 잘 알려진 표현이 보여주듯, 데리다는 형이상학적 현실을 밖에서부터 비판하는 것이 아니라, 형이상학 안에서 그 안에 존재하는 균열을 보여줌으로써 해체한다. 형이상학의 밖은 존재하지 않기 때문이다. 여기서 텍스트가 단지 쓰여진 문자의 텍스트만을 말하는 것이 아님은 당연하다. 그럼에도 불구하고, 데리다의 해체철학의 해체가 단지 언어의 해체에만 그친다는 비판이 일군의 학자에 의해 일었다. 예를 들어 해체해야할 것은 언어가 아니라 삶 그 자체라는 주장으로 해체철학을 비판하는 입장은 궁극적으로 해탈을 지향하는 불교적 해체를 텍스트의 언어를 해체하는 데리다적 해체의 우위에 놓고자 한다. 김형효 교수의 무의 해체적 존재론은 데리다 철학에 대한 위와 같은 오해에 대한 하나의 대안을 줄 수도 있다. 즉, 무의 해체적 존재론으로서 해체적 사유는 이미 해체가 결코, 언어적 해체, 혹은 문자(데리다의 문자학의 문자가 아닌 일상적 의미에서의 문자) 안에 갇힌 해체일 수 없음을 보여

---

22  Jacques Derrida, *De la grammatologie* (Paris: Les Éditions de Minuit, 1967), p.227.

주기 때문이다. 무의 해체적 존재론은 이미 해체는 그 근원에서 삶이라는 텍스트, 이 세계라는 텍스트의 해체임을 보여준다.

2. 데리다의 해체철학을 언어적 해체로 한정시키면서 불교철학의 해체의 우월성을 주장하려는 시도가 있었다면, 해체철학의 입장에서 보면, 불교의 궁극인 '깨침'을 형이상학의 한 양상으로 읽을 수 있다는 비판도 가능하다.[23] 데리다에게 해체는 있음이나 없음이 아니다. 존재하는 것의 있음도 없음도 아닌, 따라서, 있기도 하고 없기도 한 이중의 묶임(double binding)을 보이는 작동 그 자체가 해체인 것이다. 해체는 그러기에 데리다에게는 기생(寄生)적이다. 해체는 그 자체로 존재하는 무엇이 아니다. 존재이든, 공이던, 무이던, 해체는 형이상학적 현실이 존재하기에, 그리고 그 형이상학을 갈망하는 인간의 마음과 철학이 우리의 삶의 바탕을 차지하고 있기에 존재하는 철학이라고 말할 수 있다. 이러한 해체철학의 견지에서 보면, 불교의 해탈은 궁극적인 목적, 즉, 형이상학이 가지고 있는 목적론으로의 회향처럼 보일 수도 있다. 그러나 해체론적 무의 존재론은, 불교의 해탈이 결국은 새로운 이상세계의 건설이 아니라 세계의 본질의 무(無)적 해체성을 보는 것임을 밝혀준다고도 하겠다. 따라서 김형효 교수는 말한다.

결국 이 세상에는 존재론적 사유로서의 마음의 깨달음과 소유론적 의식으로서의 마음의 집착이 있을 뿐이지, 세상 자체가 시비와 선악을 별개의 질료로서 안고 있는 것이 아니라는 것을 말한다. 그러므로 세상은 존재론적으로 보면 이미 그 자체 구원되어 있다. 인간이 구원을

23 1과 2의 주장에 관해서 다음을 참조. Jin Y. Park, ed. *Buddhisms and Deconstructions* (Lanham, MD: Rowman & Littlefield, 2006), "Introduction."

목적으로 세상을 다시 뜯어고치려고 능위적으로 수리를 한다는 것은 세상을 대상으로 착각하는 헛된 열정에 불과하다. 세상을 보는 마음의 미망과 집착을 존재론적 사유로 돌리기만 하면 된다.[24]

3. 이러한 김형효 교수의 사유는 위의 인용문에서 암시되어 있는 것처럼, 새로운 윤리학의 가능성을 제시한다. 포스트모더니즘이 전통형이상학의 전제인 인간의 이성적 본질과 세계의 근원에 존재하는 고정불변의 진리체계의 인위성을 강조하면서, 규범적 윤리학은 그 위기를 맞이하게 된다. 당위적 윤리학을 소유론적 형이상학의 산물로 규정한 해체철학이나 포스트모더니즘은 그 자체 대안적 윤리를 제시해야한다는 부담을 안아왔다. 그러나 포스트모더니즘이 제시하는 것은 기존 윤리의 변형이 아니다. 탈근대철학이 제시할 수 있는 것은 윤리라는 개념 자체에 대한 변혁의 시도다. 포스트모더니즘은 소유론적 당위론적 "만듦의 철학"을 거부한다는 지적을 하며, 김형효 교수는 다음과 같이 말한다.

그러면 도덕학이 불필요하다는 것인가? 그렇지 않다. 내가 생각할 때, 불교와 노장사상, 그리고 서양의 해체주의의 사상은 도덕의식의 능위성이 지닌 실효성에 의심을 나타낸 것이라고 여겨진다. (중략) 선과 불선의 관계는 상관적 대대법의 차연관계이다. 선은 불선의 스승이 되고, 불선은 선을 낳는 밑천이 된다. 그래서 이 세상의 불선을 송두리째 절멸시키겠다는 생각은 선의 계기마저 사라지게 할 뿐만 아니라, 선을 불선으로 치환시킨다. 왜냐하면 불선은 선의 그림자와 같은 선의 다른 모습인데 불선을 철두철미 제거하겠다는 선의지의 결의는 이미

---

24 김형효, 「21세기의 철학적 세상보기: 동서사상의 理通事局論」, 410–411쪽.

독성을 진하게 내뿜기 때문이다. 마음이 고요하면 마음은 세상의 선악을 버린다. 존재론적 사유는 고요의 힘을 되찾는 사유다.[25]

「포스트모더니즘과 무를 닮으려는 사유」라는 논문의 제목처럼, 이 인용문에서 보여주는 김형효 교수의 해체적 무의 존재론은 오늘의 우리에게 시사하는 바가 크다. 그가 말하듯, "이제 포스트모던 시대에 우리는 생각의 틀을 바꾸어야 한다. 세상을 인간이 의미있게 만들려 하지 말라. 인간이 존재론적 사유를 통하여 무(無)가 현시하는 자성만 잃지 않으면, 세상은 이미 그 자체 구원되어 있다는 것을. 세상을 구제하겠다는 오만한 생각에 집착하지 말고, 그런 생각만 놓으면 세상은 이미 좋은 것으로 드러난다."[26]

그러나 해체적 무의 존재론의 윤리학은 규범의 윤리학이 아닌 만큼, 방종의 윤리학도 아니고, 낭만의 윤리학도 아니다. 존재를 소유로서가 아니라 존재로서 볼 수 있을 때, 그리고 존재자 개체는 개별적이고, 독립적이며, 파편적이 아니라, 이미 다른 존재들과 끊을 수 없이 연결되어 있다는 불교적, 해체적 존재의 모습으로 존재자를 볼 때, 인간은 겸허한 마음으로 돌아가 무의 모습을 배운다는 김형효 교수의 해체적 무의 존재론은 포스트모던 철학이 제시할 수 있는 윤리학의 모습의 가장 분명한 형태 중 하나일 것이다.

---

25  김형효, 「포스트모더니즘과 무(無)를 닮으려는 사유」, 『김형효 선생님 논문합본: 철학의 오디세이』(「철학과 현실」 2005년 봄호 원고), 322쪽.
26  김형효, 「포스트모더니즘과 무(無)를 닮으려는 사유」, 323쪽.

# 2장

## 노장과 해체

# 구조와 해체 그리고 소요

심원 김형효 선생의 노장읽기에 대한 단상

박원재
(율곡연구원 원장)

## 1. 나와 김형효

개인적으로 심원(心遠) 선생(이하 '심원')의 존재를 알게 된 것은 1994년에 출간된 『데리다와 노장의 독법』이 계기였다. 물론 '김형효'라는 이름은 그 이전에도 익히 알고 있었지만, 그때는 그냥 철학계 선배 학자 가운데 한 분 정도, 다시 말해서 내 삶이나 학문적 여정과는 별로 관계가 없는 제3자적 인식에 머물렀다. 그러나 이 책의 출간은 '김형효'라는 이름을 단번에 내 학문적 의식의 중심에 이식시켰다.

『데리다와 노장의 독법』이 처음 출간된 것은 1994년에 하반기였지만 내용을 직접 접한 것은 조금 늦은 1995년 봄학기쯤이었던 것으로 기억한다. 처음 접했을 때의 느낌은, 나중에 다른 지면에서도 술회했듯이, '충격' 그 자체였다. "노장사상을 평생의 전공으로 삼고 있던 차에 생각지도 않던 경쟁자를, 그것도 도대체가 요령부득으로 어렵기 한량없는 해체론 이라는 첨단 철학이론으로 노장을 그야말로 솜씨있게 재단해내는 경쟁 자를 만났"다는 생각 때문이었다.(박원재(2015), 371-372)

하지만 당시는 박사학위 논문에 대한 구상을 마치고 초고를 집필하 고 있던 때여서 심원의 이 '충격적인 선행연구'에 충분한 주의를 기울 이는 것은 시간상 불가능했다. 무엇보다 나 자신이 데리다의 해체적 사유에 대해 아직 생소한 상태였고, 여기에 곁들여 조만간 구성될 미 래의 논문심사 교수들에게도 그런 식의 노장 이해가 낯설기는 마찬가 지여서 심사과정에서 불필요한 논란만 초래할 것이라는 현실적인 계 산(?)도 작용하였다. 이런 이유로 학위논문에서는 도(道)에 대한 당시 나의 시각을 지지해주는 자료로 이 책을 짧게 인용하는 선에서 첫 번째 인연을 마감하였다. 다른 것은 차치하더라도, 노장의 '도'에 대한 당시 나의 해석 방향이 심원의 해체론적 시각과 상당히 유사했음을 회고할 때 여러 가지로 아쉬움이 남는 대목이다.

그렇게 맺어진 심원과의 인연은 그 후 한국도가철학회에서 연구 업무 를 책임지고 있을 때 다시 한번 이어졌다. 학위취득 후 노장철학의 해체 론적 독법에 일정한 관심을 견지하고 있던 차에, 학회 일을 맡으면서 그 범위를 좀 더 넓혀 노장철학과 서양철학을 비교적 관점에서 접근한 논문들을 한 데 묶어보려는 욕심이 생겼다. 그리고 이를 추진하는 과정 에서 심원의 논문도 함께 묶게 되었다. 이렇게 하여 간행된 것이 2001년 에 나온 『노자에서 데리다까지 – 도가철학과 서양철학』(예문서원)이다.

이렇게 다시 이어진 인연은 2005년 심원의 정년퇴임을 기념하여 개 최된 세미나에 참가하는 영광으로 연결되었다(2005. 8. 12. / 한국학중앙연구원 강당 2층 회의실). 〈김형효 철학 리뷰〉라는 제목으로 마련된 이 세미나에서 나는 심원의 도가철학 방면 연구를 리뷰하는 발제를 맡았는데, 당시 후학의 설익은 비판을 넉넉하게 받아준 선생의 모습이 지금도 기억에 남는다.

그때 발제한 리뷰의 제목은 '문법과 문맥 사이'였다. 심원의 노장철학 읽기는 그 사유 방식과 구조를 분석하는 '문법적' 독해는 탁월하지만 그것의 사상사적 조형 과정을 분석하는 '문맥적' 접근은 미진함을 언급한 내용인데, 나중에 독립된 논문으로 완성도를 높여 학술지에 발표도 하였다.(박원재(2015)). 오늘 이 자리에서는 이때의 문제의식을 토대로 하되, 논의의 방향을 조금 변화시켜 심원의 노장철학 읽기에 대한 몇 가지 생각을 한 번 더 정리해보고자 한다.


## 2. 심원과 노장

심원의 노장 읽기의 특징을 조망하는 작업에서 가장 먼저 해야 하는 것은 당연히 노장철학에 대한 그의 기본적인 시각을 살피는 일이다.[1] 이 부분은 그가 2004년에 상재한 『사유하는 도덕경』 서문에 무엇보다 잘 드러나 있다.(김형효(2004a), 10-11) 노자철학에 대한 본격적인 주해서인 이 책의 서문에서 심원은 먼저 동서양철학사를 개괄하여 지금까지의 철학의 역할은 '예비학(propaedeutic)으로서의 철학'과 '지혜의 학

---

1 이 장은 박원재(2015)의 2장("사실성의 진리로서의 노장사상")의 내용을 간추린 것이다.

(philosophia)으로서의 철학'으로 나뉜다고 말한다. '예비학으로서의 철학'이란 자연과학과 사회과학의 길을 열어주는 데 안내자 역할을 한 철학을 지칭하고, '지혜의 학으로서의 철학'은 이와 달리 인류를 지혜의 길로 인도하는데 등불을 비추어온 철학을 가리킨다. 그러면서 심원은 분과과학의 발달로 전자로서의 철학의 수명은 이제 끝났고, 후자로서의 철학의 역할만 남았다고 선언한다. 그리고 이러할 때 철학은 단편적이고 부분적인 앎을 전문적으로 추구하는 과학적 지식과 달리 우리로 하여금 이 세상을 불변적인 도(道)의 모습으로 증득(證得)하게 하는 지혜의 탐구와 직결된다고 말한다.

부연하자면, 이른바 기축시대로 대표되는 고대 인류의 성현이 남긴 지혜를 믿고 따르며 그것을 각 시대의 상황에 알맞게끔 처방하여 그 의미를 새롭게 읽어내는 것이 철학의 주된 임무라는 입장이다. 즉 '성현의 도'를 자기시대의 문제의식으로 해석하는 것이 철학이라는 뜻이다. 이런 생각에서 심원은 시간적 간격에만 주목하여 현대철학과 과거의 철학을 당연히 다른 것이라고 보아서는 안 되며, 마찬가지로 공간적 차이 때문에 동양철학과 서양철학을 응당 다른 것으로 여겨서도 안 된다고 강조한다. 왜냐하면 철학사는 동서를 막론하고 의식의 실존적 측면에서는 비록 다양한 변화를 표출하고 있으나, 그런 것들이 궁극으로는 인류의 스승들이 남긴 지혜를 재해석하는 작업의 일환이라는 점에서 본다면 하나같이 무의식적이고 구조적인 측면에서 거의 변하지 않는 불변의 하부구조를 구축하고 있기 때문이다.(김형효(2004b), 11)

이런 관점에서 심원은 '철학소(philosophemes)'라는 개념을 사용하여 동서철학사를 다시 개괄한다. 이에 따르면, 인간의 잠재적인 무의식적인 사유구조는 동서고금을 막론하고 서로 시·공간적 경계를 넘어서

두 개의 근본적인 대위법으로 집약된다. '능위(能爲)의 철학=구성주의/무위(無爲)의 철학=해체주의'이 그것이다. 그런데 여기에서 전자는 다시 '유위적 현실주의'와 '당위적 이상주의'로 나뉘는데, 그 결과 전체적으로 볼 때 동서철학사에 그 흔적들을 남기고 있는 대표적인 사유구조는 크게 세 가지 유형으로 대별된다. 이런 바탕 위에서 심원은 이것을 다시 '유위적 사유-현실주의 철학-현실성의 진리⇒실학(實學)/ 당위적 사유-이상주의 철학-이상성의 진리⇒심학(心學)/ 무위적 사유-사실성의 철학-사실성의 진리⇒물학(物學)'으로 각각 새롭게 명명함으로써 이 구도로 최종적으로 정리한다.(김형효(2003), 448-449)

현실주의는 세계를 인간이 바꿀 수 없는 근원적인 상황이라고 보면서, 인간의 이기심과 사회성의 교호작용으로 엮어지는 행로가 그와 같은 조건 속에서 인간이 연출해내는 역사적 삶의 모습이라고 보는 태도이다. 이에 반해, 이상주의는 인간의 이기심이 발현되는 현실세계를 근원적인 상황으로 인정하지 않고, 그것을 당위적 이상의 상태로 개조시켜야 하고 또 개조시킬 수 있다고 생각하는 사유이다. 그리고 마지막으로 사실주의는 일단 세계를 주어진 근원적인 상황이라고 보는 점에서는 현실주의와 일치한다. 하지만 그 세계는 이기적 본능에 토대를 둔 소유론적 욕망이 경쟁하는 장소가 아니라 본성에 입각한 존재론적 욕망들이 서로 교직되며 질서를 유지하는 연기의 세계로 본다는 점에서 현실주의와 길을 달리한다. 그러니까 사실주의는 소유의 현실성을 떠나 존재의 사실성을 찾고자 하는 시도이며, 이런 점에서 그 사실성은 곧 존재론적 사실성이라는 것이다.(김형효(2004c), 616-621)

동서철학사에 등장했던 사유구조들을 이렇게 정리한 뒤에 심원은 오늘날 인간의 소유론적 욕망을 조장하는 현실주의의 질병을 치료할 수 있는 길은 이상주의가 아니라 세상의 근원적 사실을 사실대로 인식하는 무위적 사실주의라고 역설한다. 왜냐하면 현실에 존재하는 악의 완전한 제거를 궁극의 목표로 삼는 이상주의의 기획은 매번 무의미한 공상적 유토피아니즘으로 끝났거나 아니면 너무나 쉽게 전체주의로 변질되곤 했음을 역사는 보여주기 때문이다.(김형효(2004c), 461-513)

이와 같은 분석 끝에 심원은 '무위적 사유를 바탕으로 사실성의 진리를 추구하는 물학'에 속하는 동서양의 대표적인 사유들을 다음과 같이 열거한다.(김형효(2002), 34-35)

- 하이데거의 사유 및 그에 의해 해석된 헤라클레이토스와 파르메니데스의 사상
- 스피노자의 '신즉자연(神卽自然: Deus sive natura)' 사상
- 노장사상의 '유(有)/무(無)'의 '불일이불이(不一而不二)'의 사유
- 불교사상에서 '색즉공(色卽空), 공즉색(空卽色)'의 '부즉불리(不卽不離)'의 사유
- 유학사상에서의 안자(顔子)와 맹자의 사유의 일부
- 양명학과 선학에서의 '무선무악(無善無惡)'의 사유
- 데리다의 이중긍정과 이중부정의 사유

목록에서 확인할 수 있듯이, 심원에게 있어 노장철학은 세상을 무위적 진리로 해석하려는 사유, 즉 '물학'을 대표하는 사유 가운데 하나이다. 이 때문에, 가령 노자가 말하는 '성인(聖人)'의 경우 세상을 다시 개조하려는 진리의 상징으로 보면 안 되고, 세상의 근원적 사실을 사실 그대로 보고 있는 정견인(正見人)으로 보아야 한다고 말한다. 노자적인 성인의 안목에서 보면 세상은 인간의 선의지나 신앙으로 다시 쓰

이고 있는 책이 아니라, 이미 시작 없는 시작부터 천 짜기처럼 그렇게 교차하는 텍스트이고, 같은 맥락에서 저자도 없이 오직 연기법과 그 법을 인식하는 식(識)만이 존재하는 그런 세계라는 것이 그 근거이다. 노자의 도는 무(無)와 유(有)가 동거하는 이중성이 세상의 가장 기초적인 단위요 법칙이라고 보며, 덕(德)은 곧 그 도의 힘이라고 보는 사유이다. 노자의 도는 어떤 규범적 덕목이 아니라 다만 이 세상의 근원적 사실로서의 불변의 문법을 지시할 뿐이라는 것이다. 장자의 사유 역시 대체로 이 구도를 벗어나지 않는다. 노자가 말하는 무계열과 유계열이 각각 '소요유'의 초과적 사유와 '제물론'의 차연적 사유로 치환된 것이 장자철학이기 때문이다.(김형효(2004c), 595-675)

이것이 2,500여 년의 세월을 넘어 노장철학이 오늘에도 여전히 새롭게 주목받아야 하는 이유라고 심원은 말한다. 이에 따르면, 선/악과 진/위의 분별 대신 자연의 근원적 사실대로 세상을 살아갈 것을 종용하는 노장철학이야말로 모든 것을 하나의 가치로 환원시키려는 현대 사상의 독성을 일깨워 줄 정신적 각성제이자 21세기적 사유의 기본틀을 놓을 수 있게 해 줄 설계도이다.

이와 같은 과정을 통해 노장철학은 심원에 의해 새로운 세기를 창도하는 철학으로 선언된다. 그리고 그 결과 노장사상은 새로운 21세기 문명을 창조하려는 우리의 철학적인 견분(見分)에 하나의 획기적인 전회의 계기를 마련해 줄 수 있는 '새로운 세기의 사실학(事實學)으로서의 물학(物學)'으로 거듭 자리매김된다. 이상이 노장철학에 대한 심원의 기본적인 시각이다.(김형효(2001), 34-35)

## 3. 문법과 문맥

그러면 노장철학이 속하는 '물학', 부연하자면 '무위의 사유'를 통해 '사실성의 철학'을 지향하며, 이를 통해 '사실성의 진리'를 체득하는 '물학'이 세계를 바라보는 방식은 어떠할까? 심원은 이것을 여러 지면을 통해 다양한 언어들로 설명하고 있는데, 『사유하는 도덕경』의 서두에서 사용한 용어로 이를 표현하면 그것은 '상관적 사유(correlative thinking)'이다. '상관적 사유'란 '인과론적 사유(causalistic thinking)'와 반대되는 말로, 이 세상은 시작에서부터 '유/무', '음/양', '선/악', '미/추' 등과 같은 '상관적 차이(correlative difference)'가 직조해내는 '대대법적 관계(binary opposition)'로 이루어져 있다고 보는 한편, 그런 상관적 차이를 가능하게 하는 근원적 본체/본성으로 무(無)를 상정하는 방식이다. 요컨대, '상관적 사유'란 세상을 "차이에 의한 그물망"이라고 보는 사유이다. (김형효(2004a), 26-28/ 36-42)

이런 이유로 심원은 자신의 노장읽기를 '해체론적 읽기'로 명명한다. 그것은 곧 데리다가 말하는 '차연(Différance)'의 논리로 세상을 읽는 방식인 까닭이다. 이 때문에 심원의 노장읽기는 '문맥'이 아니라 '문법'에 주목하는 특징을 보인다. 그는 노자의 말은 한 글자의 빈말도 없는 엄격한 경제성의 언어로 짜여 있다고 전제하는데, 그 이유는 노자가 『도덕경』의 내용을 죽간(竹簡)이라는 기록매체의 형식에 맞춰 필요한 요체만 골라서 부연설명 없이 전체 81장을 진술했어야만 했기 때문이라고 말한다.(김형효(2004c), 633) 따라서 "노자의 사유는 대단히 엄밀하게 논리적으로 짜여 있어서 헛구호가 전혀 없다"(김형효(2004a), 30)는 점을 늘 상기해야 하고, 『도덕경』을 읽을 때는 이를 유념하여 각 자의(字

意)와 자구(字句)를 정확히 번역하고 그 뜻을 엄밀히 밝히는 데 주력해야 한다고 강조한다.

그것이 무엇이든 특정한 사유를 이와 같은 독법을 통해 접근할 때, 건져 올려지는 것의 성격은 명약관화하다. 그 사유가 세상을 바라보는 '형식'이다. 대신 걸러지지 않는 것이 있다. 그 사유에 퇴적되어 있는 '시간'의 흔적이다. 노장의 '도(道)'가 『노자』나 『장자』라는 텍스트 속에서 지시하는 의미를 획득하기까지 걸어온 사상사의 자취 같은 것들은 걸러지지 않는다는 뜻이다. 이것이 문법적 접근과 문맥적 접근이 여집합(餘集合)의 관계로 지니는 장단점이다. 따라서 어떤 사유나 개념에 대한 온전한 해체론적 접근은 그것의 계보학적 기원에 대한 규명을 필수 조건으로 한다는 점을 고려할 때 문맥보다 문법에 주목하는 심원의 이런 시각은 고개를 갸웃거리게 한다. 이것이 심원의 해체론적 노장읽기가 지니고 있는 빛과 그림자이다. 나는 이점을 앞선 연구에서 다음과 같이 요약한 바 있다.

노장사상에 대한 김형효의 이러한 독법은 철학적 해석의 측면에서 노장사상 이해의 지평을 넓혀주는 역할을 한다. 반면에 그의 독법은 해체론적 읽기에 지나치게 치우쳐 있어 몇 가지 점에서 제대로 된 노장사상 읽기를 방해하는 면도 있다. 첫째는 텍스트 전승과정이 상대적으로 복잡한 노장에 대해 문헌학적 비평을 생략하고 있다는 점이고, 둘째는 텍스트가 생성 또는 전승되어 온 배경에 대한 맥락적 접근을 소홀히 한다는 점이며, 셋째는 그의 노장사상 이해가 지나치게 노자 중심적이라는 점이다. 이는 곧 김형효의 노장사상 독법이 사상사라는 '문맥'보다 사유구조라는 '문법'에 지나치게 중점을 두는 데에서 비롯된 한계이다. 따라서 노장사상 연구 분야에서 김형효의 작업이 의미있는

유산으로 평가되기 위해서는 이 부분에 대한 균형잡힌 보완이 요청된다.(박원재(2015), 370)

심원의 노장 읽기는 그 사유 방식과 구조를 분석하는 '문법적' 독해에서는 탁월하지만 그것의 사상사적 조형과정을 분석하는 '문맥적' 접근에서는 한계를 보인다는 내 나름의 평가였던 셈이다. 그런데 이런 측면은 심원의 노장 읽기가 지니고 있는 또 다른 특징을 은연중에 드러내 보인다는 생각이 든다. 이점을 '노자와 장자의 차이'라는 주제에 초점을 맞추어 좀 더 들여다보자.

## 4. 노자와 장자

'노장(老莊)'이라고 병칭된 역사는 길지만, 사실 이 둘 사이에는 사유상으로나 실천론적 측면에서나 무시할 수 없는 간극도 존재한다는 것은 이제는 상당히 공유된 생각이다. 여기에 대해서는 심원의 견해도 마찬가지이다. 그는 '노자'와 '장자'의 차이를 다음과 같이 대략 네 가지로 정리한다.

첫째, 노자는 유가의 인의(仁義)에 입각한 도덕정치를 비판하였지만, 그래도 대안으로 무위(無爲)의 정치를 제창하였다. 이에 비하여 장자는 정치에 대해 어떠한 배려도 하지 않았다. 그가 꿈꾼 소요유의 세계는 탈정치의 세계로서 정치 자체를 해체시킨다. 그럼으로써 장자는 정치와 역사로부터 인간 해방을 겨냥한다.(김형효(1999), 238-239)

둘째, 노자는 현실의 바탕으로서 무(無)를 이야기하기는 하지만 그것을 어디까지나 유(有)와의 차연 관계에서, 그리고 유의 기능을 가능하게 한 선험성의 논리에서 기술한다. 그러나 장자는 그런 논리성보다 오히려 초현실적 상상성을 자기 사유의 생리로 삼는다. 이것이 도(道)가 『노자』에는 자주 등장하지만 『장자』에는 상대적으로 거의 등장하지 않는 이유이다.(김형효(1999), 246)

셋째, 위의 내용과 연관된 것으로, 노자는 유 기능의 선험적 가능 근거로서 무를 언표하였지만 그것을 초현실적인 초과의 사유로 비상시키지는 않았다. 반면에 장자는 무의 세계를 절대적 자유의 세계와 동격화시키면서, 그것을 성리적(性理的≒이성적) 사유의 제한성에 입각한 판단 논리에 대한 절대적 타자로서 부각시켰다. 이런 점에서 장자의 무는 노자의 무에 비하여 훨씬 덜 문법적인 대신에 유희적이다.(김형효(1999), 286)

넷째, 노자는 유가의 인의의 도덕론을 비판하지만, 어떤 경우에도 도덕의 범주 자체를 넘어서지는 않는다. 유가의 도덕론이 유 일변도임을 비판하고, 무의 기능을 여기에 제시하여 유·무가 새끼꼬기처럼 교직(交織)된 그런 도덕을 대안으로 제시하는 것이 이를 말해 준다. 하지만 장자는 탈도덕을 생각한다. 그는 도덕을 세계의 질곡으로 보고, 현실은 시비(是非)가 양행(兩行)하는 제물(齊物)의 세계, 즉 선악이 필연적으로 동거하는 파르마콘(pharmakon)으로 이해한다.(김형효(1999), 367)

노자와 장자의 차이를 바라보는 이와 같은 시각으로부터 우리는 심원의 노장 읽기가 지니고 있는 하나의 묵시적인 특징을 읽어낼 수 있다. 그것은 심원이 은연중에 노자보다 장자를 더 해체론적 사유에 부합하는 사상가로 본다는 점이다. 노자는 유·무의 상관적 사유를 통하여 세계는 시작에서부터 이미 차연의 논리에 의해 직조되어 있는 '해체적 구조'임을 파악했으면서도 역설적으로 또 하나의 '구조'를 추구한다. 앞에서 보았듯이, 심원은 노자의 이런 특징을 '무위의 정치 제창', '유의 기능을 가능하게 한 선험성의 논리로서의 무', '초현실적인 초과의 사유 부재', '도덕의 범주 자체를 넘어서지 않음' 등으로 기술한다.

이에 비하여 장자는 '정치 자체의 해체'를 지향하고, '초현실적 상상성의 추구'를 자기 사유의 근간으로 삼으며, '무의 절대적 타자화'를 도모하고, '탈도덕을 지향'하는 사상가로 이해한다. 다시 말하면, 노자와 달리 장자는 세계의 파르마콘적 본성을 폭로만 할뿐, 이를 넘어서는 새로운 대안적 '구조'를 모색하거나 제시하려 하지 않는다는 것이다.

장자가 노자보다 더 해체론적 사유를 전개하는 사상가라는 말은 이런 의미에서이다. 데리다의 '해체(Deconstruction)'가 사유의 구조를 실제적으로 해체(destruction)하려는 것이 아니라 그것에 묵시적으로 내재되어 있는 이분법적 우열 체계를 끊임없이 흔들려는 것임을, 그리하여 그것이 더 이상 삶을 왜곡시키는 폭력으로 작동하지 못하게 하려는 것임을 고려하다면, 이점은 명백해 보인다.

이쯤에서 드는 어쩔 수 없는 의문 하나! 그렇다면, 심원은 왜 해체적 사유가 한층 도드라지는 장자보다 노자를 더 편애(?)하고 있을까? 심원이 장자보다 노자를 더 편애했다는 증거는 무엇보다도 이 두 사상가에 대한 그의 관심의 깊이의 차이가 보여준다. 『노자』 전체를 주석한 『사유하는 도덕경』을 굳이 거론하지 않더라도, 심원이 노장철학을 해체론적 사유와 연결시킬 때 주로 호출되는 것은 장자가 아니라 노자이다. 『장자』가 『노자』에 비하여 텍스트의 분량이 많다는 현실적인 어려움을 고려하더라도, 이는 심원의 해체론적 노장 읽기의 어떤 방향성을 암묵적으로 드러내주는 부분이라 생각된다.

## 5. 해체와 소요

앞서도 비슷한 말을 했듯이, 해체는 절대화될 수 없는 어떤 것을 절대화하려는 모든 시도에 대해 그것을 성립시키는 경계를 끊임없이 흔듦으로써 그 시도 자체를 무력화시키는 작업이다. 이 점에서 해체는 본질적으로 '정치적'이다. 데리다는 "해체는 중립적이지 않다. 그것은 개입한다."(데리다(1994), 127)고 선언함으로써 해체의 이런 성격을 분명히 한 바 있다.

이 세계를 직조하는 근본적인 문법이 '차연'이라면, 어떤 것도 그 자체로서 완결적 의미 체계를 구성할 수 없다. 차연이 세계를 구성시키는 근본적인 문법인 한, 모든 것의 정체성(의미)은 끊임없이 다른 것과 공간적으로 '차이나고(differ)', 또 바로 그런 점에서 시간적으로 '연기되는 (defer)' 운명에 놓여 있기 때문이다. 해체는 바로 이점에 주목하여, 그럼에도 불구하고 어떤 것이 스스로를 구조화하려 할 때 그것이 지향하는 순수성은 시작에서부터 이미 타자에 의해 침범되어 있음을 끊임없이 환기시키고 폭로함으로써 종국에는 그 시도 자체를 불가능하게 만드는 전략이다. 해체는 본질적으로 '정치적'이라는 것은 이런 맥락에서 나오는 말이다. 데리다가 자신의 해체 전략의 일차적인 대상으로 이른바 '현전의 형이상학(Metaphysics of Presence)'이라 불리는 서구의 형이상학 전통을 지목하고 있는 것도 해체의 그런 성격을 잘 드러내준다.

'해체'의 성격이 이러하다면, 그리고 노장의 사유가 함축하고 있는 메시지를 가장 정확하게 포착해내는 독법이 바로 해체론적 읽기라면, 그 작업 또한 적어도 일정 범위 내에서는 '정치적'이어야 할 것이다. 노장에 대한 해체론적 읽기가 성공하려면 그것을 '정치적' 맥락에서 읽어내는 작업이 수반되어야 한다는 뜻이다. 하지만 심원의 노장 읽기는 이런 요구에 대해 침묵한다. 아니, 침묵을 넘어 노자보다 더 해체적이라 스스로 평가하는 장자에 대해, 그것은 오히려 세계를 탈정치화하고 "정치 자체를 해체시킨다"고 평가한다.

침묵의 이유는 두 가지 가운데 하나일 것이다. 첫째는 장자철학이 사유방식 면에서는 해체론적 특징을 지니지만, 실천적인 면에서는 탈정치적 특징을 지니는 경우이다. 이것은 물론 가능한 일이다. 하지만 만약 그렇다 하더라도, 장자에 대한 해체론적 읽기가 나름의 완성도를 이루려면 이 부분에 대한 추가적인 분석이 수행되는 것이 합당하다. 그러나 심원은 이 작업을 하지 않는다. 둘째는 세상에 대한 해체론적 독법을 통해 심원이 도달하려는 목적지가 정치적인 것이 아니라 개인적인 경우이다. 여러 가지로 추측건대, 아마 이것이 더 타당한 이유로 보인다. '예비학으로서의 철학'의 수명은 끝났고 이제 '지혜의 학으로서의 철학'이 요청되는 시대라는 생각도 그 가운데 하나이다. 심원이 자신의 철학적 사유의 여정에 대해 박종홍으로부터 물려받은 향외적 현실경영과 마르셀로부터 사사받은 향내적 정신구원의 긴장구도가 출발점이었으며, 이런 긴장구도는 구조주의와 해체론을 거쳐 무아(無我)의 집을 발견함으로써 비로소 종결되었다고 고백하는 데에서도 이를 엿볼 수 있다.(김형효(2004b), 머리말)

이런 점들을 종합할 때, 심원의 철학적 여정이 도달한 종착점은 조심스럽지만 여전히 '구조주의적'이라고 할 수 있지 않을까 싶다. '해체'가 '구조'를 허물어뜨린 뒤에 새로 무엇을 세우는 것이 아니라 그 구조의 본성을 드러내는 일임을 생각한다면, 심원은 차연의 논리로 서로 상감되는 세계의 근원적인 존재방식을 '여여(如如)하게' 관(觀)함으로써

'얽힘의 평안[縈寧: 攖寧]'으로서의 삶에 도달하고 거기서 오랜 사유의 여정이 멈춘 것으로 보인다.

그렇다면 심원의 해체론적 노장 읽기는 학문적 차원에서 보았을 때, 계도와 한계 그리고 과제를 동시에 유산으로 남겼다고 평가할 수 있을 듯하다. '계도'는 그의 작업이 무엇보다 노장철학에 대한 해석의 지평을 확장시켰다는 데에 기인한다. 비록 문맥적 접근이 부재하는 아쉬움은 있지만, 노장철학의 사유 문법을 그처럼 명증하게 분석한 사례는 과문인지 몰라도 지금까지 별로 없었기 때문이다. 이 점에서 그의 작업이 지니는 계도성은 그에 상응하는 평가를 받기에 충분하다.

'한계'는, 그럼에도 불구하고 심원의 해체론적 독법은 앞서 언급했듯이 철학의 역할에 대한 개인적 문제의식으로 인해 그 자체로 철저하게 추구되지 못했다는 점이다. 특히 노자보다 해체론적 요소를 더 풍부하게 지니고 있는 장자에서 이점이 충분히 발휘되지 못했다는 것은 자신의 사유의 여정에서나 후학들의 사유를 계도하는 측면에서나 많은 아쉬움을 준다.

따라서 마지막 유산인 '과제'도 바로 이 지점에서 시작된다. 심원이 발걸음을 멈춘 곳에서 새롭게 한 걸음 내딛어야 하는 책무는 그에 의해 계도된 후학들의 몫이기 때문이다. 그것은 구체적으로 장자로부터 해체론적 정치철학의 가능성을 탐색하는 일이다. 예를 하나 든다면, 장자가 말하는 '소요(逍遙)'의 의미 연관을 이 시각에서 새롭게 독해하는 일 같은 것이 이에 해당할 것이다.

이와 관련하여 앞서 말한 노자와 장자 사이에 존재하는 간극을 한 번 생각해 볼 필요가 있다. 거칠게 말한다면, 노자는 인간사회의 문제는 삼황오제와 같은 유가적 문화영웅의 등장으로 사람들의 삶이 세계에 내재하는 '자기 원인적 질서의 원리[自然]'와 유리됨으로써 초래되었다고 본다. 이런 까닭에 삶의 자연성을 회복시키는 불간섭주의 정치 [無爲之治]를 행할 때 문제는 해결 가능하다는 입장이다. 그리고 이런 생각의 바탕에는 '도(道)'로 상징되는 세계 운동의 근본 원리를 통찰해 낼 수 있고, 나아가 그것을 응용한 정치질서의 구현이 가능하다는 인식이 깔려 있다. 요컨대, 노자철학은 '도/성인(통치자)'와 '만물/백성'의 수직적 유비 관계에 대한 해명이 철학적 관심의 주류를 이룬다.

이에 비하여, 장자는 삶의 본질적인 문제는 정치적이기 이전에 '구성된 마음[成心]'이라고 불리는 인간의 좀 더 근원적인 존재론적 특성에 기원을 두고 있다고 본다. 같은 맥락에서, 이 때문에 세계 운동의 근본 원리를 완벽히 통찰해내는 것은 불가능하며, 따라서 그보다는 그런 원리를 이미 주어져 있는 삶의 한 요소로서 적극적으로 받아들이고 향유하는 것이 더 바람직한 선택이라고 생각한다. 정리하면, 장자철학은 도와 만물의 관계에서 한 걸음 더 나아가 만물들 사이의 관계 즉 '나와 타자'라는 수평적 관계에 대한 관심이 더 지배적이다.(박원재(2017), 304-305)

노자와 장자의 문제의식을 이런 식으로 나눠보는 관점은 새로운 것이 아니다. 그것은 일찍부터 단초가 보이던 시각이다. 대표적인 것이 『장자』「천하(天下)」편이다. 제자백가에 대한 일종의 비평서에 해당하는 이 단편의 저자들은 노자와 장자의 특징을 이렇게 평가한다.

> (노자는) 영원한 무와 유를 세계 인식의 기초로 세우고, 궁극적인 일자[太一: 道]를 근간으로 삼았다. 그리고는 밖으로는 온화함과 유약함과 겸손함과 낮은 곳에 처함을 실천하고, 안으로는 비움과 만물을 손상하지 않음은 실질로 여겼다,
> 建之以常无有, 主之以太一, 以濡弱謙下爲表, 以空虛不毁萬物爲實.

(장자는) 세상이 혼탁하므로 스케일이 큰 말을 더불어 나눌 수 없다고 생각하여, 무심한 말[巵言]로 자연의 변화와 함께 하고 권위에 의존하는 말[重言]을 써서 참으로 받아들이게 하였으며 다른 것에 빗대는 말[寓言]을 통하여 그 뜻을 널리 드러내었다. 그렇게 하여 홀로 천지의 정신과 교감하되 만물을 홀시하지 않았고, 시비를 가리지 않음으로써 세상 사람들과 함께 하였다.

以天下爲沈濁, 不可與莊語, 以巵言爲曼衍, 以重言爲眞, 以寓言爲廣. 獨與天地精神往來而不敖倪於萬物, 不譴是非, 以與世俗處.

이 내용은 당대 혹은 이어지는 시대에 활동한 후학들의 눈에도 노자는 궁극적 원리에 대한 체득과 그것의 정치적 구현에 대한 관심이 지배적이었던 철학자였음에 비해, 장자는 삶의 해방을 추구하되 어디까지나 만물 또는 세속의 영역에서 이를 추구한 철학자로 비쳤음을 말해준다. 장자의 이런 특징은 그의 오리지널한 사유가 들어있다고 인정되는 내편에 등장하는 많은 수양론적 기표들을 새롭게 읽을 것을 우리에게 요구한다. 이를테면, 그것들을 기존의 정치질서에 대한 해체론적 저항 담론으로 읽는 방식이다. 이것이 이루어질 때 심원이 우리에게 과제로 남긴 노장철학의 해체론적 읽기는 비로소 하나의 매듭을 지을 수 있으리라 기대한다.

## 참고문헌

김형효(1994), 『데리다와 노장의 독법』, 한국정신문화연구원.

_____(1999), 『노장사상의 해체적 독법』, 청계.

_____(2001), 「도가사상의 현대적 독법」(한국도가철학회 엮음), 『노자에서 데리다까지』, 예문서원.

_____(2002), 「도구적 세상보기와 초탈적 세상보기 – 이승종 교수의 비판에 대한 답변」, 『오늘의 동양사상』 6, 예문동양사상연구원, 2002.

_____(2003), 『물학, 심학, 실학』, 청계.

_____(2004a), 『사유하는 도덕경』, 소나무.

_____(2004b), 『철학적 사유와 진리에 대하여(1)』, 청계.

_____(2004c), 『철학적 사유와 진리에 대하여(2)』, 청계.

데리다(1994), 박성창 편역, 『입장들』, 솔.

박원재(2000), 「도와 차연 – 노자와 데리다의 비교연구」, 『도가철학』 2, 한국도가철학회.

_____(2015), 「문법과 문맥 사이 – 김형효 노장 해석의 명암」, 『동양철학』 44, 한국동양철학회.

_____(2017), 「존재의 변화 혹은 삶의 변용 – 노장철학의 문맥에서 본 장자 실천론의 특징」, 『중국학보』 79, 한국중국학회.

# 김형효 교수와의 논과 쟁: 20년 후

**이승종**

(연세대학교 철학과 교수)

## 1.

학문의 분과화를 톡톡히 체험한 현대의 학문들은 학문 간의 통합은 고사하고 대화의 가능성에 대해서마저 감을 잃은 상태이다. 통합과 대화의 아이콘이었던 철학마저 분과화를 가속시키는 분석에 치중하거나 (영미) 각자 자기만의 고유한 방언을 추구하고 있다(대륙). 현대철학의 이러한 경향은 오히려 통합과 대화의 걸림돌이 된다. 동시대의 다른 학문에 몸담고 있는 학자들에게나 노선을 달리하는 철학자들에게 영미분석철학은 별 영양가 없는 사소한 논증들에 탐닉하는 학문으로 여겨질 수 있으며, 대륙철학은 시대착오적인 잠꼬대나 허세에 불과한 넌센스로 비쳐질 수 있다. 양자 모두 그들만의 리그일 뿐 자신들의 리그 밖에서는 위력이나 울림이 미미하다 해도 과언이 아니다.

과학사의 각 시대마다 그 시대를 지배한 하나의 패러다임이 있다는 쿤의 주장도 현대에는 들어맞지 않는다. 현대물리학에서 상대성이론과 양자역학이라는 두 패러다임의 분할통치는 모두의 예상을 깨고 100년이 넘게 지속되고 있으며, 한 편을 논박하거나 하나로 통합하려는 시도는 성공하지 못했다. 결정론(상대성이론)과 미결정론(양자역학)이라는 상이한 세계관을 지닌 까닭에 이론적으로는 양립 불가능한 두 패러다임이, 초창기에 지녔던 서로에 대한 적대감을 뒤로 한 채 저토록 오랫동안 서로에 대한 관계를 분명히 설정하지 못한 어정쩡한 상태로 공생을 유지하고 있음은 실용적으로는 지혜로운 처사이겠지만 학적 통일성의 관점에서는 안이해 보인다.

엄밀학의 대명사로 학자들의 추앙을 받아온 수학의 보편성에도 제한이 가해졌다. 유클리드 기하학의 보편성은 리만과 로바체프스키가 각각 주창한 비유클리드 기하학의 대두로 깨어졌고, 유클리드 기하학에 근거한 뉴턴의 고전역학이 리만 기하학에 근거한 아인슈타인의 상대성이론으로 대체되면서 그 입지는 더욱 축소되었다. 저 세 기하학들은 공리가 서로 다르기에 거기서 이끌어져 나오는 정리도 다르다. 예컨대 삼각형의 내각의 합은 유클리드 기하학에서만 180도일뿐 비유클리드 기하학에서는 그보다 크거나(리만) 작다(로바체프스키). 세 형태의 기하학은 서로 호환이 불가능한 것이다.

논리학의 지배력도 예전만 못하다. 아리스토텔레스의 전통논리학은 프레게의 수리논리학에 의해 대체되었지만 이러한 표준논리학은 양자역학의 서술 대상인 아원자 수준의 미시세계에는 적용되지 않는다. 이를 적시하고 양자역학에 맞춤형으로 제작된 양자논리학은 바로 그 세계에 적용이 가능한 유일한 논리학이다. 그러나 양자논리학은 오직 그 세계에서만 쓸모가 있을 뿐이다. 수리논리학의 수호자인 콰인에 의해 일탈논리학이라는 오명을 썼던 양상논리학을 위시한 다양한 논리학들은 논리학의 백가쟁명 시대를 활짝 열어젖혔다. 하나의 논리학이 군림하던 시대는 끝났다.


## 2.

풀림은 엮임을, 분화는 종합을, 각자의 목소리는 상호간의 대화를 수반하지 않으면 제 의미를 갖기 어렵다. 각 쌍을 이루는 요소들은 서로간의 밀고 당김, 혹은 보충대리의 과정을 통해 성장한다. 그 성장의 주체는 이론이나 학문이 아닌 사람이다. 상호 양립 불가능한 이론들도 사람은 자유로이 왕래할 수 있다. 물리학자는 거시세계에는 상대성이론을, 미시세계에는 양자역학을 사용하며, 논리학자는 미시세계에는 양자논리학을, 가능세계에는 양상논리학을 사용한다. 수학자는 평면공간에는 유클리드 기하학을, 볼록 공간에는 리만 기하학을, 오목 공간에는 로바체프스키 기하학을 사용한다.

왕래는 이론이나 학문들 사이의 소통을 실천하고 있다. 왕래의 과정에서 우리는 이론이나 학문 간의 대화에 대해 생각하게 된다. 각 이론이나 학문들은 자기 완결성을 지향한다. 저마다 자기만의 아성을 쌓으려는 것이다. 수학은 자신의 기초를 수학기초론이라는 이론으로 이해하려 하며, 물리학과 논리학에도 그와 비슷한 시도들이 있다. 그러한 시도들은 이론이나 학문 간의 소통이나 이를 실천하는 왕래자를 멀리하는 경향이 있다. 그 왕래자는 샤먼과 헤르메스의 계승자인 철학자이다. 철학은 과거에는 만학의 왕이었는지 몰라도 만학의 군웅할거 시대인 현대에 왕은 더 이상 필요가 없다. 철학자는 국외자, 이방인, 딜레탕트일 뿐이다. 현대의 만학은 왕정체제보다는 무정부주의, 민주주의, 평등주의, 지역이기주의, 각자도생을 지향한다.

## 3.

그러나 철학자는 학문 간의 왕래를 통해 때로는 유익한 결실을 얻곤 한다. 퍼트남은 현대언어철학의 대표적 성과로 꼽히는 콰인의 번역 불확정성 논제를, 수리논리학의 한 분과인 모형이론에 속하는 뢰벤하임-스콜렘 정리의 응용으로 간주한다. 같은 문장에 대한 논리적으로 동일한 다양한 해석이 있을 수 있다는 것이 저 정리의 요지인데, 콰인은 이를 번역의 경우에 대입해 번역의 불확정성 논제를 도출했다는 것이다. 어떤 현상에 대해 동등한 설명력을 제공하면서 상호 양립 불가능한 이론 T와 T'이 제시될 수 있다는 콰인의 이론 과소결정성 논제도 뢰벤하임-스콜렘 정리에서 도출되는 현대과학철학의 중요한 성과이다.

사실 뢰벤하임-스콜렘 정리는 같은 말도 다양하게 해석될 수 있다는 뻔한 논지인데 뢰벤하임과 스콜렘은 이를 수학적으로 엄밀히 증명했으며, 콰인은 그 함축을 언어철학과 과학철학에 창의적인 방식으로 적용했다는데 그 의의가 있다고 할 수 있다. 저 정리와 함께 현대논리학의 대표적 성과로 꼽히는 괴델의 불완전성 정리나 튜링의 결정 불가능성 정리의 경우도 마찬가지이다. 괴델의 정리는 참이지만 증명 불가능한 문장이 있다는 논지이고, 튜링의 정리는 한 문장이 참인지 거짓인지를 알고리즘적으로 결정할 수 없다는 논지인데, 우리는 일상의 맥락에서 이에 해당하는 경우를 어렵지 않게 상상할 수 있다. 자신의 결백을 입증할 수 없는 억울한 죄수의 발언과 진위의 결정이 불가능한 상고사의 가설들이 이에 해당할 것이다.

물론 뢰벤하임–스콜렘 정리, 괴델 정리, 튜링 정리는 각각 그 적용의 대상과 심급에 엄격한 제한이 있고 그 범위 내에서만 작동하며, 그 논지나 근거도 수학적인 것이지 경험적이거나 일상적인 것이 아니다. 정리의 적용은 정리 자체와는 구별되어야 하며, 적용은 이미 수리논리학의 범위를 벗어나는 일종의 비약이다. 리만 기하학이 아인슈타인의 상대성이론에 적용되기는 하지만, 그렇다고 해서 상대성이론이 곧 기하학인 것은 아님과 같은 이유이다. 하지만 그러한 비약을 허용했을 때 저 정리들의 논지는 앞서 보았듯이 그다지 놀랄게 못 된다. 증명의 방법이 참신하고 엄밀할 뿐이다.


## 4.

괴델은 자신의 정리에 대해 놀랄게 못 된다는 태도를 표명한 비트겐슈타인에 대해 못마땅해했다고 한다. 무모순성과 불완전성을 동시에 성취하려 했던 힐베르트의 메타수학 프로젝트를 일거에 무너뜨린 자신의 혁명적 업적을 이해하지 못했다는 것이다. 그러나 괴델의 정리는 당시의 수학계를 석권했던 힐베르트의 그릇된 비전을 전제로 했을 때에만 놀라운 것이다. 비트겐슈타인은 수학을 힐베르트의 형식주의나 괴델이 몸담았던 빈 서클의 규약주의, 혹은 프레게와 러셀의 논리주의와 같은 이론에 의해 그 기초가 설정되는 체계가 아니라, 수를 세거나 길이를 재는 등의 일상적 실행에 기초한 인류학적 현상이라고 보았다. 수학의 학적 독립성을 침해하는 비트겐슈타인의 이러한 수학철학은 괴델을 더욱 자극시켰을 것이다.

비트겐슈타인은 "만일 누군가 철학에서 논제들을 제기하려고 한다면 그 논제들에 대한 논쟁은 불가능할 것이다. 왜냐하면 모든 사람들이 그 논제들에 동의할 테니까"(PI, §128)라고 말했다. 비록 뢰벤하임-스콜렘 정리, 괴델 정리, 튜링 정리가 철학의 논제들은 아니지만 비트겐슈타인은 저 정리들에 대해서도 철학의 논제들에 대한 자신의 이러한 견해가 적용될 수 있다고 여겼으리라 예상해본다. 저 정리들은 엄밀한 증명과 함께 제출된 것이기에 논쟁은 불가능할 것이며, 각 정리들의 논지는 모든 사람들이 동의할 만한 것이기 때문이다. 그렇다 해도 우리는 저 논제들에 대한 철학적 해석과 적용이 의미 있는 작업이라고 본다. 모든 사람들이 동의하는 논제들에 대해서도 그러한 작업은 여전히 필요하다.


## 5.

20년 전 원주에서 있었던 한국분석철학회의 동계세미나와 『오늘의 동양사상』의 〈논과 쟁〉이라는 지면을 통해, 우리는 김형효 교수의 노장 해석(김형효 1999)을 주제로 김형효 교수와 토론을 주고받았다(이승종 2002; 김형효 2002). 우리는 (1) 김형효 교수가 노장과 데리다 사이의 '같음'을 읽어내는 데에만 너무 집중함으로써 이 양자간의 '다름'에 대해

적절히 조명하지 않았으며, (2) 노장과 데리다를 연결 짓는 전체적인 그림을 지지해줄 수 있는 중범위 지대의 논리적 짜임새가 미비 되어 있으며, (3) 노장의 사유를 선험주의로 보는 것은 잘못이라고 비판하였다.

우리의 이러한 비판에 대해 김형효 교수는 구조주의적 관점에서 철학적 사유의 유형을 물학, 심학, 실학으로 나눈 뒤, 우리가 생각하는 철학과 논리는 실학인 반면 자신이 이야기하고자 하는 철학과 논리는 물학이라는 점에서 서로 영역이 다름을 분명히 함으로써 (1)과 (2)의 비판에 답하고, 노장이 말하는 도는 이 세상의 원초적 문법을 의미한다는 점에서 그 사유는 여전히 선험주의적임을 확인하면서 (3)의 비판에 답하였다. 결국 김형효 교수의 답변은 자신의 물학과 우리의 실학은 영역이 다르므로, 실학의 관점에서 물학을 비판하는 것은 범주 오류를 범하는 것이라는 점이 요지이다.

# 6.

김형효 교수의 철학적 분류를 받아들이고 각자의 사유를 물학과 실학에 위치시키는 것에 동의했을 때, 우리가 건네받게 되는 것은 우리에게 익숙한 분과학문의 운명인 각자도생의 처방인 것 같다. 회통이나 크로스오버의 꿈을 접고 저마다 자신의 고지를 사수하라는 것처럼 들린다. 김형효 교수는 명시적으로 인정하지 않았지만, 사실 우리는 그가 물학, 심학, 실학 사이에 모종의 위계를 설정하고 있다는 느낌도 갖는다. 즉 실학은 물학의 경지에 이르지 못한 형이하학이라는 평가를 김 교수가 내심 감추고 있다는 듯한 느낌말이다. 해체주의는 바로 저러한 칸막이와 위계를 해체하고자 하는 철학적 운동을 일컫는데, 해체주의를 옹호하는 김형효 교수는 여기서 자가당착을 범하고 있는 것처럼 보인다.

김형효 교수에 의하면 무위, 당위, 유위 등의 철학소들은 각각 물학, 심학, 실학이라는 세상보기의 세 방식을 낳는다. 그렇다면 하나의 철학소에 하나의 세계관이 대응한다는 말인가? 철학소가 글자 그대로 철학을 구성하는 하나의 원소라면 무위, 당위, 유위의 철학소들이 일정한 방식으로 결합하여 철학적 세계관을 형성한다고 보아야 하지 않을까? 물학에는 당위나 유위의 철학소가 완전히 결여되어 있고, 심학에는 무위나 유위의 철학소가 완전히 결여되어 있는가? 또 실학에는 무위나 당위의 철학소가 완전히 결여되어 있는가? 물학, 심학, 실학은 정말 서로 다르기만 한가? 그들 사이의 소통은 불가능한가?

논리학은 보편성을 갖는 학문인가, 아니면 국소성에 머무는 학문인가? 논리학의 창시자인 아리스토텔레스는 논리학을 보편학으로 보았지만 김형효 교수에 의하면 논리학은 실학에 머물고 실학에만 적용되는 국소성의 학문이다. 그렇다면 물학의 교직성의 논리에 관한 논리학은 불가능한가? 물학의 논리와 실학의 논리는 "근원적으로 서로 유사성이 없는"(김형효 2002, 38쪽)가? 그 둘은 양립이나 호환이 불가능한가? 물학과 실학을 아우르는 보편 논리는 없는가? 기존의 논리학이 그러한 보편학이 되지 못하는 까닭은 무엇인가?

우리는 표준논리학의 관점에서 김형효 교수의 텍스트를 분석해보았다. 그 과정에서 몇 가지 모순되는 점들을 찾아내기도 했다. 이것이 합당한 분석인지에 대한 김 교수의 답변은 들을 수 없었다. 그는 우리의 논리적 비판이 자신이 말한 논리나 문법과 "다른 차원인 것으로 보인다"(김형효 2002, 40쪽)고 말했을 뿐이다. 이는 실학의 차원에서는 모순되어 보이는 것도 물학의 차원에서는 그렇지 않다는 말인가, 아니면 실학의 차원에서는 모순이 문제라 해도 물학의 차원에서는 모순도 문제될 것이 없다는 말인가? 물학의 차원에서는 모순을 두려워할 필요가 없는가, 아니면 물학은 실학의 모순을 지양해 해소시키는 나름의 메타 논리적 해법이나 혜안을 지니고 있는가?

# 7.

김영건 교수는 이 대목에 대해 다음과 같은 평가를 내린다. 우리가 김형효 교수의 텍스트를 분석하는 과정에서 동원한 논리학은 투박한 철학적 장치이다. 거기에 동원된 단순화, 첨가법, 선언적 삼단논법 등의 추리 규칙들은 사유의 다양성이 지니고 있는 논리적 형식을 담기에는 완전하지 않다. 이에 대한 우리의 답변은 다음과 같다. 저 추리 규칙들은 수학에서 덧셈이나 뺄셈의 규칙들이 그러한 것처럼 논리학에서 보편적으로 받아들여지고 있는 자연연역의 기본 규칙들이다. 물론 덧셈이나 뺄셈의 규칙들만으로는 수학의 다양성이 지니고 있는 수학적 형식을 다 표현할 수 없는 것처럼, 저 추리 규칙들만으로는 사유의 다양성이 지니고 있는 논리적 형식을 다 표현할 수는 없다. 그러나 수학이 덧셈이나 뺄셈의 규칙들을 위반하지 않듯이, 사유도 함부로 저 추리 규칙들을 위반해서는 안 된다고 본다. 덧셈이나 뺄셈의 차원에서 문제가 있는 수리체계의 건전성을 의심해볼 수 있는 것처럼, 자연연역의 기본 규칙들 차원에서 문제가 있는 사유체계의 건전성은 의심해봄직 하다.

김영건 교수는 "바깥은 안과 다르지만 같다"(김형효 2001, 283쪽)는 김형효 교수의 주장을 옹호하면서 이 주장을 모순으로 본 우리의 해석이 틀렸다고 말한다. 그 근거로 김영건 교수는 다음과 같은 김형효 교수의 말을 인용한다.

> 여기서 우리는 차이와 대립의 변별성을 분명히 알아야 한다. 대립은 모순과 같이 다른 것과의 공존을 용납하지 아니하며 필연적으로 같은 것과 다른 것과의 상호배척을 야기하지만, 차이는 같은 것과 다른 것이 서로 같지 않기에 오히려 상호 간에 영향을 미치고 상감되는 연결관계를 맺게 된다. (김형효 2001, 276쪽)

김영건 교수는 이에 대해 다음과 같이 말한다.

> 아마 '대립'은 논리적 모순 개념을 의미하는 듯싶고, 반면에 '차이'는 논리적 반대 개념을 의미하는 것 같다. (김영건 2002, 208쪽)

요컨대 김영건 교수는 같은 것과 다른 것을 논리적 모순 개념이 아니라 반대 개념으로 해석하고 있는 것이다. 이를 바탕으로 김영건 교수는 "바깥은 안과 다르지만 같다"는 김형효 교수의 주장을 "바깥과 안은 개념적으로 서로 구분되지만, 그럼에도 불구하고 두 개념은 서로 의존적이다"(김영건 2002, 199쪽)로 해석한다. 하지만 이러한 해석은 김형효 교수의 주장을 지극히 당연하고 상식적인 것으로 만들어 버린다.

우리가 추구하는 것은 김형효 교수의 주장을 심화시키면서도 논리적으로도 무리가 없는 해석이다. 러셀이 지적한 역설의 문제를 안고 있던 칸토르의 집합론과 프레게의 수리논리학의 경우가 그랬던 것처럼 우리는 김형효 교수의 경우에도 그것이 충분히 가능하리라고 전망하지만, 그 작업에 착수하기에 앞서 일단 김형효 교수에게 그의 탁월한 사유에 대한 논리적 갈무리 작업의 필요성을 확인받고 싶었을 뿐이다.


## 8.

그런데 같은 것과 다른 것은 김영건 교수의 해석처럼 반대 개념인가? 두 개념들이 모순 관계에 있으려면 그 개념들이 적용된 사례들이 동시에 참일 수 없고 동시에 거짓일 수도 없어야 한다. 반면 두 개념들이 반대 관계에 있으려면 그 개념들이 적용된 사례들이 동시에 참일 수는 없지만 동시에 거짓일 수 있어야 한다. 색깔 문장 "A는 빨간색이다"와 "A는 파란색이다"는 A가 노란색일 경우 동시에 참일 수는 없지만 동시에 거짓일 수는 있다는 점에서 반대 관계에 있다. 이제 같은 것과 다른 것이 반대 개념인지를 살펴보자.

(1) x는 y와 같다.
(2) x는 y와 다르다.
(3) x는 y와 같으면서 다르다.
(4) x는 y와 같지도 다르지도 않다.

같음과 다름이 반대 개념이기 위해서는 (4)의 경우를 설명할 수 있어야 한다. 그러나 적어도 표준논리학의 견지에서는 그렇게 하기 어렵다. 따라서 같음과 다름의 관계를 반대 관계로 보기는 어렵다.

더구나 김형효 교수는 "같은 것은 다른 것의 다른 것이다"라고 주장하고 있다(김형효 2001, 283쪽). 이때 그는 "다른 것의 다른 것은 같은 것이다"라는 주장도 함께 하는 것으로 해석할 수 있다. 즉 같은 것은 다른 것의 다른 것과 동일한 것이라고 말이다. 김형효 교수의 이러한 주장을 받아들인다면 같은 것과 다른 것이 반대 관계라는 김영건 교수의 해석은 성립할 수 없다. 빨간색과 파란색의 경우를 예로 이를 설명해보자. 우리는 "빨간색은 파란색과 다른 것이다"라는 말을 할 수 있지만, "파란색과 다른 것은 빨간색이다"라고 말할 수는 없다. 따라서 같음과 다름의 관계는 빨간색과 파란색과 같은 반대 관계로 볼 수 없다.


# 9.

김형효 교수와의 유익한 토론을 통해 배운 것이 적지 않지만, 김 교수와 우리는 장자의 해석에 대한 견해 차이를 좁히지 못했다. 여전한 이견들을 추려보면 다음과 같다.

(1) 장자의 포정해우(庖丁解牛)나 바퀴공 윤편에 관한 우화에서 기술은 재주나 테크놀로지를 뜻하는 것이 아니다. 삶의 기술을 익힘을 통해 자신을 주어진 문맥의 자연스러운 결에 능동적으로 내어맡기는 실천을 강조하려 했던 것이다.

(2) 장자의 철학에는 초월과 합류의 두 양상이 공존한다. 내편의 순서와 흐름도 이 두 양상을 교대로 엮어 짜는 방식으로 전개된다. 초월의 측면만을 인정하거나 강조할 때 장자는 그가 비판했던 관념적 관조,

즉 피안의 철학자로 오해될 수 있다. 초탈적으로 삶과 세상을 보았다는 장자에게도 그가 살아야 할 삶의 몫이 엄연히 있었다. 그리고 그는 그것을 겸허하고 진지하게, 그리고 긍정적으로 살아내지 않았는가? 우리는 텍스트 『장자』를 인간 장자의 이러한 삶의 기록으로 읽었다(이승종 2018, 437-438쪽).

(3) "길(道)이란 걸어 다니는 데서 생겨나게 마련이다"[1]라는 장자의 명제를 우리는 도를 체득하기 위해서는 수련이 필요하다는 각도에서 읽었다. (이 구절은 "도는 실천을 통해 이루어진다"로 번역될 수도 있다.) 윤편은 평생에 걸친 노력 끝에야 제대로 수레바퀴를 깎을 수 있었고, 포정도 수십 년의 수련 끝에 오늘의 솜씨에 이르게 되었다. 마찬가지로 장자의 소요유의 첫머리에 등장하는 대붕도 "남쪽 바다로 날아갈 때는 파도를 일으키기를 3천리, 회오리바람을 타고 [하늘 높이] 오르기를 9만 리, [그런 뒤에야] 6월의 대풍을 타고 남쪽으로 날아간다고 한다"[2]고 했다. 장자가 말하는 무위는 인위에 반하는 개념이지 아무 것도 하지 않는다는 의미가 아니다. 도는 저절로 깨우쳐지는 것이 아니다. 설령 우리가 도를 깨우쳤다 해도 우리 앞에는 여전히 살아야 할 삶이 있다. 그 삶을 어떻게 (올바로) 살아가느냐 하는 실천과 수행의 문제가 남아 있는 것이다. 이러한 측면을 고려하지 않는 선험주의적 장자 해석에 우리는 동의하지 않는다.

(4) "무명(無名)은 천지의 시작이요 유명(有名)은 만물의 어머니"라는 노자의 구절에서 무명과 유명은 김형효 교수의 주장과는 달리 함부로

---

1 『莊子』, 「齊物論」, 道行之而成.
2 『莊子』, 「逍遙遊」, 鵬之徙於南冥也 水擊三千里 搏扶搖而上者九萬里 去以六月息者也.

바꿀 수 없다. 천지의 시작은 무엇이라 이름 부를 수 없는 시작점이라는 점에서 무명이 맞다. 그러나 만물의 어머니는 시작점이 아니다. 아이를 잉태하는 어머니도 그 씨앗(정자)은 아이의 아버지로부터 받는 것이다. 무(無)에서 유(有)를 창조하는 것이 아니라, 잉태한 유(有)를 더욱 풍성한 유(有)로 성장시키는 것이 어머니의 역할이라는 점에서 무명이 아니라 유명이 만물의 어머니인 것이다. 이를 정확히 분간하고 있는 노자의 문법은 그렇지 못한 김형효 교수의 문법과 다르다.

(5) 김형효 교수의 『노장 사상의 해체적 독법』은 그 제목이 시사하듯이 노자와 장자를 하나로 묶어 취급하고 있다. 우리에게도 익숙한 '노장'이라는 표현은 아마도 그에 맞서는 유가철학자들이 임의로 설정한 범주인 것 같은데, 그들의 필요에는 부합할지 몰라도 노자와 장자는 다른 사상가들이다. 노자에게서 발견되는 제왕학적 요소가 장자에게는 결여되어 있고, 반대로 장자에게서 발견되는 스토아적 요소가 노자에게는 결여되어 있다. 이를 감안하지 않고 둘을 한데 묶어 해체적 독법을 무차별적으로 적용하는 것에는 무리가 따른다.

(6) 노자와 장자의 철학에서 자연은 물리적 자연을 의미하는 것이 아니라, 인간중심적 사고 프레임(frame) 너머의 사태 그 자체를 의미한다. 무위자연(無爲自然)은 인간 멋대로 생각하지 말고 사태 자체를 따르라는 뜻이다. 문명 세계 너머 원시 자연 속에서 살라는 것이 아니라, 매 경우 그 사태 자체의 순리대로 살라는 말이다. 이는 "생각하지 말고 보라"는 비트겐슈타인의 철학과 상통하며, "너 개인적으로 마음대로 하지 말고 성인이 지정한 절차대로 행위하라"는 공자의 극기복례(克己復禮)와 충돌한다. 성인이 확정한 공식적 절차를 뜻하는 공자의 예(禮)는 무위자연과 양립하기 어렵다.

# 부록: 토론[3]

**김백희** 김형효 교수님의 『노장 사상의 해체적 독법』에는 형식논리
와 맞지 않는 구석이 있습니다. 김형효 교수님의 사상에 아직
충분히 설명이 되지 않은 부분들이 있기 때문에 생겨나는 문
제입니다. 김형효 교수님은 말년에 불교에 심취하신 바 있습
니다. 불교에서는 논리학을 깨달음의 한 수단으로 봅니다.
김형효 교수님도 이를 잘 알고 계셨고 논리학에 무지한 분도
아니셨지만, 자신의 사상을 논리적으로 완정하게 구현하기
전에 너무 일찍 타계하셨습니다.

**이승종** 논리학(logic)은 어원적으로 로고스(logos)에 대한 학문이었습
니다. 그런데 아리스토텔레스에서 이미 그 싹을 엿볼 수 있지
만 논리학은 현대에 이르러 형식화되고 수학화되면서 자신의
원류를 망각하기에 이르렀다는 것이 하이데거의 진단입니다.
김형효 교수님은 아마 형식논리학을 넘어 논리학의 근원인
로고스의 지평에서 사유하셨던 분인 것 같습니다.

---

3 이 절은 2019년 2월 25일에 한국학중앙연구원에서 있었던 제1회 심원 김형효 사상
학술세미나에서의 토론의 일부를 옮긴 것이다. 토론 참가자는 다음과 같다. 김백희(한
국학중앙연구원 장서각 책임연구원).

## 참고문헌

『莊子』.

김영건(2002), 「노장의 사유 문법과 철학적 분석」, 『철학과 현실』 55, 철학과 현실사.

김형효(1999), 『노장 사상의 해체적 독법』, 청계.

_____(2001), 「데리다를 통해 본 노장의 사유문법」, 한국도가철학회, 2001.

_____(2002), 「도구적 세상보기와 초탈적 세상보기」, 『오늘의 동양사상』 6, 예문동양사상연구원.

이승종(2002), 「노장의 해체와 분석」, 『오늘의 동양사상』 6, 예문동양사상연구원.

_____(2018), 『동아시아 사유로부터』, 동녘.

한국도가철학회 엮음(2001), 『노자에서 데리다까지』, 예문서원.

Wittgenstein, L. (PI) *Philosophical Investigations*. Revised 4th edition. Ed. G. E. M. Anscombe, R. Rhees, P. M. S. Hacker and J. Schulte. Trans. G. E. M. Anscombe, P. M. S. Hacker and J. Schulte. Oxford: Wiley-Blackwell, 2009; 루트비히 비트겐슈타인, 『철학적 탐구』, 이승종 옮김. 아카넷, 2016.

# 심원 김형효의 『도덕경』 해독 연구

## 『사유하는 도덕경』을 중심으로

**소병선**

(한국외국어대학교)

## 1. 들어가는 말

심원은 노자에 관한 세 권의 책을 남겼는데, 『데리다와 노장의 독법』, 이 책의 증보판인 『노장사상의 해체적 독법』(1999), 그리고 『사유하는 도덕경』(2004)이다. 심원은 자기가 쓴 글을 재탕하는 법이 없다. 이 세 권의 책 중 세 번째 책도 그런 맥락에서 이 세상에 나온 것이다. 나는 노자에 관한 최종판인 『사유하는 도덕경』을 중심으로 노자 『도덕경』에 대한 그의 해독을 말하고자 한다. 그러나 『사유하는 도덕경』으로 들어가기 전에 몇 가지의 배경을 말해두는 것이 노자를 해독하는 심원의 철학적 의도를 이해하는데 보다 도움이 되리라 생각한다. 심원은 노장을 데리다의 해체주의의 관점에서 해독하고 있는데 그는 해체의 의미에 대해 다음과 같이 말한다. 심원은 말한다.

> "졸저의 제목인 노장사상의 해체적 독법에서 '해체적'이란 개념은 이 세상을 어떤 이념이나 이상으로 구성하려는 모든 낭만적이고 당위적인 사유 체계나 철학 사상에 대한 반대의 의미로 이해하기 바란다. 그 표현이 지닌 자극적인 분위기 때문에 '해체'라는 뜻이 허무의 의미와 동의어인 것처럼 오해되지 않았으면 좋겠다. 오히려 '해체' 혹은 '해체적'이라는 낱말의 의미는 이 세상을 인간의 이념이나 신념으로 구성하려는 모든 종류의 사상을 해체시키고, 이 세상의 실상의 모습 즉 이 세상 그대로의 본질적인 생리를 사실 그대로 파악하려는 사실주의적 요구를 함의하고 있다. 그런 사실주의적 요구를 실증성이라고 착각하지 않아야 한다. 오히려 실증성은 너무 편협한 개념이다. 실증성은 사실성의 의미가 정립된 뒤에나 가능하기 때문에 그것은 사실의 조그마한 편린에 불과하다."[1]

심원이 노장사상을 해체적으로 읽으려는 것은 그가 학생 시절 공부하면서 재래의 도(道)에 대한 해석 방식에 의문을 품어왔기 때문이다. 즉 그에 의하면, 노장의 도를 '어떤 형이상학적 신비의 실체적 진리인 것'처럼 여긴다면 무엇 때문에 도덕경의 제1장과 제2장의 사유의 결에서 차이가 있는가?라는 의문 때문이었다. 이런 의문은 심원이 데리다의 철학을 공부하면서 풀리기 시작한다. 그는 다음과 같이 말한다.

> "그러다가 유학생 시절을 보내고 귀국한 뒤에 데리다(J. Derrida)의 철학을 공부하려고 그의 난해한 저술들을 독파하고 있을 때 문득 지난날

---

1 김형효, 『노장 사상의 해체적 독법』, 청계, 1999, 10쪽.

의 그 의문들이 다시 되살아났다. 지난날 노자와 원효를 공부하면서 풀지 못했던 그 의문들이 혹시 데리다가 말한 텍스트의 독법방식으로 읽으면 이해되지 않을까라는 생각이 섬광처럼 스쳐 갔다. 그래서 다시 노자와 원효를 읽기 시작했다. 저자는 다시 공부를 하면서 형언할 수 없는 희열에 수없이 잠기곤 하였다. 데리다의 해독법으로 노자와 장자, 원효를 읽으면서 그들의 사유를 저자 나름의 수준에서 의심없이 소화할 수 있었다. 그래서 확신을 갖고 그 공부의 내용을 한국정신문화연구원 한국학대학원의 강의에 반영하였다. 처음에는 학생들이 너무나 전통적인 해석법과 다르다고 의아해하면서 반신반의하는 것으로 보였다. 그러다가 미국의 학술지 등에서도 저자의 생각과 유사한 방식으로 노장을 읽는 해독법이 나오는 것을 알게 되면서, 학생들도 저런 해독법이 적어도 저자만의 주관적 고집이 아니라는 것을 이해하게 되었으리라."[2]

이런 과정을 거쳐, 심원은 마침내 노자에 관한 세 번째 책을 펴낸다. 그 책을 세상에 내는 이유를 그는 이렇게 말한다.

"노자의 도덕경을 해체철학의 시각으로 분석하고 해석한 것이 어언 10년이 되어간다. 나는 1994년에 데리다와 노장독법을 냈다. 그 책은 절판된 후. 조금 수정해서 노장사상의 해체적 독법으로 다시 출간되었다. 그러다가 2003년 가을 학기에 정신문화연구원 한국학대학원에서 '도가철학' 강좌를 맡게 되었는데, 중국 명나라의 초횡(焦竑)이 편찬한 노자익(老子翼)을 텍스트로 삼아 학생들과 도덕경을 다시 공부할 기회를 갖게 되었다. 노자를 1장부터 81장까지 읽어 내려가면서 나는 이전에 썼던 책에 의존하지 않고 도덕경을 다시 숙고하기로 작정했다. 학생들도 재미없으려니와 나 자신도 같은 내용을 다시 기계적으로 반복하는

2  위의 책, 11쪽.

어리석음을 범할 수 있기에, 그런 일을 피하기로 작심했던 것이다.

그래서 나는 도덕경을 새로 읽고 해석하며 이해한다는 심정으로 한 장 한 장 훑어나갔다. 물론 나의 해석에는 해체주의적 철학의 방식이 이미 녹아 있으므로 그 해체적 시각과 전혀 다른 새로운 해석을 한다는 것은 불가능하다. 그러므로 이 저술도 해체철학의 관점을 벗어나지는 않을 것이다. 그러나 독자들은 내가 이 책에서 기존의 저술과는 달리 해체주의자인 데리다의 철학에 얽매이지 않고, 보다 자기화된 시각을 진하게 풍기고 있다는 것을 느낄 수 있을 것이다. 이 책에는 데리다의 시각보다 오히려 불교와 하이데거의 철학의 경향이 더 농후하게 깔려 있다. 그만큼 이 책은 불교철학의 관점과 매우 유사하다."[3]

이와 같은 심원의 말을 통해 알 수 있듯이, 사유하는 도덕경에서 전개된 해독은 기본관점에서는 노장사상의 해체적 독법과 유사하다고 할 수 있겠으나, 두 권의 책은 분명 다른 책인 것이다. 왜냐하면 사유하는 도덕경은 데리다보다는 오히려 불교와 하이데거에 관점에서 해독되고 있기 때문이다. 그래서 사유하는 도덕경은 다른 제목을 가질 수도 있다. 그는 이 가정에 대해 이렇게 고백한다.

"그래서 나는 한때 이 책의 제목을 『노자와 세상의 근원적 사실로서의 도 - 도덕경에 대한 불교적·하이데거적 해석』이라고 이름지으려 했다."[4] 여기서 우리가 한 가지 주목해 두어야 할 점은 앞서의 책, 즉 『노장사상의 해체적 독법』에서는 '해체'라는 개념이 중요했으나. 후자의 책, 즉 『사유하는 도덕경』에서는 '차연'이란 개념이 그 중심어로 떠오른다. 그의 말이다.

---

3 김형효, 『사유하는 도덕경』, 소나무, 2004, 5-6쪽.
4 위의 책, 6쪽.

"그것은 노자의 도덕경이 오늘날 우리에게 전해주려는 진리의 메시지가 무엇일까 하는 숙고 끝에 이루어진 것이다. 물론 그런 진리의 이면에는 하이데거나 데리다가 말한 '차연(差延; différance)'의 진리가 깃들어 있다. '차연'의 의미는 이 책의 본문에서 다시 음미할 것이다. 여기서는 다만 이 세상을 심판의 장소로 보지 말고 사실성의 도를 가르쳐주는 근원적 상황으로 인식하도록 종용하는 의도를 깔고 있다는 것만 알고 넘어가자. 즉 인간의 이론적·실천적 판단력이 적용되는 장소로서가 아니라, 오히려 인간에게 가장 본래적인 삶을 가르쳐주는 근원적 진리의 스승으로서 이 세상을 읽으라는 노자의 의도가 차연의 의미와 상통한다는 것이다. 그리고 그 차연의 진리가 '무위사상(無爲思想)'이고, 또 그런 사상으로 세상 보기를 종용한 것이 '무위지치(無爲之治)'라고 여겨진다."[5]

심원은 차연의 개념을 통해 노자의 무위와 무위지치를 해독한다. 생각컨대, 차연은 세상의 사실성을 말해주는 것이고, 이러한 세상의 사실성으로서 차연을 이해하면, 이 세상은 손댈 것 없는 '있는 그대로의 세계'를 드러내기에, 이런 차연의 진리가 바로 노자가 말한 무위이며, 이것을 세상에 적용하면 바로 무위지치가 된다는 것이다. 이런 관점으로 노자의 도덕경을 해독하며. 심원은 자신의 노자 주석서가 기존의 주석서들과는 다른 입장을 향해 가고 있음을 밝히고 있다.[6] 그러면서 그는 이제는 철학적 사유가 과거와 다르게 구현되어야 한다고 말한다.

"이제 철학에게 남은 역할이 있다면, 그것은 전문적인 지식을 추구

---

5  김형효, 『사유하는 도덕경』, 소나무, 2004, 6-7쪽.
6  위의 책, 10쪽.

하는 과학의 길과 달리, 지혜의 문으로 안내하고 인도하기 위하여 이 세상을 그 전체의 모습에서 깨닫게 하는 것이다. 철학은 인류의 가장 높은 지혜의 가르침들을 터득하도록 인도하는 길 닦기에 지나지 않는다고 본다. 과학적 지식이 단편적이고 부분적인 앎을 전문적으로 추구하고자 한다면, 철학은 이 세상을 불변적 도의 모습에서 증득하게 하는 지혜의 탐구와 직결된다고 여겨진다."[7]

그럼, 이제 그의 노자 『도덕경』 해독을 고찰해 보자.


## 2. 불변과 가변으로서의 도(道)

심원은 노자의 사유가 인과적 사유가 아닌, 상관적 사유라고 말한다. 그래서 먼저 상관적 사유와 인과적 사유에 대해 알아보자. 그에 의하면, 동서철학사는 두 가지 유형의 사유방식이 있다. 심원은 말한다.

"원형적 사유의 하나는 노자와 석가세존 그리고 하이데거를 통해서 보이며, 고대 그리스의 두 철인이었던 헤라클레이토스와 파르메니데스를 가로지르는 사유방식이고, 또 다른 하나는 공자와 소크라테스와 유대교를 가로지르는 사유방식이다. 전자의 사유방식은 한마디로 상관적 사유(correlative thinking)이다. 그것은 상관적 차이로 대대법적인 관계 설정하고, 그 상관적 차이가 무를 본체나 본성으로 삼기에 가능하다는 것을 말한다. 다시 말해 이 세상은 이미 시작부터 원천적으로 유(有)/무(無), 음(陰)/양(陽), 선(善)/악(惡), 미(美)/추(醜), 성(聲)/

7 위의 책, 11쪽.

음(音), 장(長)/단(短), 전(前)/후(後), 난(難)/이(易), 고(高)/하(下), 진(眞)/위(僞) 등으로 쪼개져 있다는 것이다.

그것은 누가 시켜서가 아니라, 이 세상의 사실적인 법이 그렇다는 것이다. 그러므로 일방이 없으면 타방도 존립할 수 없고, 반드시 서로의 상호성에 의해 쌍방이 생기고 사라지는 연생에 불과하다는 이치를 상관적 사유는 설파한다. 말하자면 상관적 사유는 이 세상이 차이에 의해 서로 얽히는 그물망과 같다는 것이다."[8]

"또 다른 하나의 사유방식은 인과론적 사유(causalistic thinking)이다. 인과론적 사유는 이 세상이 하나의 궁극적 원인에서부터 출발하여 다양한 사실들이 결과로 유출되거나 생산되는 이치를 말한다. 신이나 태극의 리나 궁극적 상제 개념은 모두 이 인과론적 사유의 원인적 표본에 해당한다. 또 플라톤이 말한 지고선의 이데아도 이런 인과론적 사유의 범주를 벗어나지 않는다. … 인과적 사유는 수직적 위계질서를 형성하면서, 원인의 일자성에서 결과의 다양성에 이르기까지 존재의 등급을 결정하고 있다. 그래서 일자의 원인은 자기가 자기의 원인이 되지 못한 채 상위의 원인에 의존하게 되는 의존적 의미를 발생시킨다. 그래서 인과론적 사유에서 원인은 늘 결과에 비해 높은 등급의 질서에 해당하고, 결과는 원인에 늘 종속되어야 하는 하위의 파생물에 불과하다." 따라서 "존재의 평등은 유물 사이에서 왕복하는 상관적 차이와 연결되는 반면에, 존재의 차등은 인과론적 위계질서와 연결된다."[9]

그래서 심원은 "저 무의 허공을 배경으로 하는 유물(有物)의 상관적 사유방식에 따른 세상보기를 구체적으로 살펴보려"[10]고 한다. 그는 노

8  위의 책, 26-27쪽.
9  위의 책, 28-29쪽.

자를 상관적 사유로 보고, 차연의 관점에서 도덕경 해독을 시작한다. 그는 노자의 도(道)에 관해 다음과 같이 말한다.

"노자가 본 이 세상의 도(道)는 이중적이다. 다시 말해 무(無) 계열을 상정하는 상도(常道)와 상명(常名)과 무명(無名)과 무욕(無欲)은 곧 불변적인 도를 의미한다. 그러므로 불변적인 상(常)의 의미와 가변적인 비상(非常)의 의미는 마치 무(無)의 불변성과 유(有)의 가변성을 암시하는 것과 같다."[11]

심원은 도를 불변의 도와 가변의 도로 구분하고 있다. 그러면서 그는 도가 세상의 모든 존재자를 상호의존적으로 존재하게 한다는 식으로 해석한다. 그리고 그는 세상의 이러한 존재양식을 불교적으로 해석한다. 심원의 말이다.

"노자가 말한 도는 불변적인 상도(常道)와 가변적인 비상도(非常道)로 이중화되어 있다. 전자는 무의 본체나 본성으로, 후자는 유의 현상이나 활동으로 그려진다. 이 현상과 활동으로서의 유는 불가에서 말하는 가유(假有)의 의미와 그리 먼 거리에 놓여있지 않다. 왜냐하면 만물이 스스로 독자적인 고유성으로 존립하는 것이 아니라, 모두가 모두에 대해 상호의존적으로 존재하기 때문이다. 이 상호의존적 존재양식을 불교에서는 '의타기성(依他起性)'이라 부른다. 이 의타기성이 바로 흔히 말하는 연생(緣生)이고 또한 연기법(緣起法)이다."[12]

---

10 앞의 책, 29쪽.
11 上同, 26쪽.
12 위의 책, 41~42쪽.

심원에 의하면, 노자는 유(有) 개념을 독자적인 실체로 말하고 있지 않다. 다시 말해 노자가 말하는 유 개념은 상관적 대대법의 차이를 한 묶음으로 하고 있는 일종의 '상관적 차이'의 이중성을 나타내고 있다. 예를 들어 생(生)/사(死), 래(來)/거(去), 전(前)/후(後), 고(高)/하(下)의 관계가 그렇다는 것이다. 만물을 이러한 상관적 차이로 읽을 때, "만물은 단독적 개념처럼 일의적이고 독자적인 실체의 뜻으로 읽히지 않고, 늘 불가적인 연기나 연기법으로 읽힌다."[13]

이 세상의 사실적 진리를 말하고 있는 도의 본질은 다름 아닌 '충(沖)'이다. 노자는 도덕경 제4장에서 도충(道沖)을 말하고 있고, 심원은 여길보의 주해에 따라, 도의 본질을 충으로 파악하고 있다. 그렇다면 이 충의 의미는 무엇인가? 심원의 말을 들어 보자.

"노자는 유(有)의 도(道)가 음양의 양면성를 띠고 있는 중립지대와 같은 의미로 읽고 있다. 즉 도를 음양의 두 세계를 동시에 함의하고 있는 중간지대로서의 '충(沖)'과 같은 의미로 읽고 있는데"[14], 이 충은 현대철학에서 말하는 차연의 다른 이름이다. "즉 충으로서의 차연은 음양의 양가성을 비동시적인 동시성으로 머금고 있다. 음(陰)은 양지음(陽之陰)이고 양(陽)은 음지양(陰之陽)이므로, 음양이 서로 공간적으로는 동시적으로 구성되어 있는 구조를 띤다."[15]

이러한 "충을 음양의 사이에 있는 허공이라고 보면, 그 충은 음양의

---

13  위의 책, 41쪽.
14  위의 책, 90쪽.
15  위의 책, 90쪽.

차연적 활동을 가능하게 하는 본체적 바탕에 해당한다."[16]

노자는 도덕경 제6장에서 도를 '곡신(谷神)'으로 묘사하고 있다. 그리고 이 곡신은 '현빈(玄牝)'으로 불린다. 심원은 곡신을 불교의 제8식인 아뢰야식과 상통하는 것으로 보고 있다. 심원은 다음과 같이 말한다.

"여길보의 주해를 다시 음미하면, 곡신은 유형한 몸이 머금고 있는 무형한 마음이 지닌 무한대의 공능을 암시한 것으로 보인다. 그러므로 이 곡신 개념은 마치 세친(世親)의 「유식삼십송(唯識三十頌)」에서 말한 아뢰야식의 본질과 매우 비슷한 의미를 띠고 있는 것으로 보인다. 유형한 몸속에 들어 있는 무형한 허공의 무한 공능의 의미는 마치 저 30송의 제3송에서 제8식인 아뢰야식이 무한대의 공능과 동시에 무한대의 수용력을 함의하고 있다고 말하는 것과 상통한다. 아뢰야식은 무한대의 불가지한 집수능력과 역시 불가지한 무한대의 공간적 변행능력과 무한대의 불가지한 이해력을 함의하고 있는 마음의 근본자리이다. 만법은 이 아뢰야식으로부터 생기하기 때문에 그것은 만법의 뿌리와 같다. … 만법의 차이와 그 이름의 다양성은 모두 이 아뢰야식의 현빈(玄牝)으로부터 생기한 것이라고 보아야 한다."[17]

그러므로 노자가 말하는 "현빈은 만물을 다양한 차이로서 생기시키는 어머니와 다를 바가 없다."[18] 그런데 심원은 더 나아가서 아뢰야식과 상통하는 이 곡신을 플라톤의 '코라(chora)'로 해석한다. 그의 말을 들어 보자.

---

16  앞의 책, 91쪽.
17  위의 책, 106쪽.
18  위의 책, 106쪽.

"이 곡신의 무형한 힘이나 아뢰야식의 불가지한 힘을 플라톤은 빈 허공과 같은 공간의 상징으로서 '코라(chora)'라고 일렀다. 파르마콘 (pharmakon)[19]의 양가성이 이중긍정의 논리를 머금고 있고, 그 이중긍정으로서의 파르마콘은 또한 자가성이 없는 가유(假有)나 설치유(設置有)에 불과하다. 그러므로 사실상 이중긍정의 상징으로서의 파르마콘은 이중부정으로서의 초탈을 상징하는 허공과 유사한 뜻을 머금고 있다고 하겠다. 바로 이 이중부정의 허공과 같은 초탈의 상징이 코라이다."[20]

그러므로 심원에 따르면, "도는 플라톤이 말한 '코라'처럼 어머니의 마음 같아서, 만물을 다 담고 있는 빈 허공과 같다. 또한 도는 웅덩이의 물처럼 청탁(淸濁)을 다 함축하고 있으므로 플라톤의 '파르마콘'과 같다."[21]

이제 도(道)와 덕(德)의 관계를 고찰해 보자. 노자는 덕에 대해 '현덕(玄德)'이라는 말을 쓰고 있다. 그렇다면 현덕은 무엇이며, 도와 현덕의 관계는 어떠한가? 노자는 도덕경 제10장과 제51장에서 각각 다음과 같이 말하고 있다.

"도는 만물과 함께 생활하면서 키운다. 도는 만물과 함께 살면서 그것을 소유하지 않는다. 도는 일을 하면서도 거기에 의지하지 않고, 만물을 생장시키면서도 그것을 주재하지 않는다. 이것을 일컬어 현덕이라 한다."(도덕경, 제10장.)

---

19 "파르마콘 개념은 문자 그대로 '약과 독'이 다르지만 사실상 약과 독이 서로 별개의 다른 것으로 분리되어 있는 것이 아니라, 한 존재의 양가성에 지나지 않음을 의미한다." (김형효, 『사유하는 도덕경』, 64쪽.)
20 위의 책, 107쪽.
21 위의 책, 165쪽.

"그러므로 도가 만물을 생기시키고, 키우며, 자라게 하고, 양육시키며, 안정하게 하고, 돈독하게 하며, 양성시키고, 감싼다. 도는 만물을 생기시키지만 소유하지 않고, 작용하지만 거기에 의지하지 않으며, 자라게 하지만 지배하지 않는다. 이것을 일컬어 현덕이라 한다."(도덕경, 제51장.)

노자가 말하는 현덕의 의미를 고찰하기 앞서, 우리는 먼저 심원의 도에 관한 해석을 살펴보아야 한다. 심원은 "도의 자연적이고 우주적인 사실성이 또한 인간 마음의 근원적이고 근본적 본질과 다름이 없다."[22]고 말한다. 다시 말해 그는 도를 인간의 마음으로 이입한다. 그러면서 그는 이렇게 말한다. "즉 노자가 '심물합일(心物合一)'의 진리를 암시한다 하겠다. 자연의 도가 곧 마음의 도라는 것이다."[23] 심원에 의하면, "노자는 이러한 도의 본성을 마음의 본성으로 옮긴 다음, 도의 힘인 덕을 '현덕'이라는 이름으로 기술했다"[24]는 것이다. 그리고 그는 더 나아가 도와 덕에 다음과 같이 해독한다.

"도(道)는 무위(無爲)하고 덕(德)은 무불위(無不爲)하다. 그래서 도는 상도(常道)의 무욕과 같고, 덕은 비상도(非常道)의 유욕과 함께 간다. 무의 도는 유의 덕을 생기시킨다. … 그러므로 허공의 무가 만물의 존재를 존재로 있게 해주는 근거인 셈이다. 그 근거는 원인의 행위와 다르다. 그러므로 무의 근거는 근거의 역할을 하나 무의 근거이고, 무 근거는 아니나 근거라고 지적할 것이 없다. 그래서 하이데거는 무의

---

22 앞의 책, 132쪽.
23 위의 책, 132쪽.
24 위의 책, 135쪽.

근거를 탈근거(Ab-grund)라고 불렀다.

유는 무의 탈근거를 의지해서 나온 욕망이므로, 인간이 지니는 소유의 욕심처럼 탐욕적인 것이 아니다. 노자가 말한 만물의 자연적 욕망과 인간 마음의 탐욕으로서의 욕심을 혼동해서는 안 된다. … (노자는) 51장에서도 유의 유욕이 바로 현덕의 다른 이름임을 우리에게 알리고 있다. 만물이 무의 도와 유의 덕에 의거해서 자라고 성장하고 변화하고 운동한다. 그래도 유욕의 덕은 결코 만물을 소유하거나 지배하려고 하지 않는다. 그래서 이런 유욕의 덕을 노자는 '현덕(玄德)'이라고 불렀다."[25]

그러나 도의 힘이 현덕이라 말한다고 해서, 노자가 말하는 도가 어떤 윤리적 개념으로서 인간의 도덕의식이 의지로 선택해야 할 가치를 의미하는 것은 아니다. 이 점에 대해서 심원은 다음과 같이 말하고 있다.

"도는 가치가 아니고 마음의 허정상태에서 나타나는 자연적 사실의 진리를 말한다. 그런 진리의 도는 도덕적 윤리적 선인(善人)만이 귀하게 여기는 보배가 아니라, 불선인(不善人)도 그 사실성의 여여한 진리에서 벗어날 수 없다. 그래서 노자는 도를 불선인도 의지하는 바라고 서술했다. 선인의 마음도 불선인의 마음과 같이 사실성의 도에서 탈피할 수 없다는 것이다.

그런 사실성의 도가 이 세상의 진리이므로 선택해야 할 도덕윤리적 가치일 수 없다. 사실의 도는 가치윤리보다 더 근원적이다. 그러므로 노자는 그런 사실의 도는 … 선인과 불선인의 구별을 넘어서 만인에게 영향을 미칠 수 있다고 천명했다."[26]

---

25 위의 책, 392-393쪽.
26 앞의 책, 454-455쪽.

따라서 노자의 현덕개념은 가치윤리보다 더 근원적인 도의 덕이 만물을 부양하고 존재론적으로 양육하게 하면서, 결코 소유론적인 지배의지나 전시를 목적으로 하지 않는 힘을 말하는 것이다.[27]

## 3. 유(有)·무(無)의 상관적 대대법

심원에 의하면, "도덕경의 전체대의는 자연의 사실성으로서의 도가 유무의 '차이와 동거' 속에서 '동즉이(同卽異). 이즉동(異卽同)'의 체용적 또는 성상적 차연과 같은 갈마들기의 대사법을 보여 주고 있음을 말한다"[28]고 한다. 그는 유무에 대해 다음과 같이 말하고 있다.

> "무는 유를 통해 자신의 본성을 현현하게 되고, 또 유는 무에 의거해서 자신의 현상적 활동과 그 왕래를 전개할 수 있다. 그래서 무는 유가 없으면 혼침의 공허한 암흑으로 빠져들고, 유는 무가 없으면 맹목의 산란한 집착으로 고착된다. 왜냐하면 유가 없는 무는 멍한 공허의 무기공(無記空)으로 추락하고, 또 무가 없는 유는 존재자들에 대한 간단없는 집착 때문에 산란의 극치로 치닫게 될 것이기 때문이다. 그래서 유/무는 다른 것이면서 동시에 체(體)/용(用)과 성(性)/상(相)의 수직적인 뜻에서 동거하는 상관적 차이로서의 차연과 유사하다."[29]

그리고 심원은 또한 노자가 말한 유(有)/무(無)의 도가 불교에서 말하

---

27  위의 책, 455쪽.
28  위의 책, 56쪽.
29  위의 책, 56-57쪽.

고 있는 색(色)/공(空)의 도와 별로 어긋나지 않고 서로 대단히 유사하다고 말한다.[30]

도덕경 제1장이 주로 유와 무가 지닌 체용적 차연의 원리를 압축하여 표현한 것이라면, 제2장은 유 내부의 상관적 차연을 서술하고 있다. 다시 말해 제1장이 상도의 본체와 비상도의 현상을 수직적 차연의 수준에서 말한 것이라면, 제2장은 비상도를 수평적 차연의 관점에서 말한 것이다.[31] 비상도의 수평적 차연의 관점에서 보면, 이 세상의 만물은 다 시비의 양측면을 동시에 갖고 있다. 그러므로 자연은 무의 무욕과 유의 유욕으로 짜여져 있다. 이런 자연의 도와 성인의 마음은 완전히 일치한다. 그래서 자연이 상관적 사유의 길을 보여주듯, 성인은 문자학적 사유의 길을 보여준다. 심원은 말한다.

"성인은 자연이 갖는 이중성의 논리처럼 문자학적인 사유를 한다. … 문자학적 사유란 자연과 세상의 근원적인 사실이 이중적으로 짜여진 구조를 상징적으로 표현한 것이다. … 가장 알기 쉬운 문자학적 사유의 보기가 도장의 현상이다. 도장을 이루는 음각과 양각은 각각 다르지만, 그 음양각의 이중성이 한 자리에 동거하고 있다. 도장에 음각을 새기면 그것은 동시에 양각을 돋보이게 하는 길이기도 하다. 그래서 도장은 문자로서, 또한 음각과 양각의 이중성이 불일이불이(不一而不二)의 구조로 서로 얽혀 있음을 동시에 보여 주는 더없는 사례라고 여겨진다."[32]

---

30  위의 책, 57쪽.
31  위의 책, 62쪽.
32  앞의 책, 74-75쪽.

이와 같이 성인은 자연의 도를 본받아, 그것을 인간 세계에 그대로 투영한 도의 대변자라고 하겠다. 이런 성인은 불언지교(不言之敎)와 무위지사(無爲之事)를 행한다. 도의 움직임이 무위이고, 성인의 다스림이 무위지치이다. 그럼, 무위와 무위지치에 대해 고찰해 보자.


## 4. 무위(無爲)와 무위지치(無爲之治)

앞서 우리는 자연이 무의 무욕과 유의 유욕으로 짜여져 있다고 하였다. 심원은 "이것이 바로 자연의 무위하면서 무불위"한 것이라고 말한다. 노자는 세상을 무위로 물 흐르듯이 대하면 된다고 말하고 있다. 그렇다면 무위지치는 자유방임주의로 오해될 소지가 있으나, 심원은 그렇지 않다고 말한다.

> "자연은 무위무사(無爲無事)하다. 자연은 전혀 자아의식이 없는 무아(無我)로서, 모든 것을 연기의 법대로 짜고 있다. 그러나 인간 사회가 자연처럼 무아의 연기법으로 짜여가고 있는가? 그렇지 않다. 인간의 이상과 이기심이 그런 흐름을 방해한다. 노자의 무위지치는 인간의 이기심과 이상의 고상한 동기가 세상을 요리하려는 것을 부정하는 정치관이다. … 그러면 무엇이 무위지치일까? 결국 무위지치는 자연스러움을 정치에 도입하는 것을 일컫는다. … 노자의 무위사상은 무의식적 자발성에 바탕한 정치라고 본다. 인간의 자발성이 바로 무의식적 자연의 본질과 유사하다고 여기는 것이다. … 인간의 자발적 자연의 무의식에는 두 개의 욕망이 있다. '존재론적 욕망'과 '소유론적 욕망'이 그것이다. 전자를 우리는 '본성의 욕망'이라 부르고, 후자를 '본능의 욕망'이라 부르기로 했다. 결국 인간에게는 본성과 본능의 두 가지 욕망이

분출하는 셈이다."[33]

이것을 이제 정치의 영역으로 옮기면, 다음과 같이 말할 수 있다.

"그러므로 정치에는 두 가지의 무위지치가 가능하다. 노자가 말하는
본성의 무위지치가 그 하나이고, 또 다른 하나는 본능의 무위지치이
다. 전자는 무아의 무욕에서 가능한 정치이고, 후자는 자아의 욕심에
서 가능한 정치이다. 전자는 자리이타를 실현하는 정치이고, 후자는
이기적인 것의 추구를 인정하는 정치이다."[34]

그러나 여기에서 심원은 과연 무위지치가 가능한가? 라고 묻는다.
그리고 그는 말한다.

"무위지치가 실현되기 위해서 무위의 도와 그 덕을 자연적인 모습으
로 생활화해야 가능하다. 그렇지 않고 도덕윤리의 차원에서 욕심을 버
려야 한다는 당위적 윤리도덕적 결심의 수준으로는 이루어지지 않는다.
인간의 마음이 자연과 합치되려면 인간의 의식이 경제기술적 지성과
도덕적 의지와 이기심의 욕심에 의해 출렁거리지 않아야 가능하다. 그
러나 노자의 도가는 불가처럼 그런 수행의 길을 제시해 주지 않는다.
그냥 사실의 인식으로 끝나는 감이 있는데, 이것이 도가의 한계라고
본다."[35]

---

33 위의 책, 424-423쪽.
34 위의 책, 427쪽.
35 앞의 책, 428-429쪽.

심원은 노자가 수행의 길을 제시하고 있지 않다는 점에서, 도가의 한계라고 지적하고 있지만, 그럼에도 그는 노자의 무위지치를 긍정적으로 해독하고 있다. 심원의 말을 들어 보자.

"무위지치는 마음이 물화되어 무심하게 세상을 마중하려는 수동의 자세와 다르지 않음을 가리키는 것으로 보인다. 마음이 세상을 대상화하여 그 세상을 개혁하고 심판하는 주체가 되는 정치가 아니라, 마음이 맑은 거울처럼 허심해서 세상을 그냥 반조만 하는 그런 정치를 뜻한다. 그러므로 정치는 세상을 바꾸겠다는 헛된 정열이 아니라, 인간이 세상을 보는 자기의 마음을 비우게 하는 법을 뜻한다. 여기에서 정치의 개념이 바뀐다. 세상을 다스리는 것이 정치가 아니라, 의식을 쉬면서 마음을 고요하게 다스리는 것이 정치이며 무위지치의 뜻일 것이다. 의식의 사유를 그치게 하고, 본성의 무의식에 깃들어 있는 무의 힘을 되살리는 것이 무위지치의 의미라고 생각된다. 그런 점에서 노자가 말한 무위지치는 무정치의 정치라고 불러야 할 것 같다. 그리고 이때 정치는 인간이 정치에 대한 격정을 끊으면, 그 자리에서 마음에 나타나는 자연의 순치를 말한다."[36]

따라서 "성인은 이 세상의 심판자가 아니라, 이 세상의 초탈자나 해탈자로서 비쳐진다. 성인은 이 세상의 해탈자이므로 이 세상에 대해 이 세상을 수리하고자 하는 의지의 화신이 아니다. 이 세상을 있는 그대로 보게끔 해주는 근거로서 비쳐지기를 바란다. 근거는 이 세상을 자의적으로 수리하거나 고치려 하지 않고, 이 세상을 여여하게 조명하려 하고 자기 마음의 눈을 바꾸려 한다."[37]

---

36 위의 책, 430쪽.

그러므로 심원은 노자의 무위지치를 세상의 정치가 아니라 마음의 정치라고 말한다. 그것은 세상을 무위의 정치로, 즉 무심의 마음으로 세상을 읽으려는 자연적 본성의 정치를 의미한다. 그리고 그는 예언적 발언을 하나 하는데, 그것은 무위지치가 당면하게 될 문제는 소유적 경제를 어떻게 이해할 것인가이며, 이것이 21세기의 큰 화두로 우리에게 다가올 것이라는 말을 남긴다.

## 5. 나오는 말

이상의 고찰에서 심원은 노자의 도덕경을 해독함에 있어, 상관적 사유, 데리다의 차연, 하이데거의 탈근거, 플라톤의 파르마콘과 코라, 그리고 불교의 의타기성과 연기법의 실타래를 이용하여 기존의 도덕경의 주석과는 전혀 다른 새로운 발상으로, 그리고 새로운 시각으로 노자철학을 이해하도록 우리를 인도하고 있다. 끝으로 그는 노자의 무위지치를 마음의 정치로 읽음으로써, 우리가 그의 이후의 저작에서 보게 되듯, 이미 그의 '마음혁명'을 예고했다. 다시 말해 이 세상은 전혀 바뀌지 않기 때문에, 세상을 보는 우리의 마음을 바꾸어야 한다는 것이 바로 그가 우리에게 남긴 전언이다.

---

37 위의 책, 435-436쪽.

## 참고문헌

김형효, 『데리다의 해체철학』, 민음사, 1997.
_____, 『老莊 사상의 해체적 독법』, 청계, 1999.
_____, 『사유하는 도덕경』, 소나무, 2004.

# 3장

## 유교의 두 얼굴

# 심원 김형효의 유학에 대한 인식과 독법[*]

**장승구**

(세명대학교 교수)

## 1. 머리말

한국유학에 대한 연구가 조선시대의 유학사상에 대해 집중되고, 현대 한국의 유학사상에 대해서는 그다지 연구가 활발하지 못했던 것이 사실이다. 물론 조선시대에 유학사상이 크게 발달하였기 때문에 어느 정도는 그럴 수밖에 없을 것이다. 그러나 현대 한국의 유학사상에 대한 연구도 결코 소홀히 할 수 없는 과제이다. 20세기에 들어와서 유학에 대한 현대적 연구를 수행한 학자들이 많이 있었지만, 그 가운데 본 논문에서는 심원(心遠) 김형효(金炯孝, 1940~2018)의 유학사상에 대해 조명해 보고자 한다. 김형효(이하 심원으로 칭함)는 처음에는 서양철학

---

* 이 글은 『한국철학논집』(한국철학사연구회 발간) 18집에 게재됨.

을 전공하였지만 동양사상에도 많은 관심을 가지고 동서비교철학 분야를 발전시켰다. 특히 그는 유학에 대해서 비교철학적 시각에서 독특한 연구를 하였는데, 대표적 저술로 『물학 심학 실학-맹자와 순자를 통해 본 유학의 사유』(청계, 2003)가 있다. 우리는 이 논문에서 심원의 유학에 대한 인식과 독법의 특성과 의의에 대해서 고찰하고자 한다. 심원의 유학사상에 대해서는 그동안 선행연구가 없기 때문에 이 논문에서는 그의 유학사상에 대한 연구성과를 개괄적으로 소개하고 그것이 가지는 의미를 중심으로 살펴보도록 한다.

## 2. 심원 김형효의 철학적 문제의식과 유학에 대한 관심

한 철학자가 어떤 동기에서 어떤 문제의식을 가지고 철학을 하게 되느냐 하는 문제는 그 철학자의 철학세계를 이해하는데 매우 중요한 관건이 될 수 있다. 자연 세계에 대한 경이에서 철학함이 발단될 수도 있겠고, 역사 세계를 변혁하려는 의지에서 철학을 시작할 수도 있고, 종교적 구원에 대한 관심에서 철학의 길로 들어설 수도 있다. 그렇다면 심원의 철학함은 어떤 동기와 문제의식에서 비롯되었을까? 심원의 철학적 문제의식의 저변에는 고난을 운명처럼 걸머지고 있는 한민족의 현실적 아픔에 대한 깊은 관심이 깔려있다. 식민지 시대에 태어나서 한국전쟁의 참혹함을 겪으면서 자란 만큼 힘없는 나라의 비애를 어느 세대보다 크게 느꼈을 것이다. 불운한 시대에 성장하였기에 태평스럽게 상아탑에서 지적 관조로서 철학을 즐기기에는 시대의 사정이 용납하지 않았을지 모른다. 이런 이유로 심원의 철학적 문제의식 가운데는 한국의 민족적 현실의 구원에 대한 깊은 관심이 용해되어 있다. 특히 전기의 철학에서 이러한 문제의식이 두드러진다. 다른 한편으로 심원의 철학적 문제의식에는 정신적으로 실존적 영혼의 평정(平靜)에 대한 관심이 또한 큰 자리를 차지하고 있다. 만인 대 만인의 투쟁처럼 처절한 생존의 갈등이 계속되는 현실 속에서 어떻게 하면 정신적으로 영혼이 부드럽고 고요한 평화를 누릴 수 있을까?

이와 같은 향외적 현실의 구원과 향내적 정신의 구원 문제를 어떻게 조화시킬 것인가 하는 문제가 심원의 철학에서 중심문제로 자리하고 있다. 이러한 문제의식에 의거해 볼 때 심원에게 있어서 철학적 사유활동은 현실의 구원과 정신의 평정 문제와 결코 분리될 수 없는 깊은 관련을 갖게 되는 것이다. 이 점에서는 열암 박종홍의 철학적 문제의식과 유사한 점이 있다. 그런데 심원의 경우 전기(前期)에는 향외적 현실문제에 대한 관심이 더욱 강렬하여서 향내적인 문제가 그쪽 방향으로 수렴되었다면, 후기(後期)에는 향내적 문제의 해결을 통해 향외적 문제를 접근하는 점에서 문제에 대한 접근 방식에 차이가 있다. 또한 전기에는 모더니티를 축으로 하면서 그것의 문제점을 보완하는 데 주력하였다면, 후기에는 모더니티를 극복하고 포스트모더니티를 긍정하는 방향으로 사상의 변화가 있었다. 이러한 전후기 사상의 획기적 변화의 이면에는 데리다(J. Derrida)의 해체 철학, 하이데거(M. Heidegger)의 존재론적 사유, 그리고 심원의 불교와 노장철학에 대한 새로운 인식이 작용했다.

현실과 영혼의 구원과 밀접한 관련이 있는 철학적 문제는 바로 악과 마음 또는 욕망의 문제이다. 즉 악이란 무엇인가? 악은 어디로부터 비롯되는 것인가? 이 세상에서 인간의 힘으로 악을 없애려는 인간의 의지와 노력은 실현가능한가? 역사적으로 악을 제거하려는 인간의 노력은 어떤 결과를 가져왔는가? 선과 악의 관계는 무엇인가? 악은 인간의 욕망과 밀접한 관련을 갖는다. 그렇다면 악을 이기기 위해서는 반드시 욕망을 억압하거나 제거해야 하는가? 당위적 이성이 욕망을 억압한다고 해서 욕망이 과연 억눌러지는 것인가? 욕망의 종류는 무엇인가? 소유론적 본능의 욕망 외에 존재론적 본성의 욕망이란 무엇인가? 인간이 욕망과 함께 살아야만 한다면 욕망을 어떻게 다스려야 하는가? 이런 물음들이 심원의 철학적 사유 속에서 중요한 과제로 제기되고 있다.

이러한 철학적 문제를 풀기 위해 심원은 동서를 가로지르는 폭넓은 철학적 여정에서 다양한 철학으로부터 그 영양소를 흡수하여 주체적으로 소화하였다. 특히 마르셀(G. Marcel)로부터는 '깨어진 세상' '구체철학' '존재와 소유' 등의 개념을, 메를로-뽕띠(Merleau-Ponty)로부터 '애매성'과 '살'의 철학을, 베르그송(H. Bergson)으로부터는 '본능·지능·직관'의 상호관계에 대한 인식을, 레비 스트로스(C. Lévi-Strauss)부터는 '인간의 자연동형론'과 '자연의 인간동형론', 라깡(J. Lacan)의 욕망론, 융(C.G. Jung)의 무의식론, 데리다(J. Derrida)의 차연(差延), 하이데거(M. Heidegger)의 무(無) 등을 독자적 방식으로 묘합함으로써 자신의 철학적 사유를 심화시키는데 활용하였다.

심원은 서양철학으로부터 철학의 길에 입문한 만큼 처음부터 유학을 전공한 사람과는 시각이 다를 수밖에 없었다. 그는 처음부터 동양철학을 전공한 학자보다는 유학을 보다 객관적으로 새롭게 바라볼 수 있는 일정한 비판적 거리를 유지하고 있었다. 그는 일정한 비판적 거리를 두고 유학의 근본 전제를 당연시하지 않고, 근본전제에 철학적 의문을 던지면서 그것이 갖는 의미를 새롭게 해석해 보고자 시도하였다.

심원은 마르셀을 따라서 이 세계는 역사적으로 어느 시점에서 어떤 요인 때문에 깨어진 것이 아니라 본질적으로 깨어져 있다고 인식한다. 본질적으로 원초적으로 깨어진 세계를 인간의 힘과 노력으로 완전히 수리한다는 것은 불가능하다. 따라서 인류의 구원은 역사 속에서는 불가능하고 역사의 끝에 가서야 신에 의해서 가능하다는 종말론적 세계관을 받아들인다. 또한 인간의 근본악에 대한 개념은 인간에 의한 인간의 구원 또는 인간의 자주적인 완전한 자아실현을 기대하기 어렵게 만든다. 그래서 성선설에 기초한 성인론(聖人論)도 받아들이기 어렵게 한다. 이러한 관점에서 보면 요순세계를 역사 속에서 다시 회복시키려는 유학의 이상은 실현 불가능한 것으로 보인다. 특히 내성(內聖)과 외왕(外王)을 일치시키려는 내성외왕론(內聖外王論)은 현실성이 극히 낮은 것으로 보여진다. 설사 개인적 차원에서 내성이 가능하다고 하더라도 사회정치영역에서 내성이 외왕으로 연결된다는 것은 역사 현실의 경험에 비추어 보면 거의 불가능한 일이다. 왜냐하면 현실사회는 언제나 권력의지에 의해 지배를 받으며 치열한 적자생존 경쟁의 연속이기 때문이다.

또한 인간은 자기가 선하다고 여기는 것을 하는 것이 아니라, 자기가 좋아하는 것을 하려고 한다는 명제를 받아들인다면, 반본능적 유학의 윤리는 실현가능성이 어려워 보인다. 반본능적 당위를 주장하는 것은 인간욕망의 본성에 비추어 보면 그다지 실현가능성이 없을 뿐만이 아니라, 도리어 위선에 빠지게 하거나 공허만 명분투쟁으로 유도할 소지가 크다고 본다. 심원은 우리가 유학의 전제에 무비판적으로 노출될 것이 아니라, 경험적 사실에 비추어서 유학적 핵심 명제의 타당성을 재검토하고 재평가함으로써 유학 특히 도학의 당위유학적 사유가 가져오는 사회적 문화적 병리를 분명하게 인식할 필요가 있다고 생각한다. 왜냐하면 한국사회의 여러 가지 병리적 현상의 이면에는 당위유학적 사유가 초래한 명분론적 당위론적 사고방식이 현실의 문제를 직시하고 실질적 해법을 추구하는 데 큰 도움을 주지 못하기 때문이다. 심원의 당위유학에 대한 비판적 문제제기는 한국사회의 지적 풍토에 대한 근본적 문제의식과 연결되어 있다. 따라서 유학의 재인식은 곧 한국사회의 주류 지성문화에 대한 재인식이고, 이러한 재인식 없이는 우리의 현실이 크게 더 좋아하기를 기대하기는 어렵다는 판단과 연결된다. 즉 유학에 대한 인식과 독법은 곧 한국 철학의 피할 수 없는 주요 과제이고, 철저한 재인식 위에서 우리는 새로운 한국의 미래를 희망할 수 있는 것이다. 유학이 비록 한국인의 의식구조를 전적으로 차지하는 것은 아니라고 하더라도 상당히 비중이 큰 만큼 유학에 대한 진단과 인식은 한국인의 자아 재발견과 새로운 문화풍토를 위한 불가피한 과정이라고 할 수 있다.

## 3. 유학 연구의 초점 변화와 조선 유학에 대한 인식

심원 김형효는 유학시절 불란서 철학을 전공하였으나 귀국 후 유학에 대한 연구를 새롭게 시작하였다. 심원의 유학에 대한 연구는, 한국의 철학과 문화를 올바르게 이해하기 위해서는 유학에 대한 이해가 피할 수 없는 과제라는 인식에서 비롯된 것으로 보인다.

1970년대와 1980년대 중반에 걸쳐 심원은 전통사상의 중심축을 형성하는 유학에 대한 연구를 통해 산업사회의 부작용을 보완할 수 있는 사상을 발견함과 아울러, 미래 한국사회의 주체적인 가치관을 마련하려는 생각을 하였던 것으로 보인다. 전통유학의 긍정적 의미 못지않게 그것이 가지는 어두운 그들에 대한 자각과 진단도 중시하였다. 유학 일반에 대해서는 '중용(中庸)'과 '시중(時中)'에 큰 관심을 보였다. 요컨대 제1기의 유학연구(1970년대-1980년대 중반)에서는 유학의 장단점에 대한 현대적 인식을 통해 우리문화의 약점을 분명히 자각하면서도 좋은 유산을 오늘에 새롭게 되살리는 데 의미를 부여하였다. 이 시기를 대표하는 유가철학 연구서로는 『동서철학에 대한 주체적 기록』(고려원, 1985)이 있다.

2기(1980년대 후반-1990년대 중반)에는 구조주의 및 베르그송과 마르셀에 대한 심화된 이해를 기반으로 선진유학(先秦儒學)에 대한 연구를 통해 유학에 대한 이해가 더욱 깊어졌다. 특히 맹자와 순자의 유학에 대한 비교철학적 연구를 통해 맹자적인 유학과 순자적인 유학, 내면성과 외면성, 이상주의와 현실주의 유학으로 유학을 2분법적으로 인식하면서 유학에 대한 철학적 인식의 수준을 한층 깊이 있게 파내려가면서 동시에 그 외연을 확대하였다. 이 시기 대표적 저술은 『맹자와 순자의 철학사상』(1990, 삼지원)을 꼽을 수가 있다.

3기(1990년대 중반 이후)에는 데리다의 해체철학, 노장, 불교와 하이데거에 대한 연구가 깊어지면서 양명학에 대해 새롭게 주목하고 무위유학으로 초점이 이동한다. 그리고 유학을 크게 물학, 심학, 실학의 삼분법으로 인식하는 이론이 확고하게 자리 잡았다. 이 시기의 대표적 저술은 『물학 심학 실학』(청계, 2003), 『원효에서 다산까지』(청계, 2000), 『철학적 사유와 진리에 대하여』 1·2(2004, 청계)를 들 수 있다.

우리는 이와 같은 유학연구의 시기별 구분을 통해 심원의 유학에 대한 인식이 어떻게 변해왔고 각각 어떤 특성을 지니고 있는지 살펴보도록 하자. 먼저 1기의 조선유학사에 대한 인식부터 검토해 보자. 심원이

정암(靜庵)의 철학사상을 논하면서 밝힌 다음과 같은 연구동기는 1970
년대와 1980년대 그의 조선 유학사상 연구 일반의 연구동기와 다르지
않을 것이다. "우리의 선인이 지녔던 유교적 사상 가치를 어떻게 미래
지향적 정신의 에너지로 삼을 수 있을까 함을 의도한다. 그래서 온고
지신(溫故知新)의 이념에 의하여 우리의 정신사를 지탱하여 온 힘을 다
시금 현실과 미래에 재조명하려는 것이다."[1]

심원은 조선유학사에서 지나치게 포은(圃隱)·야은(冶隱) 등 강상절개
파(綱常節介派)의 방정성(方正性)만이 현양되고, 삼봉(三峯)·양촌(陽村)
등 상황실무파(狀況實務派)에 대해서는 소홀히 인식된다고 보았다. 그래
서 지나치게 하나와 순수만을 고집한 나머지 우리 문화가 반유희적 경건
성으로, 다양성을 인정하지 못하는 경직성으로 굳었음을 반성한다.[2] 성
인(聖人)의 유형 가운데는 백이(伯夷)와 같은 '성지청(聖之淸)'도 있지만
이윤(伊尹)과 같은 '성지임(聖之任)'도 있고, 유하혜(柳下惠)와 같은 '성지
화(聖之和)'도 있는데 조선조에서는 유별나게 백이와 같은 '성지청(聖之
淸)'만 높여졌다. 그런데 맹자가 이미 지적한 바와 같이 '성지청'의 문제
점은 정신적 편협성이다. 따라서 백이와 같은 '성지청'만을 존중하게
되면 편협하고 경직된 원칙이 가져오는 병을 앓게 된다고 본다.[3] 도학의
경직성이 한국문화를 전향적으로 창조자의 길을 가게 하기 보다는 뒤쳐
진 지각생의 운명으로서 저항 일변도로 가게 했다고 진단한다.

또한 묘를 강조하는 철학에 대해서는 "歸一的 妙의 신비성이 경직된

1  김형효, 『동서철학에 대한 주체적 기록』, 고려원, 1985, 110쪽.
2  김형효, 같은 책, 135쪽.
3  김형효, 같은 책, 160쪽.

획일로 굳어질 때에 오는 정신적 창조성의 빈곤성을 우리는 생각하지 않을 수 없다. 妙의 신비성이 주관적 광신으로 변하면서, 會通은 唯一的 不通으로, 歸一은 變法에 의한 적중을 모르는 외고집스런 흑백적 사고를 순수성으로 착각하게 될 위험성을 짙게 지니게 된다."[4]고 그 한계를 지적하였다.

조선유학사에서 심원이 특히 관심을 가지고 주목한 유학자는 성리학자로서는 정암, 회재, 화담, 퇴계, 율곡이 있고, 실학자로서는 다산이 있다. 이들에 대한 연구를 간략히 정리하면 다음과 같다.

가. 정암: 정암 철학에서 '隆平'과 '衡平'의 개념을 높이 평가하면서도, 정암 철학의 한계로서 그의 철두철미한 '反遊戲 정신'과 상황 정신의 결핍을 지적한다.

나. 회재: 회재의 철학은 퇴계와 더불어 조선조의 가장 탁월한 정신주의 철학으로 평가된다. 회재가 말한 '潛心對越'은 참다운 자아로 돌아옴이고, 이는 곧 나에게 다가오는 초월자로서의 님의 현존을 마중함과 같은 행위라고 해석하였다.

다. 화담: 화담의 자연철학이 能産的 物과 所産的 物, 太虛之氣와 用事之氣, 理性과 悟性, 형이상과 형이하, 삶과 죽음의 '一而二' '二而一'의 논리로 수렴된다고 평가한다. 화담의 '머무름'의 자연철학이 자연의 필연성을 인식함으로써 마음의 평정에 이르려는 스피노자의 안심입명의 정신과 상통한다고 인식한다.

라. 퇴계: 퇴계의 이(理)의 이면에는 상제의 의미가 깃들어 있고, 퇴

---

4 김형효, 『동서철학에 대한 주체적 기록』, 고려원, 1985, 115쪽.

계학은 궁극적으로 자연신학적 특성을 가지고 있다고 본다. 퇴계의 성리학은 도학의 이념을 현실역사에 실천하려는 도학정치적 길 대신에 종교적 차원으로 승화시키는 자연신학적 특성이 강하다고 해석한다.

마. 율곡: 율곡 사상 가운데 도학/실학, 왕도/패도, 내성/외왕, 인심도심론/사단칠정론, 그리고 수행의 도와 탐구의 학, 마음에 대한 도덕학적 접근과 현상학적 접근 사이에 놓여있는 초점불일치를 지적하고, 그럼에도 불구하고 율곡에게는 실학적 지성의 씨앗이 있음을 강조한다. 이통기국론(理通氣局論)과 기발이승일도설(氣發理乘一途說)을 바람직한 한국적 구체철학의 기본 논리로 인식하였다.

바. 다산: 다산사상에는 심신이원론과 심신일원론이 상호 모순적으로 혼재하고 있음을 지적하고, 심신이원론은 의지의 실천학과 심신일원론은 지성의 실용학과 연관시켜 해석한다. 그런데 심신일원적 지성의 실용학에 기울 때 다산은 율곡의 실학적 지성에 근접하고, 심신이원적 의지의 실천학으로 경도될 때 다산은 퇴계의 신학과 유사해진다고 해독한다.[5]


## 4. 맹자(孟子)와 순자(荀子) 유학의 철학적 인식
   : 낭만적 반본능적 사유와 현실적 친본능적 사유

『맹자와 순자의 철학사상』(1990, 삼지원)은 맹자와 순자의 사상을 재래의 방식과는 완전히 다르게 비교철학적 관점에서 창의적으로 해석

---

5 김형효, 『원효에서 다산까지』, 청계, 2000, 9쪽.

한 본격적인 유가철학론이다. 이 저술은 10여 년이 지난 뒤 다시 대폭 수정 보완되어 『물학 심학 실학』(청계, 2003)으로 발전되었다. 이 저술에서는 성선설과 성악설의 철학적 의미는 물론이고, 정치사상, 진리론까지 매우 광범위한 주제를 동서비교 철학적 시각에서 정밀하게 탐구하고, 이를 통해 공자 유학의 성격을 현대적으로 새롭게 재해석하였다. 이 저술은 온고지신적(溫故知新的) 철학하기의 전범(典範)을 잘 보여주고 있다. 『맹자』와 『순자』라는 유가 고전에 대한 해석을 통해 단순히 해설로서 그치는 것이 아니라, 창의적 해석을 통해 해석 그 자체가 하나의 또 다른 철학적 사유로 안내하는 것이다. 심원의 철학하기 방식은 이처럼 고전에 대한 온고지신을 통해 고전의 메시지를 현대의 지평으로 새롭게 의미를 부활시켜 거기서 세상을 읽는 방식을 찾아내고, 또한 그것을 주체적으로 비판하면서 오늘의 세상을 읽는 거울로 바꾸어 나가는 것이다.

심원은 맹자와 순자의 군자(君子)에 대한 개념의 차이를 강조한다. 즉 맹자의 군자는 정신의 현존적 감화를 끼치는 신비적 감응력의 지도자를 의미하고, 순자의 경우 군자는 사회적 혼란과 붕괴를 방지하고 사회의 질서를 복원시킬 수 있는 관리자적 경영자적 지도자를 의미한다고 분석한다. 즉 순자적인 군자 개념은 행정가적 스타일과 유사하고, 맹자의 군자 개념은 마음의 지도자 같은 성자의 이미지를 연상시킨다고 보았다.[6]

그리고 성선설과 성악설의 문제를 '법적인 차원'(de jure)의 의미와 '사실의 차원'(de facto)의 의미라는 각도에서 비교하고, 성선설은 문제

---

6  김형효, 『물학 심학 실학-맹자와 순자를 통해 본 유학의 사유』, 청계, 2003, 116쪽.

로서의 세상을 형이상학적 의사 문제로 용해시켜 마음의 결심사항 (resolution)으로 변형시키는 길을 선택하고, 이에 반해 순자의 성악설은 문제로서의 세상을 경제사회적 도전으로 간주하여 그 도전에 대한 응전으로서의 답을 강구하여 그 문제를 풀려고 하는 해결(solution) 방안을 추구한다고 설명한다.[7]

심원은 맹자와 순자가 상반된 사유를 펼치게 된 까닭은 그들의 자연에 대한 생각의 차이에 기인한다고 설명한다. 맹자의 자연관에서 자연은 저절로 스스로 지고선(至高善)과 진선진미(盡善盡美)를 표현하고 있다. 그러므로 자연성에 성실한 한에서 인간성도 자연성의 무위적 진선진미와 지고선의 바탕결을 그대로 물려받을 수 있다. 예컨대 요(堯)·순(舜) 같은 인물은 자연성의 지고선과 진선진미를 그대로 온전히 물려받았고, 탕(湯)·무(武)는 지고선으로서의 본성을 향해 당위적 노력에 의해 다시 되돌아가려고 한다는 것이다. 그 되돌아가려는 노력이 바로 수양의 공부이다. 이에 반해서 순자가 본 자연성은 생존투쟁으로 그려진 생존의 무대이고, 자연은 살아 남기 위해서 꾀를 강구해야 하고 동시에 무리를 지으면서 서식해야 하는 그런 집단성의 본능으로 순자에게 비쳐졌다고 해독한다.[8] 이러한 현실적 자연관에 기초한 순자의 철학에서 생존은 무엇보다 중요한 가치이다. 인간은 동물과 달리 약한 본능을 대신해서 지능을 발전시켰는데 순자에게 있어서 지능은 생존을 위한 도구적 지성에 다름 아니다. 예법도 인간이 사회적으로 생존을 하기 위해서 만든, 지능이라는 도구적 지성의 산물에 불과하다고 평가한다.

---

7  김형효, 『물학 심학 실학-맹자와 순자를 통해 본 유학의 사유』, 118쪽.
8  김형효, 『물학 심학 실학-맹자와 순자를 통해 본 유학의 사유』, 134쪽.

순자의 철학에는 우리가 영원히 되돌아가야 할 '노스토스(nostos)'로서의 고향, 즉 우리가 역사에서 피곤하고 지칠 때 쉬고 싶은 '어진 마을(里仁)'이 거기에는 없다고 하였다. 그러나 악의 완전한 정복이 현실 역사 세계에서 불가능하다면 순자가 추구하는 바와 같이 "삶의 외형적 형식으로서 인간을 예의바르고 분수를 지키고 질서 속에서 친절하게 하는 것"[9]이 보다 더 효율적이고 실천가능한 일인지 모른다고 보았다.

그렇지만 인간의 모든 것이 유효한 실용성과 사회과학적 실천가능성으로만 다 풀리는 것이 아니고 때로는 내면의 의미를 찾으려고 한다. 맹자가 추구하는 내성/외왕이 일치하는 요순사회의 재현은 현실역사에는 가능하지 않은 낭만적 공상에 가깝다. 맹자는 순자처럼 사회과학자가 아니고, 이웃의 형이상학자로서 해석된다. 맹자가 즐겨 말하는 '인의(仁義)'의 공동체, '편안한 집(安宅)'과 같은 이웃, '효제(孝悌)'의 의미는 분명히 현실의 것이 아닌 신화요, 꿈이요, 의미출현의 역사에 속한다고 풀이한다. 그렇다고 맹자적 꿈이 결코 무의미한 것은 아니라고 해명한다. 왜냐하면 "그 신화와 꿈, 그 의미 출현이 역사 현실의 사건들의 무상함에 종속된 인간들에게 언제나 위대한 변혁과 희망의 상상력을 제공하여 왔었다. 불변적인 의미를 찾는 인간에게는 사회적인 과학보다, 현실 제도보다도 오히려 그 꿈, 그 신화, 그 의미 출현이 더 가까이 와 있다."[10]고 생각되기 때문이다.

---

9  김형효, 『물학 심학 실학—맹자와 순자를 통해 본 유학의 사유』, 117쪽.
10  김형효, 『물학 심학 실학—맹자와 순자를 통해 본 유학의 사유』, 197쪽.

## 5. 유학에 대한 3분법적 독법
### : 물학(物學), 심학(心學), 실학(實學)

심원은 철학을 크게 구성적(構成的) 철학과 해체적(解體的) 철학으로
구분한다. 구성적 철학은 '자연의 인간동형론'과 해체적 철학은 '인간
의 자연동형론'과 맥락을 같이한다. 그러나 이를 보다 세분하면 3가지
로 대별된다. 심원은 동서철학사를 통해 인류의 철학적 사유의 보편성
을 다음과 같은 3대 범주로서 분류한다. 즉 사실성(Facticity), 현실성
(Reality), 이상성(Ideality)이 그것이다. 사실성(Facticity)의 진리는 무위
의 사유를 본질로 하고, 현실성(Reality)의 진리는 과학기술과 경제적
관점의 진리를 추구하는 유위의 사유를, 이상성(Ideality)의 진리는 지
성보다 선의지에 입각한 도덕과 종교적 사유가 주종을 이루는 당위적
사유를 본질로 한다.

심원은 인간의 마음에는 초탈의 정신(또는 정신의 깨달음), 초월의 영
혼(또는 영혼의 仁愛), 경영의 이성(또는 이성의 狡智)의 세 가지 영역이
있다고 분석한다. 이와 같은 마음의 세 가지 영역 또는 요구는 각각
물학, 심학, 실학으로 구체화된다.[11] 여기서 말하는 심학은 기존의 유
가철학에서 말하는 심학과 용법이 다르다. 따라서 이학(理學)이나 기학
(氣學)과 구별되는 의미의 심학(心學) 즉 예컨대 양명학과 같은 것이 아
니다. 오히려 양명학은 물학으로 분류된다. 당위적 사유를 본질로 하
며 이상성을 추구하는 학문을 심학이라고 하며, 유학과 관련하여서는
당위유학(當爲儒學)이라고도 한다. 유위의 사유를 본질로 하며 현실성

---

11 김형효, 『물학 심학 실학-맹자와 순자를 통해 본 유학의 사유』, 441쪽.

의 진리를 추구하는 것이 실학인데, 유학과 관련하여 보면 유위(有爲), 작위(作爲)유학(儒學)이 된다. 무위의 사유를 본질로 하며 사실성의 진리를 추구하는 것이 물학이고, 유학과 관련해서는 무위유학(無爲儒學)이 된다.

심원의 구분에 따르면 우리가 통상적으로 알고 있는 증자·맹자·주자계열의 유학은 심학 또는 당위유학으로 분류된다. 당위유학은 성선설에 기초하여 인간의 마음에서 이기심을 몰아내어 성인과 같은 도덕적 주체를 정립하고, 나아가 사회와 국가와 천하의 정치도 온전히 도덕적으로 이루어지는 왕도 정치의 실현을 추구하는 것이다. 무엇보다 개인적 차원에서 사욕과 싸워서 이겨서 도덕적 당위를 실천하고, 이욕으로 가득찬 부조리한 사회를 도덕적 당위 이념에 따라 개혁하려고 한다. 이런 생각이 공자에게도 있었고, 맹자를 거쳐 특히 주자학의 도학 정치사상에서 강하게 대두된다.

다른 한편으로 『논어』에는 이 세상을 지고한 도덕적 이념으로 개혁하려는 사유 외에도, 세상을 실용적으로 관리하려는 실학의 유위적 사유도 많이 나타난다. 예컨대 공자가 부국강병에 성공한 패도의 상징인 관중(管仲)을 어질다고 높이 평가한 대목, 그리고 현실적 재정과 외교에 뛰어난 재능을 지닌 자공(子貢)을 귀중한 그릇에 비유하여 높이 평가한 점, 그리고 백성이 많아지면 먼저 그들을 부유하게 하고 그 다음에 가르치라는 사상[12] 등은 공자가 현실의 실용적 경영에 가치를 부여하는 측면이 있음을 보여준다고 심원은 해석한다.

---

12 『논어』, 「子路」, "子適衛, 冉有僕. 子曰庶矣哉. 冉有曰旣庶矣, 又何加焉. 曰富之. 曰旣富矣, 又何加焉. 曰敎之." 참조.

당위유학과 유위유학 뿐만 아니라, 유학 안에는 인간중심주의적 노력을 넘어서서 무위적 자연성을 중시하는 초탈적 사유가 있다. 무위적 자연성을 일의적으로 여기는 무위유학이 심원의 유학 독법에서 매우 특징적이다. 우리는 무위하면 도가사상을 떠올리고, 유교와 무위사상은 서로 모순되는 것처럼 생각하기 쉽다. 그러나 심원의 무위유학론에 따르면 반드시 그러한 것은 아니다. 심원은 양명학자인 왕기(王畿)의 주장을 따라 공자 유학 내부에 무위적 사상이 이미 배태되어 있음을 보여주고 있다.

공자가 제자들에게 각자의 포부를 솔직히 말해 보라고 하였을 때 대부분 출사(出仕)하여 세상을 바로잡겠다는 뜻을 개진하였다. 이 때 증점(曾點)은 늦봄에 기수(沂水)에서 목욕하고 무우(舞雩)에서 바람을 쏘이면서 시를 읊으면서 돌아오겠다고 심회를 피력하였다.(『논어(論語)』, 「선진(先進)」) 즉 유독 증점만이 자연과 하나 되는 무위적 삶의 즐거움을 말했는데, 이때 공자는 증점과 생각을 같이 한다고 하였다. 이는 공자의 사유가 이 세상을 정치적으로 잘 다스려 이상을 실현하는 것에만 국한되지 않았음을 보여준다. 도리어 정치적 역사적 현실을 넘어 자연성과 동화되는 무위적 삶을 높이 평가하는 부분이 분명히 있었음을 잘 보여준다. 그리고 '절사(絶四)'라 하여 공자는 다음 네 가지를 하지 않았다. 미리 억측하지 않고, 미리 기필하지 않고, 하나만을 고집하지 않고, 자기중심적 아집이 없었다.[13] 그리고 군자는 천하에서 절대 긍정도 하지 않고 절대 부정도 하지 않으며 의(義)를 따른다고 하였다.[14] 또한 공자가

---

13 『논어』, 「子罕」, "子絕四, 毋意, 毋必, 毋固, 無我."
14 『논어』, 「里仁」, "君子之於天下也, 無適也, 無莫也, 義之與比."

가장 이상적이라고 여겼던 순(舜)도 '무위이치(無爲而治)'라고 평가하는 것을 보면, 공자의 무위에 대한 시각의 일단을 알 수 있다.

우리는 공자가 그토록 아꼈던 안연(顔淵)을 통해서도 공자 유학의 무위적 특성을 미루어 짐작할 수 있다. 공자는 "回也其庶乎屢空"이라고 하였는데, 여기서 '누공(屢空)'을 주자학자들은 '자주 쌀궤가 비었을 정도로 가난했다.'로 해석하지만, 양명학자 가운데는 '마음을 허공처럼 자주 비웠다.'로 무기(無己)의 측면에서 해석한다는 사실을 심원은 주목한다. 그리고 『장자』「인간세(人間世)」에서 공자가 안연에게 말한 '심재(心齋)'와 「대종사(大宗師)」에서 안연이 공자에게 말한 '좌망(坐忘)'은 모두 마음을 텅 비우는 무위의 사유를 표현하는 개념이다. 심원은 이들 개념이 비록 『장자』에 실려 있다고 하더라도 공자와 안연의 사상을 해석하는데 의미 있는 언명으로 받아들인다.[15]

안연의 무위유학의 사상은 『중용』을 쓴 자사를 거쳐 맹자에 있어서도 일부 나타나고 있으며, 송대에 와서는 소옹·장재·정호와 육구연을 거쳐 명대 양명학에서 크게 발전하였다고 본다. 양명학은 흔히 심학이라고 하지만, 양명은 '심즉리(心卽理)'이고 '성즉리(性卽理)'라고 하고서, 또한 '성즉기(性卽氣)' '기즉성(氣卽性)'이라고도 언명하였음을 근거로 '심즉기(心卽氣)'라고도 할 수 있다고 추론한다.[16] 그래서 심원은 "양명학은 심학이기도 하지만 동시에 기학이고 물학이다."[17]라고 하였다. 마음이 허령하고 텅 비어 있어서 깨끗한 거울이 만물을 여여하게 비추는 것과

---

15  김형효, 『물학 심학 실학-맹자와 순자를 통해 본 유학의 사유』, 청계, 2003, 420-421쪽.
16  김형효, 『철학적 사유와 진리에 대하여』, 청계, 2004, 566쪽.
17  김형효, 『철학적 사유와 진리에 대하여』, 청계, 2004, 567쪽.

다르지 않으므로 마음의 이(理)로서의 양지는 스스로 자연성의 기(氣)를 자연성의 기(氣)로서 무위적으로 비추는 것과 다르지 않다. "양지가 자연성의 조명과 같으므로 원리(原理)로서의 양지는 원기(元氣)로서의 무위적 자연성의 앎이다. 그래서 양명학은 심학이기도 하지만 동시에 기학이고 물학이다."[18]

이상과 같이 보면 무위의 초탈적 사유가 반드시 도가의 전유물이 아니라, 유학에서도 비록 크게 두드러지지는 않았다고 하더라도, 존재하고 있었다고 할 수 있다. 심원은 유학의 미래상을 어떻게 보고 있을까? 지금의 인류의 정신사는 모더니티를 넘어서 포스트모더니즘의 방향으로 나아가고 있다고 할 때 포스트모더니즘의 특성은 가치론에서 사실론으로, 존재자적 실재에서 존재론적 차연(差延)에로, 능위적(能爲的) 사유에서 무위적 사유에로 향하는 것이다.[19] 그렇다면 이러한 방향과 결을 같이 하는 유학은 전근대 사회에서 발달했던 심학적 유학도 아니고, 근대성과 관계가 깊은 실학도 아니고, 물학적 성격이 강한 양명학적 유학이다. 즉 무위유학이 새로운 유학의 가능성으로 부각되는 것이다.

무위유학은 유학을 경직된 예법과 도덕의 굴레에서 끄집어내어, 새로운 활기와 창조적 생명력을 불어넣음으로써 삶을 즐겁게 해주고 동시에 사회를 편안하게 해주는 자유의 유학이고, 해방과 창조의 유학이며, 자신과 타인의 복락을 함께 지어나가는 행복의 유학이라고 할 수 있을 것이다.

---

18 김형효, 『철학적 사유와 진리에 대하여』, 567쪽.
19 김형효, 「포스트모더니즘과 무(無)를 닮으려는 사유」, 『철학과 현실』 64(2005 봄호), 2005, 21-33쪽 참조.

## 6. 공자의 미제(未濟)와 시중(時中)의 철학

"우리는 조선조의 유학사를 통한 공자와 유교의 경직된 이미지를 벗어나야 할 필요가 있다. 사실상 공자는 가장 자유스러운 사상을 다양하게 펼친 물과 같은 사유의 소지자인 것으로 보인다. 물은 자연수로서 특정한 맛을 고집하지 않고 가장 싱겁기에 가장 그 쓰임이 다양한 그런 묘미를 지니고 있다."[20]

심원은 공자를 조선조 유학의 도학적 선입관에서 탈피하여 다양한 색깔을 지닌 복합적 사상가로 해석한다. 불교와 기독교가 진리의 길을 명백히 제시하는 기제(旣濟)의 도라면, 유가는 그런 기제의 길을 명백히 제시하지 않고 있는 미제(未濟)의 도라고 심원은 보고 있다. 공자의 미제의 도는 이 세상과 인간에 대해서 최종적이고 완결적인 규정을 하지 않을 뿐만이 아니라, 세상보기를 어느 하나의 사유로 환원하지 않는다. 하나의 원리가 절대적인 것이 아니라 진리는 그때의 상황에 의존하는 시중적 성격을 지닌다.

"공자의 도는 미완성이고 미제이다. 즉 인간이 늘 본질적으로 미완성이고 미제임을 암시한다. 그래서 모든 것이 상황적이고 가변적이다. 다만 그래도 불변적인 것은 이 세상과 인간이 늘 아슬아슬하게 저울처럼 균형을 잡아 나가야 한다는 형평성(衡平性)이다. 그것은 진리가 시중의 의미를 띨 수밖에 없음을 말한다. 공자의 사상은 시중의 정신으로 집약된다 하여도 과언이 아니리라. … 그런 점에서 공자의 유교는 자연적 사실성과 내면적 도덕성과 사회-정치적 현실성의 세 가지 진

---

20  김형효, 『물학 심학 실학-맹자와 순자를 통해 본 유학의 사유』, 청계, 2003, 489쪽.

리의 양상들 사이에서 오가는 반복의 세상보기를 가르치는 지혜가 아 닌가 여겨진다."[21]

인간이 이해 갈등이 복잡한 현실의 세계에 적응하면서 생존하기 위해서는 현실적으로 실학적 사유에 의해 대처하지 않을 수 없다. 그러나 다른 한편에서 인간은 현실의 대립 투쟁적 갈등구조에서 해방되어 영혼의 평화를 누리고 싶어 한다. 그러한 영혼의 평화는 형이상학적 이웃의 공동체에서 가능하다. 심원에 의하면 공자의 이인(里仁)의 공동체나 맹자의 효제의 공동체는 바로 이러한 사랑과 평화를 갈구하는 영혼의 요구에 부응하는 것이지 결코 역사현실의 공동체로 가능한 것은 아니라고 인식된다. 이러한 영혼의 요구가 심학적 사유를 낳는다. 다른 한편 인간은 주관적 의지를 비우고 역사현실로부터 해방되어 자연성의 도에 자신을 내맡겨 자연과 동화되고 싶어하는 초탈적인 본성의 욕망을 지닌다. 이러한 욕망이 물학적 사유를 가져온다. 그런데 각각의 사유는 그것이 지나치게 되면 다음과 같은 문제가 발생한다.

"초탈의 자유도 과잉 영양화하면 예(禮)가 없는 허허로움의 방자함으로 미끄러지고, 초월의 인애도 과잉 영양화하면 님에의 충성이 독선의 편협함으로 미끄러지고, 실용의 이익도 과잉 영양화하면 이익만 사냥하려 하는 불공한 마음가짐을 쉽게 가진다. 그래서 부자치고 교만하지 않은 사람이 드문 그런 사태에 이른다. 그래서 초탈과 초월 그리고 실용에는 제 각각의 비판적 부정성이 필요해진다."[22]

---

21 김형효, 『물학 심학 실학-맹자와 순자를 통해 본 유학의 사유』, 491-492쪽.
22 김형효, 『물학 심학 실학-맹자와 순자를 통해 본 유학의 사유』, 436쪽.

시대의 변화에 따라 특정 사유가 더 절실히 요청되기도 하고 덜 요구되기도 한다. 여기에 시중(時中)의 도가 적용된다. 각각의 사유가 자기의 정당한 위상과 영역을 지키고 시대의 변화에 맞추어 상호 역동적 조화를 이룰 때 인간은 역사현실에서 도태되지 않고 살아남으면서도 동시에 영혼의 평화를 누리면서, 또한 동시에 대자연의 도에 종용(從容)하는 천인합일의 기쁨을 향유할 수 있다. 심원은 공자야말로 이러한 3차원의 입체적 사유를 아울러 지녔던 참으로 큰 사상가이고, 시중의 묘미를 인식하고 실천할 줄 알았던 참다운 지혜로운 사람이었다고 보고 다음과 같이 평가한다.

"정신은 깨닫기를 원하고, 영혼은 사랑하기를 원하고, 이성은 생존의 해답을 갈구하려 한다. 공자는 인간의 마음이 하나의 뜻으로서 굳어져서는 안 되고 그 세 가지를 언제나 다 살리는 균형을 유지하되 시대의 요구에 따라 그 중에 어떤 것을 더 중시하는 시중지도時中之道를 겨냥하고 있는 것으로 보인다. 인간은 절대로 하나의 의미로 환원되지 않고 세상도 절대로 하나의 영역으로 수렴되지 않는다는 것을 공자보다 더 잘 터득한 사유의 스승이 또 누구일까?"[23]

공자사상에서 '일이관지(一以貫之)'하는 원리가 무엇이냐에 대해 증삼은 '충서(忠恕)'라고 하였지만, 공자의 사유는 충서로 환원되지 않고 그 이상이다. 심원은 충서 대신에 중용이나 시중이 오히려 공자사상을 일관하고 있는 도라고 재해석한다.[24] 공자의 '일이관지'를 충서가 아니

23  김형효, 『물학 심학 실학-맹자와 순자를 통해 본 유학의 사유』, 442쪽.
24  김형효, 『물학 심학 실학-맹자와 순자를 통해 본 유학의 사유』, 492쪽.

라 중용이나 시중이라고 보는 해석은 매우 독창적이다. 우리가 공자 사유의 전체적 특성을 구조적으로 보면 중용 또는 시중의 원리라고 할 수 있다. 그렇다면 공자의 '일이관지'를 중용으로 보는 것이 공자 철학의 전체적 구조와 더 잘 부합되는 철학적 해석이라고 생각할 수 있다. 중용의 도는 고착된 정체가 없이 역사적 시간에 따라 가변적이어서 미제적이라면 이는 공자사상의 근본원리와 일치한다. 공자는 '절사(絕四)'라고 하여, 미리 억측하지 않고, 미리 기필하지 않고, 하나만을 고집하지 않고, 자기중심적 아집이 없었다고 하였다.[25] 그리고 공자의 "군자는 천하에서 무조건 긍정도 하지 않고 무조건 부정도 하지 않으며 의(義)를 따른다"[26]고 하는 언명에서 '의'를 '수오지심(羞惡之心)'의 '의' 즉 당위적 규정으로서의 '의'로 해석하지 않고, '알맞는'의 뜻으로 심원은 풀이한다.[27] 그래서 공자의 사상은 무조건 긍정과 무조건 부정의 양극단을 버리고 시대의 상황에 가장 알맞은 의미를 따른다는 것으로 해석한다. 그리고 그 의미는 고정된 것이 아니라 가변적이라고 본다. 요컨대 공자는 중용의 도를 통해 이상성의 진리, 사실성의 진리, 현실성의 진리를 다 아우르고, 역사적 시대에 따라 알맞은 진리를 펼침으로써 사회의 균형을 추구하려 하였다는 것이다. 그래서 때로는 자연의 이법대로 사는 것이 시중이 되기도 하고, 때로는 내성적 도덕 가꾸기가 시중으로 인식되기도 하고, 때로는 경제과학적으로 잘 살아보기가 긴급한 시대정신으로 요청되기도 한다는 것이다. 그런데 심원에 따르

---

25 『논어』, 「子罕」, "子絕四, 毋意, 毋必, 毋固, 無我."
26 『논어』, 「里仁」, "君子之於天下也, 無適也, 無莫也, 義之與比."
27 김형효, 『물학 심학 실학-맹자와 순자를 통해 본 유학의 사유』, 436쪽.

면 공자의 도가 시중의 상황에 따라 가변적이라고 할지라도 자유와 인애 그리고 공익의 세 가지 마디들의 어느 하나도 희생되지 않고 다 살아 있어야 하는 원칙을 떠나지 않는다고 하여 그 균형성을 강조한다.[28]

공자의 도가 시중(時中)에 있음을 알려주는 대화가 『공자가어(孔子家語)』에는 다음과 같이 실려 있다.

> "자하가 공자에게 물었다. 안회의 사람됨이 어떻습니까? 공자가 답했다. 안회의 신실함(信)은 나보다 더 뛰어나다. 자공의 사람됨은 어떻습니까? 공자가 답했다. 자공의 민첩함(敏)은 나보다 뛰어나다. 자로의 사람됨은 어떻습니까? 공자가 답했다. 자로의 용감함(勇)은 나보다 뛰어나다. 자장의 사람됨은 어떻습니까? 공자가 답했다. 자장의 장엄함(莊)은 나보다 뛰어나다. 자하가 자리를 물러나 물었다. 그렇다면 이 네 사람이 무엇 때문에 선생님을 모시고 배웁니까? 공자가 말했다. 앉으라. 내가 너에게 그 까닭을 일러주겠다. 안회는 신실할 줄은 아는데 (말한 것을) 뒤집을(反) 줄을 모른다. 자공은 말이 민첩하기는 한데 말을 굽힐(訥) 줄을 모른다. 자로는 용감할 줄은 아는데 비겁(怯)할 줄은 모른다. 자장은 장엄하기는 한데 남과 더불어 동화(同)할 줄을 모른다."[29]

우리는 일반적으로 신(信)·민(敏)·용(勇)·장(莊)을 군자가 언제나 지녀야 할 미덕으로 알고 있지만, 공자는 이러한 미덕조차도 무조건적으로 언제나 좋은 것이 아니고, 때로는 그 반대되는 반(反)·굴(訥)·겁(怯)·동(同)이 필요할 수도 있음을 말해준다. 따라서 진정한 시중의 도는 신(信)/반(反), 민(敏)/굴(訥), 용(勇)/겁(怯), 장(莊)/동(同) 사이에서 때에 알

---

28 김형효, 『물학 심학 실학―맹자와 순자를 통해 본 유학의 사유』, 437쪽.
29 『孔子家語』 卷第4 六本第十五.

맞게 행동함에 있다는 것을 공자는 뜻하고 있다. 심원은 공자 철학의 특성과 구조를 시중(時中)의 원리에 입각해서 일관되게 해석하고 있다. 이러한 해석을 통해서 유학을 당위유학적인 평면적 교조적 해석에서 탈피하여, 보다 다양하고 개방적이며 역동적이고 입체적인 유학의 진리를 탐색하고자 하였다. 시중(時中)의 철학은 물학과 심학과 실학을 하나의 끈으로 서로 묶는 연결고리와 같은 역할을 하는 논리로 볼 수 있을 것이다.

## 7. 맺음말

심원 김형효의 유가철학에 대한 재인식과 새로운 독법은 기존의 유학을 보는 정통적 시각에 비추어 보면 큰 변화를 보여주고 있다. 몇 가지 예를 들면 맹자의 심학적 사유 못지않게 순자의 실학적 사유를 높이 평가한다. 그리고 공자에 대한 인식에 있어서도 기존에는 맹자와 순자 사상의 원류로서 보았으나, 심원은 안자(顏子)적인 무위유학이 공자유학에서 차지하는 비중과 의미를 매우 중요하게 인식하고 있다. 유교적 사유 속에 숨겨져 있는 무위적 유교의 가능성을 포스트모더니티의 시대정신에 비추어 의미 있게 읽어내고 있다. 양명학을 안자적 무위유학의 근세적 발전형태로 인식하고, 21세기 유학의 새로운 발전 가능성을 양명학과 같은 무위유학의 길 위에서 모색하고 있다.

또한 심원은 사유의 심층적 차원에서 조선유학의 주종을 이루는 도학적 당위적 사유방식이 지니고 있는 한계에 대해 날카로운 문제를 제기하고 있다. 역사적 경험에 비추어서 도학의 당위적 사유방식이 우리

한국인의 삶과 문화에 그다지 창조적 기여를 하지 못하고, 오히려 많은 문제점을 노정했다는 것이다. 당위유학적 사유방식은 조선왕조의 유교시대에만 통용되었던 것이 아니다. 유학의 비실용주의적 사고방식의 문제점은 실학자들 특히 다산(茶山)에 의해서도 비판되었지만 여전히 우리 사회에서 극복되지 못하고 있다. 문제는 현대 한국사회에서도 당위유학의 명분론적 사유방식은 그다지 변하지 않고 유지되고 있다는 사실이다. 도학적 사유의 문제점은 유교를 신랄하게 비판하는 진보적 지식인 사상가의 사유 속에서도 여전히 다른 형태로 남아서 확대 재생산되어서 전해지고 있는 것으로 보인다. 따라서 도학적 당위유학의 문제점에 대한 근본적 성찰이 없이는 한국문화가 한 차원 높은 성숙을 이루기가 어려운 것으로 보인다. 도학적 사유에 대한 심층적 인식을 통해 한국문화 저변의 구조적 문제점을 심원은 통찰하고, 그 대안적 사유를 실학과 물학을 통해 모색하고자 하였다.

심원은 유학 내부에 심학·실학·물학의 3종류의 사유방식을 변별하고, 각각의 사유가 지니는 특성과 의의, 한계를 비교철학적 방법을 통해 분명하게 드러내었다. 이를 통해 유학적 사유가 얼마나 복합적이고 비옥하며 종합적인지를 철학적으로 새롭게 해명하였다. 아울러 그러한 세 가지 사유방식이 동서고금의 철학과 사상의 전통에서 나타나는 공통된 철학소와 어떻게 일치하는지를 보여주었다. 우리는 심원의 유교 고전에 대한 비교철학적 탐구를 통해 온고지신의 방법이 한국 철학의 탐구에서 얼마나 유효하며 창의적일 수 있는지를 살펴볼 수 있었다. 그리고 고전에 대한 깊이 있는 철학적 해석은 현대인이 당면하고 있는 제문제와 위기를 근원적으로 새롭게 보는 눈을 열어줄 수 있다는 사실을 생각하게 된다.

**참고문헌**

김형효(1985), 『동서철학에 대한 주체적 기록』, 고려원.

_____(2000), 『원효에서 다산까지』, 청계.

_____(2003), 『물학 심학 실학–맹자와 순자를 통해 본 유학의 사유』, 청계.

_____(2004), 『철학적 사유와 진리에 대하여』, 청계.

_____(2005), 『김형효 선생님 논문합본』(미출간 논문집), 2005.

# 김형효의 진리관과 유가·도가에 대한 이해

이상익

(부산교육대학교 교수)

## 1. 서론

심원(心遠) 김형효(金炯孝, 1940~2018) 선생은 일생을 누구보다도 진지하게 철학적 탐구에 매진한, 말 그대로의 '철학자'였다. 김형효는 실로 명쾌하고 심도 있는 철학 저작을 많이 남겼거니와, 그의 학문적 업적에 대해서는 주지하는 바이므로 다시 장황하게 언급할 필요가 없겠다. 따라서 단도직입적으로 그의 철학적 문제의식을 살펴보기로 하자.

김형효는 70세 무렵에 출간한 자신의 '나그네 3부작'(『철학 나그네』, 『마음 나그네』, 『사유 나그네』) 서문에서 다음과 같이 말한 바 있다.

20대 철학하기의 출발점에서부터 오늘날에 이르기까지 시종 변치 않았던 것은 실증적이고 사실적이며 현실적인 효과를 기대하는 사상이었습니다. 따라서 저의 철학적 편력은 우리를 구원할 수 있을 사실적 사유의 줄기를 찾으려는 모색의 과정이라고 말할 수 있습니다. 서양철학 쪽으로는 실존주의에서 출발해 현상학, 이어서 구조주의와 해체주의로 이어지고, 동양사상 쪽으로는 원시유학과 주자학과 양명학 그리고 노장학과 불교사상으로 연결되었습니다.

제가 도착한 마지막 철학적 사유는 하이데거와 니체, 그리고 데리다를 잇는 서양의 해체철학과, 동양의 노장사상과 불교사상입니다. 흔히들 노장사상과 불교사상이 사실적인 현실감이 없는 허학(虛學)이라고 주장하나, 저는 분명하게 이들 사상이 진정한 실학(實學)이라고 봅니다. 실학은 세상의 사실을 사실 그대로 보고 사유하고 행동하는 사상이지, 인간이 자기 관념과 생각의 허구에 의거해서 어떤 생각을 주장하는 것이 아니라는 것입니다.

그간 탐색해 온 철학 편력의 길은 결국 철학적 실학의 빛을 보기 위한 과정이라고 봐도 무리가 아니리라 봅니다. 이번에 소나무 출판사에서 기획한 '나그네 3부작'인 '철학 나그네' '사유 나그네' '마음 나그네'는 왜 제가 남들이 현실도피의 사상이라고 부르는 노장학과 불교학이 실로 적극적으로 세상을 구원할 사상이라고 여기는지 하나의 큰 사상적 의거점이 될 것이라고 여깁니다.[1]

김형효의 위와 같은 고백은 자신의 '철학적 편력'과 '귀착지'에 대해 압축적으로 설명한 것이다. 그런데 위와 같은 내용은 김형효가 64세 무렵에 출간한 책 『철학적 사유와 진리에 대하여』의 서문에 보이는 내용이기도 하다. 요컨대 김형효는 40여 년 동안의 철학적 편력을 거친 다음, 결국에는 '하이데거와 니체·데리다를 잇는 서양의 해체철학'과

---

1 김형효, 『철학 나그네』, 소나무, 2010, 5-7쪽.

'동양의 노장사상과 불교사상'에 안착했다. 그리고 마침내 "세상을 이성으로 유의미하게 재구성하려는 철학의 이상이 이제 막을 내려야 한다"고 주장하고, 대신 "미륵의 반가사유(半跏思惟)처럼 세상이 고요를 배울 때까지 기다리는 것"이 필요하다고 설파했다.[2]

김형효의 위와 같은 결론은 그의 독특한 진리관에 근거한 것이다. 김형효는 "동서양의 철학사는 결국 세 가지의 진리와 그 사유로 얽혀 있다"고 설명하고, '유위적(有爲的) 사유와 현실성의 진리', '당위적(當爲的) 사유와 이상성의 진리', '무위적(無爲的) 사유와 사실성의 진리'가 그것이라고 부연한 바 있다.[3] 그런데 김형효의 이러한 진리관은 또 그 자신의 인간관에 근거한 것이다. 그는 '본성'과 '본능'이라는 전통적 개념을 통해 인간을 해명하면서도, 전통 철학자들과는 다른 면모를 보여주고 있다. 그는 본성과 본능을 모두 '자연적 욕망'으로 규정하면서도, 본성은 '존재론적 욕망'인 반면 본능은 '소유론적 욕망'이라고 구분한다. "소유론적 본능의 욕망은 타동사적인 욕망으로서 좋은 것을 바깥에서 얻으려고 남들과 배타적으로 투쟁하는 장악적 사고방식을 뜻한다. 존재론적 본성의 욕망은 자동사적인 욕망으로서 좋은 것이 자기 안에 이미 그리고 언제나 있음을 알아차리고 그것을 꽃피워 남들에게 이타적으로 베푸는 보시적 사고방식과 다르지 않다."[4] 이처럼 김형효는 인간을 해명함에 있어서 '본성'과 '본능'이라는 개념을 애용하거니와, 그는 전통적 개념인 본성과 본능을 특히 프랑스의 현대철학자 베

---

2  김형효, 『철학적 사유와 진리에 대하여』, 청계, 2004, 15쪽.
3  김형효, 『철학적 사유와 진리에 대하여』, 12쪽.
4  김형효, 『철학 나그네』, 26쪽.

르크손(Bergson)의 맥락에서 해명한 것이다.[5]

김형효의 독특한 진리관과 인간관은 그로 하여금 '노장사상과 불교사상은 사실적인 현실감이 없는 허학(虛學)'이라는 기존의 통념을 거부하고 '이들 사상이야말로 진정한 실학(實學)'이라고 선언하게 만든 장본(張本)이었다. 이에 본고에서는 김형효의 진리관과 인간관을 살펴보고, 이에 입각하여 그의 유가와 도가에 관한 이해를 살펴본 다음, 그에 대한 논자의 비판적 의견을 제시해 보고자 한다.

## 2. 김형효의 진리관(眞理觀)과 인성론(人性論)

앞에서 언급했듯이, 김형효는 오랜 세월 동안 동서고금의 철학 사상을 두루 섭렵한 다음 "동서양의 철학사는 결국 세 가지 진리와 그 사유로 얽혀 있다"고 파악하게 되었다. 유위적 사유와 현실성의 진리, 당위적 사유와 이상성의 진리, 그리고 무위적 사유와 사실성의 진리가 철학사에 반복적으로 등장했던 세 가지 유형이라는 것이다.

김형효에 의하면, 그동안의 서양철학은 주로 '유위적 경제과학적 사유'와 '당위적 형이상학적 도덕적 사유'의 갈등과 알력으로 일관해 왔다. 그는 이 두 사유를 다음과 같이 비교하여 설명한다.

유위적 사유의 현실주의는 이기적 자아의 본능에 축을 두고 있고, 당위적 사유의 이상주의는 보편적 자아의 이성에 바탕하고 있다. 그래

---

5 김형효, 『철학 나그네』, 14-15쪽.

서 전자는 도구적 이성으로 정당화되었고, 후자는 형이상학적 이성으로 일반화되었다. (…) 이기적 자아의 도구적 이성주의는 소유의 철학을 겨냥하는 경제과학적 진리인 것으로 보인다. 과거의 도덕철학과 이상주의는 이런 소유의 경제과학적 본능의 자발성을 억압함으로써 존재의 진리를 구성할 수 있다고 여겼다. 그러나 의식에 의한 존재의 당위적 구성은 늘 의식상의 명분으로 끝나고, 의식상의 승리로서 개선행진곡을 거리에서만 부르는 반(反)소유주의의 기치일 뿐이었다.[6]

위의 인용문은 '현실성'을 추구하는 '유위적 사유'와 '이상성'을 추구하는 '당위적 사유'를 비교한 것인바, 유위적 사유는 '본능의 이기심을 수용하는 현실적 기술철학'을 낳았고, '당위적 사유'는 '본능적 이기심을 배척하는 반(反)이기적 도덕철학'을 낳았다는 것이다.[7] 위의 인용문에서는 또한 유위적 사유를 뒷받침하는 '도구적 이성'과 당위적 사유를 뒷받침하는 '형이상학적 이성'을 대비(對比)시키고 있거니와, '도구적 이성'이든 '형이상학적 이성'이든 모두 '이성(理性) 철학'에 속한다. 김형효에 의하면, '서양의 이성 철학'의 원조는 소크라테스이다.

소크라테스에 따르면 유용성이 선(善)인데, 그 유용성의 선은 이성적인 학문의 결과여야 한다. 선은 결국 덕의 배양인데, 그 덕을 가진 자가 인생에 유용한 행복을 가장 잘 아는 자이므로, 인생에서 행복하기를 원하는 자는 진정한 앎을 가르쳐주는 학문을 배워야 한다는 것이다. 진정한 학문을 배우는 자는 덕인(德人)이 되고, 이 덕인이 이성인(理性人)이고, 이성인이 곧 의지인(意志人)이다. 선이 무엇인지 안다면

---

6  김형효, 『철학적 사유와 진리에 대하여』, 12–13쪽.
7  김형효, 『철학적 사유와 진리에 대하여』, 14쪽.

고의로 악을 짓지 않는다고 그가 주장했기 때문이다. 악과 무지(無知)는 동의어인 셈이다. 그래서 선과 진지(眞知)와 이성과 의지는 다 행복의 개념과 같이 간다. 인간은 누구나 행복하기를 자연적으로 원하는 만큼 그는 선을 알아야 하고 이성과 의지를 활용해야 한다. 그런 당위를 실천에 옮기는 인간이 곧 이성적인 인간이고 동시에 선의지를 갖고 있는 그런 인간으로 최상의 행복을 누릴 수 있다는 것이다.[8]

위와 같은 맥락에서, 김형효는 소크라테스 철학의 특징을 '주지주의(主知主義)'라고 규정했다. 그런데 이런 주지주의가 플라톤과 아리스토텔레스에게 계승된 이후, 근대의 칸트까지 지속되었다는 것이다. 김형효에 의하면, 칸트의 철학은 '이론이성인 지성의 기술주의'와 '실천이성인 의지의 도덕주의'라는 두 가치로 세상을 구성하고자 한 것이다.[9] 이러한 맥락에서, 서양에서는 소크라테스 이후 약 2,500년 동안 '무위적 사유와 사실성의 진리'라는 사유는 거의 외면당했는데, 현대에 이르러 하이데거가 '존재(存在)와 무(無)'의 관계를 주목하여 올바로 해명함으로써, 서양철학에서도 '무위적 사유와 사실성의 진리'의 길이 열리게 되었다는 것이다.[10]

김형효에 의하면, '무위적 사유와 사실성의 진리'는 특히 불교와 노장사상이 추구한 것으로서, 사회적 생존보다는 초현실적인 해탈과 초탈의 진리를 추구하는 것이다. 사실성을 추구하는 무위적 사유는 의식적 명분의 도덕에 기대를 걸지 않는다. "세상은 도덕과 형이상학의 명

---

8  김형효, 『철학적 사유와 진리에 대하여』, 398-399쪽.
9  김형효, 『철학적 사유와 진리에 대하여』, 423쪽.
10  김형효, 『철학적 사유와 진리에 대하여』, 393쪽.

분으로 수립될 수 있는 의식작용의 사회적 대상이 아니라, 다만 자연의 사실에 다름 아닌 것으로 보이기 때문"이다.[11] 그에 의하면 무위적 사유는 '무아(無我)'의 깨달음에 근거하는 것이요, '이기적 본능' 대신 '공동존재적 본성'에 주목하는 것이다. 그는 다음과 같이 말한다.

> 이기적 심리적 자아의 자발성이나 보편적 논리적 당위적 의식의 구성과 궤를 같이하지 않는 것이 저 무아(無我)와 무위(無爲)의 사유와 진리라고 생각된다. (…) 과거의 도덕철학과 이상주의는 이런 소유의 경제과학적 본능의 자발성을 억압함으로써 존재의 진리를 구성할 수 있다고 여겼다. (…) 자연의 자발적인 소유의 본능적 욕망을 의식과 이성으로 길들이는 대신에, 그것과 다른 본성적 욕망의 길을 닦는 것이 중요하다.[12]

서양의 '이성주의적 도덕철학'이나 동양의 '당위 유학'은 '본능적 욕망을 의식과 이성으로 길들이자'는 노선을 취한 것이었다. 그런데 사실성을 추구하는 무위적 사유는 이기적 본능을 억압(제어)하는 길 대신 '공동체적 본성을 계발하는 길'을 추구한다는 것이다. 이처럼 위의 인용문에서는 '본능'과 '본성'을 대비시키고 있거니와, 본능은 이기적(利己的)이고 투쟁적인 반면 본성은 자리적(自利的)이고 이타적인 것이다. 요컨대 "본능의 이기적 말은 이타적인 것과 빙탄불상용(氷炭不相容)의 이율배반을 함의한다. 그와 달리 본성의 자리적 말은 이타적인 말과 모순관계에 있지 않고 자리가 곧 이타로 연결된다. 이기심만이 도도하

---

11  김형효, 『철학적 사유와 진리에 대하여』, 14쪽.
12  김형효, 『철학적 사유와 진리에 대하여』, 13쪽.

면 세상은 지옥이 되고, 본성의 자리적 말만이 충일하면 세상은 극락이자 천국이 된다."[13]는 것이다. 김형효가 말하는 무위적 사유는 '자리적인 동시에 이타적인 본성을 계발함'으로써 극락으로 가는 길을 열자는 것이었다.

이상의 내용을 요약하면, '현실성'을 추구하는 '유위적 사유'는 도구적 이성을 통해 이기적 본능을 충족시키려는 것이요, '이상성'을 추구하는 '당위적 사유'는 형이상학적 이성(의지)을 통해 이기적 본능을 제어하려는 것이다. 그런데 이와 달리 '사실성'을 추구하는 '무위적 사유'는 무아의 깨달음을 통해 이기적 본능을 넘어서 공동체적 본성을 계발하려는 것이다. 이처럼 김형효의 진리관은 '본능'과 '본성'이라는 개념과 밀접하게 연결되어 있거니와, 따라서 그의 인성론을 살펴보기로 하자.

김형효에 의하면 본성과 본능은 모두 인간의 자연성에 속한다. 요컨대 '자연의 자발성은 본능과 본성이라는 이중적인 흐름의 교차로 구성되어 있다'는 것이다. 또한 그는 본성과 본능을 모두 '욕망'이라는 관점에서 이해한다. 즉 본성과 본능은 '인간 욕망의 이중주'라는 것이다.[14] 그에 의하면 '본성과 본능'은 '서로 길항하는 관계'로서 '정신적 욕망과 감각적 욕망'을 뜻하며, '사회성과 이기성' 또는 '존재와 소유'라는 두 계열로 구분된다. 먼저 본성과 본능의 '길항 관계'에 대해 살펴보자.

마음은 두 가지 흐름을 갖고 있는 셈이다. 본성의 욕망이라는 흐름과 본능의 욕망이라는 흐름이다. 전자의 욕망이 강하게 흐르면 후자의 욕

---

13 김형효, 『철학적 사유와 진리에 대하여』, 14쪽.
14 김형효, 『철학적 사유와 진리에 대하여』, 287쪽.

망은 적어지면서 거의 힘을 잃게 되는 마음의 경지가 일어난다. 이런 마음의 경지를 우리는 보살(菩薩)과 성자(聖者)의 경지라고 불러도 좋으리라. 마음은 욕망의 흐름이므로 본능의 욕망을 존재하는 '어떤 것'으로 갖고 있지 않다. 다만 이 경향이 강해지면 저 경향이 거의 사라진다. 반대로 저 경향이 아주 강하면 본성의 말은 거의 은폐되고 만다.[15]

김형효에 의하면, 본능의 욕망이 강해지면 본성의 욕망은 위축되며, 본성의 욕망이 강해지면 본능의 욕망은 위축된다. 그는 본성의 욕망이 강해져서 본능의 욕망이 거의 힘을 잃게 된 상태가 성인(聖人)의 경지라 하였다. 그렇다면 소인(小人)이란 본능의 욕망이 강해져서 본성의 욕망이 거의 힘을 잃게 된 상태라 하겠다. 한편, '정신적 욕망과 감각적 욕망', '사회성과 이기성', '존재와 소유'는 서로 맥락을 같이 하는 개념 쌍들인데, 그는 다음과 같이 말한다.

자연성의 상태에서 인간은 감각의 본능과 정신의 본성 사이에 괴리가 발생하지 않는다. 그러나 인간이 사회생활 속에서 살기 위한 경쟁의 전략전술에 돌입하는 순간에 그는 이기적인 본능의 욕망과 공동체적인 본성의 욕망 사이에 틈이 벌어짐을 느낀다. 현실과 당위 사이에 갈등이 일어난다.[16]

인간의 욕망은 본능의 정욕이 자기에게 유리하거나 해롭다고 여기는 측면과 본성이 자기에게 유리하거나 해롭다고 여기는 측면으로 나누어진다. 본능의 욕망은 소유의 욕망이고 정욕(la passion)이 탐하는

---

15  김형효, 『철학적 사유와 진리에 대하여』, 730쪽.
16  김형효, 『철학적 사유와 진리에 대하여』, 32쪽.

것이고, 영혼의 사유 능력의 쇠퇴를 초래하는 슬픔과 불행의 진원지이다. 거기에 반해 본성의 욕망은 존재의 욕망이고 정감(l'affection)이 원하는 것이고, 생명의 힘의 자연적 증대와 영혼의 사유 능력의 증대를 가져오는 기쁨과 지복(至福)의 원천이다.[17]

위의 첫째 인용문에서는 '본성과 본능'을 '정신적인 것과 감각적인 것', '공동체적인 것과 이기적인 것', '당위적인 것과 현실적인 것'으로 분류했다. 첫째 인용문에서 주목할 것은 '자연성의 상태에서는 본능과 본성 사이에 괴리가 발생하지 않으나, 사회생활 속에서 남들과 경쟁하게 되면서 본능과 본성 사이에 틈이 벌어진다'는 내용이다. 남들과 별다른 관계를 맺고 있지 않는 자연성의 상태는 남들을 배려할 필요가 없는 상황이므로, 본성과의 괴리 없이 자신의 본능적 욕구를 자유롭게 충족시킬 수 있다. 그러나 사회생활을 하면서 남들과 이런저런 관계를 맺게 되면 남들을 배려하지 않을 수 없게 되므로, 공동체적인 본성과 이기적인 본능 사이에 괴리가 생기게 된다는 것이다.[18]

둘째 인용문에서는 '본성과 본능'을 '존재와 소유', '정감(affection)과 정욕(passion)'으로 분류했는데, 이는 스피노자의 관점에 입각한 것이다. 둘째 인용문에서 주목할 것은 '본능적 가치판단과 본성적 가치판단은 상반된다'는 내용이다. 본능적 욕망은 소유의 욕망이고 정욕의 욕망인바 이는 결국 슬픔과 불행을 초래하는 반면, 본성의 욕망은 존재의 욕망이고 정감의 욕망인바 이는 결국 기쁨과 지복(至福)을 초래한다는

---

17 김형효, 『철학적 사유와 진리에 대하여』, 697쪽.
18 요컨대 '숲속에서 혼자 사는 자연인'은 아무런 양심의 가책 없이 자유롭고 홀가분하게 살 수 있다는 것이다.

것이다.[19] 호의호식(好衣好食)하는 삶과 지복의 삶이 일치하지 않는다는 것은 일상에서 수시로 경험하는 사실이기도 하다. 이러한 맥락에서도 본능적인 것과 본성적인 것 사이에 선택이 쉽지 않은 것이다.

김형효는 이처럼 본성과 본능을 두 계열로 분류하여 설명했지만, 근원적으로는 본성과 본능이 명확하게 구분되지 않는 애매모호한 지점이 있다고 보았다. 그는 다음과 같이 말한다.

> 존재와 소유의 언어학적 유사성은 존재와 소유가 다 기본적으로 인간 욕망의 공통적 뿌리에서 다른 방향으로 자란 가지임을 말하는 것이 아닌가? 인간의 몸이 존재인가, 아니면 소유인가? 몸은 존재의 양식인 동시에 소유의 양식이라는 그런 이중성을 노정하는 것이 아닌가? (…) 나의 몸은 나의 소유이고 동시에 나의 존재이다. 몸은 소유론적 욕망과 존재론적 욕망의 뿌리이고, 본능과 본성이 불일이불이(不一而不二)하게 상관적 차이로서 동거적으로 공동귀속하는 무의식적 리비도의 진원지인 것으로 보인다.[20]

김형효에 의하면, '존재와 소유의 언어학적 유사성'[21]으로 볼 때, 존재와 소유가 다 기본적으로 인간 욕망의 공통적 뿌리에서 다른 방향으로 자란 가지이다. 또한 인간의 몸은 존재의 양식인 동시에 소유의 양식이라는 이중성을 노정한다. 이렇게 볼 때, 본성과 본능은 '하나도 아

---

19 요컨대 자신만의 好衣好食을 위해 私利私慾에 집착하는 것은 불행의 길인 반면, 자신의 私心과 私慾을 버리고 남들을 배려하는 것은 행복의 길이라는 것이다.

20 김형효, 『철학적 사유와 진리에 대하여』, 255-256쪽.

21 '존재와 소유의 언어학적 유사성'이란 예컨대 '有'라는 글자가 '있다(존재)'는 뜻과 '지니다(소유)'의 뜻을 동시에 지니고 있음을 말한다.

니고 둘도 아닌[不一而不二]' 관계로서, 둘을 명확하게 구분하기는 어렵다는 것이다.

이상의 내용을 정리해 보자. 김형효에 의하면, 본성과 본능은 모두 인간의 몸으로부터 유래하는 욕망으로서, 근원적으로는 분리시키기 곤란한 것이다. 그러나 인간이 사회 속에서 남들과 접촉하고 자기와 남을 구분하기 시작하면서 '공동체적(사회적) 본성'과 '이기적 본능'이 뚜렷하게 갈라지기 시작하고, 당위와 현실 사이에 갈등이 생기기 시작한다. 우리 인간은 육체를 지닌 생명체이기 때문에, 생존을 위해서는 자신의 욕구를 충족시키지 않을 수 없다. 이는 본능의 욕망으로서, 이기적이고 소유를 지향한다. 그런데 우리 인간은 또한 자신과 남을 동등하게 배려해야 한다는 생각을 타고 났다. 이는 본성적 욕망으로서, 공동체적(사회적)이고 존재를 지향한다. 김형효는 본성과 본능 및 그 갈등적 관계를 이와 같이 설명하고, '동서고금의 철학사(哲學史)'를 '본성과 본능 사이의 갈등'을 해결 또는 해소하는 방책을 찾아가는 여정으로 이해했다.[22]


## 3. 김형효의 유가(儒家)·도가(道家)에 대한 이해

### 1) 유가에 대한 이해

김형효는 철학적 진리를 '유위적 사유와 현실성의 진리', '당위적 사유와 이상성의 진리', '무위적 사유와 사실성의 진리'로 구분했거니와, 그에 의하면 '공자(孔子)의 유학'에는 본래 이 세 요소가 공존하고 있었

---

22 김형효, 『철학적 사유와 진리에 대하여』, 12-15쪽.

다. 그런데 안자(顔子), 증자(曾子), 자공(子貢) 등 공자의 제자들은 이 세 요소를 균형 있게 계승하지 못하고, 각각 어느 하나의 요소를 대표 하게 되었다. 이에 대한 김형효의 지론(持論)을 정리하면 다음과 같다.

안자는 '무위유학(無爲儒學)'을 대표한다. 무위유학은 자연 속에서 한 떨기의 아름다운 꽃을 보고서 마음이 그 꽃이 되는 것과 같은 의미를 지닌다. 『장자(莊子)』의 〈대종사(大宗師)〉와 〈인간세(人間世)〉에는 '심재(心齋)'와 '좌망(坐忘)'에 관한 공자와 안자의 대화가 보이는데, 여기 에는 도가의 무위자연 사상과 유사한 내용이 담겨 있다. 여기서 알 수 있듯이, "공자에게는 안자에게서 보이듯 역사의 현실을 초탈하여 인성 을 자연성으로 회귀시키고자 하는 인간의 자연동형론적인 모습이 새겨 져 있다"는 것이다.[23]

이러한 무위유학은 본격적으로 송대(宋代)의 정호(程顥)에서 발동이 걸려서, 육구연(陸九淵)을 거쳐서 명대(明代)의 왕수인(王守仁)의 학문 으로 이어져 하나의 사상적 계열을 형성하게 된다. 이 계열은 노장사 상 및 불교의 선(禪) 사상과 밀접한 관련성을 맺고 있는데, 이는 노장사 상과 선불교의 영향을 받아 새로 탄생된 학문이라기보다 오히려 원시 유학에 이미 각색되어 있던 무위유학의 씨앗이 뒤늦게 꽃핀 것으로 보 아야 한다. 무위유학은 현대적 의미에서 포스트모던적인 요소를 진하 게 함축하고 있다.[24]

---

23 김형효, 『철학 나그네』, 116-117쪽. 김형효는 '자연의 아름다움과 좋음을 心學化하 여 인간성의 기본으로 구성하려는 철학'을 '자연의 인간동형론'이라 했고, '인간을 物學化하여 인간의 사회적 선악을 자연의 몰의식으로 해체시키려는 사유'를 '인간의 자연동형론'이라 했다(김형효, 『철학 나그네』, 144쪽).
24 김형효, 『물학(物學) 심학(心學) 실학(實學)』, 청계, 2003, 6쪽.

증자는 '당위유학(當爲儒學)'을 대표한다. 당위유학은 역사 속에서 인간이 서로 이기적으로 약육강식하는 투쟁을 보고서 그런 추악한 마음을 혁명하지 않고서는 역사가 불행과 악에 빠질 것이라고 경고하는 의미를 지닌다. 증자적인 당위유학의 전통은 이른바 도학(道學)의 도통(道統)이라 하는 것으로서, 한당(漢唐)의 정치유학을 거쳐서 송대 정이(程頤)의 도학과 주희(朱熹)의 종합적인 유학으로 맥락을 잇는다. 이 정주학의 도통 의식은 중화주의의 문화사와 만나서 중국과 동아시아 유학사의 주류를 형성하게 되었다.[25]

맹자의 유학은 안자적인 무위유학과 증자적인 당위유학을 종합한 것이면서도, 당위유학의 요소가 훨씬 강한 것이다. 맹자는 욕망과 선(善)에 대해 두 가지 상반된 생각을 갖고 있었을 뿐만 아니라, 또한 정치의 궁극적 목적에 대해서도 역시 두 가지 상반된 견해를 줄곧 견지하고 있었다. 맹자는 어떤 경우에도 패자적(霸者的) 지배를 정당화하는 정치권력을 정당화하지 않았다. 그래서 그는 공자와 달리 제환공(齊桓公)의 패권(霸權)을 가능케 했던 관중(管仲)의 능력을 한 번도 긍정하지 않았다. 맹자의 눈에 언급할 가치가 있는 정치는 '요·순(堯舜)의 무위적 자연정치'였고, 그 다음으로 '탕·무(湯武)의 당위적 도덕정치'였다. 무위적 자연정치는 인간의 육체적 생존의 욕망이 정신적 공동존재의 욕망과 갈등을 일으키지 않는 성선적 자연상태의 정치양상을 뜻한다. 당위적 도덕정치는 인간의 생존적 본능의 이기적 욕망이 인간의 본성적인 공동존재를 위하려는 욕망과 갈등을 빚는 데서 저 본능적 욕망을 본성의 도덕적 요구에 종속되도록 하는 그런 의미를 담고 있다. 그러

---

25  김형효, 『물학(物學) 심학(心學) 실학(實學)』, 6-7쪽.

므로 무위정치는 자연상태로 살아가는 인간의 본래 면목에 따른 정치를 뜻하고, 당위정치는 인간의 사회생활에서 생기는 본능과 본성의 괴리현상을 중심으로 본 것이다.[26]

자공은 '유위유학(有爲儒學)'을 대표한다. 자공은 공자의 제자 가운데 가장 실학적인 사유를 견지한 인물이다. 역사 현실을 마음의 당위로써 해소하려는 당위유학의 공상성을 깨달은 곳에 유위유학의 실학이 등장한다. 실학은 역사 현실을 오직 경험과 이성으로 문제를 해결하는 과정으로 보려는 시도이다. 실학은 임시변통의 수단학이다. 세상을 문제 뭉치로 보고, 그것을 풀 수 있는 답을 모색한다. 그러나 그 해답은 영원히 변하지 않는 해답이 아니라, 상황에 따라 우리에게 실리와 공리를 줄 수 있는 수단과 방편에 지나지 않는다. 그러므로 실학은 최고의 불변하는 도리를 찾는 것이 아니라 그 상황에 가장 알맞은 도구를 찾을 뿐이다. 그러므로 실학은 도구적 지성의 철학이다.[27]

순자의 유학은 자공의 유위유학을 계승한 것이다. 순자는 학문의 목적을 부국강병과 사회생활의 안녕과 질서 그리고 복지에 두었다. 유교는 기본적으로 엘리트주의인 동시에 민본주의이다. 맹자가 정신주의적 엘리트주의의 창도자라면, 순자는 기능주의적 엘리트주의의 창도자이다. 요컨대 맹자의 민본주의는 본질적으로 백성이 성선의 본질을 회복케 하려는 도덕적 민본주의이고, 순자의 민본주의는 백성이 사회생활에서 합법적인 방식으로 인간의 욕망을 충족케 하려는 사회경제적 민본주의이다. 이처럼 엘리트를 보는 관점의 차이는 순자로 하여금

---

26  김형효, 『철학적 사유와 진리에 대하여』, 34쪽.
27  김형효, 『철학 나그네』, 120쪽.

맹자와 달리 왕도뿐만 아니라 패도도 적극적으로 긍정하는 정치사상에로 나아가게 만들었다.[28]

이상에서 김형효가 보는 유학의 세 측면을 소개했거니와, 공자의 유학은 본래 '무위적 자연성, 당위적 도덕성 또는 종교성, 그리고 유위적 도구성(道具性)'이라는 여러 요소를 함축한 복합체였다는 것이요, 그리하여 "공자는 현실의 사회생활에 임해서는 대공(大功)의 실학(實學)을 펼치고, 초월의 공동체를 형성하기 위해서는 대공(大共)의 심학(心學)을 말하고, 초탈의 대자유를 위해서는 대공(大公)의 물학(物學)을 피력했다"[29]는 것이다. 김형효는 다음과 같이 말한다.

> 공자의 사상이 중화(中和)의 道라면, 왜 이 세상 보기를 무위(無爲)의 자연성과 당위(當爲)의 도덕성과 유위(有爲)의 실용성이란 세 가지로 쪼갰을까? (…) 이 세상은 인간의 정감에서 초탈의 대자유로 촉발되기도 하고, 또 초월의 공동체적 관여로 나아가기도 하고, 이와는 달리 현실의 실용적 사회생활을 경영하여 실질적 효과를 기도하기도 한다. 공자의 『논어』에는 그러한 세 가지 道가 다 언급되어 있다. 세 가지 모두 그의 언행에서 언급되어 있다는 것은 이 세상이 어떤 경우에도 한가지로 환원되지 않는다는 것을 뜻한다.
> 이 세상이 한 가지로 환원되지 않는다는 것은 곧 인간은 한 가지로 환원될 수 없는 복합적 존재양식을 구비하고 있다는 것과 다르지 않다. 인간의 정신은 걸림 없는 자유의 진리를 찾으면서 영혼은 사랑(仁愛)의 진리를 그리워하고, 이성은 사회생활 속에서 이익을 구하려고 꾀를 짠다. 이것이 인간의 진면목이다. 공자는 이러한 인간의 모습을 어느

---

28 김형효, 『물학(物學) 심학(心學) 실학(實學)』, 304-307쪽.
29 김형효, 『철학 나그네』, 131쪽.

곳에도 치우치지 않고 보려 한 균형적 사유인이었다고 읽어야 하지 않겠는가?[30]

위의 인용문에서는 공자 사상의 세 측면을 설명하면서, 이를 각각 '정신, 영혼, 이성'과 결부시켰다. 김형효에 의하면 인간의 마음은 여러 국면을 지니고 있거니와, 무위유학에서 마음은 무위적 사실을 깨닫는 '정신'이 되고, 당위유학에서 마음은 사랑의 공동체와 상호주관성을 찾는 '영혼'이 되며, 유위유학에서 마음은 공존 번영의 원리를 찾는 합리적 '이성'이 된다. 마음은 물학적 초탈의 정신, 심학적 초월의 영혼, 그리고 실학적 경영의 이성을 통괄한다. 정신은 깨닫기를 원하고, 영혼은 사랑하기를 원하고, 이성은 생존의 출구를 갈구하려 한다. 공자는 인간의 마음이 하나의 뜻으로 굳어지면 안 되고 세 가지를 언제나 다 살리는 균형을 유지하되 시대의 요구에 따라 그 가운데 어떤 것을 중시하는 시중지도(時中之道)를 추구했다. 요컨대 공자는 '인간은 절대로 하나의 의미로 환원되지 않고, 세상도 절대로 하나의 영역으로 수렴되지 않는다'는 것을 누구보다 잘 터득한 '사유의 스승'이었다는 것이다.[31]

## 2) 도가(道家)에 대한 이해

김형효는 '노·장(老莊)의 도가사상'에 대해서는 "사실성의 진리를 여여하게 인식하고 그 사실성에 따라 살기를 종용하는 사상"이라고 보았다. 그러면서 '현실성'과 '사실성'을 구분하여, "현실성은 인간의 이욕

---

30 김형효, 『철학 나그네』, 130-131쪽.
31 김형효, 『철학 나그네』, 139쪽.

심이 선악을 분비하는 지능의 세계를 가리키고, 사실성은 그런 이욕심의 자아를 넘어서 세상을 탈이기적으로 바라보는 본성의 세계를 겨냥한다. 그러므로 현실성은 역사적 사회적 이해관계에 얽힌 세계에서의 생존의 이치를 말하지만, 사실성은 그런 생존의 차원을 초탈하여 이 세상이 여여하게 존재하는 그대로의 실상의 본질을 뜻한다."고 설명했다.[32] 이제 그가 도가사상을 이렇게 이해하는 논거에 대해 살펴보자. 그는 무엇보다도 『도덕경』의 제1장과 제2장을 주목한다. 『도덕경』의 제1장에서는 다음과 같이 말한다.

> 말할 수 있는 道는 상도(常道)가 아니고, 명명(命名)할 수 있는 이름은 상명(常名)이 아니다. 무명(無名)은 천지의 시작이고, 유명(有名)은 만물의 어머니이다. 그러므로 항상 무욕(無欲)으로써 그 묘(妙)를 보고, 항상 유욕(有欲)으로써 그 요(徼)를 본다. 이 두 가지는 동시에 나왔으나 그 이름을 달리한다. 이 둘을 동시에 말하여 玄이라 한다. 玄하고도 또 玄하므로 중묘(衆妙)의 문이라 한다.[33]

위의 내용에 대해 김형효는 두 맥락에서 분석한다. 첫째, 노자는 도(道)를 '유(有)/무(無)의 이중적 대대법'으로 인식했다는 것이다. 노자는 '무명과 유명', '무욕과 유욕' 등이 '동시에 나왔다'고 말했는데, 따라서 '무와 유'는 하나의 동시적 동거의 의미를 띠는 것으로 읽어야 한다는 것이요, 그 까닭은 "일방이 없으면 타방도 이해가 되지 않는 양가적 이중성의 관계를 유/무가 함께 지니고 있기 때문"이라는 것이다.[34] 둘째,

---

32  김형효, 『철학적 사유와 진리에 대하여』, 607쪽.
33  김형효, 『철학적 사유와 진리에 대하여』, 608쪽.

노자는 무를 '유의 근거요 뿌리'로 인식했다는 것이다. 노자는 '무명(無名)'을 '천지의 시작'이라고 말했거니와, '이름 없는 無'는 "천/지라는 有의 이름을 가능케 해주는 근거요 뿌리"라는 것이다. 요컨대 하늘과 땅 사이의 '모든 이름 있는 사물'들은 '무(無)'라는 '근거 없는 근거'에 뿌리박고 있다는 것이요, 이처럼 무(無)는 만물의 근거가 되는 '신묘한 작용'을 한다는 것이다.[35]

김형효는 『도덕경』 제2장은 인간이 욕계(欲界)에 거주하면서 무애의 자유와 원융의 평등을 터득할 수 있는 인식의 길을 알려준다고 보았다. 『도덕경』 제2장에서는 다음과 같이 말한다.

천하가 다 美는 美가 된다고만 알면, 이것은 惡일 뿐이고, 다 善이 善이 된다고만 알면, 이것은 不善일 뿐이다. 그러므로 有無가 相生하고, 難易가 相成하고 長短이 相形하고 高下가 相傾하고 音聲이 相和하고 前後가 相隨한다. 이로써 성인은 無爲의 일에 처하고 不言의 가르침을 행한다. 성인도 만물처럼 병작하기를 사양하지 않고, 만물처럼 생겨도 소유하지 않고, 만물처럼 어떤 일을 해도 거기에 의지하지 않고, 만물처럼 공을 이루어도 거기에 머물지 않는다. 차지하지 않으므로 배척당하지도 않는다.[36]

34 김형효, 『철학적 사유와 진리에 대하여』, 608-609쪽.
35 김형효, 『철학적 사유와 진리에 대하여』, 609-610쪽. 김형효는 "결국 (노자가 말하는) 有/無의 관계는 본성과 현상의 관계와 같은데, 그 관계는 不一而不二의 관계로 성립한다. 無名의 본성과 有名의 현상과의 관계는 마치 佛家에서 空과 色의 관계처럼, 또 하이데거가 말한 無와 有(존재)의 관계처럼, 그런 表/裏의 관계로 짜여져 있다"고 보았다(같은 책, 615쪽).
36 김형효, 『철학적 사유와 진리에 대하여』, 623-624쪽.

김형효는 위의 제2장을 '소유적 시장의 거래'와는 다른 '존재론적 거래의 자연성'을 설파하는 것으로 해석했다. 그에 의하면, 소유적 시장의 거래는 이윤을 목적으로 하는 유위적 거래이므로 필연적으로 우/열과 손/익과 쾌/불쾌와 상/하에 따른 희/비가 발생한다. 소유적 거래에서는 택일적 가치를 선택하는 사고방식이 대종을 이루고, 승패를 겨루는 경쟁이 끝나질 않는다. 그런 택일적 사고방식과 이겨야 하는 현실에서 미는 오직 미일 뿐이고, 선은 오직 선일 뿐이다. 그러나 자연의 거래는 그렇지 않다. 자연의 거래에서는 모든 것이 단일한 실체로서 자기 것을 고집하지 않고 늘 '안으로 쪼개진' 이중성처럼 양가적 성향을 띠고 있다. 요컨대 "약과 독이 동거하고, 선과 악이 함께 거주한다"는 것이다.[37] 그는 다음과 같이 말한다.

> 자연은 선악을 택일적으로 고집하지 않고 하나의 이중성으로 동봉하고 있다. 그래서 자연의 사실성에는 有/無가 상생하고, 難/易가 상성하고, 長/短이 상형하고, 高/下가 상경하고, 音/聲이 상화하고, 前/後가 상수한다. 단적으로 자연의 사실성은 음양의 대대법적 구조로 이루어져 있다. 이중성을 한 단위로 하는 이런 사유는 이중긍정의 사유로서, 택일적 사고와 다르다. 이중성이 사실성의 구조이다. 이 구조는 유위론적 현실성과 당위론적 이상성의 문 안에서는 발견할 수 없는 특이성이다. 현실성과 이상성은 다 도구적 利/害와 형이상적 善/惡을 분별해야 하는 숙명을 지니기 때문이다.[38]

---

37  김형효, 『철학적 사유와 진리에 대하여』, 624쪽.
38  김형효, 『철학적 사유와 진리에 대하여』, 625쪽.

현실성을 추구하는 유위적 사유에서는 '도구적 이/해'를 분별하고, 이상성을 추구하는 당위적 사유에서는 형이상적 선/악을 분별한다. 그러나 사실성을 추구하는 노자의 무위적 사유에서는 이/해와 선/악을 택일적으로 고집하지 않고 하나의 이중성으로 동봉하고 있는데, 김형효는 이를 '자연에 대한 사실적 인식의 결과'라고 설명했다. 또한 자연계에서는 만물이 서로 평등하게 공생하거나 또는 돌고 도는 먹이사슬의 맥락에서 다 자기를 타자에게 결국 먹이로서 주게 된다. 따라서 그런 연계성의 거래에서는 주종, 상하, 전후가 따로 구분되지 않는데, 김형효는 이를 '자연계의 존재론적 거래'라 하였다.[39]

이제 장자(莊子)에 대한 인식을 살펴보자. 김형효는 "노자와 장자의 사유는 다 존재론적 본성의 무욕을 욕망하는 철학적 진리를 현시하고 있다. 그래서 두 성현들은 아주 유사하다."고 보았다. 장자의 철학적 사유는 크게 소요유(逍遙遊)와 제물론(齊物論)으로 나누어지는데, 소요유는 노자가 말한 無 계열의 상도(常道)에 해당하고, 제물론은 노자가 말한 有 계열의 비상도(非常道)에 해당한다.[40] 김형효는 '소요유'에 대해 대음과 같이 설명한다.

소요유의 道는 역사 속에 종사하려는 모든 인간의 의지와 지식을 포기한 인간이 갖는 지혜와 그 사유라고 말할 수 있다. 말하자면 모든 지식과 의지의 포기는 유위(有爲)의 기술과 당위(當爲)의 도덕을 우습게 희롱하는 그런 사유를 뜻한다. 장자는 소요유의 도를 터득한 사람을 지인(至人), 신인(神人) 또는 성인(聖人)이라고 불렀다. 그러므로 이런 종류의

---

39 김형효, 『철학적 사유와 진리에 대하여』, 629쪽.
40 김형효, 『철학적 사유와 진리에 대하여』, 649쪽.

사람들은 어떤 자가성의 자의식을 가져서는 안 된다. 자기 것에 대한 자존심이나 자의식은 자기 것에 얽매어 어떤 정신적 자유로서의 소요유를 누릴 수가 없기 때문이다. 그래서 장자는 〈소요유〉에서 이런 점을 '지인에게는 자기가 없음[至人無己]', '신인은 공적을 쌓지 않음[神人無功]', '성인에게는 이름이 없음[聖人無名]'이라는 언표로 암시하였다.[41]

요컨대 소요유의 세계는 '모든 인간의 의지와 지식을 포기한 인간이 갖는 지혜'의 세계, 특히 '자기 것으로부터 해방된 절대 자유'의 세계라는 것이다. 김형효는 '제물론'에 대해서는 '놀이의 사유'라고 보았다. 현실성의 생존에 필요한 '노동의 사유'와는 달리, '놀이의 사유'는 자연적 사실처럼 특정한 목적 추구가 없이 상호 의존하면서 공생의 질서를 이루는 데 적합한 사유라는 것이다. 물론 자연의 세계에는 낭만적인 아름다운 공생의 질서만 있는 것이 아니고 살생과 투쟁의 상극도 있다. 자연은 자연적 사실의 이중성으로서의 길항작용을 동봉하고 있다.[42] 그런데 제물론의 도(道)는 이중긍정의 도(道)이므로 양자택일을 하지 않는다. 김형효에 의하면, 이처럼 '양자택일을 거부하는 사유'가 이중성을 사실의 도(道)로 보는 도가사상의 원류를 형성한다. 그는 다음과 같이 말한다.

> 자연적 사실성으로서의 만물제동(萬物齊同)의 사유는 만물이 차이의 관계 속에서 서로서로 존재론적 연계의 그물을 형성하고 있다는 의미이지, 차이를 지워버린 추상적 동등성을 지시하는 개념이 아니다. (…)

---

41 김형효, 『철학적 사유와 진리에 대하여』, 649쪽.
42 김형효, 『철학적 사유와 진리에 대하여』, 658쪽.

장자는 성인의 입장에서 시비선악을 양가적으로 초탈할 것을 제의한다. 이것이 이른바 시비를 다 긍정하는 '조지우천(照之于天)'의 차원이다. 그런 차원을 장자는 또 시비선악이 서로 돌고 도는 순환의 연계성의 차원과 같다고 보아 도(道)의 돌쩌귀를 뜻하는 '도추(道樞)'의 입장이라고 설파하였다. 그러므로 소요유적인 초탈의 세계에서 세상과 만물을 보면, 시비선악의 한 쪽에 서서 외곬의 아집(我執)과 법집(法執)을 고집하는 것은 어리석고 또 어리석다는 입장을 장자가 피력한다.[43]

요컨대 제물론의 사유는 자연적 사실의 이중성을 그대로 수용하는 사유로서, 우리에게 '하늘에서 비추어보는[照之于天] 관점'에서 시비선악을 초탈할 것을 요구한다는 것이다.

김형효는 노자와 장자에 대해 그 핵심을 이처럼 정리하고, 노장과 같은 '사실성을 추구하는 무위의 철학'이야말로 이 세상을 구제할 수 있는 '실학'이라고 주장했다. 그렇다면 현실성을 추구하는 유위의 철학과 이상성을 추구하는 당위의 철학은 왜 실패한 것일까? 그에 의하면, 노자와 붓다의 사상은 공통적으로 그 점을 두 가지로 알려준다는 것이다. 첫째, 세상은 인간의 이상적 열정과 기획 투사로 교정하거나 수리할 수 있는 대상이 아니라는 것이다. 둘째, 세상은 무욕(無欲)과 무아(無我)의 마음을 가진 이들에 의하여 영위되어야지 아상(我相)과 아애(我愛), 아만(我慢)의 집착을 가진 사람들이 세상을 바꾸려고 해서는 안 된다는 것이다.[44] 그는 다음과 같이 말한다.

---

43  김형효, 『철학적 사유와 진리에 대하여』, 663-664쪽.
44  김형효, 『마음 나그네』, 42쪽.

노자는 공자와 같은 도덕적 마음으로 세상의 무도(無道)를 바로잡을 수 있다는 이상을 헛된 정열이라며 어리석다고 보았다. (…) 이상주의적 도덕주의는 인간이 반자연적 이성의 의지로 자연적 욕망의 자발성을 길들일 수 있다는 이성주의에 의거하고 있다. 그러나 인간은 의식상의 도덕 의지로 자기 무의식의 욕망을 치유할 수 있을 만큼 이성적인 존재가 아니다. (…) 인간은 그가 싫어하는 것은 절대로 하지 않으려 한다. 그만큼 인간은 자연적 존재이다. 자연적 존재는 자발적 존재임을 말한다. 인간의 마음도 이처럼 자연적 욕망으로 읽어야지 이성적 의식으로 제약하면 안 된다. 노자는 인간을 자연적 존재로 읽도록 권유한다. 그런데 자연적 인간의 마음은 두 가지 욕망으로 갈라진다. 하나는 소유론적 욕심이고, 다른 하나는 존재론적 욕망이다. 노자는 인간이 소유론적 욕심을 버리고 존재론적 욕망으로 마음의 전회를 이루어야 세상이 평안하고 인간도 행복해진다고 알려준다.[45]

유가와 도가에 대한 기존의 통론은 대개 '유가는 실학(實學)인 반면 도가는 허학(虛學)'이라는 것이었다. 그런데 이와 달리, 김형효는 오히려 노자를 '실학'으로 규정했거니와, 위의 인용문은 그 까닭을 설명한 것이다. 그렇다면 그의 이러한 주장은 과연 타당한 것인가?

## 4. 비판적 논의

지금까지 김형효의 진리관과 유가·도가에 대한 인식을 살펴보았다. 논자가 보기에, 그의 주장에는 전후 모순되는 내용들도 보이며, 또한

---

45  김형효, 『마음 나그네』, 56-57쪽.

그 타당성을 수긍하기 어려운 점도 보인다. 이제 그의 주장에 대해 논자의 관점에서 몇 가지 비판적 의견을 제시해 보고자 한다.

첫째, 김형효가 추구하는 '사실성의 철학'은 이 세상을 새롭게 개조하자는 것인가, 아니면 세상을 그대로 놓아둔 채 세상을 보는 관점만 바꾸자는 것인가? 논자가 보기에, 그의 주장에는 이 두 측면이 혼재하는 것 같다. 먼저 다음의 예문을 보자.

> 과거의 철학사는 소유의 현실성을 대신하여 도덕적 이상의 당위성을 통해 인간의 현실적 갈등을 극복하고자 하였다. 그러나 이상성의 아름다운 낭만성에도 불구하고, 그 이상성이 인간을 실제적으로 구원해주기는커녕 오히려 인간에게 새로운 부자유의 굴레를 덧씌워 준다는 것을 인류는 몇 차례의 큰 경험을 통해 깨달았다. 인간이 자기의 개인적 마음을 도덕적 의식으로 바꾸기가 그렇게 어려운데, 어떻게 사회를, 세상을 바꿀 수 있겠는가? (…) 사실성의 철학은 사회나 세상을 새롭게 창조하려고 노력하지 않고, 세상의 근원적 사실을 본성의 눈으로 다시 보는 법을 닦으려 한다. 이상성의 철학처럼 본능을 본성으로 개조하려고, 또는 본성을 만들려고 애쓰는 것이 아니라, 인간에게 있어 온 그 본성을 닦으려고 한다. 이처럼 사실성은 그 본성에 비쳐진 실상을 인식하고 그 실상대로 살려는 철학이므로 거기에는 유위적 현실성의 기술이나 당위적 이상성의 명령이 게재하기 힘들다. 그래서 무위의 철학이라 한다.[46]

위의 인용문에서는 '사회와 세상을 바꾸는 일은 불가능하다'는 입장에서 "사실성의 철학은 사회나 세상을 새롭게 창조하려고 노력하지 않

---

46 김형효, 『철학적 사유와 진리에 대하여』, 621쪽.

고, 세상의 근원적 사실을 본성의 눈으로 다시 보는 법을 닦으려 한다"
고 설명했다. 그는 "세상을 이성으로 유의미하게 재구성하려는 철학의
이상이 이제 막을 내려야 한다"고, "미륵의 반가사유(半跏思惟)처럼 세
상이 고요를 배울 때까지 기다려야 한다"고도 말했다.[47] 이러한 내용들
은 분명 '우리가 세상을 보는 관점만 바꾸면 된다'는 것이다. 그런데
그는 다음과 같이 말하기도 한다.

> 본성의 정치는 이상주의적 당위의 도덕처럼 명령으로 요청되는 것
> 이 아니라, 본성의 욕망이 자연스럽게 나올 수 있는 문명의 구조를 가
> 능케 하는 데서 가능하지 않겠는가? 의식의 차원이 아니라 구조의 조
> 건을 본성의 생리에 알맞게 함으로써 본성이 본능에 무시당하지 않는
> 그런 현실이 가능하지 않을까? (…) 지금의 시중(時中)은 본성의 욕망
> 이 본능의 욕망을 더욱 능가하도록 하여 인류가 들뜬 자신의 병을 치유
> 하는 법을 배워야 할 때가 아닐까? 그러기 위하여 우리는 도덕을 재무
> 장해야 한다는 당위론적 의무론의 역설보다 오히려 문명을 구조적으
> 로 개선하여 본성의 욕망이 자연스럽게 살아나는 길을 닦아주는 지혜
> 를 찾는 것이 더욱 인류를 행복하게 하는 것 아니겠는가?[48]

위의 인용문에서는 "문명을 구조적으로 개선하여 본성의 욕망이 자
연스럽게 살아나는 길을 닦아주는" 것이 필요하다고 주장했거니와, 이
는 앞에서 소개한 "사실성의 철학은 사회나 세상을 새롭게 창조하려고
노력하지 않고, 세상의 근원적 사실을 본성의 눈으로 다시 보는 법을
닦으려 한다."는 내용과 어긋나는 것이다.

---

47 김형효, 『철학적 사유와 진리에 대하여』, 15쪽.
48 김형효, 『철학 나그네』, 112-113쪽.

둘째, 김형효가 말하는 '사실성의 철학'은 '본성적인 것'을 추구하는 것인가, 아니면 '본성적인 것과 본능적인 것의 자연스러운 일치'를 추구하는 것인가? 그의 주장은 이 점에 있어서도 불일치가 있는 것 같다. 예컨대 다음의 인용문들을 보자.

이 책은 자연의 자발적인 소유의 본능적 욕망을 의식과 이성으로 길들이는 대신에 그것과 다른 본성적 욕망의 길을 닦는 것이 중요하다고 주장한다. 이것이 본성의 존재론적 욕망이다.[49]

자연적 인간의 마음은 두 가지 욕망으로 갈라진다. 하나는 소유론적 욕심이고, 다른 하나는 존재론적 욕망이다. 노자는 인간이 소유론적 욕심을 버리고 존재론적 욕망으로 마음의 전회를 이루어야 세상이 평안하고 인간도 행복해진다고 알려준다.[50]

위의 두 인용문에서는 '본능의 소유론적 욕망'을 버리고 '본성의 존재론적 욕망'으로 전회해야 한다고 주장했다. 이는 요컨대 '본성적인 것'을 추구하는 것이다. 그런데 그는 다음과 같이 말하기도 한다.

본능과 본성이 일치하는 것을 우리는 자연성의 상태로 보고, 그 두 가지가 서로 대결하는 것을 우리는 사회성의 상태로 생각할 수 있다. (…) 이기심과 이기심이 서로 끝없이 충돌을 일으키는 곳이 사회생활이다. 그러나 인간의 욕망은 그것으로 다 설명되는 것이 아니다. 인간에게는 또 다른 모습이 분명히 있다. 그가 사회성을 떠나 자연성에 가

---

49  김형효, 『철학적 사유와 진리에 대하여』, 13쪽.
50  김형효, 『마음 나그네』, 57쪽.

까운 생활을 하는 분위기에 젖게 되면, 그는 자기 생존을 위한 이기적 본능이 열어지면서 자기의 이익이 타인들의 이익과 충돌을 일으키지 않는 그런 본성의 공동체성을 나타낸다. 그래서 인간들이 이해타산적으로 잔머리를 굴리는 그런 상업적 행태가 싫고 보다 본연의 인간됨의 모습을 보기 원할 때, 그는 산으로 가든지 초원으로 가든지 또는 사막으로 간다. 거기서 그는 근원적인 본성의 소리를 들으려 한다. 자연성에서 본능과 본성의 괴리가 거의 사라지면서 인간은 자연과 마음이 하나로 교응하는 평화를 맛본다.[51]

김형효는 '사실성'과 '자연성'을 같은 맥락으로 이해하고 있거니와, 위의 인용문에서는 '본능과 본성이 일치하는 것'을 자연성의 상태라고 하였다. 그는 "육체의 자발적인 본능과 마음의 자발적인 본성이 거의 일치하는 자연성의 행복한 상태"[52]라는 표현을 쓰기도 했다. 이렇게 본다면 그가 말하는 '사실성의 철학'은 '본성적인 것과 본능적인 것의 자연스러운 일치'를 추구하는 것이라 하겠거니와, 이는 앞의 '본능의 소유론적 욕망을 버리고 본성의 존재론적 욕망으로 전회해야 한다'는 주장과 어긋나는 것이다.

셋째, 본성이 자연적이고 자발적인 것이라면, 왜 이제까지 인류 역사에서 본성은 제대로 실현되지 않았는가? 김형효는 '본성적인 것은 자연적, 자발적으로 실현된다'는 입장에서 "(칸트적인) 당위의 도덕은 본성의 욕망 앞에서는 아무 할 일이 없어진다"[53]고 주장하면서 다음과

51 김형효, 『철학적 사유와 진리에 대하여』, 31-32쪽.
52 김형효, 『철학적 사유와 진리에 대하여』, 60쪽.
53 김형효는 칸트의 도덕철학에 대해 '도덕적 당위의 명령'으로 엄숙하고 경건한 삶을 살도록 권장하는 것은 인간을 행복의 길로 인도하지 못하고, 오히려 인간의 무의식에

같이 말한다.

> 본성의 욕망은 본능과 같은 그런 자발적인 힘이기 때문에 어떤 당위
> 적인 의무감의 엄숙한 명령이 별로 쓸데없다. (…) 당위의 도덕은 본성
> 의 욕망 앞에서는 아무 할 일이 없어진다. 본성의 욕망은 선악의 도덕
> 적 판단에 따른 '옳음/그름' 이전에 본성이 '좋아함[好]'에 따라 자연발
> 생적으로 자발적인 행위를 표현한다. 본성의 욕망은 스스로 좋아하기
> 때문에 그것이 좋은 것이지, 어떤 것이 옳다고 판단하기 때문에 좋아
> 하는 그런 목적론을 받아들이지 않는다. 다시 말하자면 본성의 욕망은
> 규범성을 따르기보다 자발성을 더 가까이 한다. 존재의 욕망은 우리가
> 즐겁고 행복하기를 바라는 욕망과 다르지 않다. (…) 이처럼 자발성을
> 띠기 때문에 마음의 욕망은, 본능적이든 본성적이든, 어떤 목적의식에
> 투철한 도덕성으로 무장하기보다는 오히려 자연성의 자기표현을 더
> 좋아한다. 그러므로 강요된 당위적 도덕률보다 자성의 자기표현을 찾
> 는 것이 마음의 욕망에는 더 유효하다.[54]

요컨대 본성의 욕망은 본능의 욕망처럼 자발적인 힘이기 때문에 자
연적으로 실현되기 마련이라는 것이요, 또한 강요된 당위적 도덕률보
다 본성의 욕망이 더욱 강력하다는 것이다. 그렇다면 이제까지 인류의
역사에서 '본성의 존재론적 욕망이 뚜렷하게 실현된 자취'를 그렇게 찾
아보기 어려운 것은 무슨 까닭인가?

넷째, 김형효는 '시/비와 선/악을 차별하지 않고 포용하는 것'이 도
가의 기본 입장이라고 설명하면서, '양자택일의 거부'를 적극 옹호했

---

신경증(neurosis)을 유발할 수 있다고 비판했다(『철학 나그네』, 104쪽).

**54** 김형효, 『철학 나그네』, 104-105쪽.

다.[55] 그런데 그는 다음과 같이 말하기도 한다.

> 자연적 인간의 마음은 두 가지 욕망으로 갈라진다. 하나는 소유론적 욕심이고, 다른 하나는 존재론적 욕망이다. 노자는 인간이 소유론적 욕심을 버리고 존재론적 욕망으로 마음의 전회를 이루어야 세상이 평안하고 인간도 행복해진다고 알려준다.[56]

만물제동(萬物齊同)의 관점에서 시/비와 선/악을 차별하지 않고 포용해야 한다면, 같은 맥락에서 소유론적 욕심과 존재론적 욕망도 차별하지 않고 포용해야 하는 것 아닌가? 또한 같은 맥락에서, 김형효가 '당위적 사유'를 비판하고 '무위적 사유'를 추구하는 것도 만물제동의 논법과는 어긋나는 것 아닌가?

다섯째, 김형효가 말하는 불교적 '마음 공부'는 공자의 '극기복례(克己復禮)'와 어떻게 다른가? 김형효는 다음과 같이 말한다.

> 이 세상의 문제점은 이상주의자들의 의지와 의욕으로 해결되는 그런 것이 아니다. (…) 세상을 보는 마음을 편견에서 해방시키고 단편적 지식을 떠나 세상에 대한 연기적인 총체적 연관성을 여여하게 바라보는 원융한 지혜를 터득하기 전에는 세상의 건강을 찾을 수 없다. (…) 그러나 이런 성인의 지혜는 구경각에 이른 부처님이나 가능하다. (…) 그러면 어떻게 성인의 반열에 오르는가? 노자와 붓다가 말한 바에 따르면 자아(自我)를 무아(無我)로 마음자리만 바꾸면 된다. 자아의 유위

---

55 김형효는 老莊의 이런 입장은 데리다의 '差延(차이 속에서 동거하는 이중성)'과도 궤를 같이하는 것이라고 적극 옹호했다.
56 김형효, 『마음 나그네』, 57쪽.

성이나 당위성을 무아의 무위성으로 마음자리를 옮기면 된다는 것이다. 노자가 말한 無와 무명(無名)과 무욕(無欲)의 계열로 마음을 허심하게 하면, 마음의 무불위(無不爲)가 소유론적 욕심에서 존재론적 욕망으로 피어오른다는 것이다. 소유론적인 욕심과 존재론적인 욕망의 차이는, 전자가 이기배타적인 본능에 축을 박고 있다면 후자는 자리이타적인 본성에서 발생한다는 것이다. (…) 그러면 어떻게 보통 사람들을 자리이타적인 무아와 무욕의 마음으로 회향시킬까? 마음의 본성을 찾게 하는 마음 교육이 중요하다.[57]

주지하듯이 공자는 '인(仁)을 실천하는 방법'으로 '극기복례'를 제시하고, "하루를 극기복례하면 천하가 인(仁)으로 돌아온다"고 설파한 바 있다. 논자가 읽기에, 위의 인용문은 공자의 극기복례론과 전혀 다를 바 없다. 그렇다면 유가의 방법론에 대해서는 '잘못'이라고 규정하고 노장과 불교의 방법론을 추종할 이유가 무엇인가?

# 5. 결론

김형효는 젊은 시절 실존철학자 가브리엘 마르셀의 영향을 받아 "이 세상이 역사적으로 깨어진 것이 아니라 본질적으로 깨어졌다는 점, 따라서 그 세상을 본질적으로 수리한다는 것은 불가능하다"는 종말론적 사유를 가슴속에 품게 되었다고 술회한 바 있는데,[58] 이러한 생각은 그

---

57 김형효, 『마음 나그네』, 61–63쪽.
58 김형효, 『철학적 사유와 진리에 대하여』 1, 9쪽.

의 평생을 지배한 것 같다. 그는 한편으로는 하이데거와 데리다의 차연(差延)의 논리, 그리고 도가의 무위론(無爲論)과 제물론(齊物論)을 수용하여 이 세상의 차별상들을 그대로 수용하고 '시비선악을 양가적으로 초탈하자'고 생각했다. 그리하여 마침내 그는 "세상을 이성으로 유의미하게 재구성하려는 철학의 이상이 이제 막을 내려야 한다"고, "미륵의 반가사유(半跏思惟)처럼 세상이 고요를 배울 때까지 기다려야 한다"고 주장했던 것이다.

만년에 그는 이른바 '세 가지 진리관'을 구분함으로써, '유위적 사유와 현실성의 진리'와 '당위적 사유와 이상성의 진리'를 비판하고, '무위적 사유와 사실성의 진리'를 추구하게 되었다. 이러한 맥락에서 그는 유학을 '허학'으로 규정하여 비판하고, 도가와 불교를 '실학'으로 규정하여 적극 옹호했던 것이다. 그의 이러한 주장에 대해서는 몇 가지 비판을 제기할 수 있었거니와, 이를 다시 정리해 보자.

첫째 논점과 둘째 논점은 단순히 '논리적인 불일치'에 불과한 문제가 아니라, 김형효가 추구한 '사실성의 철학'의 기본 방향과 관련된 문제이다. 이 세상을 새롭게 개조할 것인지 아니면 다만 세상을 보는 관점만 바꿀 것인지의 문제, 그리고 '본성적인 것'을 추구할 것인지 아니면 '본성적인 것과 본능적인 것의 자연스러운 일치'를 추구할 것인지의 문제는 결코 사소한 문제가 아니다. 이 중대한 문제에 대해 혼선의 여지를 남겨두고 있었다면, 그의 사유는 더욱 다듬어질 필요가 있었다고 하겠다.

셋째 논점 역시 중요한 문제이다. 김형효는 '본성적인 것은 자연적, 자발적으로 실현된다'는 입장에서 '칸트적인 당위의 도덕은 불필요하다'고 주장했다. 그런데 실제 역사에서 본성적 욕망이 충분히 실현된 사례는 별로 없다. 그렇다면 이 간극을 어떻게 설명하고, 어떻게 메울 것인가? 논자의 생각에, 본성의 욕망도 본능의 욕망처럼 자발적인 것이라 하더라도, 본능의 욕망은 본성의 욕망보다 훨씬 강력한 것이다. 그러므로 본성과 본능이 충돌하는 사회성의 상태에서는 본성의 욕망이 힘을 쓰기 어려운 것이다. 그러므로 이제까지 많은 철학자들은 본성적 욕망이 온전하게 실현될 수 있는 터전을 마련하기 위해 '당위적 도덕'을 제창했던 것이다. 그런데 그는 기존의 당위적 도덕을 성공할 수 없는 '허학'이라고 규정했다. 그렇다면 그가 추구하는 '사실성의 철학'은 성공할 수 있는 것인가? 그의 주장을 다시 읽어보자.

　본능과 본성이 일치하는 것을 우리는 자연성의 상태로 보고, 그 두 가지가 서로 대결하는 것을 우리는 사회성의 상태로 생각할 수 있다. (…) 사회성을 떠나 자연성에 가까운 생활을 하는 분위기에 젖게 되면, 그는 자기 생존을 위한 이기적 본능이 엷어지면서 자기의 이익이 타인들의 이익과 충돌을 일으키지 않는 그런 본성의 공동체성을 나타낸다. 그래서 인간들이 이해타산적으로 잔머리를 굴리는 그런 상업적 행태가 싫고 보다 본연의 인간됨의 모습을 보기 원할 때, 그는 산으로 가든지 초원으로 가든지 또는 사막으로 간다. 거기서 그는 근원적인 본성의 소리를 들으려 한다. 자연성에서 본능과 본성의 괴리가 거의 사라지면서 인간은 자연과 마음이 하나로 교응하는 평화를 맛본다.[59]

　위의 인용문에 따르면, 김형효가 추구하는 '사실성의 철학'은 우리 모두가 사회를 떠나 숲이나 초원 또는 사막으로 가서 살 때야 실현될 수 있는 것이요, 그렇지 않으면 "미륵의 반가사유(半跏思惟)처럼 세상

---

59　김형효, 『철학적 사유와 진리에 대하여』, 31-32쪽. 김형효는 이러한 맥락에서 '사막과 숲의 철학자'로 자처한 바 있다.

이 고요를 배울 때까지 기다려야" 하는 것이다.[60] 그렇다면 70억 인류가 모두 숲이나 사막으로 가서 사는 것을 기대할 수 있으며, 그들이 모두 고요를 배울 때 까지 기다릴 수 있는가?[61] 그것이 불가능하다면, 이러한 사상을 두고 과연 '실학'이라고 말할 수 있는가?

넷째 논점은 도가(道家)에게서 흔히 발견되는 자가당착을 지적한 것이다.[62] 시비선악을 양가적으로 초탈하여 시/비와 선/악을 차별하지 않고 포용해야 한다면, 같은 맥락에서 '유위적 사유와 현실성의 진리'와 '당위적 사유와 이상성의 진리'에 대해서도 배척할 것이 아니라 포용해야 하는 것이다.

다섯째 논점은 김형효가 유교를 버리고 불교에 귀착한 것의 타당성을 문제 삼은 것이다. 김형효는 공자에 대해 '세 가지 진리'를 언제나 다 살리는 균형을 유지하되 시대의 요구에 따라 그 가운데 하나를 중시하는 '시중지도(時中之道)'를 추구했다고 평한 바 있다. 요컨대 공자는 '인간은 절대로 하나의 의미로 환원되지 않고, 세상도 절대로 하나의 영역으로 수렴되지 않는다'는 것을 누구보다 잘 터득한 '사유의 스승'이었다는 것이다.[63] 그렇다면 그가 유학을 허학이라고 규정하고,[64] 노

---

60 이 대목에서 論者는 아우구스티누스의 주장을 떠올리게 된다. 그는 인류의 역사를 '천상도성과 지상도성 사이의 전쟁'으로 설명했는데, 이 전쟁은 근원적으로 聖靈의 욕망과 육체적 욕망 사이의 전쟁이다. 그는 이 전쟁이 "하느님 은혜로 치료 받은 사람들이 마지막 승리를 얻을 때까지 계속된다"고 했다(아우구스티누스, 『神國論』, 685쪽 참조).

61 김형효는 '인문주의'와 대립하는 의미의 '자연중심주의'에 대해 '사춘기 취향의 감상에 불과한 듯하다'고 평가하고, "왜냐하면 인간이 문화와 역사를 떠나 온전히 자연의 순수성으로 복귀하며 거기에 머문다는 것은 불가능한 공상에 지나지 않기 때문"이라고 설명한 바 있다(김형효, 『老莊 사상의 해체적 독법』, 청계, 1999, 8쪽).

62 예컨대 장자는 '齊物論'과 '在宥(만물을 있는 그대로 놓아둠)'를 주장하면서도 儒家와 墨家에 대해서 매우 신랄하게 비판했는데, 이는 매우 납득하기 어려운 일이라 하겠다.

장과 불교를 실학이라고 규정하여 그에 안착한 까닭을 논자는 납득하기 어려운 것이다.

지금까지 본고에서는 김형효의 진리관과 유가·도가에 대한 인식을 고찰하고, 몇 가지 비판적인 문제를 제기해 보았다. 김형효의 학문 세계는 동서고금을 종횡무진 넘나들어 실로 광대무변하다. 본고는 다만 그 한 귀퉁이를 엿보고 어설프게 관견(管見)을 제시한 것에 불과하다. 앞으로 더 많은 연구자들이 그의 학문 세계를 탐구하여, 그의 고결한 사상을 적극 계승 발전시켜나갈 것을 기대해 본다.

**참고문헌**

김형효(1999), 『老莊 사상의 해체적 독법』, 청계.
_____(2003), 『물학(物學) 심학(心學) 실학(實學)』, 청계.
_____(2004), 『철학적 사유와 진리에 대하여』 1·2, 청계.
_____(2010a), 『철학 나그네』, 소나무.
_____(2010b), 『마음 나그네』, 소나무.
_____(2010c), 『사유 나그네』, 소나무.
아우구스티누스(Aurelius Augustinus), 추인해 역, 『神國論』, 동서문화사, 2013.

---

63 김형효, 『철학 나그네』, 139쪽.
64 김형효는 공자 이후의 유학을 세 부류로 나누어, 맹자의 當爲儒學과 순자의 有爲儒學을 특히 비판하고, 왕양명의 無爲儒學은 매우 옹호했다. 그런데 세상은 절대로 하나의 영역으로 수렴되지 않으므로 '세 가지 진리'를 다 살리는 균형을 유지해야 한다면, 그가 왕양명의 無爲儒學만 옹호한 것도 문제라 하겠다.

# 다시 주자학을 위한 변명

심원 선생의 주자학 독법에 대하여

**한형조**

(한국학중앙연구원 교수)

"앞으로 21세기적 모든 학문의 의미는 가치론보다 사실론에 치중해야 할 것이다."(『마음 혁명』)

심원 사유의 결국은 2006년 서울신문에 실린 연재들에 담겨 있다. 나중, 『마음 혁명』(살림, 2007)이라는 이름으로 출간되었다. 선생의 책 제목으로는 아마도 가장 파워풀해 보인다. 그만큼 후대에 전하고 싶어 하는 메시지가 절절하다는 뜻이겠다.

# 1. 주자학은 헛농사?

책을 펼치면 주자학은 물론, 사회주의를 포함한 모든 도덕적 이상주의에 대한 신랄한 비평과 비관을 만날 수 있다. 책이 궁금할 분들을 위해, 또 논의를 위해 목소리를 직접 들어 보기로 하자.

1) 도덕과 이성주의의 계열들
"유신론적 실존주의는 「로마서」의 사도 바울이 말한 분위기와 유사한 실존적 자각을 일깨워 주었고, 이어서 나는 주자학을 통하여 악(惡)에 대한 선(善)의 승리를 기약하는 공부가 진정한 마음의 공부라고 여겼다."

"동양에서 주자학적 도학(道學)주의나 대동(大同) 이념에 입각한 성리적 사회사상, 서양의 각종 사회주의나 마르크시즘, 그리고 프랑크푸르트 학파의 비판이론 등등은 다 도덕적 성리주의와, 또 도구적 이성을 비판하는 사회적 이성이나 해방적 이성의 신뢰에 근거해 있다고 봐도 괜찮겠다."

"유가적 성리론(性理論)은 천명(天命)의 절대적 선의지를 인간의 사회에 대동적(大同的)으로 실현하려는 도덕주의를 말하고, 기독교적 메시아사상과 연관된 사회주의적 이성론(理性論)은 이기적 지능을 초월한 공동선 의지에 입각한 역사적 구원의 공동체를 이 세상에 실현하여 인간의 현실적 소외를 극복하려는 것이다... 이성(理性)의 개념은 서양어 'reason'의 번역어이나, 이미 동양에 있어 온 성리(性理)의 개념을 참작하여 살짝 바꿔 옮긴 것이겠다. 그래서 역사를 구원하는 해방적 이성론자들은 도구적 이성을 격하시키고, 보다 더 상위적인 구원적 이성을 지고선의 이념과 동격으로 부상시켜 그런 구원적 이성이 인간의 모든 생각을 궁극적으로 통일하는 규정적 이념(regulative idea)이라고 여겼다."

"이성이라는 개념은 인간이 사회생활에서 지적인 분별력으로 생존을 추구하면서도 도덕적 의지로 좋은 공동체를 이룩할 수 있게 하는 인간의 고유한 능력을 일컫는다. 인간이 인간에 거는 최고의 신뢰처가 이성이라는 것이다. 이성은 의식의 판단을 신뢰하고 그것을 최고의 진리로 간주한다. 그러나 실제로 인간은 그런 존재가 아니다. 지금까지 인간은 이성을 지닌 의식의 존재라고 여겨 이성과 의식의 자각만 강조한 가치론과 당위적 도덕론을 우리는 이제 그만 사용해야겠다. 다 별로 효용도 없는 그럴싸한 명분만 가지고 헛농사를 짓는 셈이다."

### 2) 무엇이 문제인가

"불행히도 우리의 무의식이... 사회생활을 영위하는 인간들의 실질적 사고방식을 결정하는 요인임을 알지 못하고, 우리는 사회생활의 문제점을 의식의 이성적 판단에 맡겨 해결하려고 애써 왔다. 그러나 인간은 이성적 존재가 아니고 욕망의 존재다. 의식의 이성은 욕망의 무의식을 지우지 못한다."

"사회주의나 도덕주의가 실제로 시장주의와 기술주의를 능가하지 못하고 패배하는 이유는 바로 의식상의 명분이 무의식상의 이익을 조금도 부수지 못하기 때문이다."

"그러므로 이성주의는 곧 지능의 사상이고, 그 생명은 20세기 미국의 철학자 듀이가 갈파한 도구주의적 이성(지성)의 영역을 넘지 않는다. 듀이는 해방적 이성같이 거창한 허구를 수용하지 않고, 착실한 현실적 문제해결의 가능한 영역에 이성의 기능을 제한시켰다고 하겠다."

"비유컨대 주자학처럼 나머지 잡석이 불순하므로 그것을 순금으로 변경시키려고 노력하려는 모든 도덕주의적 순수론은 불가능한 꿈이다. 주자학이 교기질론(矯氣質論)을 내세워 불순한 기질을 교정하여 순수한 좋은 기질로 변화시킬 것을 수양법으로 종용했으나, 그런 교기질(기질교정)은 불가능하다. 마음의 기질을 바꾸는 주자학의 부정적 처방보다

양명학의 가르침대로 각자가 무심(無心)으로 일할 때의 그 마음의 기호를 장려하는 긍정법이 좋은 사회를 일구는데 더 유효한 길이겠다."

"도덕적 선악의 뒤에는 심리적 호오(好惡)가 반드시 숨어 있다. 나 중심으로 좋아하는 것이 선이고, 싫어하는 것이 악이 된다. 여러 개의 선악으로 사회가 중층적으로 대립되면, 여러 개의 호오로 사회가 지리멸렬해진다. 결국 만인이 만인을 다 미워하는 결과로 틀림없이 치닫는다."

3) 무위(無爲)의 해법으로

"주자학은 본능이 하고 싶어하는 기호(嗜好)의 이기적 경향을 거슬러 반본능적 도덕심의 의지로 마음의 기질(氣質)을 새로 바꾸려 하는 당위적인 수양법이고, 양명학은 마음이 본능의 경향을 제어하는 대신에 오히려 마음에 본디 있는 본성의 자연스러운 경향이 나타나도록 하는 무위적 현성법(現成法; 자연스럽게 나타나게끔 하는 법)을 제창한다."

"나의 경험에 의하면 지선은 선의 승리가 아니라, 무선무악(無善無惡)의 경지에 가까웠다. 모든 세상만사의 존재방식은 작용과 반작용의 동시성적인 원리와 유사하다. 작용이 강하면 반작용도 역시 그만큼 강해진다. 선의 작용이 강하면 악의 반작용도 그만큼 완고해진다."

"마음의 본능을 억압하는 도덕과 정치보다 오히려 마음의 본성을 가까이 하는 방법을 미래교육의 화두로 삼자!"

외람되지만, 선생이 정년하시기 5-6년 전부터 나는 하루 혹은 이틀에 한 번씩 연구실을 방문해서, 한 시간 정도... 과분한 법담(?)을 나누었다. 서양철학을 들을 때는 귀를 기울였고, 노장과 불교철학은 아무래도 익숙한 바 있었다.

* 아, 하나 이견이 있었다. 선생은 노불의 有無 是非 眞俗 同異 등의 이원항들을 '차연'으로 '긍정'했는데, 나는 불교와 노장이 이 대대항들을 정신의 '미망'으로 '부정'한 것이 아니냐고 반문했더랬다.

주로 의견이 갈린 곳은 '주자학'을 둘러싼 것이었다.

선생은 위 인용된 취지의 말씀을 틈날 때마다 하셨다. 인간의 욕망은 무의식에 닿아 있고, 그것은 이성으로 통제되지 않는다는 것, 현대의 비판이론이든 주자학의 도덕이든 그야말로 '헛농사'를 짓고 있다는 것이었다.

"氣質은 교정되지 않는다."
"주자학자 중에 그야말로 '聖學'을 완성한 성자가 어디 있느냐?"

주자학의 공고 이후에도 풍속은 여전히 완악하고, 공공의식은 빈약하지 않았던가. 퇴계와 율곡은 도학과 정치 사이의 균열을 누구보다 분명히 알고 있었으며, 그것을 공식적으로는 아니어도 '행간'에 깊이 숨겨 두었다고 짚으셨다.(『원효에서 다산까지』, 청계, 2000) 하여 "퇴계는 정치에서 물러나 자신만의 세계로 퇴거했고, 율곡은 안 되는 줄 알면서 혼자 애쓰다가 건강을 다치고 요절했다."

주자학과 그 전통 위에 선 조선조에 대한 선생의 절망은 깊었다. 도덕적 당위는 위선과 무능을 불러왔고, 더구나 그것이 지나간 과거가 아니라 현재적 '질병'의 진원으로 현재진행형이기도 하다고 강조하셨다. 그 목소리에는 이념적 구호에 매몰된 정치적 편향에 대한 깊은 환멸, 그리고 당신이 겪은 지성의 척박과 몰이해에 대한 침묵의 항변이 낮게 깔려 있었다.

이 병폐의 디테일을 보고 싶은 사람에게 나는 다음 두 권의 책을 권한다.

하나는 정수복의 『한국인의 문화적 문법』(생각의 나무, 2012)이고, 또 다른 하나는 오구라 기조의 『한국은 하나의 철학이다.』(모시는 사람들, 2017)이다.

전자는 한국인의 거래 관행, 가치를 옭죄고 있는 '유교적 문법'을 권위 연고 등의 측면에서 사회학적으로 분석한 보고서라 할 만하다. 서울대에서 한국철학을 오래 연구한 오구라 교토대 교수는 한국을 이(理)의 나라라고 단정한다. 일본은? 당연 기(氣)의 나라이지!

> 한국은 '도덕 지향성 국가'이다. 한국은 확실히 도덕 지향적인 나라이지만, 그렇다고 해서 이것이 한국인이 언제나 모두 도덕적으로 살고 있음을 의미하는 것은 아니다. '도덕 지향성'과 '도덕적'은 다른 것이다. '도덕 지향성'은 사람들의 모든 언동을 도덕으로 환원하여 평가한다. 즉 그것은 '도덕 환원주의'와 표리일체를 이루는 것이다.
> 현대의 일본은 '도덕 지향성' 국가가 아니다. 이것이 한국과의 결정적인 차이이다. 그러나 그렇다고 해서 한국인이 도덕적이고 일본인이 부도덕적이라는 것은 아니다. 한국인이 "우리야말로 도덕적인 민족이고 일본인은 부도덕적인 민족이다"라고 주장하는 것은, 한국인이 도덕적이기 때문이 아니라 도덕 지향적이기 때문인 것이다.

이(理)는 과시 당위의 지표이고, 인간을 규율하는 입법자의 역할을 해 왔다. 정이천 왈, "목숨은 하찮지만, 이(理)는 영원 존귀하다"면서, 자연적 욕구를 억압하고, 여인들의 사회활동이나 개가 등을 막아왔다. 세자 시강원에 처음 출근한 홍대용에게 나중의 정조가 물었다. "이천의 집안에 개가한 딸이 있고, 또 형의 종통을 자신이 챙겨 갔다는데 어찌된 일이오?"

조선 후기는 이(理)의 구체적 구현인 예(禮)를 과도하게, 형식적으로 고착시켰고, 임란 병자 이후 사회적 문화적 실용화가 다급할 때도 재래의 관행과 기득권을 부득부득 고집했다.

이를테면,

- 주자의 경전해석에 일자 일구도 손을 못 대게 하고,
- 의리를 명목으로 붕당들이 이합집산, 정치를 흔들었고,
- 소소한 상례의 기간과 절차를 두고 죽고 죽이는 혈전을 벌였으며,
- 청국의 오랑캐처럼, 이 예절을 무시한 다른 인종과 문화는 이해하려고도 학습하려고도 하지 않았으며,
- 그리하여 결국, 인간의 자연적 삶에 필요한 적절한 배려를 소홀히 했다.

이 명분(名分)주의, 도덕적 당위의 외침은 경직과 권위로 고착되었다. 그런데 왜 그토록 인간에 대해서 무심하고, 관용의 덕은 최소화되었을까. 유교의 최고 이념 인(仁)은 사람을 살리는 덕성이 아닌가. 그를 일이관지(一以貫之)하는 원리는 충서(忠恕)라 하지 않았던가. 이는 유대 철학자 힐렐의 권고처럼, "네가 원치 않는 것을 다른 사람에게 강요하지 말라"는 보편의 원리 위에 서 있다. 창시자의 일관된 권고를 망각한, 그 숨막히는 경직과 배타는 어떻게 특히 조선 후기를 장악하게 되었을까?

정말 이학(理學)의 어디가 문제였을까. 나는 어느날 박찬국 교수가 편찬한 니체의 잠언을 읽다가 무릎을 쳤다.

거세나 근절 같은 것은 의지가 박약하고 퇴락하여, 도저히 절도를 지킬 수 없는 사람들이 욕망에 대항하여 싸우느라고 본능적으로 선택하는 수단이다... 그러한 극단적인 수단을 동원할 수밖에 없는 사람들은 퇴락한 사람들이다...성직자와 철학자들의 역사, 그리고 예술가들의 역사를 조사해 보라. 관능에 대한 가장 극심한 독설들은 노쇠한 자들이나 금욕자들로부터 나온 것이 아니라, 금욕자가 될 수 없었던 자들, 그리고 금욕자가 될 필요가 있었던 자들로부터 나온 것이었다. (니이체, 『우상의 황혼』, 박찬국 편, 『해체와 창조의 철학자 니체』, 동녘, 2001)

아, 알겠다. 이(理)를 내세우지 않은 화담이 오히려, 황진이의 적극적 육탄공세를 웃음과 여유로 받아 넘길 수 있었던 곡절을... 나는 그래서 지금 이 시대에도 도덕을 외치고 이상을 선포하는 사람들을 회의하고 경계하는 무의식적 버릇을 갖고 있다.

## 2. 멀티플 주자학?

그럼에도 나는 주자학에 두 개의 얼굴이 있다고 항변(?)했다.

*우스개소리를 보태자면, 『주자학을 위한 변명』은 본시 나정암의 역할을 특필한 최진덕 교수의 학위논문 제목인데... 이즈음은 선생과 더불어 주자학 비판에 더 경도하고 있어, 내가 엉겁결에 바톤을 이어받은 셈이 되었다.

1) 우암은 주자를 하늘같이 받들던 사람이다. 심지어 주자와 비슷한

병에 걸렸다고 좋아하기까지 했다.

명재 윤증이 신유년(1681, 숙종 7년)에 쓴 「의여회천서(「擬與懷川書)」는 한때 스승이었던 우암의 위선과 불통에 대한 길고, 신랄한 비평으로 가득하다. "세도(世道)를 근심하는 듯하나, 그것은 명분일 뿐이고… 주장(主張)은 지나치고, 자부(自負)는 하늘을 찌른다. 자신을 따르면 동류로 받아들이고 비판을 하는 자는 환난을 피할 수 없다… 우암, 그의 명성은 천하를 압도하되, 실제 덕성은 병들었다."

2) 이는 정조의 '주자학 존신'과 180도 다른 길이다. 군사(君師)를 자임한 그는 주자학의 래디칼한 복고를 외쳤다.

> 경전을 존중하려면 먼저 주자를 존중할 줄 알아야 한다. 주자를 존중하는 데 요령이 있다. 그것은 의심이 없는데 의심을 가지고, 의심이 있는 곳에 의심하지 않는 것이다.
> (常謂欲尊經者, 當先知尊朱, 而尊朱之要, 又在於無疑而有疑, 有疑而無疑." 「大學」, 『弘齋全書』, 권50 책문3)

이 비판적 접근은 담헌 홍대용의 주자학과 닮았다. 그는 양명학이 객관적 지식을 결여하고 있다고 고개를 저었다. "궁리(窮理)를 잊지 말 것. 이(理)는 기(氣)의 탐구를 통해, 즉 사실과 경험을 통한 비평적 음미와 자유로운 토론을 거치며 얻어진다."『의산문답』은 주자학을 금과옥조로 모시고, 유학의 원리를 오랜 전통으로 묵수하는 허자(虛子)와, 객관적 사실과 경험을 통한 새로운 지식을 설파하는 실옹(實翁) 사이의 대비와 간격을 리얼하게 보여준다.

최근 어느 목사님이 TV 토크쇼에 나와 이렇게 물었다. "세상에서 가장 위험한 사람이 누군지 아십니까?" 그리고 스스로 자답했다. "책을 한 권밖에 안 읽은 사람입니다."

나는 심원 선생의 주자학 비판에 대해 다음 몇 가지를 방패로 내세웠다.


(1) 주자학은 하나가 아니다.

이 모든 관건은 이(理) 한 글자에 있다. 퇴계와 율곡에서 보듯이, 그들은 서로 다른 지점에서, 서로 다른 의미에서 이(理)를 읽고 있다. 극단적으로 우암에서처럼 이(理)가 지독한 폐쇄적 권위로 행세할 수도 있지만, 화담이 설파한 것처럼 자유와 자발성, 즉 선생이 말씀하신 '존재'와 '자연'의 근거일 수도 있다.

나는 「조선 유학의 지형도」(『왜 조선유학인가』, 2008)에서 조선 유학이 개화시킨 이(理)의 다양한 지형을 유형화해 본 적이 있다. 이 다양성을 토대로 '변명'을 이어나갔다.


(2) 그럼에도 주자학의 본령이 도덕이 아니라 양명학의 고취처럼 '자연'에 기초하고 있다는 것. 이 점은 선생께서 강조하신 바이기도 하다고 상기시켜 드렸다.


> "퇴계의 성리학을 너무 도덕적 관점으로만 보려는 도덕적 당위론이 많지만, 그런 해설들은 퇴계 성리학의 본령과 다소 거리가 있는 것이 아닌가 생각한다. 왜냐하면 퇴계의 이학(理學)은 형이상학적 존재도학이고 동시에 신을 경배하는 자연신학의 성향을 근본적으로 띠고 있지, 오늘날 우리가 알고 있는 그런 도덕학이나 윤리학의 범주에 더 가까운 것이 아니기 때문이다." (김형효, 『원효에서 다산까지』, 퇴계 편)

가령 화담과 퇴계, 그리고 녹문은 서로 다른 사유를 펼쳤지만, 그들의 주자학은 양명학과 마찬가지로 천기(天機)와 천리(天理)와 생의(生意), 즉 존재와 자연에 기초하고 있는 사유요 훈련이라고 버텼다.

"근본이 존재의 학인 점에서 주자학은 양명학과, 아니 노장과 불교와 다르지 않습니다!"

(3) 나는 나아가, 감히, 주자학이 노장과 불교의 '업그레이드 버전'이라고 우겼다. 그러면서 앞에서 본 퇴계의 양명학 & 노불 비판을 끌어 댔다.

"존재와 자연의 획득에는 시간과 통찰, 그리고 훈련이 필요합니다. 모든 것을 놓아버림으로 방하(放下)로 문제 해결이 가능할까요?"

주자학의 어법대로 "인기위리(認氣爲理)"는 위태롭다. 기(氣)는 개선되어야 하고, 양지(良知)란 이름의 자연적 욕구들 또한 성찰과 음미를 필요로 한다. 그리고 인간의 에너지는 일상에서, 사회적 관계와 활동을 통해 구현되어야 할 것이 아닐까.


## 3. 황제의 『명상록』에서 원군을…

아우렐리우스 황제의 『명상록』 첫 머리는 그가 주변 사람들에게서 배우고 익힌 바를 열거하고 있다. 그는 할아버지 베루스에게서 '좋은 행위들'과 '성질을 다스리는 법'을 배웠다고 했다.

아버지의 기억과 평판으로부터는 겸손과 남자다운 성격을, 어머니로부터는 경건과 자선, 그리고 나쁜 행동뿐만 아니라 나쁜 생각을 하지 않기, 생활의 단순성, 부자들의 습성 멀리하기를 배웠다.

그밖에 서커스나 격투경기장에서 편들거나 파당을 짓지 않기, 일의 끈기, 적게 원하기, 내 손으로 땀흘리기, 다른 사람 일에 끼어들지 말고, 험담에 혹하지 않기를 배웠다.

자유나 구원은 이런 '배움'을 통해서 가는 것이 아닐까. 주자학은 역시 유학의 한 혁신으로서 이같은 배움과 학습의 지리한 과정을 통해, 한 발짝씩 인간의 모습으로 주형되는 것이 아닐까. 공자는 주지하다시피 학습으로 구원을 창도한 사람이다.

사소한 일에 바쁘지 말 것, 예언이나 마술에 현혹되지 않기, 귀신 쫓는 푸닥거리를 멀리하기, 싸움 닭이나 메추라기 등을 기르지 않기, '말의 자유'를 견디고, 역시나 철학과 친할 것 그리고 듣는 연습을 할 것, 젊어 대화를 기록하기 버릇하고, 거친 침대 위에서 지낼 것.

이어 황제는 말한다.

화해를 위해 내미는 손을 받아들이라. 책을 주의깊게 읽고 표피적 이해에 만족하지 말라.

이 충고는 주자학의 「독서법(讀書法)」이 강조하는 그것과 꼭 닮았다.

또 쉽게, 많이 떠드는 사람에게 동의하지 마라.

배워야 할 것은 한 둘이 아니고, 생애 주기에 따라, 중점 훈련의 요목이 달라진다. 가령 『논어』에서 공자는 혈기(血氣) 미정(未定)의 젊은 시절에는 색을, 혈기 방강할 때는 다툼을, 나이 들어 혈기가 쇠할 때는 탐욕을 경계하라고 주의를 주었던 것을 기억한다. 인간의 길에 세부 '학습' 프로그램은 나날이 모래알처럼 많다. 삶의 기술은 『중용』과 「도산십이곡」을 빌리면, 보통 사람도 기본을 하지만, 성인도 완전히 터득할 수 없다.

왜 이 모든 배움이 필요한가. 황제는 그쯤 어디에서 이렇게 말한다.

> "나는 루스티쿠스를 통해, 내 성격이 개선을 요청하고, 훈련을 필요로 한다는 것을 알았다.(From Rusticus I received the impression that my character required improvement and discipline)"

이 명제야 말로, 유학이 서원이나 학당에 큰 글씨로 걸어놓을 만한 캐치프레이즈가 아닐 것인가. 퇴계의 『성학십도』 제5도 「백록동규」가 사회적 학습의 대강을, 그리고 8도 「심학」이 그 중심에 있는 '마음의 훈련(心學, The Cultivation of Mind)' 캠프를 보여주고 있다.

## 4. 주자학이 심원의 '불성의 사유'에게...

『마음 혁명』에서 설파한 선생의 정녕을 몇 대목 인용해 본다.

의식이 고요히 쉬면, 무의식에 숨어 있는 본성이 잠을 깨면서 이기적 본능의 탐욕이 자의식과 함께 누그러진다. 본성의 자발적 기호는 본능의 자발적 기호가 쉬면 드러난다. 이것이 열리면 지능의 이기적 분별심 대신에 본성의 지혜가 빛을 발하면서, 지능의 도구적 이성의 역할이 자리이타적 방향으로 발양하게 된다.

문둥병자/미인은 각각 떨어진 별개의 것이라고 생각할 수 있다. 그러나 대소(大小), 미추(美醜)는 상관적 차이를 말하는 것이 아닌가?

존재론적으로는 세상에 취하거나 버릴 진/위는 없고, 다만 인간의 미망(迷妄)이 있을 뿐이라고 언급했다. 이 미망을 하이데거는 '길잃음'(erring)이라고 명명했다. 이 길잃음은 마음의 '집착'(insistence)에 기인한다고 하이데거는 그의 논문 「진리의 본질에 관하여」에서 언명했다. 마음의 집착인 소유욕이 세상을 재단하는 것이 병이지, 세상의 시원적 사실은 마음의 병을 지닌 인간의 심판대상이 아니라는 것이다.

그러나 우리가 사유하는 존재론에서 보면, 물활론은 엄청난 의미의 옷을 입고 다시 나타난다. 물활론은 생명이 있는 일체가 다 공명체계를 이룩하고 있어서 너와 나의 차별이 없다는 것을 말한다. 내가 남에게 끼친 불행과 기쁨은 결국 나의 것으로 되돌아온다는 일체동기(一切同氣)의 사유는 단지 도덕적 의미를 부각시키기 위해서 나온 덕담이 아니다. 내 개인이나 계급의 이익만 챙겨 남들에게 손해만 입히는 투쟁행위는 결국 몇 배로 더 큰 손해의 파고를 나와 내 계급이 다시 받게 된다는 것을 일체론적 물활론이 가르쳐 준다.

하이데거가 말하는 존재론적 사유(ontological thinking)는 세상사를 명사적 개별개념으로 쪼개서 보는 존재자적 사고방식이 아니라, 자연성처럼 세상사를 서로 유기적인 그물 망처럼 읽는 방식을 말한다. 자연의 나무(木)는 비목(非木)과의 얽히고 설킨 관계로서 읽어야 한다는 것을 우리가 보았다. 20세기 프랑스의 해체철학자 데리다가 그물처럼 얽힌 존재방식을 차연(差延=differance)으로 명명하면서, 차연은 형식상 명사 같지만 사실상 명사가 아니고 차이를 지니고 있는 만물들 사이(the between)의 거래관계와 같다고 말했다. 데리다는 이런 차연을 초점이 불일치한 사팔뜨기와 같다고 비유했다. 모든 명사는 개념적 초점이 분명한데, 이 차연은 선명한 개념의 중심이 없으므로 개념적 소유론에 해당되지 않는다. 존재가 차연이라는 것은 존재가 이중성이므로, 존재는 지성에 의한 개념적 장악을 거부하는 것과 같다.

이 생각이 노장, 불교의 것임은 누구나 금방 캐치할 듯하다. 장자의 「제물론(齊物論)」은 사물 사이에 구분이 없음을, 그리고 「응제왕(應帝王)」의 '혼돈(混沌)'은 우리의 감각이 실은 나쁜 증인임을 우화로 웅변하고 있다. 불교는 한 마디로 말한다. "분별(分別, vikalpa)이야말로 이 세상의 고통을 산출하는 근본 원흉이다." 팔만의 장경을 집약한 『대승기신론』은 살려는 의지가 어떻게 세상을 짜개고, 이 땅의 질펀한 고통과 비참을 산출하는지를 컴팩트하게 설파하고 있다.

길은 그럼 무(無), 즉 모든 분별을 지우고, 혼돈에 머무는 것일까. 쇼펜하우어는 이렇게 냉소한 바 있다.

"범신론은 진지한 도덕을 결여하고 있다. 그들은 모든 것이 완전하고 절대적이라고 생각하기 때문이다."

이 비평을 어디선가 들은 적이 있다. 주자학이 노장과 불교를 비평할 때 쓴 언사이다.

인간의 개인적 의지는 어떤 형태로든 '제어'되어야 하지 않을까. 이것이 동서고금의 사회과학이 태클한 영원의 문제가 아니던가. 유교는 이 과제를 자발적으로 구현하겠다면서 품성과 학습을 내세웠다. "신체의 개별적 의지는 은밀하고 끈질기다. 인간의 지식과 판단 또한 이 의지의 요구에 봉사하는 도구인 바, 그 또한 위태롭고 사납다." 루소, 칸트 등의 계몽적 철학이 결국 이를 향한 도전이었다. 이것은 선생의 판정대로 무용한 시도, 참담한 실패였을까?

쇼펜하우어는 말한다.

> "의지가 지력에 미치는, 은밀하고 직접적인 힘을 보여주는 작고 사소하지만 뚜렷한 예는, 우리가 계산을 할 때 자신에게 불리한 쪽보다는 훨씬 자주 자신에게 유리한 쪽으로 잘못 계산하며 더욱이 조금도 부정직한 의도가 아닌 오직 부채는 적게 하고, 자산은 많게 하려는 무의식적인 성향 때문에 그렇게 한다는 사실이다."

내가 한 관찰 하나. 모임에서 술잔을 기울일 때, 소주 병을 들고 다른 사람의 빈 잔을 찾는 사람의, 거의 대다수의 술잔이, 저런, 비어 있었다. 다른 사람의 잔에 술을 따라주는 것은 다름 아니라, "내 잔이 비어 있음을 알아달라"는 하소연인 것을... 그것도 모르고 따라 준 잔을 고맙다고 마시고 있으면 핀잔을 듣기 일쑤이다. 그때 주머니의 휴대폰이 울린다. "왜, 바쁘신가?"

쇼펜하우어는 인간 '의지'의 자기 중심성을 극적으로 표현할 말을 찾다가 이렇게 외쳤다. "사람은 자신의 구두에 기름칠을 하기 위해서 사람을 죽일 수도 있는 존재이다."

의지가 그토록 완강함으로 대처 또한 웅장해야 한다. 주자학은 아마도 되물을 것이다. "인심은 위태롭고, 도심은 은미 미약하다. 그런데 무위(無爲)로 이를 대적하겠다는 것이냐?"

## 5. 가로와 세로, 혹은 대치와 도정

법담은 늘 그렇게 흘러갔다. 심원 선생은 주자학의 명분과 위선에 얼굴을 찡그리셨고, 나는 다른 쪽의 얼굴, 질서와 성장을 위한 삶의 기술을 강조했다.

그러나, 이즈음 이런 생각이 든다. 둘이 마냥 서로 다른 것은 아니지 않을까? 물학(物學)과 심학(心學), 존재의 길과 당위의 학을 굳이, 대립적으로(對說) 볼 것은 아니지 않을까. 그 둘을 도정으로(因說) 세우는 길이 있지 않을까.

돌아가신지 5년, 지금 계시면 이런 말씀을 드릴 듯하다.

### 1) 기질

니체가 말한 대로, 모든 것이 생리의 결과인 것처럼, 철학도 기질이 좌우하지 않을까. 대기설법(對機說法)처럼 철학적 선택은 상보적 입장에서 도구화될 수 있으니, 가령 강한 기질은 노장에서 유연을 얻고, 유약한 기질은 주자학에서 굳건한 자기 중심을 세우지 않을까.

또, 노장과 불교에 '입문(initiation)'하는 사람은 기실, 가장 성숙한 강한 사람들이다. 화담 서경덕을 보라. 다들 이(理)를 내세워 자신의 권위 혹은 정당성으로 삼을 때, 그런 '외피'나 '의장'은 필요없고, 오직 자연성만으로 도에 지극하다고 했던 사람이 바로 그였다. 계율[理]을 내세운 지족선사는 파계했고, 화담은 자유를 구가했다.

### 2) 입문

심원 선생은 서양철학을 두루 섭렵했고, 젊어서부터 한국의 현실과 사회철학에 대한 관심이 지대했다. 그 도정의 끝에서 노장과 불교의 자유와 자연을 만나셨다. 도정은 서로 다르고, 개성은 각자의 색깔을 띠게 마련이다.

나는 동양학에 '불교'로 입문했다. 의미의 과잉이 버거워 선불교의 무의미에서 첫 지식을 얻었다. 그 토대 위에서 유교로 눈을 돌렸고, 난해한 주자학을, 거꾸로, 다산의 주자학 비평을 통해 접근했다. 그러다가 스톡홀름 증후군, 주자학의 위기지학에 오래 함영, 산책 중이다.

주자학을 보는 서로 다른 시각은 이런 학문적 이력의 상이에 크게 기인해 있을 것이다.

### 3) 도정

심원 선생은 이른바, 동서의 철학이라는 '학(學)'을 다 밟아 왔다. 그 끝에서 不思不勉, 무위(無爲)의 길을 제창하고 있는 것이다. "최선생, 철학은 이제 필요 없어!" 그것은 길을 다 걸음으로써 비로소 할 수 있는 토로일 것이다.

나는 '선불교'도 마찬가지 정황이라고 생각한다. 선(禪)의 하늘에 빛났던 거장들은 교학(敎學)의 대가들이었다. 덕산, 임제 등등 예를 들자면 한도 없다. 그들은 교학의 끝에서 비로소 선을 말하는 사람들이었고, 오랜 유위(有爲)의 험준을 겪고 나서 비로소 백척간두 진일보, 인디애나 존스의 절벽에서처럼, '믿음'의 한 길을 내디뎠던 것이다. 육바라밀의 처음이 보시, 다음이 계율이다. 이것 없는 깨달음이란 그야말로 "모래를 쪄서 밥을 짓겠다"는 얼토당토이다.

양명학도 마찬가지 아닐까. 주자학의 짜잘한 에티켓과 규범, 격물치지, 존양성찰의 길을 오래도록 걸은 후에, 불사이득, 불면이중의 경지가 문득 가까이 와 있음을 느끼게 되는 것이 아닐까. 그때 양지가, 인간 속의 진정한 생명이 자신을 상황과 정황이 요구하는 대로 발현하는 것이 아닐까.

이는 공자의 '일생'을 엿보아도 알 수 있다. 그는 15세 '인간의 길(學)'에 뜻을 두고, 지식의 획득, 성격의 연마에 매진했다. 이 훈련에 득력, 힘과 자신을 얻은 것이 30세, 이 길에 굳건한 믿음을 갖고, 더 이상 흔들리지 않는 경지에 이른 것이 40세였다. 그 후 10년 그는 50에 자신의 존재에 대해서, 그리고 지상에 주어진 소명에 대해서 분명한 인식을 갖게 되었다.

아마도 여기까지가 유위적 '학습'의 길이 아니었을까. 그러나 아직 일은 끝나지 않았다.

그로부터 10년, 그는 환갑의 나이에서야 비로소 이순(耳順), 귀가 순해지는 경지에 도달했다. 격정의 파도는 잦아들고, 그는 더 이상 자의식에 상처받고, 그 과잉으로 혼란해 하지 않는다. 주자학의 표현대로 하면, "바깥의 사물이 내게 아무런 격정도 일으키지 않는 단계"에 이르렀다고 할까. 이는 사물의 '필연성'을 완전히 이해한 경지에 도달한 것이라고 해도 좋겠다.

"Quidquid fit necessario fit." (*Everything happens because it needs to happen)

나는 이 이순(耳順)을 사물의 필연성을 대면하여 얻게된 평정으로, 이제 비로소 남의 얘기를 들을 수 있는 경지라고 나름대로 읽는다. 여기서부터 유교가 노장 불교의 길과 만나지 않을까.

그로부터 10년이 지나, 나이 70에 공자는 자신의 욕구가 중화(中和)를 얻고, 혹은 이(理)를 구현하는 '완전'의 경지에 이르렀다. 이때 그는 더 이상의 유위적 실천, 의도적 안배를 할 필요가 없었을 것이다.

이 도정을 혜능의 교판에 빗댈 수 있을 듯하다. 공부는, 즉 인간의 길은 네 단계를 거친다.

見聞轉誦是小乘,
悟法解義是中乘,
依法修行是大乘.
萬法盡通, 萬法具備, 一切不染, 離諸法相, 一無所得, 名最上乘

小乘: 즉 철학자들을 만나고, 고전을 읽기 위해 땀흘리는 수련이 있다. 이 훈련이 익으면,

中乘: 취지와 메시지를 이해하는 단계에 이른다. 복잡한 것들이 줄어들고, 사로 다른 사유에서 동질성과 유형을 확인하는 易簡의 단계로 진입한다.

大乘: 그 직관을 삶에서 확인하고, 이해를 공고화해나가는 체험적 실천이 그것이다. 주자학의 어법으로는 先知後行이라 부를 만한 것이다.

最上乘: 그 오랜 도정의 끝에서 더 이상 그런 노력이 필요없는 자유의 순간이 온다. 공자는 그것을 종심소욕불유구라 불렀고, 혜능은 이를 무심(無心)의 자성불(自性佛)로 특칭했다.

그리고 보니 이 교판이 『대승기신론』 등이 역설하는 불도의 발취도상(發趣道相), 신(信)-해(解)-행(行)-증(證)에 각각 대응하네... 그렇다면? 자연은 천연이 아니고, 자유는 스피노자와 율곡이 강조하듯 오래고 힘

든 등정의 결실이다. 그런 점에서 자전거 타기나 거장 예술가의 붓을 닮았다. 모든 기술이 그렇듯이 삶의 기술(ars vitae) 또한 그렇다.

심원 선생은 주자학의 길을, 그 오랜 이성과 도덕의 가치론을, 동서와 고금을 좌충우돌, 모두를 섭렵하고, 이 이념을 몸으로 구현해 보았기에, 비로소 이성 너머의 사실에 안착, 안심입명에 이를 수 있었던 것이 아닐까?

하여 선생은 不思而得, 不勉而中의 경지에 서서, 더 이상의 학습도 노력도 글쎄, 필요없는 한도인(閑道人)이 되었다.

나는? 아직 소승을 붙들고 끙끙대는 하근기라, 약간의 중승에 도달한 것도 같고, 대승은 이제 생초보라, 상황은 늘 다시 새롭고, 나는 그 理를 온전히 실현은 커녕, 닥치면 당황하고, 지나가면 뒤늦은 후회를 씹는다. 하니 증자처럼 "戰戰兢兢, 如臨深淵, 如履薄冰," 그저 두렵고 조심스러운 걸음으로, 이 두터운 얼음 위 호수를 건너가려... 바짝 긴장, 신발끈을 다시 조인다.

--

평생을 사유하고 길을 걸어가신 분이기에, '학문'이야말로 그분을 추모하고, 뜻을 새기는 아주 합당한 의식이고 제례라고 나는 생각한다.

이 글은 서세 1주기에 발제했던 글 가운데 서론, 사설 제하고 핵심 논점 한 꼭지를 정리해 본 것이다.

정년하시기 몇 년 전, 오랜 주자학 공부를 섭렵하고, 노불과 양명학에 귀의하신 심원 선생과 '주자학'을 두고 오래 나눈·법담의 곡절을 다시 떠올려 본다. 여전히 내 시선은 선생이 보신 얼굴의 주자학과 다른 면의 얼굴을 향해 있지만, 이즈음 선생이 보신 측면이 더 자주, 아프게 눈에 띄는 시절을 살고 있다.

이 정리를 들으시고, 그저 웃고 있으실 듯하다. 갓 행자가 '열일'을 하는 것을 빙그레 보고 있는 한도인(閑道人)처럼... 무하유지향(無何有之鄕), 시비와 미추 없이, 다만 이렇게, 오고 가는 그곳에서 선생은 늘 평안하고, 쾌적하시리라 믿는다. 불비. 합장.

# 4장
## 평화와 무위(無爲)의 길

# 동서양 비교철학으로써 철학적 자아 찾기

박정진

(전 세계일보 평화연구소장)

## 1. 자생철학의 모색으로서의 '평화를 위한 철학'

김형효 선생님을 철학자로서 알게 된 것은 1980년대 후반쯤으로 기억된다. 그가 저술한 『한국사상산고(韓國思想散考)』(일지사, 1976)에 포함된 「율곡과 메를로뽕띠와의 비교연구」를 읽고 '상징-의례에 대한 이기철학적 고찰'[1]이라는 논문을 쓸 때였다. 그 후 여러 차례 만날 기회는 있었지만 스쳐지나가는 정도였고, 그가 펴낸 책을 몇 권 읽으면서 철학적 깊이와 폭을 짐작하고 있었다. 특히 그가 율곡(栗谷) 이이(李珥)을 좋아하고 있다는 것에 호감을 갖고 있었다. 그와의 본격적인 만남

---

1 박정진, 「상징-의례에 대한 理氣 철학적 고찰」, 『한민족』 제1집, 한민족학회, 교문사, 1989, 200-228쪽.

의 기회는 30년 뒤인 2011년 봄 무렵이었다. 비디오아티스트 백남준에 관해 필자가 쓴 『굿으로 보는 백남준 비디오아트 읽기』[2]를 알게 된 선생님이 지인을 통해 만나고 싶다는 의사를 전해왔기 때문이었다.

천재일우의 기회라는 것이 이런 것인가를 느낄 정도로 우리의 철학적 만남은 급진전되었고, 그동안 잠자고 있던 철학자로서의 필자의 DNA가 발동되었던 것 같았다. 문화인류학자로서 활동하면서도 항상 철학적 주제에 관심이 많았던 필자는 『예술인류학』이라는 책을 내놓고는 휴화산의 상태였다. 필자의 동서철학에 대한 교양이 어느 정도 성숙했던지 모르지만 철학적 궁금증을 선생님과의 대화를 통해 해소하는 기쁨을 느꼈던 것 같다.

그동안 한국 철학계를 향하여 필자가 던졌던 질문은 "왜 자신의 철학을 쓰는 철학자가 한 명도 없는가?"였다. 세계의 철학을 공부하는 것과 자신의 철학을 하는 것, 소위 필로소피렌은 다른 것이었기 때문이다. 남의 철학을 공부하는 것으로 자신의 철학을 대신할 수는 없는 것이 아닌가!

어느 날 김형효와 대화중에 그가 벨기에 루벵대학 유학을 하고 돌아와서 처음 쓴 글이 '평화를 위한 철학'[3]이었음을 듣게 되었다. 그 순간 왜 자신의 철학을 계속적으로 발전시키지 않았을까, 하는 의문에 사로잡혔다. 김형효의 대답은 이러하였다. "주위에서 아무도 알아주는 사람이 없었을 뿐만 아니라, 도대체 평화철학이 무엇이냐, 그것도 철학이냐 하는 투의 주위의 몰이해와 무시를 당하면서 재미를 잃어버렸다."

---

2  박정진, 『굿으로 보는 백남준 비디오아트 읽기』, 한국학술정보, 2010.
3  김형효, 『평화를 위한 철학』, 물결, 1976.

이를 통해 우리는 자생철학이라는 것이 철학자 개인의 성취이기도 하지만, 그것을 증진시키는 사회적 공감과 집단지성의 지원이 없이는 불가능함을 깨달을 수 있다. 놀랍게도 '평화를 위한 철학'은 1970년 『문학과 지성』(겨울호)에 게재되었고, 그것을 보완하여 1976년에 단행본으로 낸 것을 감안하면 상당히 이른 시간에 자생철학의 문을 열 수 있었다는 아쉬움이 든다. 1976하면 대한민국이 북한을 경제적으로 역전하던 그 즈음이 아닌가. 경제성장과 함께 자생철학의 탄생도 평행적으로 이루어질 수도 있었던 것이다! 그러나 불행하게도 김형효의 평화철학은 만개하지 못하고, 꽃봉오리 상태로 얼어붙고 말았다.

'평화에의 철학'을 비롯해서 그가 쓴 굵직굵직한 책들을 대할 때면 동서양철학 전체와 싸운 김형효철학의 깊이와 면모, 그릇됨의 크기를 엿볼 수 있다. 그렇지만 왜 그가 '평화'라는 주제를 설정했을까, 하는 의문은 그 후에도 줄곧 필자의 뇌리를 떠나지 않았다. 그 후 필자는 김형효 선생님과 오랜 대담의 기회를 가질 수 있었다.[4] 아마도 해방과 더불어 6·25전쟁이라는 동족상잔의 비극을 거치면서 자신도 모르게 평화에의 갈구가 있었고, 무의식 어딘가에 그것이 자리 잡고 있다가 철학적 개념으로 불쑥 솟아난 것이 아닌가 생각된다.

김형효 철학을 관통하는 일관적 주제는 추상(抽象)을 싫어하고, 구체(具體)를 체득하려는 몸부림으로 여겨진다. 그리고 그는 평등 대신에 형제애(Fraternité)를 평화에의 길로 가는 이정표로 여겼던 것 같다.

김형효는 가브리엘 마르셀의 형재애를 다음과 같이 해석한다.

---

4　필자는 2013년 9월 27일부터 이듬해 4월까지 7개월간 김형효선생님 자택(서울 송파구 올림픽선수촌 아파트)에서 대담을 하는 기회를 가졌다. 그 후 제자들과 친지들로 구성된 '심원철학방'이라는 모임으로 확대되면서 오늘날까지 그 모임을 지속하고 있다.

"평등은 자기를 내세워봄(Prétention)과 원한(Revendication)같은 일종의 자발적인 주장으로 변하게 된다. 예를 들면 '나는 너와 같다.'라든지 또는 '나는 너에게 못지않다.'라고 주장하는 경우다. 다른 말로 표현하면 평등은 자기 자신의 분노 어린 의식 위에 축을 박고 있는 것이다. 그와 반대로 형제애는 타인에게도 공히 향하고 있는 것이다. 여기서는 모든 의식이 타인에게로 이웃에게로 지향되는 것같이 나타난다."[5]

김형효는 평등의 이데올로기를 경계한다.

"확실히 철학이 현실의 정치 세력에 편승 또는 깊숙이 관계를 맺게 되면 이데올로기로 빠질 위험이 짙다. 철학의 정신과 생명이 모든 정치적·종교적·이데올로기적 편견에서 해방된 자유의 정신 그것이라면, 이미 이데올로기나 무슨 주의·이념으로 변한 철학은 정신의 자유스러운 혈액순환을 막는 동맥경화증에 걸리거나 또는 사고(思考)의 화석이 되기 쉽다는 말이다."[6]

평등의 이데올로기는 전체주의에 빠질 것을 예고한 것이나 마찬가지라고 그는 생각한다. 소련의 붕괴는 그 좋은 예이다.

"소련에서 공식적으로 철학이 사라진 지 오래다. 남은 것은 마르크스-레닌주의라는 이데올로기밖에 없는 것이다. 그러나 신비스럽고 심원한 사상의 향내 짙은 전통을 지닌 러시아 민족에게 마르크스-레닌주의의 이데올로기가 그 민족의 철학적 요구를 말살시키지는 못했다. 소련

---

5 김형효, 『평화를 위한 철학(김형효 철학전작 1)』, 소나무, 2015, 17쪽.
6 김형효, 같은 책, 17쪽.

의 정치제도에 반항하기에 정신병자로 취급받아 강제로 격리 수용되어 유배된 자유 지성인들이야말로 '진리의 정신(l'esprit de vérité)'을 배반하지 않으려는 평화의 인간들이라고 할 수 있다."[7]

김형효는 이데올로기를 평화의 적으로 규정하는 것을 서슴치 않는다. "이데올로기에 의한 모든 비난과 분류는 철학과 '진리의 정신'에 등을 돌리는 '추상의 정신'이요, 전쟁의 정신이다. 형제애의 철학은 적어도 이 대지가 인간이 손잡고 즐길 수 있는 인간의 대지가 되도록 하는 길이 아니겠는가."[8]

김형효의 평화에의 철학이 상당한 깊이와 세계적 보편성에 도달하고 있음을 엿볼 수 있다. 평화의 문제를 가정과 더불어 탐색하는 것은 가정에 대한 존재론적인 해석이 요구되는 오늘날, 인류사회가 직면한 과제일 뿐만 아니라 인간소외현상 및 전반적인 물신화(物神化)의 문제를 푸는 열쇠가 될 것으로 짐작된다.

"세계의 모든 각양각층의 사회들이 보편적으로 추구하는 목표가 있다면 그것은 곧 평화다. 전쟁을 도발하는 집단들도 언제나 그들의 행동을 합리화시키기 위하여 평화의 새로운 설정을 내세운다. 마치 평화를 이룩하기 위하여 전쟁을 하는 것처럼 그들은 주장한다. 그러나 진실로 선의의 모든 영혼이 원하는 평화는 전쟁의 일시적인 휴전이나 냉전 상태와 같은 적막감이 아니다. 참다운 평화는 지상에 사는 모든 사람의 의지를 만족시켜주는 것이어야 한다. 그런데 그러한 상태를 바란다는 것은 유토피아적인 꿈이다. 또 사실상 지상에 거주하는 인간의

---

7  김형효, 같은 책, 21쪽.
8  김형효, 같은 책, 22쪽.

조건으로써 모든 사람의 의지를 만족시켜준다는 것은 관념적 이론에 불과하다. 그러기 때문에 모든 사람이 한결같이 만족한다는 외적 요인의 기하학적 차원보다는 나 자신의 주체성 문제에서부터 평화의 얼굴을 음미해야 할 것이다."[9]

김형효는 자아의 선의를 근간으로 하는 주체적 형이상학의 정립을 요구한다.

"자아의 선의가 겨냥하는 형이상학은 타아들로부터 고립된 주체성의 형이상학도 아니요 역사 속에 실현된다는 무인격적인 '이성의 간지(奸智)도 아닐 것이다. 그러므로 자아의 주체적 존재를 선의로 정립한다는 것은 자아의 주체적 존재를 내적으로 파악하고 그러한 내적인 자기의 인식이 동시에 바깥으로 향하는 나의 주체적 제스처와 구별되지 않을 때이리라. 따라서 선의의 주체적 형이상학은 그 표정의 현상학과 일치하게 되는 것이다. 만약에 우리가 르누아르의 미술 작품에서 여자의 육체가 보여주는 다사로운 훈기를 느낀다면 그것은 곧 여자의 주체의 내면성이 선천적으로 지니고 있는 풍요성의 현상(現象)이다."[10]

김형효가 르누아르의 여성을 대상으로 한 작품을 예로 든 것은 시사하는 바가 크다. 여성은 이미 주체적인 내면성으로써 평화와 풍요를 현상하고 있기 때문이다. 김형효는 평화란 주체의 상이한 복수성을 인정하는 선의 속에서 생기는 것이라고 말한다. 그런 점에서 그는 '가정의 신비'를 높이 평가한다.

---

9 김형효, 같은 책, 23쪽.
10 김형효, 같은 책, 23-24쪽.

"평화란 복수성의 통일로서 그러한 통일은 '열린 통일(l'unité ouverte)'이지 '닫힌 통일(l'unité close)'이 아닌 것이다. 열린 통일로서의 평화는 전쟁을 하는 남자들의 지친 피곤에서 이루어지는 전투의 종말도 아니며 일방의 패배와 타방의 승리라는 이원적 구조와 동일시될 수도 없는 것이며, 한 곳에는 장송곡과 무덤으로 다른 곳에서는 승리의 으쓱대는 제국의 꿈으로써 올리는 축제와도 일치할 수 없는 것이다. 무엇보다도 참다운 뜻에서의 평화는 나의 주체적인 평화에서부터 발단되어야 한다. 그러므로 평화는 언제나 낱말의 정직한 뜻에서 나의 평화이어야 하고 또 그러한 나의 평화는 나로부터 나와서 타인에게로 가는 관계 속에서 정립되어야 한다. 나로부터 나오는 주체적 평화가 타인과 풍요한 관계를 맺게 되는 그러한 윤리가 바로 '가정(家庭)의 신비'다."[11]

가정은 국가보다도 더 형이상학적으로 인정받을 수 있는 존재라는 것을 김형효는 지적한다.

"가정은 국가의 구조와 기구의 밖에서도 그 실재적 가치를 형이상학적으로 인정받을 수가 있다. 즉, 가정이란 실재는 플라톤처럼 국가의 구성을 위하여 희생시켜야 할 감각적 허구도 아니며 헤겔이 생각하였듯이 국가의 윤리를 실현하기 위하여 사라져야 할 시대적 계기도 아니다."[12]

가정의 신비는 평화의 형이상학과 긴밀한 유대를 갖는다.

---

11  김형효, 같은 책, 25쪽.
12  김형효, 같은 책, 26쪽.

"평화의 형이상학은 인간의 안팎이 혼용되어 하나의 장(場)을 형성하는 데서 해명되어야 한다. 그러기에 한 주체의 자기섭취와 환경 속에서 의외적 요인의 섭취 사이에는 하나의 변증법적인 관계가 놓여있다고 보아야 하겠다. 그래서 평화의 정치학과 경제학은 평화의 의식 내지 평화의 심리학과 나란히 가면서 이원적 일원(一元)의 경향을 띠게 된다."[13]

평화의 심리적 주체는 자아이긴 하지만 과학적 객관성의 진리를 밝히는 데카르트의 자아가 아닌, 주체적 내면성을 긍정하는 자아이다. 김형효는 자아의 스스로에 대한 긍정을 위해 맨 드 비랑의 주장을 인용한다. 비랑은 데카르트와 달리, 자아란 '동적(動的) 노력(l'effort moteur)' 속에서 스스로를 구성한다고 생각했던 인물이다.

"인격적인 자아가 깨기 시작하는 것은 자신의 동적인 노력에서인데 비랑은 그것을 '시원적 사실(le fait primitif)'이라고 불렀다. 모든 인간의 주체적 의식은 자신의 움직임을 '시원적 사실'로서 가지고 있기에 바랑에 의하면 모든 의식은 제스처적인 성격을 띠게 된다. 따라서 제스처는 모든 의식의 외면화를 위한 기관(器官)이 된다."[14]

주체로서의 자아는 대상으로서 다루어져서는 안 된다. 자아가 주체로서 이해된다는 것은 자아야말로 외부환경과의 접촉 속에서만 자신을 인식할 수 있음을 말한다. 주체로서의 자아는 '개선하는 자아(le moi triomphant)'가 아니라 '싸우는 자아(le moi militant)'이다.

---

13 김형효, 같은 책, 23쪽.
14 김형효, 같은 책, 27쪽.

"노력이 끝나는 날 자아의 운명은 신으로 승화하든지 사물의 세계로 전락하든지 둘 중 하나가 된다. 그러므로 노력의 자아는 매순간마다 자신을 스스로 형성해야 하는, 그렇지만 자신을 완전히 파악할 수 없으면서도 자신을 스스로 선택하여야 하는 자아다."[15]

'신으로 승화'나 '사물로의 전락'은 김형효의 입장에서는 서로 다른 것 같지만 필자의 만물만신(萬物萬神)의 입장에서는 같은 것이다. 주체로서의 자아가 대상으로 다루어지지 않기 위해서는 주체의 여성성 혹은 여성성의 주체성이 새롭게 부각되어야 한다. 남성적 주체는 가부장제 이후 사물을 대상으로 볼 뿐만 아니라 특히 여성을 대상으로, 혹은 소유물로 다루어왔기 때문이다. 여성성 자체는 사물을 대상으로 보기보다는 심물일체로 바라보는 교감적 특성이 있다. 여성은 사물과 환경을 교감체로 느낌으로써 사물을 존재(생성)로서 바라보는 데에 선구적 역할을 한 편이다.

따라서 평화를 구체적으로 실현하기 위해서는 역사에서 여성성을 확대하는 것이 가장 효과적이다. 이는 여성의 사회진출과 역할을 그 어느 때보다 과감하게 증대하여야 하며, 종국에는 남성중심에서 여성중심으로 세계사의 흐름을 바꾸어놓아야 한다.

여성은 무엇보다도 가정의 평화와 평화로운 공동체를 기원하는 존재이다. 이는 무엇보다도 출산과 육아를 담당하는 삶의 조건 때문이다. 여성은 또한 이런 역할을 위해서 신체가 준비되어있는 존재이다. 그런 점에서 평화로운 환경과 거주공간은 무엇보다도 우선적인 삶의

---

15 김형효, 같은 책, 27쪽.

구비조건이다.

　"인간의 자유는 자기가 창조하지 않는 것을 맞이함으로써 이루어진다. 그러기에 자유는 의식적 의지와 무의식적인 의지의 상호대화에 의하여 규정되는 장 속에서 핀다고 하겠다. 이와 마찬가지로 평화에의 형이상학도 인간의 형이상학이기 때문에 주체적이고 의지적인 지평을 넘어서 비자아와의 교섭에서 생기는 환경의 의미를 물어야 한다. 자유가 자기가 만들지 않는 것에 동의함으로써 성립되는 것과 마찬가지로 평화의 여정 역시 주체가 의지적으로 마음대로 할 수 없는 어떤 분위기를 마중함으로써 짜여 지는 것이다. 다시 말하면 평화의 주체의식은 그 의식을 제어하고 있는 환경에 관여하고 있는 것이다. 그 환경, 즉 평화의 환경은 가정(家庭)으로서 제기된다."[16]

　김형효는 결국 가정의 평화와 신비에서 '인류의 평화'를 추구한다고 볼 수 있다. 그는 특히 '추상'을 싫어하면서 구체적인 것을 추구했는데 아마도 그의 루뱅대학 박사학위논문인 『(가브리엘 마르셀의) 구체철학과 여정의 형이상학』[17]에서 볼 수 있듯이 '구체'를 좋아하는 전반적인 경향이 평화철학에서도 뿌리내리고 있음을 볼 수 있다. 우리는 김형효가 왜 가정에서 평화를 찾는가를 생각하면 가정이야말로 다른 사회적 제도와 달리 가장 인간의 신체를 서로 맞대는 장소로서 혈육으로 연결된 '인간의 확대된 몸'이기 때문이다.
　가브리엘 마르셀은 '추상의 정신'을 매우 위험하게 본다.

---

16　김형효, 같은 책, 36쪽.
17　김형효, 『具體哲學과 旅程의 形而上學』, 인간사랑, 1990.

"어떤 사상이 결과적으로 '추상의 정신'으로 흐르게 되면, 결국 그 사상은 현실적으로 끔찍한 폭력을 반드시 낳게 된다. 종족주의 사상은 타종족을 살상하고, 종교적, 정치적 이데올로기에 노예가 된 정신은 다른 이데올로기나 종교를 증오하여 진리의 이름 아래 종교전쟁을 일으킨다. 계급주의의 신화에 젖은 사람은 다른 계급의 사람들을 죽여도 殺人의 자의식을 갖지 않는다. 다른 적대계급에 속하는 사람들은 얼굴은 가진 인간이 아니라 잘못 쓰여 진 誤答과 같기 때문이다. 誤答을 지우고 正答을 써야 한다. 그것이 마르크시스트가 말하는 계급투쟁이다. 그래서 마르셀은 '추상의 정신은 격정적 본질을 지니고 있고, 반대로 격정은 추상을 제조한다.'고 지적하였다."[18]

가브리엘 마르셀은 이른바 '추상의 정신'을 통해 추상을 철저히 배격한 철학자로 유명하다. 그의 '추상의 정신'은 뇌의 '추상작용'에 포로가 된 철학의 정신적 결론과 같은 뜻이다. 서양의 철학사는 대부분 여기서 자유롭지 못하다. 정신(주체)-물질(객체)의 이분법에 의한 서양철학은 바로 추상의 철학이기 때문이다.

서양철학의 기조를 추상의 정신으로 파악한 마르셀이 인간의 몸에 관심을 갖는 것은 너무나 당연한 귀결이다.

"몸을 중심으로 존재와 소유의 교호성을 가장 잘 분석한 이가 가브리엘 마르셀이라고 여겨진다. 메를로-뽕띠의 철학도 이 점에서 마르셀과 유사하다. 마르셀이 메를로-뽕띠보다 앞서 몸의 현상학적 의미를 밝혔는데, 이것이 메를로-뽕띠의 철학적 사유에 얼마만큼 영향을 주었는지 우리는 그의 침묵으로 알 수 없다. 하이데거의 사유가 데리

---

18 김형효, 같은 책, 18쪽.

동서양 비교철학으로써 철학적 자아 찾기  265

다에게 분명히 영향을 끼쳤을 것 같은데, 데리다의 침묵으로 우리가 짐작 이상을 시도할 수 없듯이, 마르셀의 사유도 메를로-뽕띠에게 깊은 영향을 미쳤을 것 같은데, 그 이상의 자세한 내용을 우리로서는 알 수 없다. 아무튼 마르셀은 신체성(la corporéité)이 소유(l'avoir)와 존재(l'être)의 경계지대라고 언명하였다. (중략) 몸은 소유의 절대적 시발이지만, 또한 역설적으로 소유이기를 그치는 경계이기도 하다는 마르셀의 언설을 우리가 이해할 수 있다. 몸이 이처럼 우리의 마음을 지배하고 있기 때문에 마르셀은 '이미 아무 것도 가지고 있지 않다(n'avoir plus rien)는 것은 이미 나는 아무 것도 아니다(n'être plus rien)라고 생각하려는 유혹'을 인간이 갖는다고 설파하였다."[19]

마르셀의 영향을 크게 받은 김형효는 마르셀이 몸에 대해 갖는 관심만큼이나 '몸으로서의 가정'에 관심을 갖는 것이다. 가정은 신체적 존재가 자신을 맡길 수 있는 가정 소중하고 내밀한 공간인 것이다.

마르셀은 '존재'를 다음과 같이 규정한 인물이다. 어쩌면 하이데거보다 먼저 존재를 말한 인물일지 모른다. "나는 생각한다. 그러므로 *存在*는 존재한다(je pense donc l'être est)."[20] 이는 '존재론적 관여(關與)' 혹은 '존재에 대한 사유의 관여'를 말한다.

평화를 '구체(신체)'와 '가정'에서 찾는 것은 신을 육화(肉化)에서 찾는 것만큼이나 흥미로운 일이다. 그런 점에서 김형효의 평화에의 철학은 후학들의 계승을 기다리고 있다고 말할 수 있다. 가정에서 평화가 이루어져야 진정한 사회적 평화가 안정적으로 유지될 수 있고, 살아있는 몸(신체)을 가진 인간이 메시아나 미륵부처가 되어야 인류가 구원될 수

---

19  김형효 지음, 『철학적 진리와 사유에 대하여 2』, 청계, 2004, 489-490쪽.
20  김형효 지음, 같은 책, 195쪽.

있다는 생각에 이르게 된다.

김형효의 '평화에의 철학'은 일찍이 세계에 내놓아도 전혀 손색이 없을 정도의 탄탄한 철학적 구성과 전망을 가지고 있었으며, 필자에게 큰 영향을 미쳐서 필자의 '평화철학 시리즈'를 펴내게 하는 원동력이 되었다.[21]


## 2. 동서양비교철학으로서의 불교와 하이데거 사상

'평화에의 철학'에서 자생철학의 발걸음을 떼놓기 시작한 김형효는 한국철학계의 무관심과 냉대로 인해서 불행하게도 다른 영역에서 철학자로서의 작업을 모색하지 않을 수 없게 되었다. 그것이 바로 동서철학의 비교와 그것을 통해 자신의 제 3의 철학적 관점이나 영역을 조금씩 넓혀가고 쌓아가는 일이었다. 비교라는 것 자체가 자신의 관점과 지적 공간을 지니지 않으면 불가능한 일이었기도 하다.

김형효가 마르틴 하이데거(Martin Heidegger, 1889~1976)에게 관심을 가진 것은 벨기에 유학을 하고 돌아와서 데리다의 소위 해체철학이 실은 하이데거 철학에서 크게 영향 받은 것을 뒤늦게 알고부터이다. 그가 『데리다의 해체철학』(민음사, 1993)을 펴낸 것이 『하이데거와 마음의 철학』(청계, 2000)이고, 『하이데거와 화엄의 사유』(청계, 2002)보다

---

21  필자는 김형효의 '평화에의 철학'의 영향으로 『평화는 동방으로부터─동아시아 사유의 새로운 지평』(행복한에너지, 2016), 『평화의 여정으로 본 한국문화─세계평화를 위한 한국인의 지혜』(행복한 에너지, 2016), 『여성과 평화』(행복에너지, 2017), 『심정평화, 효정평화』(행복에너지, 2018)를 펴냈다.

7년 이상 빠른 것은 관심의 순서를 드러내고 있다.

> "필자가 포스트-모더니즘의 데리다(Derrida)에 대한 책을 쓰고, 이 어서 노장(老莊)사상을 데리다적인 문자학의 텍스트이론과 연관하여 읽는 독해법으로 책을 펴낸 이후로 문득 하이데거가 포스트-모더니즘 의 사상적인 창시자가 아닌가 하는 생각이 섬광처럼 지나갔다. 데리다 를 통해 하이데거의 속생각을 읽을 수 있을 것 같은 생각이 순간 머리 를 스쳤다."[22]

그는 데리다의 노장적 사유가 하이데거의 불교적 사유의 다른 언어 의 옷을 입고, 다른 표현방식으로 반복되고 있다고 주장하고 있다. 김 형효는 특히 불교적 사유를 하이데거와 비교하는 것을 즐겼다.

> "하이데거의 전기사유를 불교의 유식학과 함께 음미하고, 전회(Kehre) 이후의 후기사유를 불교의 화엄학과 선학과의 연관 아래서 숙고해 보는 것이 통상적인 수준에서 알 듯 모를 듯한 하이데거 사유의 그윽한 깊이 를 의구심 없이 확연하게 깨닫는 길이라고 여겨진다."[23]

그는 나아가서 동서양철학이 우리가 상식적으로 상상하는 것보다 훨씬 더 진한 유사성이 나타나있다고 주장한다.

> "주자학(朱子學)과 토미즘(Thomism), 후설(Husserl) 현상학과 양명 학(陽明學), 맹자(孟子)와 루소(Rousseau), 순자(荀子)와 홉스(Hobbes),

---

22  김형효, 『하이데거와 마음의 철학』, 청계, 2000, 11-12쪽.
23  김형효, 같은 책, 12쪽.

역(易)사상과 구조주의, 한비자(韓非子)와 마키아벨리(Machiavelli), 묵자(墨子)와 사회평등주의, 실학(實學)과 실용주의 등 철학적 유사성이 하나둘이 아니다."[24]

그는 유학가기 전에 서울대 재학시절에 특히 조가경 교수로부터 후설의 현상학과 함께 하이데거의 존재론 철학을 엿볼 수 있는 기회를 조금 가졌지만 그 때에 그의 관심은 가톨릭사상과 프랑스철학과 현상학에 더 가 있었던 것 같다. 그의 하이데거 연구는 불교에 대한 관심과 더불어 귀국 후에 독학으로 전개되었다.

## 1) 하이데거의 마음의 철학

하이데거의 전기사상은 『존재와 시간(Sein und Zeit)』(1927)에 잘 나타나있다. 하이데거 전기사상에 대해 김형효는『하이데거와 마음의 철학』(청계, 2000)에서 소상히 밝히고 있다. 김형효는 우선 철학을 견분(見分)이라고 여기고, 다른 과학을 상분(相分)으로 여김으로써 철학을 유식(唯識)사상과 견준다.

"수학은 철학처럼 완전한 견분의 학에 아직 이르지 않았다. 왜냐하면 수학은 수와 도형을 보여진 대상처럼 상분(相分)으로 삼는 그런 제약성을 지니고 있기 때문이다. 순수한 견분의 학은 오직 철학밖에 없다."[25]

그는 하이데거가 철학을 '하나의 길(ein Weg)'이라고 한 것과 비교하

---

24  김형효, 같은 책, 20쪽.
25  김형효, 『하이데거와 마음의 철학』, 청계, 2000, 27쪽.

면서 왜 '길 일반(der Weg)'이라고 하지 않는지에 대해 물음을 던진다. 이에 대해 '철학은 결국 묻는 자가 가는 길과 같으므로 하나의 길이라고 하지 않을 수 없다'[26]는 결론에 이른다. 그런데 그 길은 '일즉다(一卽多)'에 이르는 특성을 보인다. 이것은 유식사상과 같은 것이다.

김형효는 여기서 하이데거가 길의 '일즉다'를 공명(共鳴)이라고 명명하면서 제시하는 여섯 가지 특징을 열거한다.[27] 결론적으로 그는 하이데거의 존재의 의미가 유식학(唯識學)의 제 8식과 통한다고 주장한다.

> "하이데거가 말하는 존재의 의미는 불교 유식학(唯識學)의 핵심인 제팔식(第八識)으로서의 아라야(ālaya)식의 의미와 서로 융통하고 있음을 우리는 알게 된다."[28]

김형효는 이런 유식학적 마음의 상태를 하이데거의 현존재(Dasein)와 결부시키면서 하이데거가 말하는 "존재자들이 존재 안에 모여서 머물고 있다" "존재의 비침 속에서 존재자가 나타난다."는 두 구절 중에서 전자는 존재가 아라야식의 '저장'의 의미와 유사함을, 후자는 존재가 존재자들을 현상화시키는 '공능의 힘'임을 암시하고 있다고 말한다.[29]

결국 그는 하이데거의 존재와 존재자의 교응은 유식학의 종자생현생(種子生現行: 종자는 현생을 낳고)과 현행훈종자(現行熏種子: 현행은 종자를 훈습함)의 상호관계와 같다고 해석한다.[30]

---

26  김형효, 같은 책, 31쪽.
27  김형효, 같은 책, 31-33쪽.
28  김형효, 같은 책, 33쪽.
29  김형효, 같은 책, 33쪽.
30  김형효, 같은 책, 41쪽.

김형효는 하이데거의 사상은 전기에서 후기로 넘어감으로써 완성된다고 본다.

"하이데거가 말한 현존재로서의 마음은 의식이나 정신과 같은 그런 존재하는 것으로서의 존재자(Seiendes)가 아니다. 마음에 운명이 쌓이고 또 결단의 모든 가능성이 마음으로부터 도출되므로 현존재(Dasein)의 존재(Sein)로서의 그러한 마음(Da-sein)은 존재한다. 왜냐하면 그 마음으로부터 세상과 세계 안에서 만나는 존재자를 세상과 존재자로서 읽는 연원이 나타나기 때문이다. 그러나 그 마음의 존재는 우리가 있는 것이라고 여기면 이미 없다. 이른바 무(無)다. 그래서 존재(存在)로서의 유(有)와 비존재로서의 무(無)는 동전의 양면과 같다. 그러나 하이데거의 사유에서 이 무(無)의 사상을 본격적으로 접하려면, 우리는 그의 후기 사상, 즉 전회(轉回, kehre) 이후의 사유에로 들어가야 한다. 하이데거의 전기(前期)는 주로 현존재로서의 마음의 존재(Da-sein)를 철학적 사유의 중심축으로 생각한 시기였으나, 전회 이후의, 즉 사유의 축을 돌린 이후의 이른바 그의 후기 사유는 현존재(Dasein)로서의 마음의 존재를 품으면서 그 마음을 법계(法界)의 성(性)으로 보다 더 대승화(大乘化)시킨 존재일반(das Sein überhaupt)의 존재론으로 확장된다. 『존재와 시간』이 마음의 본래적 존재를 깨닫게 하기 위한 사유라면, 후기의 사유는 마음에 깃들어 있는 본래성으로서의 자성(自性, Selbstheit)을 이 세상의 법성(法性, Sein)이라고 보는 화엄적(華嚴的 진여(眞如)의 길을 걷는 것 같다."[31]

31  김형효, 같은 책, 404-405쪽.

## 2) 하이데거와 화엄의 철학

하이데거의 후기사상은 그의 후기 저작인 『사유라는 생기적(生起的) 사상(事象)에로(Zur Sache des Denkens)』에 실려 있는 논문인 「시간과 존재(Zeit und Sein)」에 잘 나타나있다. 하이데거의 후기사상에 대해 김형효는 불교의 화엄학과의 비교를 통해 전진시킨다. 『하이데거와 화엄의 사유』(청계, 2002)가 그 결정판이다. 김형효는 이 책의 서론에서 이렇게 말한다.

> "전기 하이데거의 사유가 불교적인 의미에서 심학적(心學的) 사유를 전개시켰다면, 후기의 사유는 성학적(性學的) 사유의 의미에서 성(性)의 존재론적 의미를 불교적으로 해명한 화엄학적(華嚴學的)인 사유와 매우 근사한 친근성을 함의하고 있다. 여기서 언급된 성(性)의 개념은 유학적 의미와 인성(人性)이나 의사 인격적인 천성(天性)의 의미라기보다는, 오히려 화엄적인 법성(法性)이나 선불교적인 자성(自性)과 무자성(無自性)의 상반된 의미를 합친 그런 묘함의 의미로 읽혀져야 하리라. 그리고 그의 후기 사유는 화엄학적인 법성이 곧 자연성의 다른 이름이므로 물성(物性)과도 회통되는 측면을 품고 있다. 그래서 화엄은 리사무애(理事無碍)와 사사무애(事事無碍)의 사상을 전개한다."[32]

김형효는 우선 하이데거가 후기에서 사용하는 '존재'라는 개념은 전기와 달리 존재 자체의 현전성(現前性, Anwesenheit)과 동의어로 사용하고 있음을 지적한다.

---

[32] 김형효, 『하이데거와 화엄의 사유』, 청계, 2002, 19쪽.

"그런 현전성은 하나의 객관적인 어떤 것과 같은 그런 일상적인 시간이 아니고, 그 현전의 나타남이 바로 시간의 근원성과 직결되기 때문에 시간이 곧 존재라는 것이다. 즉 〈시간=존재〉가 성립하기에 존재가 하나의 생기(生起)의 현상으로서의 사상(事象, Sache)이라는 것이다. 생기는 어떤 것이 일어남을 뜻한다. 그래서 〈시간=존재〉가 모두 사상(事象)인 경우에는 〈존재가 있다〉(das Sein ist)라든가, 또는 〈시간이 있다〉(die Zeit ist)라는 용어는 존재와 시간을 말하는 실상에 맞지 않는다. 하이데거는 생기적 사상으로서의 존재와 시간을 알리기 위해 〈그것이 존재를 준다〉(das gibt Sein)라든가, 또는 〈그것이 시간을 준다〉(Es gibt Zeit)라는 어법으로 자신의 생각을 표현하고 있다."[33]

김형효는 하이데거가 "존재는 있지 않다. 현전(Anwesen)의 탈은폐(Entbergen)으로서 그것이 존재를 준다."(Sein ist nicht, Sein gibt Es als das Entbergen von Anwesen)라고 말하고 있음을 상기시킨다.

"하이데거가 말한 존재의 생기와 성기(性起)는 결국 결국 존재가 법성과 같은 〈그것〉이 파송하는 것에 비유됨직하다. 왜냐하면 존재의 생기는 존재가 자신을 피하지 않고 우리에게 오는 것과 같은 의미이기 때문이다. 그래서 〈그것이 파송한다〉(Es schickt)의 뜻이 곧 〈그것이 준다〉(Es gibt)는 뜻과 통할 수 있다. 존재는 곧 법성(法性)으로서 〈그것〉이 파송하는 것이기에 하이데거는 그런 존재가 파송하는 생기를 역사적 운명(Geschick)이라고 하여서 역사(Geschichte)와 '존재로부터 파송된 것'(das Geschickte)과 '존재의 역사적 운명'(Geschick des Seins) 등은 모두 유사한 개념들의 집합이 된다."[34]

---

33 김형효, 같은 책, 19-20쪽.
34 김형효, 같은 책, 21-22쪽.

화엄학의 법성(法性)이라는 개념은 '체성현기(體性現起)'를 말하는 것인데 하이데거의 '존재의 역사적 운명'과 같은 뜻이라는 주장이다. 다시 말하면 이 세상은 존재로서의 '법성의 생기'이므로 그 법성의 생기의 사상(事象)이 바로 세상이고, 세상의 역사라는 의미이다. 화엄학은 나중에 체용론(體用論)으로 발전하게 된다. 요즘 철학으로 말하면 체(體)는 존재이고, 역사와 현상학은 그것의 용(用)인 셈이다.

김형효는 화엄경과 존재론의 비교를 '유무(有無)의 동거성'에서 풀어가고 있다. 하이데거가 말한 소위 '존재망각'을 지적한 그는 존재자가 귀속하고 있는 존재에 대한 망각은 "존재자를 존재케 하는 존재함(Seyn)은 성기(性起, Ereignis)처럼 우리에게 다가오는 본질의 현현(顯現)함(wesen)으로 이해되지 않고 그냥 존재가 방기되었거나 망각되었기 때문에 존재자도 단순히 대상이나 또는 대상 가능한 것으로 평가절하 되고 만다."[35]라고 상기시킨다. 처음부터 화엄학의 성기(性起)와 흔히 '존재사태(사건)'로 번역되는 'Ereignis'를 같은 개념으로 대입시킨다. 그 과정에서 존재의 현시를 본질(Wesen)로 하면서 그동안 본질을 고정불변의 실체(추상성)로 이해한 서양철학에 대한 하이데거의 공박을 그대로 인용한다.[36] 이에 따라 가변적인 존재자는 현상으로 취급되고 불변적인 존재자는 신(神)으로 귀결된다는 하이데거의 입장을 설명한다.[37]

김형효는 하이데거의 '근거의 앎'(Wissen des Grundes)은 단순한 '객관적인 지식의 앎'(Kennen)이 아니고 무명(無明)의 탈피와 같은 '지혜로

---

35  김형효, 같은 책, 45-46쪽.
36  김형효, 같은 책, 46쪽.
37  김형효, 같은 책, 46쪽.

서의 앎'(Wissen)이라고 불교의 '지혜'와 하이데거의 '근거의 앎'을 견준다. 그는 하이데거의 사유가 유무(有無)의 불가분리성을 겨냥하고 있다고 말한다.[38]

김형효는 하이데거의 '존재의 불가항력'(Zwingnis des Seins)을 화엄학의 '탁사현법'(託事顯法: 존재의 理가 존재자의 事를 통하여 자신의 법을 드러낸다)과 유사하다고 말한다.[39] 이밖에도 김형효는 하이데거의 여러 철학적 개념들이 화엄학의 그것과 상통하고 있음을 열거한다.

하이데거는 동양의 '생성'의 개념을 서양의 '존재'라는 개념에서 포용하고 소화하려고 노력한 철학자라고 볼 수 있다. 그러나 이(理)는 항상 고정불변의 어떤 것을 상정하거나 그것으로 향하고 있기 때문에 생성을 포용하기에 적당하지 않을지도 모른다. 그렇지만 인간의 사유라는 것은 존재의 변화인 사태(事態) 혹은 사건(事件)을 이(理) 혹은 이성(理性)으로 표현하고 환원하고자 하는 욕구와 욕망을 가지고 있다. 이것은 또한 인간이 '사유하는 동물'임을 입증하는 것이기도 하다.

화엄경(華嚴經)의 본명은 '대광방불화엄경(大方廣佛華嚴經)'이다. 석가모니의 깨달음(正覺)을 '대광방의 빛'으로 변하게 해서 세상을 비추게 하는 동시에 인간을 대변하는 보살과 천애고아인 선재동자가 깨달음을 얻어가는 구도의 과정을, 요즘으로 말하면 드라마틱한 우주판타지(소설 혹은 영화)로 만든 경전이라고 말할 수 있다. 화엄경의 주인공은 보현보살과 문수보살이다. 화엄경은 모든 존재를 깨어나게 하고, 서로 소통하게 함으로써, 모든 존재가 평등함을 말해주는 내용의 경전이라고 할

---

38  김형효, 같은 책, 59쪽.
39  김형효, 같은 책, 61쪽.

수 있다. 한자로 편찬된 화엄경은 60화엄(34품), 80화엄(39품)이 있고, 입법계품만을 묶는 40화엄이 있다.

화엄경은 우주를 '빛의 축제'로 만든 대승경전이라고 말할 수 있다. 빛은 오늘날 과학에 의해 입자와 파동의 이중적 존재로 알려져 있다. 빛을 주제로 깨달음을 설명한 것은 오늘날 물리학적 성과로 볼 때도 놀라운 설정이라고 할 수 있다. 화엄학의 핵심은 언어에 의해 구성되는 논리(論理)를 타파하는 것을 목적으로 한다.

> "그래서 '인과연기(因果緣起)'조차도 그 속에 있을 실체성을 경계하여 '상호작용'으로 바꾸고, '이실법계(理實法界)'도 실체성을 경계하여 '법계(法界)'로 바꾸고, '이사(理事無碍)'도 실체성을 경계하여 '사사무애(事事無碍)'로 바꾸는 노력을 볼 수 있다."[40]

화엄사상은 논리나 원리구성을 경계함으로써 원융(圓融), 무애(無碍), 원통(圓通)을 주장하기에 이른다.

김형효는 불교와 하이데거의 존재론을 '유무동거(有無同居)'에서 실마리를 잡아서 결국 '불일이불이(不一而不二)'라는 말로써 종합적으로 정리한다. '불일이불이'는 그의 다른 저작에서도 불교철학을 대변하는 개념으로 자주 등장한다.

한국의 생활문화주변에는 화엄종(華嚴宗)이나 선종(禪宗)의 전통이나 영향에서 우러나오는 말들이 많다.

---

40 이효걸 교수(안동대학교)가 네이버 '열린 연단 제 15강' '화엄경' 강의에서 말함.

"우리는 흔히 '수처작주(隨處作主: 가는 곳마다 주인이 된다)'라고 말한다. 또 '앉은 자리가 꽃자리다'라고 말한다. 한국명산의 최고봉은 흔히 비로봉(毗盧峯)이라는 명칭으로 불린다. 비로봉은 비로자나불을 상징하고 있다. 고려불화(佛畫) 가운데 선재동자의 이야기가 들어있는 '수월관음도(水月觀音圖)'는 지금 세계적인 고미술품(인류문화유산)이 되어 미술경매장에서 값이 천정부지로 오르고 있다."[41]

동서양의 철학을 비교함으로써 자신의 철학적 입지, 혹은 동서양을 초월하는 제 3의 입지를 구축하고자 한 김형효의 노력은 그의 다른 여러 저작 곳곳에서 발견된다. 그러나 문화인류학자 혹은 철학인류학자의 입장에서 볼 때는 비교철학이라는 것이 비교문화론에 포섭될 수 있는 것으로 생각될 뿐만 아니라 어쩌면 문화변동이나 문화접변의 결과인지 모른다는 유추를 해본다. 요컨대 스피노자와 칸트 철학을 비롯한 서양의 근대철학은 동양의 성리학에서, 하이데거와 데리다 철학을 비롯한 후기근대철학은 동양의 불교에서 많은 아이디어를 가져간 것으로 보인다.

더욱이 성리학 또한 불교와 도교의 바탕에서 유교를 새롭게 해석한 그야말로 신유학(新儒學, Neo-Confucianism)이기 때문에 종합적으로 보면 서양근대철학에 대한 불교와 노장철학, 신유학의 직간접적인 영향을 유추해볼 수 있다. 근대서양철학에 대한 동양철학의 영향을 쉽게 증명할 수 없는 까닭은 그들이 동양철학을 접하고 배웠어도 동양철학을 이해·소화한 뒤에 단순히 번역을 한 것이 아니라 저들의 철학적 문맥에서 그와 유사한 것을 찾아서 자기화하는 노력을 한 결과, 많은 문

---

41 이효걸, 위의 같은 강의에서.

화교섭의 흔적들이 은폐되었을 가능성이 높다. 필자는 이에 대한 견해를 다른 논문에서 발표한 바 있다.[42]

인간의 문화도 자연의 변화처럼 흐르고 있다. 그래서 화생만물(化生萬物)의 의미로 문화(文化)이다. 문화는 문(文)의 화(化)이다. 문화는 물(水)처럼 흐르고 있다. 물(物)도 변하고 있고, 심(心)도 변하고 있다. 생성소멸하는 속에서 인간만이 유독 변하지 않는 그 무엇, 이(理)를 찾고 있다. 그러나 결국 그 이(理)도 변화를 내포하지 않을 수 없음을 말해주는 것이 오늘의 철학적 '존재론'이라고 말할 수 있다. 철학은 생성과 존재 사이에 있는 것 같다. 어느 쪽으로 기울어지던 간에 그 사이에 있음은 확실하다.

김형효는 불교에 심취한 뒤에 『원효의 대승철학』(소나무, 2006)을 냈다. 이에 앞서 노장철학에 관심을 보이면서 동양철학 전반에 대한 공부와 함께 『사유하는 도덕경』(소나무, 2004)을 내는 등 2010년까지 대표적인 철학저작 25권을 냈다.[43] 노장철학에 대한 이해는 불교철학의

---

42  필자는 한국동서철학회로부터 '동양은 어떻게 서양을 계몽하였는가? - 오리엔탈리즘에 대한 재성찰과 평가'를 주제로 춘계학술대회(한국외국어대학 교수회관, 2018년 6월 2일) 기조강연을 맡아달라는 초청을 받았다. 여기서 「서양철학에 영향 미친 성리학 및 도학(道學)」을 발표했다.

43  김형효 선생님의 대표적 철학저작 25권은 다음과 같다. 『평화를 위한 철학』(1976)/『현실에의 철학적 접근』(1976)/『한국사상산고』(1976)/『한국정신사의 현재적 인식』(1985)/『동서철학에 대한 주체적 기록』(1985)/『맹자와 순자의 철학사상』(1990)/『가브리엘 마르셀의 구체철학과 여정의 형이상학』(1990)/『구조주의의 사유체계와 사상』(1989)/『베르그송의 철학』(1991)/『데리다의 해체철학』(1993)/『데리다와 노장의 독법』(1994)/『메를로 퐁티와 애매성의 철학』(1996)/『노장사상의 해체적 독법』(1999)/『원효에서 다산까지』(2000)/『하이데거와 마음의 철학』(2001)/『하이데거와 화엄의 사유』(2002)/『물학, 심학, 실학』(2003)/『철학적 사유와 진리에 대하여 1』(2004)/『철학적 사유와 진리에 대하여 2』(2004)/『사유하는 도덕경』(2004)/『원효의 대승철학』(2006)/『마음혁명』(2007)/『철학 나그네』(2010)/『사유 나그네』(2010)/『마음 나그네』(2010).

이해에 크게 도움을 주었으며, 종국에는 불교와 노장철학, 즉 무(無)의 철학과 무위(無爲)의 철학이 같은 계통임을 깨닫게 된다.

만년에 불교에 귀의한 그는 집 가까이에 있는, 탄허(吞虛宅成, 1913-1983) 대종사를 기리는 '탄허기념박물관(탄허불교문화재단)'을 왕래하면서 소일했다. 화엄학의 대가인 탄허 스님을 기리는 기념관인 금강선원에서 강연도 하고, 이사장인 혜거(慧炬)스님과 잦은 교류를 했다. 김형효가 만년에 불교에 귀의한 것은 평소에 불교에 대한 이해와 공감이 있었지만, 특히 혜거스님의 영향이 컸던 것 같다. 만년에 그의 모습을 본 제자친지들에게 그는 세상의 모든 집착을 놓아버린 '선사(禪師)'처럼 보였다.

김형효의 삶을 보면 철학을 위해 태어난 것 같다. 그의 저작들을 보면 광활한 서양철학 전체와 싸운 흔적이 역력하고 그 싸움에서 그는 장렬하게 전사했는지도 모른다. 후학으로서 그를 회고해보면 그의 몸은 상처투성이('상처뿐인 영광'도 아니었다)였으며, 한국문화풍토의 철학적 무지에서 오는 오해와 몰이해로 만년에는 거의 칩거하는 생활을 보냈다고 할 수 있다. 근대철학의 불모지에서 자생철학을 얻고자 분투한 일생을 보면 고개가 숙여진다. 그의 비교철학적 작업들이 한국자생철학의 밑거름이 될 것은 의심하지 않는다.


## 3. 한국철학의 세대론에서 본 김형효의 위치

한국이 경제성장과 국민소득에 걸 맞는 철학을 세우고 독자적인 철학적 메시지를 발하는 송신자의 입장에 설 수는 없을까. 우리도 서양과 중국을 철학적으로 마사지할 수 없을까. 그러한 메시지를 발하고 마사지하기 위해서는, 즉 메시지-마사지를 동시에 하기 위해서는 우리의 독자적인 자생철학이 수립되어야만 한다.

일찍이 한국의 자생철학을 염원해온 열암(洌巖) 박종홍(朴鍾鴻, 1903~1976) 선생은 서울대에서 '한국철학사' 강의를 처음으로 개설하여 우리 철학계에 큰 충격을 주었다. 당시 열암이 철학의 논리적 근거로서 '일반논리학' '인식논리학'을 거쳐 '변증법논리학'과 '역의 논리'라는 논리체계 완성한 것은 보배 같은 업적이었다. 이보다 더 중요한 업적은 사변에 빠지지 않고 현실의 문제들을 철학적으로 소화할 것을 외친 주문이었다. 열암기념사업회에서 발간하는 학술지의 이름이 『현실과 창조』인 것은 그의 열망을 반영한 것이었다.

올해 한 해 동안 우리는 그나마 한국이 내세울 수 있는 두 철학자를 잃었다. 박이문(1930~2018) 선생과 김형효 선생님이다. 두 분은 연배는 10년 차이가 나지만 평소 서로 존경하는 사이였다. 두 분 선생님의 업적과 토대를 바탕으로 진정한 자생철학의 행렬이 이어지는 것이 후학의 도리라고 여겨진다. 박종홍 선생에서 이어지는 박이문, 김형효, 그리고 앞으로도 이어질 후학들의 사유와 철학적 주체성의 정도에 따라 한국의 자생철학이 생겨날 것인가, 아니면 서양철학의 단순한 수용자로서 만족할 것인가가 결정될 것이다.

자연주의의 삶을 살아온 낙천적인 한국인은 '도인(道人)의 삶' '도학적(道學的) 삶'을 살 수는 있어도 '삶을 철학화'하는 재능과 DNA가 부족한지도 모른다. 서양의 어떤 유명한 철학자일지라도 한국문제를 가지고 그것을 풀기 위해 철학하지는 않을 것이다. 동서양의 유명철학자들에게 주눅이 들거나 숭배하는 자세부터 버릴 때 한국철학의 가능성이 전개될 것이다.

우리는 박종홍, 박이문, 김형효 선생님에게 만족하는 후배가 되어서는 안 될 것이다. 그들에게는 시대적 한계가 있었고, 오늘의 우리는 우리의 시대적 책무가 있다. 선배에 대한 입에 발린 존경과 과찬이 아니라 더욱더 반성적 자세로 임함으로써 선배에게 부끄럽지 않은 후배가 되어야 자생철학의 길이 열릴 것이다. 필자는 박이문 선생님에 대한 회고를 발표한 바 있다.[44] 이번에 김형효 선생님에 대한 회고를 할 수 있게 되어서 무엇보다 영광으로 생각하고 있다.

| 박종홍(朴鍾鴻)<br>(1903~1976)<br>1세대 | '한국철학사' 강의 개설 | 동서철학의 바탕 위에 한국철학의 정립을 염원 | 일반논리학, 인식논리학, 변증법적 논리학, 역의 논리학 등 논리체계완성 |
|---|---|---|---|
| 박이문(朴異汶)<br>(1930~2018)<br>1.5세대 | 서양문명과 철학에 도취한 예술적·철학적 자아(불문학에서 출발) | 시인으로서 예술철학에 이르다(『예술철학』) | 계몽기(예술의 현상학에서 열린 태도를 갖다): 예술철학자, 과학철학자 |
| 김형효(金炯孝)<br>(1940~2018)<br>2세대 | 서양과 동양철학의 비교를 통한 철학적 자아 찾기(철학에서 출발) | 철학자로서 존재론에 이르다(『하이데거와 화엄의 사유』) | 성숙기(철학적 현상학에서 존재론에 눈을 뜨다): 존재론 철학자 |

돌이켜 보면 서양의 근대철학이라는 것이 저마다 자신의 문화풍토에서 자신의 삶과 국가를 운영하기 위해서 만들어낸 '국가철학'이라는 것을 알 수 있다. 영국의 경험론, 독일의 관념론, 프랑스의 합리론, 미국의 실용주의 등은 모두 각자가 처한 현실에서 삶과 미래를 개척하기

---

44  필자는 한국동서철학회 추계학술대회(충남대학교 문원강당 및 세미나실, 2018년 12월 1일) 제3부: 주제발표-한국의 철학자 집중연구 "동서횡단의 철학자 박이문(朴異汶) 선생의 '둥지 철학' 조명"에 발표자로 초대됨. 「'둥지의 철학'은 한국자생철학의 둥지가 될 것인가」를 발표논문으로 제출함.

위해 몸부림친 흔적들이고, 결과적으로 세계적 보편성을 획득한 철학들이다. 철학자 개인의 이름이 등장하지만 집단지성의 산물이었음을 알 수 있다.

우리는 경제·산업적으로 성공했지만(국민소득 3만 달러, '30-50클럽' 가입), 아직도 국가정체성을 확립하는 국가철학을 정립하지 못하고 있다. 이는 우리가 철학하지 않았음을 반영하고 있다. 오늘날과 같은 대한민국의 정체성 혼란은 모두 여기에 기인한다고 하지 않을 수 없다.

철학의 불모지에서 인간이 만들어낸 가장 악랄하고 악독한 거짓투성이의 신화인 '주체사상(김일성주체사상, 김일성왕조 전체주의 사교체계)'이라도 좋다고 따라가는 젊은 종북세력과 소위 강남좌파지식인들을 보노라면 철학한다고 하면서 밥을 먹고 살아온, 역사한다고 하면서 밥을 먹고 살아온 한국인문학자들의 직무유기를 떠올리지 않을 수 없다.

아직도 서양철학을 공부하고 그들의 기라성 같은 철학자들을 숭배하고 그들의 책의 '몇 장 몇 절(문서 몇 번 몇 쪽)'로 외우고 주석하는 것이 철학하는 것인 줄 아는 철학자들에게 이 말을 던져주고 싶다. "철학이 그 모양이니 민중(民衆)철학을 비롯해서 '민중'자가 붙은 여러 학문들(민중신학, 민중사회학, 민중문학 등)이 대한민국을 지배하고 있는 것은 당연한 일이 아닌가!" 스스로 자기의 땅에서 철학적 물음을 던지고 대답을 얻는 과정을 통해 '글쓰기작업'을 하지 못하는 한 한국철학은 없을 것임에 틀림없다.

## 4. 김형효 선생님과의 대화

김형효 선생님과의 대화중에서 철학적으로 중요하면서도 잊혀 지지 않는 대목이 적지 않다. 그 중에서 몇 가지를 소개하면 다음과 같다.

> 박정진: 선생님, 제가 알기로는 심학과 물학은 같은 것으로 알고 있는데 선생님께서는 어째서 『심학, 물학, 실학』(청계, 2003)이라는 책에서 심학과 물학을 구분하였습니까.
>
> 김형효: 아, 그것은 당시 그 책을 쓸 때만 해도 심학과 물학이 다른 것으로 생각했습니다만, 지금은 같은 것으로 보고 있습니다. 제 생각이 바뀌었습니다.

> 박정진: 선생님, 하이데거의 '존재론'을 두고 많은 철학자들이 저마다 복잡하게 설명하고 있는데 제가 보기에는 칸트의 초월철학이 현상을 설명하기 위해서 유보한 '물 자체(Thing itself)'를 다시 철학적 주제로 삼은 것 아닙니까. 또한 '물 자체'가 고정불변의 사물(대상)이 아니라 생성되고 있는 어떤 것 혹은 기운생동하는 생기(生起) 혹은 성기(性起) 같은 것이라는 점을 설명하는 것 아닙니까. 물 자체가 고정불변의 실체가 있는 존재자로서의 본질이 아니라 변하고 있는 존재라는 설명하는 것 아닙니까.
>
> 김형효: 참으로 존재론을 철학사적으로 가장 쉽게 설명한 것 같습니다. 놀랍습니다.

> 박정진: 선생님, 데리다라는 철학자는 제가 보기에 철학적으로 야바위 같은, 말장난하는 것 같은 생각이 들거든요. 철학의 주요개념이나 아이디어를 독일의 하이데거의 빌려와서는 그와 같은 개념을 프랑스어로 대체하여 프랑스의 텍스트철학의 전통에서 다시

설명하는 것 같습니다. 그런데 존재는 실은 전혀 텍스트가 아니지 않습니까. 그래서 '해체론적 문자학'이라고 명명하지만(변명하지만) 해체론이라는 것은 구성의 의미와 다르지 않습니다. 구성이 없는 곳에서 해체를 있을 수 없기 때문입니다. 생성되는 자연은 해체할 수 없는 것 아닙니까.

김형효: 데리다가 '해체(destruction)'라는 개념을 하이데거에게서 빌려간 것이 사실입니다. 그러나 데리다는 기존의 철학을 해체하는 방법론으로서의 하이데거적 의미맥락과는 다른, '해체(déconstruction)'라는 개념을 통해 '해체주의'를 표방했습니다.

박정진: 그렇지만 구성이 전제되지 않는 해체는 성립되지 않는다는 점에서 결국 해체는 구성의 다른 측면으로 여겨지는데요. 데리다의 해체론은 '텍스트(text)의 해체'로서, 다시 말하면 텍스트이론의 입장에서의 해체로서의 해체인 것 같습니다. '해체론적 문자학'이나 '해체론적 유령학' 같은 것을 주장하고 있긴 하는데 그의 해체론이 결국 다시 '법의 힘', '메시아론' 같은 것을 구성하는 것을 보면 '데리다의 해체론'이라는 것은 기존의 구성과 다음의 구성 사이에 있는 중간물을 괜히 '해체론'이라는 이름으로 명명한 것에 불과한, 유명무실한 이론으로 느껴집니다. 서양철학의 전통, 특히 프랑스철학의 전통으로서는 그렇게밖에 표현할 수 없는지는 모르겠지만….

김형효: 그렇지만 데리다의 해체론은 서양의 근대철학을 후기근대의 해체철학으로 옮겨놓는 큰일을 한 것 같습니다. 동양의 노장철학과 유사한 점이 많습니다. 서양 철학사에서는 큰 의미가 있는 것 같습니다.

박정진: 프랑스철학은 역시 텍스트철학이니까 해체가 중요할 수밖에 없는 것 같습니다. 그렇지만 자연은 생멸하는 존재로서 텍스트가

아니라는 점에서, 데리다의 해체론은 노장철학에 비교되긴 하지만 동양의 무위자연과는 어딘가 차이와 거리가 있는 것 같이 느껴집니다. 데리다 식으로 말하면 텍스트해체가 마치 자연인 것처럼 오해될 수도 있을 것 같으니까요. 텍스트의 날줄씨줄이 마치 동양의 음양론과 같은 것으로 이해되는 것은 동양의 음양론과 무위자연관을 오해하는 것 같아요. 자연은 생멸과정일 뿐 해체된 적이 없지 않습니까. 인간이 해체하는 것은 어디까지나 인간이 구성한 텍스트(자연과학도 포함)를 해체하는 것일 뿐이지 않습니까. 물론 서양철학의 입장에서 역지사지(易地思之)할 수는 있습니다만….

박정진: 선생님, 철학이 진정으로 인류를 구원할 수 있을까요.

김형효: 잘 모르겠습니다만, 그렇지만 불교와 노장철학은 서양의 근대철학과 과학기술주의의 폐단과 맹점과 모순을 치유하고 인간성을 회복하는 데에 큰 역할을 할 것으로 기대됩니다.

박정진: 선생님, 제가 보기에 서양철학은 4T, 요컨대 시간(Time-Space)-사물(Thing)-텍스트(Text)-기술(Technology)로 이루어진 사각의 링에 갇혀 있는 것 같습니다. 서양철학자들은 그들 나름대로 이 4T를 가지고 인식과 의식과 제도와 과학이라는 문화를 형성하여 살고 있지만 그것이 역으로 서양 사람들로 하여금 본래 자연으로부터 멀어지게 하거나 자연적 존재로서의 삶과 결정적으로 이별하는 것이 될 수도 있지 않습니까.

김형효: 그 점이 우려됩니다. 그렇지만 서양이 근대문명을 이끌어간 것도 사실입니다. 서양 사람들의 힘은 바로 여기에 있습니다. 이제 우리가 서양에 무엇을 내놓아야할 때입니다.

박정진: 서양철학 전체에는 누구를 막론하고 결국 고정불변의 어떤 실체(동일성)를 가정하고 있는 것 같습니다. 특히 후기근대철학에 오면 말들은 '해체'라는 말들을 비롯해서 현란하지만 결국 그 실체

를 놓지 못하는 맹점이 있는 것 같습니다. 철학은 말놀이라고 하지만, 결국 철학의 완성은 말이 아닌, 수행을 통한 어떤 인간완성 같은 것, 특히 동양의 수행론에 어떤 기대를 하게 됩니다. 서양철학에 대해서는 동양인의 한 사람으로서 어떤 아쉬움을 항상 느끼게 됩니다.

김형효 선생으로부터 철학적 세례를 받은 필자는 인류학에서 출발하여 최근에 나름대로 자생철학의 정립을 위한 결과물들을 내놓았다. 지난 2012년 초부터 출간한 책들은 다음과 같다. 『철학의 선물, 선물의 철학』(소나무, 2012), 『소리의 철학과 포노로지』(소나무, 2012), 『니체야 놀자』(소나무, 2013), 『빛의 철학, 소리철학』(소나무, 2013), 『일반성의 철학과 포노로지』(소나무, 2014), 『니체, 동양에서 완성되다』(소나무, 2015), 『위대한 어머니는 이렇게 말했다』(살림, 2017), 『네오샤머니즘』(살림, 2018).

특히 가장 최근에 펴낸 '네오샤머니즘'이라는 책은 샤머니즘을 철학의 반열에 올려놓은 것이고, 그 철학 아닌 철학, 현학적이지 않기 때문에 가장 원시적인 사상 같은 것을 오늘에 새롭게 일신하여 미래의 첨단철학으로 제시해 본 것이다.

## 5. 자생철학의 험난한 길

언뜻 생각하면 철학은 삶에서, 더욱이나 일상의 삶에서 가장 멀리 있는 학문인 것 같다. 경우에 따라서는 삶에 철학이 무슨 필요가 있느냐고 반문할 수도 있을 것 같다. 철학이 없이도 살 수는 있다. 그러나 철학이라는 '스스로 묻는 반성적 사유'가 없는 한 스스로를 다스리고 나와 남을 지배하고 이끌어갈 수는 없을 것이다. 자기 자신의 삶의 주인이 되기 위해서는 철학이 반드시 필요하다.

세계사를 보더라도 철학이 있는 민족이나 국가가 세계를 이끌어가고 지배했음을 알 수 있다. 고대에는 신화가, 중세에는 종교가, 근대에는 과학이 세계를 이끌어갔다고 볼 수도 있지만 그 이면에는 항상 철학 혹은 사상이 밑바탕이 되었음을 알 수 있다.

우리나라도 고대 삼국시대에는 유불선이 바탕이 되어 풍류·화랑도사상을 형성하고, 그것이 삼국통일의 뒷받침이 되기도 하였다. 신라의 승려 원효(元曉)는 풍류도의 바탕 위에서 화엄사상을 비롯한 불교의 각종 경률론을 주체적으로 소화한 끝에 화쟁론(和諍論)을 내어놓음으로써 삼국통일의 사상적 뒷받침을 했을 뿐만 아니라 중국에도 영향을 미쳐 신라문화가 당시 세계적 보편성에 도달한 선진문화였음을 과시했다.

오늘날도 남북분단의 현실을 감안하고 세계사적인 흐름에 순행할 수 있는 통일철학이 절실한 때이다. 말하자면 '오늘의 화쟁론'이 필요한 시점이다. 철학자들은 이러한 시대에 부응하여야 시대적 책무를 다했다고 할 수 있을 것이다. 적어도 오늘의 자생철학은 동서양철학을 다 소화한 끝에 주체적인 물음과 대답으로 이루어져야 할 것이다. 남이 우리철학을 대신해준다거나 남의 철학을 단순히 수입하는 것만으로 만족해서는 결코 우리의 통일철학을 만들어낼 수 없을 것이다.

그런 점에서 오늘의 통일은 근대서양에서 만든 자유주의 혹은 신자유주의(자유-자본주의를 뒷받침하는 철학)나 마르크시즘 혹은 마오이즘(Maoism) 등 수정주의(공산사회주의를 뒷받침하는 철학)를 추종하는 철학으로는 달성될 수 없을 것이다. 우리는 지금 〈사대주의-식민주의-마르크스주의>의 굴레에서 벗어나지 못하고 있다. 국민을 노예로 만드는, 시대를 역행하는 인류최악의 사상인 북한의 주체사상(거짓 주체사상)은 결코 통일철학이 될 수 없을 것이다. 그렇다고 단순히 주체사상을 부정하는 것으로 우리철학을 대신할 수는 없다.

우리의 통일철학은 한민족의 문화능력을 극대화하고 확대재생산하는 방향에서 정향되어야 할 것이다. 그러기 위해서는 동서고금의 철학을 자유자재로 토론할 수 있는 바탕 위에서, 무엇보다도 학문적 족벌주의에 빠지지 않는 열린 자세로 철학에 임하는 학자들이 많이 생겨나고, 결집하는 분위기가 조성되어야 그것이 가능할 것이다. 우리는 지금도 자생철학을 수립하는 탁월한 지혜를 기다릴 수밖에 없다.

# 본성이 꽃피는 도(道)의 정치

## 건강한 현실주의의 정신문화와 생활철학

**이명준**
(철학박사, 전 한국교육과정평가원)

## 1. 서론

심원 김형효의 사상적·철학적 여정은 동서양을 오가며 다양한 철학과 사상을 섭렵하여 풍부하게 성장하고 원숙해졌다. 마르셀의 구체적실존주의, 하이데거의 실존적 존재론, 레비스트로스의 구조주의와 데리다의 해체론, 원효의 일심(一心) 무애(無碍) 화쟁(和諍)론의 불교사상, 노자의 도덕경 등이 많은 영향을 주었다. 그의 사상과 철학은 이처럼 다양한 영역의 철학과 사상을 탐구하고 깊은 사색과 엄밀한 연구를 거쳐 원숙한 평화철학으로 창출되어 세상에 나왔다. 심원의 철학은 '건강한 현실주의의 정신문화와 생활철학'에 근거한 '본성(本性)이 꽃피는 도(道)의 정치'를 지향한다고 할 수 있다. 이를 철학적 관점에서 보면

건강한 현실주의의 정신문화와 생활철학은 '현실적 소유론'으로 풀어
낼 수 있고, 본성이 꽃피는 도(道)의 정치(政治)는 사실적 존재론으로
펼쳐진다고 볼 수 있다.

## 2. 본론

심원은 이루고자 하는 철학적 목표를 다 이루지는 못했지만 지금껏
해온 과정에서 만들어진 부분들이 모여서 서서히 사고의 흐름을 하나
로 형성해 가고 있음을 고백한다. 그러나 아직은 그것이 무엇인지 뚜
렷하지 않아서 명확한 이름을 붙이기가 쉽지 않다고 겸손해 한다.

"하나의 뭉뚱그려진 생각으로 그 흐름을 개념화해 본다면 건강한 현
실주의의 정신문화와 생활철학의 요구라고 불러도 무방하지 않을까 생
각한다. 우리에게 높은 이상은 있어왔으나 그것이 너무 지극한 외곬으
로 흘렀고, 생활인의 현실감은 강했으나 너무나 맹목적이었다. 건강한
현실주의가 정신문화적으로 뿌리박은 나라일수록 그 나라가 세계사에
서 큰 몫을 해왔다는 역사적 교훈을 우리는 깊이 성찰해보아야 하지
않겠는가?"[1]

건강한 현실주의의 정신문화를 갖춘 개인이 강한 현실감과 아울러
현실을 대하는 마음의 목적성이 뚜렷하고 외곬으로 흐르지 않고 자신

---

1  김형효(1985/2015) 『한국정신사의 현재적 인식』(김형효 철학전작4), 소나무, 7쪽.
전집(전5권) 중 이 책(제4권)에 실린 머리말은 1985년 9월에 쓴 것으로 기록되어 있다.

과 공동체를 발전하고 유지하려는 국민으로서 우뚝 설 때 자아실현은 물론 공동체와 국가와 세계를 위하여 의미 있는 역할을 할 수 있다. 인간이 건강한 생활의 철학을 습득하고 목표를 갖고 살아갈 때 개인 공동체 국가 세계 등이 각각의 차원에서 발전한다. 풍성하고 번영하는 공동체는 각종 사회의 제도를 개선하여 개인이 잠재적 능력을 최고로 발휘하도록 도움을 줄 수 있다. 개인과 사회와 국가는 이점에서 서로 상생하며 발전할 수 있다. 철학은 현실주의 정신문화와 생활철학을 마련하는 데 기여하고 인간 사회 국가 세계 공동체의 존속과 번영을 궁극적으로 지향한다는 점에서 정치적이다. 현실의 정치는 개인과 공동체의 영속과 번창을 추구한다.

## 1) 가브리엘 마르셀의 구체철학과 실존적 존재론

심원이 오랜 사색과 연구에서 찾은 '본성(本性)이 꽃피는 도(道)의 정치'는 유학시기에 마르셀의 구체철학과 여정의 형이상학에서부터 출발한다. 19세기 말인 1889년에 태어난 가브리엘 마르셀은 동갑인 독일의 하이데거와 다른 길로 실존의 철학에 접근했지만 현실에 대한 인식은 서로 크게 다르지 않아서인지 두 철학자는 고전적 형이상학을 멀리하고 우연이라고 보기에는 놀라울 정도로 닮은 '지금 여기'를 존중하는 구체적(具體的)인 실존주의 철학에 도달했다.

마르셀은 당시 상황에서 "진리"라는 개념이 여기저기서 너무 남용되고 있다는 문제의식을 갖고 이를 정리하기 위해서 철학적으로 접근한다. 그에 의하면, 철학은 이분법적으로 구성되어 있다. 하나는 구체철학이고 다른 하나는 추상철학이다. 이 구분은 마르셀의 철학체계에서 중요하지만 이후 심원의 철학연구의 과정에서도 의미 있고 중요한 역

할을 한다. 구체철학은 마르셀이 시작하고 심원이 심화한 철학이라 할
수 있다. 마르셀은 "진리"가 남용되는 현실에서 철학적 사유의 기준으
로 '신선함과 진부함의 대립(l'opposition du frais et du rassis')을 제시하
며 '신선함'을 구체철학의 기준으로 삼고 진부함을 추상철학의 기준으
로 제시한다.

"그(마르셀)는 철학의 세계에서 「신선함과 진부함의 대립」(l'opposition
du frais et du rassis)을 하나의 사유 기준으로 도입할 것을 제의하고
있다. 이런 대립은 그가 구분하고자 하는 구체철학과 추상철학의 대립
에 해당되는 기준치를 의미하기도 한다. 「신선한」 구체철학은 음악처럼
발명과 발견의 두 갈래가 만나는 三角洲 지대에 위치해 있다. 좌우간
철학은 단순한 생산과 제조의 차원하고는 등록지대가 전혀 다르다. …
그러나 그 음악을 진실로 듣는 「우리-모두」는 그 음악이 이 불멸의
천재(베토벤)에 의해서 발명되었다는 느낌보다는, 아주 오래 전부터 우
리의 존재 안에 있어 왔으나 우리가 스스로 깨닫지 못하였던 진실을
다시 발견하게 되었다는 느낌을 강력히 갖게 한다. 마르셀과 아주 사상
적 경향을 전혀 달리 하는 레비-스트로스(Levi-Strauss)가 「음악을 들
으면서 우리는 나 자신을 듣는다.」라고 표현했던 것은 이상스럽게도
마르셀의 음악적 사유와 기이하게 만난다. 그 점에서 그 이름을 받을
만한 가치가 있는 모든 철학도 마르셀에게 있어서의 음악처럼 「발명」과
「발견」의 교차로에 서 있다."[2]

---

2  김형효, 『가브리엘 마르셀의 具體哲學과 旅程의 形而上學』, 인간사랑, 1989, 40-41쪽.
이 책은 「Le sensible et l'ontologique dans la philosophie de G.Marcel 가브리엘
마르셀의 哲學에서의 감각적인 것과 존재적인 것」이란 심원의 박사학위 논문을 토대로
수정 보완이 이루어진 것이라 할 수 있다.(김형효, 박사학위 논문, 1968년 6월, 루벵대
학교 L'Institut Supérieur de Philosophie de l'université de Louvain)

구체철학은 추상적 사변의 철학이 아니라 구체적 현실에서 '신선한' 관점을 찾아 철학의 여정을 떠난다. '음악을 들으면서 나 자신을 듣는다'는 철학적 발상은 철학자와 예술가들에게 익숙한 경험이자 사유다. 지금 여기의 '나 자신'은 우리의 존재 속에서 항상 지니고 있었던 것이면서도 우리가 인식하지 못했던 '나'이다. 음악을 들으면서 나에게 현현한 '나 자신'이 일상의 나이고, 더 실제적이고 더 나에 가까운 진실한 '나'를 의미한다. 여기서 '나' 혹은 '나 자신'은 데카르트가 명징한 '나의 존재', 즉 존재 근거를 찾기 위해서 방법론적으로 찾아간 '나'가 아니다. 이러한 '나'는 이성적 개념으로 찾아진 '나'가 아니라 음악을 듣는 실재하는 '나'에 대한 경험을 통해서 찾아진 '나'이다. 이런 의미에서 '나'는 적극적인 개념이고 데카르트와 같은 사유하는 철학자에게만 알려진(추상적) '나'가 아니라 모두에게 열려져 있는 '나', 즉 신선한 충격을 주는 인간과 존재의 「깊은 본질」 개념과 연계되어 있는 구체적 '나'이다. 이처럼 「구체철학」은 「여기와 지금」의 경험을 기반으로 이루어진다.

　　마르셀에 의하면, 「여기와 지금」은 언제나 「상황(狀況)」을 제시한다. 철학의 차원에서 보면 상황은 '나의 여기'와 '나의 지금'을 통합한 것이다. '여기와 지금'은 마르셀의 구체철학과 하이데거의 실존주의에서 중시하는 개념이다. 「여기와 지금」은 '나의 여기'와 '나의 지금'이 내가 있는 것을 확실하게 증거 해 준다면, '남의 여기'와 '남의 지금'이 남이 존재한다는 것 또한 확실하게 증거 해 주는 것이다. '나와 남은 동일한 인간 존재'임이 밝혀진다. 그리고 인간 존재는 진공이나 허공에 떠 있는 존재가 아니라 '여기와 지금'인 「상황」 속에 확고히 존재하는 것임을 알게 된다. 그렇다고 '여기와 지금'을 경험적인 것에 한정시키는 것은 아니다.

'나의 여기'와 '나의 지금'이 우리가 현실을 인식하고 존재를 인식할 때 필요한 요소이기는 하지만 그 자체로 '나'를 '지금과 여기'에 묶어놓을 필요도 없고 그래서도 안 된다. 왜냐하면 인간은 '지금과 여기'의 현상학적 세계에 머물러 있지만 그것에 그치지 않고 그 너머의 것, 즉 초현상적(hyper phenomenological) 태도와 지향성을 갖고 '지금과 여기'에 머무르지 않고 오히려 그것을 디딤돌로 하여 그것을 넘어서는 세계를 향하는 마음과 정신을 갖고 있기 때문이다. 우리는 그것을 실존이라 한다.

하이데거나 사르트르는 이런 인간실존을 「세계내(世界內) 존재(存在)」라 칭한다. '세계내 존재'로서의 인간 실존, 즉 이 세계에 실존하는 인간은 자신이 존재를 가능케 한 '세계(世界)'와 끊임없이 대화를 하고 의식을 교환하며 이를 통해서 '「여기와 지금」에 있으면서 동시에 이 현상을 넘어서는 세계와 관계를 유지한다. 이런 방식으로 실존주의는 현상을 존중하면서 동시에 현실을 초월하는 초현상적(超現象的; hyper phenomenological) 현상을 동시에 유지하는 것이다.'[3]

마르셀의 「상황」은 하이데거의 「세계내 존재」처럼 실존하는 인간이 그 「상황」 속에 포함된 것을 의미한다. 이 때 「상황」은 외적인 것으로 보이지만 상황 밖의 나에게 영향을 주는 것이 아니라 나의 내면에 영향을 준다. 이로 인하여 "구체철학"은 외부적 「상황」으로 보이지만 실제로 실존하는 인간은 마치 「세계내 존재」처럼 「상황」 안에서 존재한다. 상황이 '지금 여기'를 의미하고 나의 내면으로 향하기에 구체철학의 근원은 단단한 현실에 근거한 '지금 여기'에서 이루어지는 철학이

---

3 같은 책, 42쪽.

고 철학하기이다.

'상황은 내가 그 속에 포함되어진 그런 것이다. 어떤 방식으로 나와 나 자신을 이해해야 하든지 간에 이런 상황은 바깥에서 나에게 영향을 끼치지 않고, 내면적으로 나를 규정하고 있음이 분명하다. 이런 상황은 아주 근본적이기 때문에 나는 그 상황을 즉자적(卽自的)으로 파악할 수 있는 어떤 실체와의 관계에서 어느 정도 우연적인 것으로 간주할 수는 없으리라.' 따라서 삶은 결코 조망(uberschauber)할 수 있는 것이 아니다. 만약에 인간학이 체험의 공간론과 접목된다면 우리는 마르셀과 함께 '인간의 본질은 상황 속에 있음이다'라고 언표(言表)할 수 있을 것이다. 그래서 마르셀이 의도하는 「구체철학」은 「상황」으로부터 출발하여 생기는 것이 아니라, 「상황」 속에서 이루어진다.[4]

이로부터 구체철학과 '상황'의 의미가 분명하게 드러난다. 우리는 '상황'을 객관적으로 바라보는 제 3자적 입장과 위치에 있는 것이 아니라 이미 그 속에 존재하며 살고 있는 것이다. 물고기가 물속에서 태어나서 살고 새가 공기 속에서 태어나서 살아가는 것처럼 인간은 '상황' 속에서 태어나서 살아간다. 인간이 존재함은 '지금 여기'의 상황 속에서 이루어지는 것이지 그것을 벗어나 '지금 여기'라는 별도의 객관화된 시간과 공간에서 이루어지는 것이 아니다. 실존은 '지금 여기'에서 이루어지고 '지금 여기'로 구성된 상황이고 실재한다. 이를 터전으로 하는 철학이 구체철학이다. '지금 여기'에서 실존을 다루는 심원의 구체철학의 특성을 주목한다면 심원철학이 후기에 불교에 귀의하거나 고전적 형이상학의 세계로 돌아간 것이 아닌가 하는 의문은 의문일 뿐

---

4  같은 책, 43쪽.

사실이라고 말하기 어려울 것이다. 심원의 철학은 언제나 '지금 여기'의 실존 속에서 이해되어야 한다. '지금 여기'의 실존을 벗어나는 철학을 그의 철학이라 말하기 어려운 이유가 바로 이것이다.

그러나 '지금 여기'의 세상은 추상철학이나 종교에서 말하는 완전한 세상이 아니다. 마르셀에 의하면, '지금 여기'의 실존철학은 '깨어진 세계'를 있는 그대로 수용하고 그 속에서 자신의 삶을 살아가는 것이다. '깨어진 세계'는 '깨어지지 않은 세계'를 상정하게 하지만 인류는 한 번도 '깨어지지 않은 세계'를 경험한 적도 살아본 적도 없다. 그럼에도 불구하고 우리는 마르셀이 '깨어진 세계'를 논할 때마다 거의 자동적으로 '깨어지지 않은 세계'를 상정하고 그 속에서 사는 인간을 그리거나 상상한다. 왜냐하면 인간은 우리가 사는 이 세계가 '깨어짐'의 상태로써 부정적 모습으로 다가오는 것을 거부하는 사고의 습관에 익숙하기 때문일 수 있다. 우리가 현재의 세상이 역사 속에서 시간 속에서 인간이 아닌 그 어떤 존재에 의해서 깨어지게 된 세계가 아니라 처음부터 깨어진 존재 자체로서 주어져 있고 그렇게 존재하는 것이 현실임을 인정하는 것이 필요하다. 이같은 현실을 바탕으로 이루어진 심원의 구체철학은 후기로 갈수록 현실과 그 너머의 것을 논하는 근거로서 중요한 역할을 한다.

## 2) 하이데거, 불교, 해체주의

시계열의 관점에서 보면, 심원의 후기의 철학은 『하이데거와 마음의 철학: 『존재와 시간(Sein und Zeit)』을 소화하기 위한 해석』과 『하이데거와 화엄의 사유』와 『원효의 대승철학』의 저술로 이어진다. 『하이데거와 마음의 철학: 『존재와 시간』을 소화하기 위한 해석』과 『하이데거와 화엄의 사유』라는 두 권의 책은 은퇴 직전에 출판하였다.

『하이데거와 마음의 철학: 『존재와 시간』을 소화하기 위한 해석』은 하이데거의 철학을 잘 소화해서 논리정연하게 『존재와 시간』에 담긴 철학적 의미와 내용을 전달하려는 의도를 보이고 『하이데거와 화엄의 사유』는 하이데거의 철학과 화엄, 특히 원효의 불교사상을 통섭하려는 의도가 보인다.

심원이 불교 사상을 하이데거와 함께 엮어서 보는 것이 심원의 철학에서 서양철학이나 사상을 원천적으로 부정하거나 거부한다는 것을 의미하지는 않는다. 오히려 심원은 사회와 나라의 발전을 위해서는 서양철학이든 동양철학이든 그 자체의 고유성보다는 이를 새 시대의 상황에 맞게 융합하여 새로운 철학을 세우는데 필요한 하나의 기본적 소여(所與)라고 본다. 왜냐하면 심원의 후기 철학은 동서양에 속하는 특정 철학을 세우기보다는 시대를 초월하는 보편성을 지니면서 우리 실정에 맞는 철학을 창출하는 것이 중요하다고 판단했기 때문이다.

"하이데거의 표현처럼 철학적 사유는 시대적이지도 않고 초시대적이지도 않다. 철학적 사유란 가변적인 시대상황 속을 살아가는 정신이 상황과의 대화 속에서 가변적일 수만은 없는 물음을 끝없이 제기하는 사유라는 말이다. 가변적일 수만은 없는 물음은 결코 논리적으로 해결할 수 없는 아포리아(aporia)가 아니다. 그런 물음은 변화된 상황이 예전에는 상상하지 못했던 새로운 문제를 낳기 때문에 제기된다. 그래서 어떤 기존의 사유에 의해서도 교조적으로 정체되기를 거부하는 새로운 상황이 그 이름을 받을 만한 가치를 지닌 철학자들을 도상(途上)에의 사유로 이끌어 가는 것 같다. … 첫째로 이 세상이 역사적으로 깨어진 것이 아니라 본질적으로 깨어져 있다는 점이고, 둘째로 철학적 사유는 열광적 의식으로 세상을 흥분시키는 추상의 정신과는 아주 다르다는 점이다. 정치적 종교적 이데올로기적 열광주의는 진리의 정신을 훼손시

키는 반(反)철학에 다름이 아니다. … 그리고 열광적 신념은 추상의 정
신을 잉태하여 구체적인 것을 다 쓸어내는 슬로건적 사고방식으로 사회
를 재단하게 된다. 철학은 슬로건적 사고방식에 대한 저항과 같다.[5]

미네르바의 부엉이는 세상의 번잡이 고요해진 후에 나래를 펴고 날듯
이 철학자는 복잡다단한 세상을 경험하고 난 후에 그를 토대로 깊은
사색에 잠긴다. 철학자는 경험과 그에 대한 성찰 없이 마술에 홀린 듯이
특정 이념에 널뛰듯 춤을 추어서는 안 된다. 심원은 슬로건적 세상의
사고방식에 저항하는 철학이 플라톤과 아리스토텔레스로부터 이어지는
형이상학적 혹은 구성적 현실적 소유론의 한계를 극복하는 계기를 마련
하는 것으로 본다. 심원은 이 지점에서 소유론적 사고를 강조하는 과거
의 실체 중심의 형이상학적 존재론을 넘어서 사실과 경험을 토대로 하여
있는 그대로 바라보는 존재론인 사실적 존재론을 제시한다.

심원은 이즈음에 이미 동서양의 철학적 구분을 넘어서 시대를 초월하
는 철학의 포용성을 마음에 두고 있었다. 그는 기존의 실체 중심의 소유
론적 존재론을 거부하고 하이데거의 실존적 존재론과 불교와 데리다
등의 해체적 존재론의 사유에 근거하여 일체의 모든 진리가 인간의 지능
이나 의지로 구성되는 것을 멀리하며, 세상을 있는 그대로 읽어내는
사실적 존재론으로 풀어내고자 하였다. 심원은 언제나처럼 종횡으로
동·서양철학을 비교하며 해체론적 관점을 유지하고 이끌면서 동서양
사유의 공통점과 상이점을 찾고, 존재의 사실을 바로 보고 읽는 것을
방해하는 모든 것을 해체하고 덜어내서 원초적인 철학의 눈으로 세상을

---

5  김형효, 『철학적 사유와 진리에 대하여1』, 청계, 2004, 8-9쪽.

다시 보고 통합하여 "이상과 현실의 양가적 묘합"을 시도한다. 이를 통하여 심원은 현재의 상황을 중시하는 현실에 바탕을 둔 철학인 구체철학과 실존적 존재론에 근거한 세상보기의 철학을 시도하였다.

심원은 그 동안 하이데거의 사상과 화엄사상을 비교 연구한 결과를 염두에 두면서 대승 불교철학의 핵심 중의 하나를 이루던 존재의 문제를 다룬 뛰어난 사상가이자 승려이자 거사인 원효의 사상을 연구하여 『원효의 대승철학』(2006)을 출간했다. 이로써 심원은 루뱅대의 유학, 그 후 서양철학과 한국철학 및 동양철학의 연구를 통한 긴 철학의 여정 끝에서 발전적이고 창의적인 관점으로 현실적 소유론과 사실적 존재론의 철학을 개진한다. 원효의 대승철학이 빚어내는 존재에 관한 철학적 사유가 심원의 존재론적 사유의 연구를 자극하며 원효의 철학을 해석하고 마무리 하여 『원효의 대승철학』을 세상에 내놓았다. 심원은 이를 통하여 존재에 대한 동서양 철학과 한국철학에 대한 이해를 근거로 동서양 철학을 통섭한 보편철학을 제시하고자 하였다.

마르크스의 철학처럼 세상을 소유의 유무로 바꾸려는 사람들은 외부 세계를 바꾸는 현실적 소유론의 혁명에 탐닉하여 겉보기에 번드르르 한 빛 좋은 개살구 같은 모습의 임시방편적 현실 개조론에 집착한다. 마르크스의 유물론은 현실적 소유론을 가장 적나라하게 보여준다. 마르크스의 공산주의 이론이 각종 사회적 문제를 풀고 유토피아를 만들기보다는 세상을 최저로 악화시키고 사라진 이유가 바로 현실적 소유론의 한계를 보여준다. 하지만 통섭의 시대인 21세기에는 하이데거가 강조했던 실존적 존재론을 바탕으로 하여 한걸음 더 나아가서 세상을 바꾸는 소유론적 철학의 한계를 분명히 하고 그를 넘어서 사실적 존재론에 근거하여 새시대를 이끌어가는 마음의 혁명이 필요하다. 이

는 소유의 관점이 아닌 존재의 관점에서 유무(有無)의 실타래를 풀어내
는 원효의 불교적 사유와 존재자와 존재를 중심으로 풀어내는 하이데
거 존재론과 구성적 형이상학이 아닌 해체적 철학을 하나로 통섭하는
관점이기도 하다. 이는 시대를 초월하여 동서양 존재론을 새롭게 해석
하고 창의적으로 융합하는 철학이다. 이를 자세히 들여다보면, 불교와
실존적 존재론과 해체주의 철학은 겉보기에 달라 보이지만 거시적 관
점에서 보면 '사실적 존재론'으로 이 세 가지를 통섭하는 것으로 볼 수
있다.

> "하이데거의 사유에서 존재는 존재자와 의미가 다르다. 즉 존재가
> 존재자와 분리되어 존재하는 것은 아니지만, 존재자는 존재하는 개체
> 의 명사를 지칭하고, 존재는 그런 명사적 실체가 아니다. **존재**는 우주
> 적인 모든 명사의 **존재방식을 지칭한다**고 읽어야 한다. 따라서 존재는
> 명사가 아니고, 자동사적인 생주이멸(生住異滅)의 여러 양식을 말하는
> 뜻을 지닌다. 그러므로 空사상도 생주이멸의 현상을 뜻하는 본체나 본
> 질을 말하므로, 존재론적 사유와 절대무(絕對無)의 공(空)사상이 전혀
> 별개의 다른 의미라고 여겨서는 안 된다."[6]

심원은 존재와 존재자의 구분을 보여주면서도 존재자가 존재임을
확연히 보여주고, 절대무의 공사상이 존재자의 세계인 현상계의 본체
혹은 본질을 논한다는 점에서 존재론에서 논의될 수 있음을 보여준다.
그렇다고 해서 우리가 추진해 나가야 할 방향이 절대무의 허무를 좇는
죽림칠현 식의 허망하고 빗나간 부정(否定)의 무위(無爲) 철학이 아니라

---

6  김형효, 『원효의 대승철학』, 소나무, 2006, 242쪽.

현실적 소유론에 근거해서 더 나은 곳을 지향하기 위한 긍정적 무위와 여정의 형이상학을 추구하여야 한다. 그것이 부처와 노자가 진정으로 암시하고 있는 사실적 존재론이라 할 수 있다.

전통적인 소유적 형이상학을 결함 있는 형이상학으로 보고 그를 넘어서 실존적 존재론적 형이상학에 도달하고자 한 것이 하이데거의 철학이라면 심원의 철학은 구체철학으로서 현실적 소유론과 형이상학으로서 실존적 존재론을 아우르면서 그를 바탕으로 하여 사실적 존재론으로 나아간다. 이것이 존재자가 존재자로서의 존재 한계를 인식하며 동시에 존재의 '무한'을 이해하고 여정의 형이상학을 펼쳐가는 '당연'이고 존재자로서의 인간이 피할 수 없이 가야하는 길이다. 심원의 철학은 이처럼 전통적 서양 철학의 한계를 넘어 하이데거의 새로운 철학을 창조적으로 한국적 철학으로 융합하는 철학, 즉 형이상학의 새 지평을 여는 해체철학이자 열린 철학이다.

### 3) 무위지치(無爲之治)와 '본성(本性)이 꽃피는 도(道)의 정치'

앞에서 언급했듯이 마르크스는 현상계에서 소유의 평등을 주장하며 정치를 격렬한 소유의 투쟁으로 이끌었다. 하지만 심원은 존재적 관점에서 존재적 평등에 다가가며 평화를 극대화 한다. 마르크스적 소유의 평등은 갈등과 투쟁을 극대화 하지만, 존재의 평등은 갈등과 투쟁을 극소화 하고 평화를 극대화 한다. 심원은 마르크스처럼 소유의 평등을 참혹한 투쟁을 위한 수단으로 보지 않고, 존재를 근거로 하는 관점에서 평화를 더 근원적으로 구하는 방법을 찾고자 한다. 그는 이를 '만물의 유명(有名)과 순환의 철학적 해석'의 입장으로 '도지위물(道之爲物)'의 무위지치(無爲之治)와 '본성(本性)이 꽃피는 도(道)의 정치'에서 찾는다. 심원은 '무위지치'와 '본성이 꽃피는 도의 정치'를 같은 의미로 사용한다.

심원의 평화철학은 암중모색의 긴 철학적 여정을 지나서 초기의 성글었던 사상이 점차 영근 사상으로 발전해 간다. 이미 앞에서 언급한 심원의 '건강한 현실주의의 정신문화와 생활철학'이 1970년대와 1980년대 초반에 아직 구체화되지는 않아서 찾아가야 할 것이라고 암시했던 철학, 즉 평화의 철학이 1990년대를 지나며 점차 구체화 되어서 2000년대 초반에 노자(老子)의 '본성(本性)이 꽃피는 도(道)의 정치'로 나타났음을 보여준다. 하지만 여기서 유의해 보아야 할 것은 '본성(本性)이 꽃피는 도(道)의 정치'는 공자(孔子)와 맹자(孟子)가 주장하는 인의예지신(仁義禮智信)을 포괄하는 천성(天性)으로서의 인성(人性)이 '도덕적(道德的) 본성(本性)임'을 의미하지 않는다. 노자의 사상에서 천성(天性)은 하늘이 준 인간의 본성, 즉 '자연적(自然的) 본성(本性)'을 의미한다.[7]

심원에게 있어서 '천성 혹은 본성'의 인간은 실존적 존재론의 관점에서 존재의 평등을 통하여 평화롭게 사는 것을 의미한다.

> "모든 철학은 본질적으로 평화를 위한 철학이어야 한다. 그러면 그 평화란 무엇이냐? 우리가 우리 자신의 삶을 반성하여 볼 때 평화가 그냥 그대로 우리에게 쉽게 주어진다는 감정을 거의 갖지 못한다. 그러므로 평화는 먼저 삶의 시작에서 주어지는 것이 아니고 예(例)의 '거듭나기'처럼 되찾아야 할 것으로 운명 지어진 듯하다. 그래서 아마도 평화는 종말론적인 본질을 지니게 되는지 모른다."[8]

---

7  김형효, 『사유하는 도덕경: 철학으로 다시 읽는 노자』, 소나무, 2004, 522쪽.
8  김형효, 『평화를 위한 철학』(철학전작1), 소나무, 1976/2015, 6쪽.

심원에 의하면, 인간이 평화를 유지하기 위해서는 두 가지가 필요하다. 첫째, 이기적(利己的)이 아닌 자리이타적(自利利他的)인 열린 마음과 행동이고, 둘째, 소유 중심의 삶이 아닌 존재 중심의 삶이다. 자기중심적(自己中心的)이 아닌 자리이타적 삶이 바로 존재 중심의 삶이자 주체의식의 삶이다.

첫째, 자리이타적인 마음과 행동은 이기적이지도 않지만 이타적이지도 않고, 자리이타가 동시에 공존하는 존재 중심의 마음이다. 이 마음은 소유 중심의 마음과 다르다. 인간은 흔히 도덕을 논할 때 획일적으로 어느 한쪽을 지지하는 극단적 선택을 강요한다. 이는 도덕의 소유적 발심(發心)이기에 이기적 욕망의 마음이고 동시에 이는 이기배타적(利己排他的)인 닫힌 마음이 될 수 있음으로 평화를 위해서는 이런 마음을 매우 경계해야 한다.

> "소유론이든 존재론이든 욕망은 모두 이익을 바란다. 본능도 이익을 바라고 지능도 이익을 결코 저버리지는 않는다. 다만 이익 추구의 방향이 다를 뿐이다. 소유론적 이기 추구는 이기배타적이고, 존재론적 이익추구는 자리이타적이다."[9]

이점에서 심원의 자리이타적 마음은 소유의 도덕적 획일성을 강요하는 닫힌 세계와 실천하기 어려운 당위적 추상적 도덕이론의 한계를 넘어서는 또 다른 차원의 실용적이고 현실주의적인 생활철학과 '본성이 꽃피는 도(道)의 정치'로 가는 활짝 열린 세계의 입장이라고 할 수

---

9  김형효, 「자기 존재의 힘을 극대화하는 창조적 인간」, 서강대학교 개교 50주년 기념 국제학술대회 논문집 『미래를 여는 창조적 인간』, 서강대학교 출판부, 2010, 143쪽.

있다. 심원에 의하면, 인간의 마음가짐이 자리이타적이면 자기 중심의 이기적 삶이 아니라 존재적 삶 혹은 존재의 삶을 사는 것이고, 마음이 이기배타적이면 소유적적 삶 혹은 소유의 삶을 사는 것이다.[10] 심원이 강조하는 원론적 의미에서 보면, 전자는 평화를 가능하게 하지만, 후자는 평화를 가져 오지 못하는 것은 물론이고 자칫 인간 세상의 갈등과 불화를 야기하며 평화가 아니라 심지어 극단적인 경우 전쟁으로 치닫기도 한다. 평화는 자리이타적 마음으로부터 추구해야 한다는 점에서 갈등이 극대화 되고 있는 21세기에 중요한 의미를 갖는다.

둘째, 존재 중심의 삶이다. 존재 중심의 평화를 위한 사상은 주체 의식 중심의 사상이다. 존재적 삶을 추구하기 위해서는 실천과 행동의 주체인 인간 각자가 확고한 주체 의식을 가져야 한다. 주체 의식은 자기중심적인 닫힌 마음과 배타적 태도가 아닌 자리이타중심적인 열린 마음과 공개적 태도이다. 이는 소유 중심의 마음이 아니고 존재 중심의 마음이다. 마르크스주의처럼 이기적 인간과 더 이기적인 인간 사이의 적대적 상태를 해결하기 위한 대안이 소유적 평등을 추구하는 것이라면 갈등과 분열은 끝이 없고, 언제나 최악의 이기적 마음을 낳고, 공동체나 사회나 국가 간의 경우에는 악순환적 갈등과 불화를 낳고 마침내 참혹한 전쟁에 이른다.

인간과 인간이 소유와 소유로 부딪힐 때는 갈등과 불화와 투쟁을 낳지만, 존재와 존재로 이해하며 서로의 존재를 인정하면 공존하며 상생할 수 있고, 그래서 평화가 가능해 진다. 모든 개인이 실존적 존재의 삶, 즉 존재자로서 존재의 삶을 살면 갈등과 분열과 투쟁은 어디에서

---

10  같은 책, 134쪽.

도 설 자리를 찾을 수 없을 것이다. 내가 열린 마음으로 타인을 가족처럼 형제처럼 대할 때 그도 마음을 열고 가족처럼 형제처럼 다가온다. 이 때 참된 실존이 가능하고 인간의 본성(本性)과 본능(本能)이 합체하여 드러나는 평화의 마음을 갖게 되고 실존적 존재로서 살게 된다.

각각의 존재자는 다름과 같음이 공존하는 개인이다. 평화를 주체적으로 이끄는 열린 마음의 인간은 화이부동(和而不同) 할 수 있고, 반대로 주체적으로 평화를 이끌지 못하는 닫힌 마음의 인간은 동이불화(同而不和) 한다. 세상의 갈등과 불화로 인한 투쟁은 동이불화(同而不和)의 소인배(小人輩)들의 닫히고 이기적인 마음에서 비롯된다. 심원의 평화의 개념은 추상적인 도덕적 철학적 정치적 이념에 집착하는 데에서 나오는 것이 아니라 그것을 넘어서 이론과 실제가 더 나은 곳을 향하여 존재론적으로 지양적(止揚的)인 통합을 이룰 때 가능한 것이다. 이것이 바로 구체적 인간이 존재를 충만하게 하고 삶을 행복하게 하는 길을 제시하는 철학이다. 심원에게는 이것이 화합의 길이고 평화의 길이다.

심원은 '건강한 현실주의의 문화정신과 생활철학'의 연장선상에서 '본성이 꽃피는 도의 정치', 즉 무위지치로 평화철학을 발전시킨다. 이 때 세상은 평화롭게 된다. 그는 『도덕경(道德經)』 80장[11]이 묘사하는 나라가 실체 없는 막연한 유토피아가 아니라 구체성을 가진 '본성이 꽃피는 도의 정치'의 나라라고 본다. 유토피아는 『도덕경』 80장이 의미하는 바처럼 유토피아가 완결된 상태가 아니라 유토피아로 가는 끊임없이 이어지는 과정을 묘사한다. 이 과정이 제대로 지켜지면 과정에

---

11  小國寡民. 使有什佰之器而不用. 使民重死而不遠徙. 雖有舟輿, 無所乘之. 雖有甲兵, 無所陳之. 使民復結繩而用之. 甘其食, 美其服, 安其居, 樂其俗. 隣國相望, 鷄犬之聲相聞, 民至老死, 不相往來. 老子, 『道德經』 八十章.

서도 결과에서도 유토피아(Utopia)가 가능하다. 이는 무위지치(無爲之治) 혹은 '본성이 꽃피는 도의 정치'가 잘 이루어진 국가나 사회가 유지됨을 의미한다. 무위지치는 '인간이 자신의 생각과 의지로 임의적인 지성과 의지를 세상에 세우려는 정치가 아니라 자연이 본디 무시(無始)이래로 갖고 있는 사실적 본질에 맞게, 즉 인간사회를 다시 원래의 사실적 세상에 적응하게 하는 정치로 이미 존재하는 자연적 사실을 충실히 실천하는 정치이다.'[12] 심원은 무위지치는 인간이 소유한 지식이나 의지로 정치를 한다는 것 자체가 이기심의 발로이며 이기심은 필연적으로 갈등을 낳는다고 본다. 이는 자연에 이미 존재하는 정치의 원리를 위반하고 있는 것이다. 따라서 치자(治者)는 굳이 새로운 지식이나 의지를 발휘하지 말고 자연 속에서 있는 사실적 근원과 원리를 이해하고 그에 따라 정치를 하면 최상의 정치를 이룰 수 있게 된다.

심원은 이런 까닭으로 『도덕경』 80장을 이상사회나 도가적 유토피아니즘의 반영으로 해석하는 것에 동의하지 않는다. 노자가 소국과민(小國寡民)을 강조하여 유토피아와 소국주의(小國主義) 지향적이고 공자는 대국주의(大國主義) 지향적이라는 것에는 더욱 동의하지 않는다. 이는 단지 무위지치(無爲之治)를 이루기 위한 예로써 마음의 무욕(無欲)과 무명(無名)을 표현하는 방식으로서 언급된 것일 뿐이다. 무위지치는 소유하려는 권력의지, 지식의지의 수단에 의거해서 이루어지는 소유의지(所有意志)로서의 능위성(能爲性)이나 유위(有爲)가 없는 상태의 정치를 의미한다. 유위의 정치에서 흔히 강조하는 국가안보 국민안전 군사력 경제력 과학기술과 지식은 수단적인 것이다. 그런 과정을 가능케

---

12 김형효, 『사유하는 도덕경: 철학으로 다시 읽는 노자』, 소나무, 2004, 521쪽.

하는 것은 정치적 경제적 인종적 사회적 도덕적 심리적 그리고 특히 특정 이념으로 찌든 이기심일 뿐이다. 소유적 수단과 이기심이 정치를 결정하는 요소가 되어서는 안 된다. 무위지치는 소유적 수단과 이기심에 의한 정치가 아니라 자연 속에 이미 존재하는 근원적인 것에 따르는 사실적 존재론에 근거한 정치이다.

무위지치는 동양의 유가나 서양의 마키아벨리즘처럼 정치가 흔히 세상을 다스리려는 지배의지와 권력의지에 의해서 이루어진다고 보지 않는다. 노자는 정치가 그런 소유적 의미에서 이해되거나 실천되어서는 안 되고 이미 소여(所與)된 세상에 존재하는 근원적 사실과 원리를 충실히 따르는 무위의 실천, 혹은 무능위성(無能爲性), 즉 존재의 존재 구현을 위한 실천, 사실적 존재론에 근거하여야 함을 강조한다. 무위지치의 정치는 『도덕경』의 여러 곳에서 모습을 보인다. '만물의 유명(有名)과 순환의 철학적 해석'으로 본 『도덕경』 32장과 연계해서 보면 그 의미가 잘 드러난다. 심원은 32장에서 만물자빈(萬物自賓)의 배메기처럼 자기와 타자의 차이 속에서 이루어지는 동거로 풀듯이, 『도덕경』 28장에서 노자(老子)가 언급한 '박산위기(樸散爲器)'의 의미가 32장의 '도지위물(道之爲物)'로 다시 나타나는 것으로 읽어낸다. 심원은 '박산위기'를 왕필(王弼)의 유가적 주해(註解)처럼 '도가 자연성을 떠나서 인륜도덕의 제도로 옮겨가는 과정'이라는 것에 동의하지 않는다. 그에 의하면 "도(道)가 상도(常道)의 무(無)에서 비상도(非常道)의 유(有)로 이행하는 무의 다양한 존재론적 현상화(現象化)를 뜻할 뿐이지, 인륜도덕(人倫道德)에의 의존을 뜻하는 것이 아니라고 본다. 도는 상도(常道)로서 무명(無名)이고, 박(樸)이고, 무욕(無欲)이다."[13] '박산위기'나 '도지위물'의 의미는 여전히 노자의 무위지치(無爲之治)의 관점에서 해석되어야 한다. 노자의 도(道)

를 해석하는데 무위가 요구되는 이유다.

## 3. 결론

도(道)는 시작도 끝도 모르고 그 본질을 헤아릴 수 없지만 항상 거기에
있다. 도(道)가 세상에 나타나는 모습으로서의 현상을 도덕으로 해석하
거나 인성으로 해석하여 인간의 본성을 성악설이나 성선설로 지칭한다
고 해서 도(道)의 본질이 변하지 않는다. 도는 언제나 자연의 변화에
따라 변하지 않고 무시(無始) 이래로 변함없이 존재했다. 심원은 현실적
소유론의 관점에서 도덕과 도를 논하지 않는다. 그는 사실적 존재론의
관점에서 도를 논한다. 도의 실천으로서의 정치를 함에 있어서 굳이
인륜과 도덕을 들먹일 필요가 없다. 도가 유위(有爲)로 쌓은 인륜도덕에
얽매이지 않고 사실적 존재론의 관점에서 무위지치를 구현할 때 드러나
고, 인간은 갈등과 불화와 투쟁의 악순환에서 벗어나 평화로 나아갈
수 있다. 인간이 소유적 삶을 의미 있는 삶으로 만들어 가기 위해서
존재적 삶을 근거로 포용하고 실천할 때 불화와 갈등과 투쟁을 벗어나서
평화로운 존재적 삶을 영위할 수 있다. 평화를 성취하기 위해서 인간은
소유욕을 그 이상의 것으로 승화시키는 과정이 필요하다. 평화는 소유
의 많고 적음으로부터 얻어지지 않는다. 왜냐하면 인간은 소유하면 할
수록 더 많은 소유를 추구하고 소유에 매몰되기 때문이다. 인간이 소유
욕을 조정하고 평화를 얻기 위해서는 존재론적 지혜가 필요하다. 평화

---

13  김형효, 『사유하는 도덕경: 철학으로 다시 읽는 노자』, 소나무, 2004, 264쪽.

가 개인 사회 국가차원에서 이루어지기 위해서는 소유가 아닌 존재의 관점에서 세상을 보고 지혜를 얻는 현명함이 필요하다. 우리는 사실적 존재론을 통하여 심원이 평화철학에서 그리던 "건강한 현실주의의 정신 문화와 생활철학"을 실천하고 그 연장선 위에서 자연스런 형태로서의 "본성이 꽃피는 도(道)의 정치"를 이룰 수 있다. 심원이 강조하는 평화철학은 '이상주의의 선언에 의한 정치'가 아니라 건전한 현실적 소유론(現實的 所有論)과 지혜로운 사실적 존재론(事實的 存在論)에 바탕을 둔 정치철학이고 '이기심의 현실주의와 도덕심의 이상주의를 넘어서는 새로운 정치철학의 비전'을 제시한다. 심원에게 있어서 평화를 이루기 위한 새로운 정치는 '세상의 정치가 아닌 마음과 사실에 근거한 존재자로서의 존재의 정치'이다. 21세기의 혼탁한 대한민국에서 심원의 사실적 존재론의 평화철학이 절실히 요구되는 이유이다.

## 참고문헌

老子,『道德經』.

김형효(1968),「Le sensible et l'ontologique dans la philosophie de G.Marcel 가브리엘 마르셀의 哲學에서의 감각적인 것과 존재적인 것」, 박사 학위 논문, 루벵대학교 L'Institut Supérieur de Philosophie de l'université de Louvain).
_____(1989),『가브리엘 마르셀의 具體哲學과 旅程의 形而上學』, 인간사랑.
_____(2000),『하이데거와 마음의 철학:『존재와 시간(Sein und Zeit)』을 소화하기 위한 해석』, 청계.
_____(2002a),『하이데거와 화엄의 사유』, 청계.
_____(2004b),『사유하는 도덕경: 철학으로 다시 읽는 노자』, 소나무.
_____(2004c),『철학적 사유와 진리에 대하여1』, 청계.
_____(2004d),『철학적 사유와 진리에 대하여2』. 청계.
_____(2006),『원효의 대승철학』. 소나무.
_____(2010),「자기 존재의 힘을 극대화하는 창조적 인간」, 서강대학교 개교 50주년 기념 국제학술대회 논문집『미래를 여는 창조적 인간』, 서강대학교 출판부.
_____(1976/2015),『평화를 위한 철학』(철학전작1), 소나무.
_____(1976/2015),『현실에의 철학적 접근』(철학전작2), 소나무.
_____(1976/2015),『한국사상 산고』(철학전작3), 소나무.
_____(1985/2015),『한국정신사의 현재적 인식』(철학전작4), 소나무.
_____(1985/2015),『동서철학에 대한 주체적 기록』(철학전작5), 소나무.

Lao-tzu, *Te-Tao Ching*. Trans. and commentary, Robert Henricks (1991). Rider.
Lao-Tse, THE TAO TEH KING(or THE TAO AND ITS CHARACTERISTICS), James Legge(1891).

# 2부

___

## 선생과의 인연

# 1장

## 제자들

# 심원(心遠) 김형효(金炯孝) 선생을 기리며

**손병욱**

(경상국립대학교 명예교수)

## 1. 심원 선생의 강의

필자는 1981년 3월 초, 한국학대학원 제2기 신입생 입학식 때 한국정신문화연구원(현 한국학중앙연구원) 대강당의 단상에 앉아 계시던 심원 선생의 모습에서 남다른 느낌을 받았다. 이미 입시 때 면접에서 뵌 적이 있었고 이후 이분에 대해서 나름대로 알아본 바 있지만, 그때의 인상 때문인지 몰라도 필자의 시선은 자연히 심원 선생으로 향하였다. 여러 보직자들과 함께 묵묵히 앞을 응시하면서 앉아계시던 그 모습에서 풍겨 나오는 범상치 않은 기운에서 받은 느낌은 한 마디로 '앞으로 그 가르침이 매우 기대된다'는 것이었다.

이후 필자는 대학원 석사과정 2년 동안 한 학기도 거르지 않고 심원 선생의 강의를 들으면서 차츰 그의 강의에 심취해 갔다. 강의실 탁자에 강의록 노트를 펼치고 그 앞의 의자에 반듯이 앉아서 수강생을 대상으로 지긋이 눈을 감았다 떴다 하면서 흑판의 판서와 함께 동서고금의 제반 종교와 철학을 종횡무진 논하는 그 강의는 정말 일품이었다. 필기하기에 바쁜 와중에도 이 분의 강의는 한 학기 내내 초점을 놓치지 않으면서도 분명한 줄기를 세워나가는 그런 강의임을 잘 알기에 한 마디도 놓치지 않으려고 긴장을 하곤 하였다.

심원 선생의 강의는 잘 짜인 한 편의 드라마처럼 폭넓고 또 깊이 있게 전개되었고 따라서 조금도 한 눈을 팔 여가가 없었다. 그러나 정신을 바짝 차려 들어도 때로는 그 맥락을 놓치곤 했다. 그랬을 때는 강의 끝나고 기숙사로 와서 룸메이트로부터 그 부분에 대해서 추가 설명을 듣고 필기노트를 보완해야 했다. 해박한 식견에 더하여 매 주 한 번의 강의를 위해서 강의 준비에 만전을 기하는 선생의 노력 덕분에 필자는 4학기 내내 늘 다른 주제의 강의를 접할 수 있었다. 다 이해하지는 못해도 강의가 끝나면 이런 강의를 들을 수 있다는 그 사실 자체에 마음이 뿌듯하였다.

당시 한국학 대학원에는 한국학 각 분야에서 그 동안 주목할 만한 연구 성과를 기록하며 두각을 나타내기 시작한 일류학자들이 포진하고 있었다. 이곳의 강사진은 국내의 다른 어느 대학에서도 만나기 어려울 만큼 우수했다고 할 수 있다. 저술활동으로 이미 유명세를 타고 있었던 각 분야, 특히 문·사·철 분야 최고 전문가들의 강의 내용, 강의방식, 혹은 학생지도 방식을 직접 접하거나 아니면 같은 기숙사에서 생활하는 동기, 선·후배로부터 전문(傳聞)할 수 있었다.

대학원 강의라면 당시 국내 다른 대학에서도 그랬고 지금도 그렇지만, 교수 자신이 직접 쓴 저술이나 논문을 강의 자료로 제공하고 이것을 중심으로 수강생들이 읽고 토론하는 그런 방식이 주종을 이루었다.

그렇지만 심원 선생의 강의는 달랐다. 이미 스스로 여러 권의 저술과 또 많은 연구 성과가 있었음에도 한 번도 이런 것들을 다루지 않았다. 늘 두꺼운 노트에 만년필을 이용하여 달필로 정서하여 작성한 강의록으로 강의하셨고, 따라서 이 분의 강의는 한 번도 그 내용이 중복되지 않고 언제나 신선하고 새로웠다. 어떻게 이런 일이 지속적으로 가능하단 말인가?

이러한 필자의 궁금증에 대해서 언젠가 말씀하셨다. 대학원 강의는 매주 3시간씩 한 번 있는데, 이 강의를 위해서 일주일 내내 준비하신다는 것이었다. 이런 삶이 오랫동안 지속되어서 이제는 완전히 습관화되었기에 이렇게 하는 것이 어렵지 않고 너무나 자연스럽다고 하셨다. 여하튼 필자로서는 아직껏 이런 강의를 접한 적이 없었기에 이 분의 강의는 늘 기대를 모았다. 그리고 갈수록 그의 카리스마는 빛을 더했다.

심원 선생이 서강대학교에 근무하고 계실 때 이 분의 강의는 서강대학 '삼대 명강의'에 속했다는 말을 들으면서 이 말이 허언이 아님을 확신할 수 있었다. 그리고 그 비결도 알 수 있었다. 그렇다고 하더라도 그의 학문의 길은 아무나 쉽게 흉내 낼 수 없었기에 그의 존재감은 필자에게는 세월이 갈수록 더욱 더 크게 와 닿았다.

이러한 필자의 심원 선생에 대한 경외심은 필자와 2년 동안 룸메이트로 지낸 경북대학교 명예교수 방인이 여러 번 필자에게 한 말에 의해서 더욱 커졌다. "저것이야말로 진짜 철학 강의다. 철학 강의는 저렇게 해야 하는데, 한국에서는 아직 저렇게 강의하는 분을 보지 못했다." 방 교수는 학부에서부터 철학을 전공하면서 각 분야 최고라고 하는 학자들의 강의를 들었던 경험이 있었고, 따라서 그의 말은 설득력이 있었다. 이에 필자 자신이 심원 선생의 강의에 심취하고 있었기에, 스스로 현재 한국에서 들을 수 있는 가장 우수한 철학 강의의 한 전형을 접한다는 생각에 마음으로부터 더욱 더 경도되어 갔다.

## 2. 지속된 심원 선생과의 인연과 가르침

필자는 대학원 석사과정 2년에 더해서 현재의 경상국립대학교에 근무할 당시, 한국정신문화연구원 파견교수로서 1993년 1년 동안 심원 선생을 뵙고 다시 두 학기 동안 그 강의를 청강할 수 있었다. 강의에 대한 감동은 예나 그때나 전혀 다르지 않았다. 그러면서 자주 연구실로 찾아뵙고 많은 사적인 대화를 나눌 수 있었다. 이제 그 추억을 더듬어 보자.

대학원 시절에도 그랬지만 그 이후로도 개인적으로 만나면 매우 따뜻하고 친절하셨고, 또 상대방을 챙기시는 그런 인품이었다. 생활은 검소하면서도 소탈하였지만 어떤 옷을 입어도 매우 어울리는 멋쟁이셨다. 아울러 상대방을 편안하게 하면서도 그 말을 경청해 주었다. 그러면서 무언가 도움을 줄 일이 있으면 발 벗고 나서서 도우려고 하였다. 만남의 인연을 소중하게 여기는 분으로 사람을 대할 때 늘 진심을 다하였다고 본다. 1993년 당시 주로 연구실에서 차를 마시면서 틈나는 대로 자기의 성장과정, 그리고 철학에 대해 관심을 갖게 된 계기 등에 대한 말씀을 들을 수 있었다.

심원 선생은 경남 의령 출신으로 마산에서 중·고등학교를 다니셨고, 어릴 적 조합원으로 계셨던 아버지를 따라서 남해안 쪽에서 생활한 적도 있다고 하셨다. 어려운 형편은 아니었지만 선생의 어머니께서 늘 "형편이 좀 더 퍼이면 '칠첩 반상기'를 마련해야 한다"고 하신 말씀 이 생생하다고 하였다. 고등학교 다닐 때 당시 철학 교수로서 저술활 동을 열심히 하였던 안병욱 교수의 책을 읽고 철학에 관심을 가졌고, 이것이 서울대학교 철학과로 진학하게 된 계기가 되었다고 하셨다.

대학원 1학기 때 한국철학과에서 경기도 여주의 신륵사로 춘계 야유 회를 간 적이 있었다. 그때 심원 선생은 두 아드님 가운데 장남을 데리 고 오셨다. 당시 필자가 심원 선생 부자와 찍은 사진을 오랫동안 보관 하면서 추억에 잠기곤 했던 기억이 난다. 이후 들으니까 이 장남은 결 혼하여 강원도 원주 쪽에서 군무원으로 근무하고 있다고 하였다.

심원 선생이 한국정신문화연구원 부원장을 거쳐서 정계에 입문하여 당시 민정당 전국구 국회의원으로 계실 때, 현재의 경상국립대학에 전 임강사로서 막 자리를 잡고 고려대학교 대학원 철학과 박사과정에 적을 두고 있었던 필자가 잠실 선수촌 아파트에 계시던 심원 선생을 방문한 적이 있었다. 필자가 한국학대학원 석사과정을 마치고 모교였던 경상국 립대학으로 처음에 올 때, 심원 선생께서는 필자를 불러서 당시 친분이 있었던 경상대학교 총장 앞으로 사신 겸 추천서를 써 주시는 등으로 많은 도움을 주셨다. 이후 조교생활 2년을 거쳐서 전임강사가 되는 과정 에서도 또 다시 추천서를 써 주셨기에 감사의 인사차 방문한 것이다.

당시 심원 선생께서는 현직 국회의원으로서 느낀 바를 말씀하셨다. 학계에서 봤던 것과 실지로 정치계에 발을 디딘 뒤의 상황은 그 괴리감 이 크다고 하셨다. 무언가 한국의 교육을 올바른 방향으로 나아가게 하는데 힘을 보태고자 해도, 정당간은 물론이고 같은 당 국회의원 간 에도 그 의견 조율이 쉽지 않아서 답답함과 함께 무력감을 느낀다고 하셨다. 느낌으로는 매우 힘들어 하신다는 생각이 들었다.

이후 심원 선생께서는 짧은 정치계 생활을 청산하고 다시 학계로 돌아오셨다. 당시 전두환 정권에 대한 지식인들의 반감이 강하던 때여서 선생께서는 많은 곤욕을 치르셨다고 들었다. 그러나 선생은 '한 번 정계에 입문했던 사람은 설령 떠나더라도 계속 미련을 갖고 기웃거리기 마련'이라는 세간의 속설과는 완전히 다른 모습을 보여주었다. 당시 학계로 재진입하는 과정에서 선생을 오해한 일부 학생들의 모욕을 견뎌내신 뒤에는 철저하게 학문의 세계에 몰입하는 생활을 하셨던 것이다. 정계와는 완전히 단절하셨고, 그 이후 정년하실 때까지 엄청난 학문적 성과를 기록하였다. 이는 심원 선생이 조금의 미련도 없이 초심으로 돌아와서 학문에 전심치지(專心致志)하였음을 보여주는 움직일 수 없는 증거라고 해야 할 것이다.

1993년 당시, 필자는 한 번씩 연구실동 옥상에서 벽면을 향하여 서서 지긋이 눈을 감은 채로 일종의 요가운동을 하시던 심원 선생의 모습을 목격하곤 하였다. "연구실에서 저술활동을 하다가 피곤하면 이렇게 몸을 풀면서 집중력을 기르시는구나" 하고 여겼다. 일체의 여기(餘技)를 접은 채 마치 목숨을 아까워하지 않고 선 수행에 몰두하는 스님처럼, 자기의 내면에 고이 저장해둔 깊은 철학적 사유의 결과물들을 저술과 논문으로 드러내기 위해서 전력투구하는 치열한 삶을 사셨던 것이다. 학계 재진입 이후 정년 때까지 이러한 삶에 의해서 쌓아올린 선생의 학문적 성과는 앞으로도 그것을 뛰어넘는 철학자가 나오기란 결코 쉽지 않을 것이라고 여겨질 만큼 질과 양의 양면에서 대단하였다고 생각한다.

심원 선생은 한 마디로 철학자이기 이전에 애국자였다. 그 분의 현실을 보는 눈은 정확하였다. 우리 시대 건전한 한국의 지식인이라면 누구나 다 가슴에 품었을 비전(vision)인, 자유민주주의 체제에 의한 평화로운 조국 통일의 꿈! 그리고 정신과 물질의 조화로운 발전에 의한 민족번영의 꿈을 심원 선생은 늘 지니고 계셨다고 본다. 그랬기에 심원 선생은 박정희를 누구보다도 깊이 이해할 수 있었고, 이에 그가 가고자 하는 길이 국가와 민족의 융성과 발전을 위한 첩경이라는 확고한 생각에서 학문적으로 그의 통치에 도움이 되는 일을 하고자 하였다.

새마을 운동을 이론적으로 뒷받침하려고 한 것이 그것이다. 이 과정에서 '어용교수'라는 공격을 받아서 많은 지식인들에게 매도당했지만, 심원 선생은 그의 생각을 바꾸지 않았다. 어떤 이해관계에 따라서 무슨 보상을 바라고 한 일이 아니었기에 세상의 비난에 초연할 수 있었다고 여겨진다. 언젠가 이런 말을 하는 것을 필자가 들은 적이 있었다.

"세간에서는 흔히 내가 박정희 대통령과 무슨 사적인 인연이 있어서 무언가를 바라고 그를 지지한 것으로 아는데, 이는 전혀 사실이 아니다. 나는 한 번도 박 대통령을 만난 적이 없다. 당시 새마을 운동을 지지한 것은 내 학문적 양심에 입각한 행동이었다. 그러나 박 대통령이 이런 나를 좋게 생각했던 것은 사실인 듯하다. 내가 쓸개를 제거하는 수술을 한 적이 있는데, (그래서 '현재는 쓸개 없는 사람이 되었다'고 해서 웃음) 입원하고 있을 때 큰 영애(박근혜 전 대통령)가 병문안을 온 적이 있었다. '아버지가 대신 문병을 하고 오라고 해서 왔습니다. 아버지가 선생님께 관심이 많으십니다'고 하더군." 필자 외에도 이 말을 들은 사람은 더러 있을 것이다. 이것은 심원 선생이 직접 한 말이므로 정확한 사실이었다고 할 수 있다.

언젠가 심원 선생은 이런 말을 하셨다. "박정희 대통령이 설령 진선진미(盡善盡美)하지는 못했을지라도, 앞으로 이만한 대통령이 나오기란 결코 쉽지 않을 것이다." 필자도 이 말씀에 전적으로 동감하며, 이후의 헌정사에서도 이것은 사실로서 입증된다고 하겠다.

이러한 연장선상에서 심원 선생은 전두환 대통령의 부름에 응하여 현실에 참여하려고 하였다. 당시에 박정희와 전두환은 주로 학계의 학자들 대다수로부터 군사 독재자라고 하는 비난을 받았지만, 이후의 역사전개과정을 본다면 앞으로 이 두 지도자에 대한 평가는 분명 달라질 것이다. 아마 우리의 역사가 올바른 방향으로 나아간다면 세월이 흐를수록 두 지도자는 제대로 평가 받을 것이고, 그때 가서는 제대로 사람을 볼 줄 알았던 심원 선생의 안목에 대해서도 재인식하게 될 것이다.

세간에서 한 때 오해했던 것처럼 심원 선생이 '어용'인가? 줏대 없이 권력에 빌붙어 곡학아세하며 개인적인 출세와 명예, 그리고 금전적인 이익을 도모하는 이를 어용이라고 하는 것으로 알고 있다. 그랬을 때 심원 선생은 어용과는 가장 거리가 먼 학자였다고 하겠다. 당대 어느 철학자보다도 창의성이 뛰어났던 분이며, 뚜렷한 주관을 지니되 그것이 객관성과 합리성을 확보하고 있었다는 사실을 부정하기란 쉽지 않을 것이다. 이런 심원 선생을 어용이라고 하는 것은 마치 조선조 임진왜란 시에 국난 극복을 위해서 가사장삼과 목탁 대신 갑옷과 창칼을 들고 승병을 일으켜서 싸운 서산대사를 일컬어서 권력을 탐한 권승(權僧)이라고 하는 것과 같은 어불성설의 요설이라고 본다.

동서고금을 관통하는 해박하고 심오한 철학체계를 구축한 철학자라고 할지라도 그 학문적 성과가 내가 두 발 디디고 살고 있는 지금 여기의 대한민국, 그 현재와 미래에 도움이 안 된다면 그 해박하고 심오함이 무슨 의미가 있겠는가? 필자가 이해하기로는 심원 선생의 철학자로서의 자세는 늘 이에 기반을 두고 있었다고 하겠다. 선생은 철학자이기에 앞서 대한민국을 사랑하되 현실상의 난제들을 고민하며 그 해법을 제시하고자 하는 의식이 충만하였던 진정한 애국자였다. 바로 그렇기에 이러한 삶의 소산인 선생의 학문적 업적은 세월이 갈수록 더욱 빛을 발하리라고 보는 것이다.

## 3. 심원 선생의 가르침을 새기며

필자 같은 천학비재의 둔근기가 심원 선생 같은 스승을 만나서 그 훈도를 받고, 또 비록 짧은 기간이나마 가까이서 그분을 지켜볼 수 있었다는 것 자체가 커다란 행운이었다고 느껴진다. 24년간에 걸친 기나긴 학창시절을 통해서 필자는 많은 분들에게 가르침을 받았지만, 솔직히 말해서 심원 선생의 가르침만큼 마음에 와 닿았던 적이 없었다. 이는 필자뿐 아니라 아마 심원 선생의 가르침을 받았던 많은 사람들 역시 같은 생각이 아닐까 하고 여긴다. 정말 이 시대에 만나기 어려운 스승이었고, 비록 그 분이 걸어간 그 길을 제대로 걸어가지 못하고 여전히 그 흉내조차도 못내는 못난 제자이지만, 그분의 가르침은 이후 필자의 삶에 하나의 나침반으로서 자리 잡고 있다고 하겠다. 그러나 학문적인 측면에서 한 마디 한다면, "정말 닮고 싶지만, 엄두를 낼 수 없는 분"이었다고 해야 할 것이다.

심원 선생이 아낀 수제자의 한 사람이었던 한국학대학원 명예교수 최진덕은 필자에게 심원 선생이 돌아가시기 전에 이런 말을 한 적이 있다고 하였다. "앞으로 해야 할 공부는 두 가지이다. 첫째는 명상이고 둘째는 과학이다. 철학은 해 보니까 굳이 필요한 학문이 아니다." 물론이 말의 깊은 뜻을 필자가 다 이해했다고 할 수는 없지만, 동서철학의 대가이셨던 심원 선생께서 만년에 강조하신 명상과 과학 중에서 필자가 그래도 열심히 명상 수행을 하고 있음에 안도하였다.

비록 과학 분야에는 지식이 부족하지만, 과학 대신 종교 가운데 가장 과학적이라고 할 불교공부를 지속적으로 한다는 사실에서 최 교수가 전해 준 심원 선생의 말씀은 커다란 격려로 와 닿았다. 필자는 명상과 과학을 종합한 것이 바로 불교공부라고 여긴다. 그리고 불교공부를 통해서 도달하고자 하는 깨달음의 경지는 매우 초과학적이라고 하겠는데, 이는 앞으로 과학이 구명해야 할 미래의 과제라고 해야 할 것이다.

심원 선생의 만년을 누구보다도 잘 아는 최 교수는 이런 말을 필자에게 했다. "만년의 심원 선생은 출가하지 않은 스님과 같았다. 집 안에 단을 마련하여 불상을 안치하고 아침저녁으로 승복을 입고 예불을 드리곤 하였다"고 했다. 그러고 보니까 필자가 2005년 심원 선생의 정년퇴임식 때 참석했던 기억이 떠오른다. 당시 고별강연의 제목이 "色卽是空, 空卽是色의 철학"이었다. 이는 각주가 붙지 않았을 뿐이지 한 편의 훌륭한 논문이었다. 이때 심원 선생은 일체의 군더더기 없이 사전에 마련하여 배부된 강연 책자를 죽 읽어 나가셨다. 필자는 열심히 밑줄 쳐 가면서 경청하였다. 선생의 고별강연은 불교에 국한되지 않고 동서를 넘나들면서 불교적 진리의 세계를 논하였다. 내용이 심오하였고 따라서 한 번에 충분히 이해하지는 못했다. 집으로 와서도 여러 번 읽었다. 그리고 어느 정도 내용 파악이 되자 이런 내용의 글은 나만 읽을 것이 아니고 공유해야 한다고 여겨서, 책자를 여러 권 복사한 뒤 주변의 지인들에게 나누어 주기도 했다.

이후 시간이 좀 지나서 분명히 알 것 같았다. 그때 이미 심원 선생은

'색즉시공의 깨달음'에 도달하셨고, 이제 이러한 깨달음에 의거하여 앞으로 정년하면 '공즉시색의 삶'을 살겠다고 선언하신 것이라고. 이것을 『금강경』 제7분에서는 "일체의 성현이 모두 다 무위법에 입각하여 차별하는 삶을 산다[一切賢聖, 皆以無爲法, 而有差別]"고 표현한 것으로 필자는 이해한다. 실지로 심원 선생께서는 이런 삶을 사신 것으로 들었다. 선생의 만년에 이르러 정치적인 상황이 매우 걱정스럽게 전개되었지만, 선생께서는 스스로도 어떻게 해 볼 수 없는 현실 속에서 그저 담담히 바라보되 마음의 평온을 잃지 않는 달관적 자세를 유지하셨을 것으로 여겨진다.

이제 선생께서는 틀림없이 윤회의 사슬을 벗어나 생멸이 없는 절대의 경지에서 노닐며, 영생을 누리고 계시리라고 본다. 필자가 한 가지 소망한다면, 부디 평소 사랑을 아끼지 않으셨던 이 땅에 다시 원생(願生) 하셔서 하화중생의 교화의 손길을 펼쳐주셨으면 하는 바람이다. 그리고 혹시라도 그 과정에서 다시 한 번 심원 선생을 뵙고 가르침을 받는 행운을 만나게 되면, 이번 생에 은혜만 입고 제대로 할 일을 못한 못난 제자이지만 그 때만큼은 꼭 제자로서의 도리를 다하여 우러러 모시겠노라고 다짐하면서 글을 맺는다.

# 여명의 철학자, 김형효

## 최진석
(서강대학교 철학과 명예교수 / 새말새몸짓 이사장)

1992년 북경의 어느 날, 늦은 봄이었다. 볕은 딱 기분 좋을 만큼 뜨겁고 넉넉했다. 나는 중국의 北京語言學院(지금은 語言大學) 중국어 고급과정을 다니고 있었다. 한쪽에서는 북한에서 온 학생 하나가 외국인들에게 태권도를 가르치고 있었고, 나는 그늘 좋은 나무 아래에서 한국 집에서 온 소포를 뜯었다. 김형효 교수님의 책이다. 서문에서 "승화되지 못한 이데올로기"로 고통받았던 지난 시절을 언급하신 대목을 읽다가 나는 목이 메었다. 승화되지 못한 이데올로기! 내가 대학 1학년인가 2학년 때, 캠퍼스에는 어용교수 문제가 큰 이슈였다. 김형효 교수님은 새마을 운동을 지지하고, 박정희 대통령의 통치에 대하여 철학적 근거를 제공하던 일들로 어용교수로 몰리셨다. 그때 나는 김형효 교수님 연구실 앞에서 "어용교수 물러나라!"는 구호를 외치면서 대오 꽁무니를 따라다녔다.

1990년 8월 23일 나는 다니던 서강대 철학과 박사과정을 자퇴하고, 중국 하얼빈의 흑룡강대학에 갔다. 그냥 거친 땅 어느 곳을 헤매며 삶 전체를 다시 성찰하는 기회가 필요했다. 수교도 되지 않은 사회주의 국가 중국, 그것도 하얼빈을 택했다. 하얼빈에서 나는 북한 유학생들과 면식을 트고 지냈다. 어느 날, 나하고 친하게 지내던 북한 학생이 어떤 낯선 사람과 함께 이야기하면서 다가왔다. 나는 반가운 마음에 인사를 건네려고 하는데, 북한 학생은 나를 애써 외면했다. 그의 표정에서 나를 모른 체해야만 하는 곤혹스러움을 읽었다. 서로를 경계하고 의심하고 숨겨야만 살아갈 수 있는 나라라면 어떻게 설명하더라도 살만한 나라는 아니다. 더구나 추종해야 할 모범적인 나라로 받아들일 수는 절대 없다. 나는 하얼빈에 온 지 백 일 만에 심하게 앓았다. 사회주의와 북한을 자본주의와 대한민국의 비판적인 대안으로 간주하던 대학가의 습성과 인식을 극복하는 일이 그만큼 어려운 일이었나보다. 중국에서 북한 학생들도 만나보면서 사회주의 국가에 대하여 얻은 결론은 다음의 몇 가지 단어로 남았다. 가난, 감시, 통제, 불안, 공포, 독재, 억압, 타율. 그리고 얼마 지나지 않아 소련 해체도 가까이서 지켜보면서 나는 북한을 동경하거나 사회주의에 희망을 거는 일 따위를 하지 않게 되었다. 자본주의의 모순은 자본주의의 수정으로 가능하지, 사회주의로 대체해서는 불가능하다는 것도 알게 되었다. 박정희 비판이 박정희 수정으로 귀결되어야지, 박정희를 버리고 바로 김일성 품으로 달려갈 일이 아니라는 것도 알게 되었다. 나는 내가 들은 것을 신념화하지 않고, 내가 직접 본 것을 바탕으로 내 신념을 스스로 생산하였다.

　이런 식으로 사고의 진화를 겪고 난 지 얼마 지나지 않아서 내가 김형효 교수님의 '승화되지 않은 이데올로기'라는 구절을 봤으니, 죄책감과 부끄러움 등이 뒤섞여 목이 메지 않을 수 없었다. 당시 한국과 중국 사이에 국교가 수립되지 않아 비자 문제도 복잡하고 비행기 삯도 부담 되었지만, 그런 것은 아무것도·아니었다. 그만큼 조급했다. 나는 어떻게 해서든지 하루라도 빨리 귀국하여 김형효 선생님께 용서를 구하고, 그분의 마음을 조금이라도 편하게 해드리고 싶었다. 아마 사흘 후였을 것이다. 나는 바로 귀국하여 김형효 교수님을 찾아뵈었다.

김형효 교수님은 20대부터 더 좋은 나라를 만들어보려던 자신이 너무 순진했으며, 이제는 그런 것이 다 헛된 정열이었음을 알게 되었다고 하셨다. 환멸을 느낀다고도 하셨다. 그분의 마음속에 회한과 화가 깊고 넓게 퍼져 있음을 짐작할 수 있었다. 내가 찾아뵈었을 때는 젊은 시절에 공부하셨던 루뱅대학에서 더 깊이 공부하고 돌아오신 직후였다. 그날 내게 해주셨던 말씀 중에 비교적 깊이 새기고 있는 내용이 『구조주의의 사유체계와 사상』 머리말에 잘 정리되어 있다. "오랜 세월 속에 축적된 과학지식에서의 평균적 역량과 아름다움을 생활 속에 자연화시키는 감수성의 질 – 아름다움이 없는 도덕은 거친 소음만을 낳는다 – 이 없이는 선진문화 민주국가가 되기 어렵다." 그러면서 또 내게 너무 가난하지 말 것을 당부하셨다.

교수님은 국비장학생 자격으로 루뱅대학 철학과에서 유학하셨다. 당시 교수님의 어머님께서 힘들게 마련해주신 20달러가 소지한 전 재산이었다. 동경에서 비행기를 갈아타느라 1박을 하셨다. 다음 날 아침 일행들이 식사하러 가자고 방문을 두드리는데, 교수님은 안 먹어도 된다면서 식사를 거르셨다 한다. 나중에 벨기에에 가서야 아침 식사가 호텔 값에 포함되어 있었다는 사실을 알고, 돈을 아끼려 밥을 먹지 않고 벨기에까지 배고픔을 참으며 왔던 그 기억에 참 서러웠다고 말씀하셨다. 너무 가난하면, 이렇게 비굴해질 수 있으니, 너무 가난하지는 않게 살아야 한다는 당부도 해주셨다. 이런 가난의 기억 때문에 김형효 교수님은 이 나라를 더 잘 사는 나라로 만들어야 한다는 강한 신념을 가지셨던 것이 아닌가 한다. 교수님은 1968년에 루벵대학에서 철학박사 학위를 받으셨다. 그렇다면, 대한민국이 한참 기아선상에서 어려울 때이다. 대한민국은 1973년에야 기아 국가에서 벗어났다. 1인당 국민 소득이 처음으로 365달러를 넘어선 것이다.

그 뒤로 나는 김형효 교수님과 지적인 교류에서 그치지 않고 철학자의 태도나 영혼의 승화 등에 대해서도 깊이 있게 교류하였다. 철학자를 넘어 철학가가 되는 일도 논하였다. 내가 여기서 은사님이셨던 교수님과 '교류'를 했다고 버릇없이 표현하는 까닭은 교수님의 학자적 객관성과 겸손의 향기가 매우 강했기 때문이다. 진짜 아는 사람의 글은 쉽고, 깨달은 자는 낮으며, 가장 높은 영혼은 명랑하다는 것을 몸소 보여주셨다. 교수님은 헛된 정열이나 환멸로 표현되던 회한을 넘어 철학적 사유의 극점에 이르신 후, '신의 명랑성'에 도달하셨다. 그리고 철학가로서의 인격적 교류가 얼마나 즐거운 일인지를 나와 명랑하게 나누면서 기뻐하셨다. 나는 '광이불요(光而不耀)'한 교수님의 눈빛과 아직 웃음을 배우기도 전의 어린애 같은 미소를 내 영혼의 한 가운데에 심어두었다.

하지만, 김형효 교수님은 외로우셨다. 철학계마저도 교수님을 외면하기 일쑤였다. "시선의 높이가 삶의 높이이다"는 말을 인정하면서 우리 삶의 현장을 관찰하다 보면, 우리에게 철학적 높이의 시선이 있기는 한가라는 의문을 품지 않을 수 없다. 사실, 동양에는 철학과 과학이 없었거나 아주 미미했다. 철학과 과학보다는 사상(이데올로기)과 기술이 더 중심이었다. 중국과 일본은 아편전쟁 이후에 전국이 동원되어

철학과 과학을 학습하는 기간을 가졌지만, 우리는 아직 그런 적이 없다. 시선의 높이나 사유의 질을 놓고 볼 때, 우리가 이렇게 척박해도 되는가 하는 의문이 들더라도, 그것을 이해할 수밖에 없는 역사를 지니고 있다. 이런 환경 속에서 김형효 교수님은 '철학이 무엇인지를 알고 철학을 하는' 혹은 '철학적 사유를 철학적 방법으로 하는 철학자'셨다. 철학을 여러 가지로 설명할 수 있겠지만, 그중에서도 선명한 특징은 자신의 세계에서 포착한 구체적인 문제를 보편의(추상적인) 높이로 해결해내는 것이다. 자신이 포착한 고유하고도 구체적인 문제가 없으면 철학적 사유는 시작되지 못한다. 철학은 남들이 한 사유의 결과를 수용하여, 그것으로 자신의 세계를 해석하고 조정하는 것이 아니다. 자신의 독립적인 사유로 자신의 문제를 보편의(추상적인) 높이에서 해결해내는 것이 철학이다. 세계를 사유하는 것이 철학이지, 사유의 결과를 사유하는 것이 철학은 아직 아니다. 김형효 교수님은 분명한 문제의식을 품고 계셨다. 가난을 극복한 떳떳한 나라를 세우는 일, 자유주의를 지키는 일, 인격 혁명과 사회혁명을 동시에 완수하는 일, 갈라진 이념성을 분열이 아니라 조화로 승화하는 일, 주자학적 명분론을 극복하는 일 등 종합적으로 당시 우리나라가 안고 있는 모든 문제를 자신이 해결해야 할 문제로 떠안는 '철학의 길'을 당당히 걸으셨다. 그의 저작은 모두 이런 '문제'들을 해결하려는 철학적 사유의 노고가 낳은 결과물들이다. 선구자가 외롭지 않다면, 그것도 이상하다. 그의 외로움과 따돌림은 그가 유일한 철학자였음을 오히려 증명한다.

이렇듯 우리 사회는 그를 받아들일 정도로 "과학지식에서의 평균적 역량과 아름다움을 생활 속에 자연화시키는 감수성의 질"이 준비되지 못했다. 선구자적 의식을 가진 교수님은 그것을 어떻게든 해보려는 공심(公心)을 품으셨지만, 우리에게는 아직 그 깃발에 다가갈 정도로 성숙한 사고력이 배양되어 있지 않았다. 일반적으로 "미네르바의 부엉이는 황혼 무렵에 날개를 펴"지만, 교수님은 우리에게 여명을 깨우며 오셨고, 우리는 아직 잠들어 있었다. 너무 오래, 너무 깊이 잠든 것이 아닐까? 우리는 이 잠에서 깰 수 있을까? 김형효 교수님을 존경하는 마음이 부풀어 오르려 하면, 그보다 먼저 이 답답한 질문들이 앞선다. 잠든 사람들이 깨어나기 전까지, 이렇게 질문하는 일이 아마도 내가 김형효 교수님을 추모하는 한 방식으로 굳을 것 같다. 나는 그를 '여명의 철학자'로 부르고 싶다. 철학이 아직 시작되지 않은 땅에서, 그는 철학의 새벽으로 왔다 갔다. 그가 철학이 무엇인지 알고 하는 첫 사람이었다면, 철학적 방법으로 철학을 하는 첫 사람이었다면, 그는 한반도의 첫 철학자일 것이다.

# 선생님과 나의 복사 인생

**정우영**
(한학연구가)

 

 

정문연[한국정신문화연구원, 현 한국학중앙연구원] 한국학대학원 석사과정의 때의 일이니 어언 30년하고도 몇 년이 지난 일이다.

어느 날 선생님께서 다른 학생 한 명과 함께 나를 부르시더니 보자기 더미를 하나 내보이셨다. 책을 다 써서 원고를 출판사에 넘겨야 하는데 그냥 넘기기에는 좀 염려되어 별도로 한 부를 더 복사해 두고 싶다 하셨다. 둘은 그 보자기에 쌓인 원고 뭉치를 안고 당시 연구원 매점 옆에 있었던 복사집에서 한 장씩 복사해서 드렸다. 선생님께서는 수고했다 하시면서 함께 점심을 사주셨던 기억이 있다. 당시 판교 허허벌판에 있었던 '춘풍령'이란 식당이었다. 나는 이날 처음으로 선생님이 운전하시는 승용차['스텔라'라는 현대자동차로 기억된다.]를 타 보았다.

이 책이 바로 『구조주의의 사유체계와 사상』이다. 선생님께서 책 서문에 인용과 참고도서를 제외하고 원고지 1,299장이라 밝혀 놓으셨다.

당시만 해도 복사기에 원고를 자동으로 입력하는 기능이 없었던 때라 한 장씩 직접 판에 얹어 작업했을 성싶다.

나는 그때, 언제쯤 나는 이런 책을 한번 써보나 하면서 그 원고 뭉치를 안고 복사집으로 가면서 했던 생각이 아직 기억에 남아 있다. "이걸 내가 실수로 잃어버리면 어떡하지?" 중학교 때인가 어느 유명한 역사가가 쓴 책 원고를 하인이 실수로 불쏘시개로 써버려 잿더미로 변했는데, 이런 불행을 딛고 다시 책을 완성했다는 교훈을 배웠던 기억을 그때 떠올렸었다. [*이 글을 준비하면서 검색해보니 영국의 역사가 토마스 칼라일의 『프랑스혁명사』 원고가 하녀의 실수로 불타버렸는데 다시 완성했다는 일화를 찾을 수 있었다.] 컴퓨터 작업을 하다가 한 두장만 잘못될 뻔하여도 가슴이 철렁 놀라는데 선생님은 일생의 저작을 잠시나마 맡기셨으니 그 담대하심에 새삼 놀라게 된다.

"선생님! 이 원고 한 부 더 복사하여 그 한 부는 제가 가지면 안 될까요?" 그때 그랬더라면 흔쾌히 그러라고 하셨을 것 같다.

그 육필 원고를 지금 가지고 있다면 내게는 필생의 보물이겠으며, 다음에 만들어질 〈심원 기념관〉[가칭] 한 자리를 의젓이 채울 수 있는 귀중한 유품이 될 텐데 아쉽기 그지없다.

그 뒤 나는 박사반 진학 시험에 낙방하여 잠시 학원에 머물렀다. 그 잠깐이고자 했던 외도가 나의 업이 되어 교원 임용고사 강의를 20여년 하면서 학문의 길에서는 차차 멀어졌다.

나는 그 뒤로 줄기차게 복사기를 돌리는 인생이 되었다. 시험을 준비하는 학원강의는 매주 보조 자료를 만들어 제공해야 하는데, 내가 만드는 자료는 주로 책을 복사해서 오려 붙이고 그걸 다시 복사해서 저본[底本]을 만들어야 했다. 한문이란 과목의 특성상 해석본과 관련 자료가 매주 넘쳐났다. 연구자에게 한문 문집을 영인하여 만든 원전 자료집이 필요하듯이 수험생들에게는 해석본과 해설을 한 곳에 모아 이를 찾느라 보낼 시간을 절약해줄 자료집 또한 아쉬웠다. 그래서 만들어 본 책이 『전공한문 학습자료집』이다. 이 자료집은 만들다 보니 4권으로 3,000페이지에 가까웠는데, 한 장의 저본을 만들기 위해서는 3~4장의 복사 초본이 필요했으니 복사한 매수는 만장쯤 되었다는 계산이 나온다. 나는 그렇게 원본을 복사해서 일일이 오리고 붙이고 그걸 다시 복사하여 저본을 직접 만들었다.

돌이켜 생각해보니, 못난 제자의 졸기[拙技]마저 헤아리시어 내게 그 일을 맡기신 것은 아닐까 싶기도 하다. 애초 학문보다는 제자의 다른 재주를 미리 알아보신 선생님께서 그 책 원고 복사를 내게 맡겨주셔서 이렇게나마 할 일을 인도해주신 것은 아닐까 생각해보며 혼자 미소지어 본다. 그래도 이 자료집은 수년간 임용고시 준비생들의 효자서가 되어 학원 스테디셀러 반열에까지 올랐었다. 지금 같은 스마트폰 시대에는 쓸모가 없는 누더기 종이 자료집이 되었지만, 내가 20여년간 강의를 계속할 수 있었던 바탕이 되었다.

수험생을 위한 학원강의는 '요약과 정리'를 도와주는 것이라 하여도 과언이 아니다. 나는 짧게나마 배운 선생님의 학문적 '자기화와 체계화'를 나의 공부와 강의에 흉내나마 내어 보고 싶었다. 설악의 그늘이 관동 팔백리라 했던가! 선생님의 학문적 그늘은 자그마한 돌담에도 드리워져 여태까지 이어온 나의 학원강의 적응력은 모두 선생님께 받은 것이라 고백해도 선생님 명성에 누가 안 될지 모르겠다. 학원강의를 계속하면서도 선생님의 학문적 열정과 인자하심이 그리워 가끔씩 찾아뵈면 선생님께서는 학원강의 잘하면 되지 않냐고 위로해 주셨다. 나는 지금도 선생님과의 짧은 학연[學緣]을 한스럽게 생각하면서도 이렇게나마 기억이 이어지는 것을 영광으로 여기며 살고 있다.

"선생님!
'우리 마을에 나보다 충신[忠信]한 사람은 반드시 있겠지만, 나만큼 공부를 좋아하는 사람은 없을 것'이라는 『논어(論語)』[公冶長 27]의 고백을 본 떠 저보다 선생님의 학문을 이해하는 사람이야 얼마든지 많겠지만, 저만큼 선생님이 좋아서 따르고자 하는 학생은 아마 없을 것이라 응석도 부려봅니다"

몇 해 전 사모님을 모시고 선생님 잠드신 양평군 '별그리다' 공원을 찾았었다. 연암이 지은 절세의 명문 큰누이 묘지명[朴趾源, 伯姊贈貞夫人朴氏墓誌銘]에 나오는 누이의 장지 아곡[鴉谷]이 지금의 양평군 그곳과 일치하는 것을 알고 개인적으로 묘한 인연을 느꼈었다. 선생님 잠드신 그곳은 두 갈래 길을 굽어보는 형상이었는데, 마치 동서고금의 회통[會通]을 꿈꾸신 선생님의 바램이 서린 듯하였다.
지난 선생님 기일[忌日]에 몰래 지어본 제문[祭文]을 여기 실어 선생님에 대한 그리움을 달래봅니다. 영면[永眠]하시옵소서.

## 심원 선생님 영전[靈前]에 올리는 글

목마른 이 우물 찾아 헤매이듯
동서를 넘나들고 고금을 편력터니
자득[自得]의 경지 끝내 깨치셨네.

아뢰야 깊은 곳, 화엄세계 찬란함
말이 닿을 수 없다는 그곳을
미투리 엮으시듯 한올 한올 땋으셨네.

진리는 이미 그렇게 늘 와있다 하셨거늘
그곳을 돌고 또 돌아 한마음에 모으시니
마음 깊고 생각 멀어 심원[心遠]이라 부른다오.

현현[顯顯]히 빛나시고 여여[如如]히 존재하시니
이미 그렇게, 늘 그렇게 진리처럼 님처럼
향불 앞에 제문[祭文] 사르니 생사[生死]가 하나이외다.

– 선생님 기일[忌日]에 제자 정우영 올립니다. –

# 내 인생 최고의 스승

**정용선**
(저술가)

## 이별

봄기운이 조금씩 느껴지던 어느 날, 책상에 앉아 무언가를 열심히 쓰고 있던 중 뜻밖에 '김형효 선생님'의 부음을 들었다. 마치 뒤통수를 얻어맞은 듯 갑자기 멍해지면서 머릿속이 하얘졌다. 불과 2주 전에 매우 좋은 상태의 선생님을 뵙고 왔기 때문이다. 그때 뵌 선생님은 너무도 맑은 모습이셨고, 흡사 해탈한 것 같은 표정에 총총한 정신으로 우리와 유쾌하게 이야기를 주고받으셨다. 나 역시 어찌나 많이 웃고 즐겁게 이야기를 나눴던지, 선생님 댁을 나서면서 매우 마음이 좋았고, 그 기운을 받아 며칠 행복하게 지냈을 정도였다.

믿기 어려운 마음 상태로 장례식장에 도착해, 사모님의 오열하는 모습을 뵙고서야 나는 비로소 선생님이 떠나셨음이 실감되었다. 그리고 식장의 여러분들이 이제 철학계의 한 세대가 떠나고 바뀌고 있음을 논하는 것을 보면서 더 핍진하게 느껴졌다. 선생님이 가시고 나서, 나는 한동안 고아가 된 기분을 느끼고 있었다. 무언가 지붕과 울타리가 사라진 느낌이라고나 할까. 그러면서 생각해보았다. 이렇게나 내가 선생님과 깊게 이어져 있었구나. 나에게 선생님은 어떤 의미이셨을까. 내 삶에 그리고 나의 학문 과정에 선생님은 어떤 자리를 점하고 계셨던 것일까. 나는 하나씩 하나씩 선생님과의 인연을 돌아보고 있었다.

## 만남

내가 처음 선생님을 뵙고, 학문적 인연을 맺게 된 것은 대략 이십여 년 전쯤이다. 당시 나는 박사학위를 위해 미국의 시카고 대학에 갔다가 어린 아기를 떼어 놓고 사는 어미의 마음을 이기지 못해 한 학기만에 포기하고 돌아온 상태였고, 귀국 후 학문을 계속하느냐 마느냐를 놓고 고민하던 끝에 그래도 나에겐 공부가 필요하다고 결정하고 연구원 박사과정에 진학한 덕분에 선생님을 만날 수 있었다.

처음 뵐 당시에도 선생님은 이미 큰 지적 무게로 우리나라 철학계에 뚜렷한 족적을 남기고 계신 큰 학자이셨고, 젊은 시절 당신의 정치적 소신에 따라 정치 활동에도 참여하신 경력을 지니신 분이었음을 나중에 알게 되었지만, 당시의 나는 전혀 그 사정을 알지 못하고 있었다. 하지만 그 덕분인가. 역으로 나는 아무런 선입견도 없이 선생님을 '학문적으로' 또 '있는 그대로' 뵐 수 있는 행운을 누릴 수 있었다.

선생님을 처음 뵈었을 때의 느낌은 참 맑으신 분이라는 것이었다.

선생님의 그 수줍은 듯 맑고 환한 소년 같은 미소를 보면서 마음의 벽을 스스로 허물고 있었으니. 선생님은 학부와 석사과정을 하면서 만났던 여러 교수들과는 다른 아우라를 지니고 계셨다. 우리 학계에서는 보기 드물게 학문하시는 분다운 淸秀한 기운을 뿜고 계셨다. 무언가 俗氣가 느껴지지 않는 탈속한 분위기랄까. 그러면서도 따뜻한 정이 느껴졌다.

그 이후 내가 예상한 대로, 본격적인 강의를 통해 만난 선생님은 그 깊고 높은 학문적 향기로 나를 더욱 매료시켰고, 마치 법문을 듣는 듯한 무게를 갖는 선생님의 강의는 나에게 대단히 啓發적인 자극을 주었다. 심지어 어떤 경우 선생님의 말씀을 듣다 보면, 스스로 정리하고 있지 못했던 어떤 복잡한 주제에 대한 아이디어들이 줄줄이 정리되기도 했다.

게다가 우리나라 대학교의 대학원에서 공부해본 학생이라면 누구나 겪었을 법한 분위기, 즉 공부 이외의 것에 더 많은 에너지를 쓰게 만드는 고압적이고 정치적 분위기를 만들어내는 교수들과는 차원이 다른 어떤 면모를 선생님은 보여주셨다. 일단 나는 이 점에서 선생님께 크게 감사하는 마음을 갖게 되었다. 학문 이외 아무것에도 신경 쓰지 않을 수 있게 만들어주신 선생님은, 존재 그 자체만으로도 공부하는 제자들에게 큰 힘이 되었다. 학문적 경지로 보나, 인격적 높이로 보나 나에겐 엎드려 배움을 청해야 하는 스승임에 틀림이 없었다.

## 배움 1: 학자로서의 선생님을 만나다.

박사과정 공부를 하면서도 나는 학위논문에 대한 생각을 그다지 열심히 하지 않았다. 공부하는 것 자체를 즐기는 성격 때문이었는지, 아니면 학위를 얻어 무언가를 하려는 마음이 강하지 않았던 것 때문인지, 별생각 없이 강의 듣고 책보며 지내고 있었다.

그러던 중, 선생님을 지도교수로 모시고 공부하게 되면서, 어떤 점이 그리 편안했는지 모르겠지만 나는 불쑥불쑥 선생님 연구실 문을 열고 들어서곤 했다. 문을 열고 들어서면 선생님은 늘 책상에 앉아 열심히 공부 중이시거나 집필 중이셨기 때문에 나의 돌연한 방문이 퍽 성가셨을 법도 한데, 선생님은 단 한 번도 귀찮은 기색을 하지 않으셨고, 심지어 왜 왔느냐고 묻지도 않으셨다. 빙긋이 웃으시며 나를 향해 돌아앉으시고는 과일을 깎아 주시며 먹도록 권하시면서 이런저런 이야기를 하셨다.

이야기의 내용은 대부분 당시 선생님이 공부하고 계신 주제에 관한 것이었는데, 듣는 것만으로도 무언가 머리와 가슴이 채워지는 느낌이 들어, 난 방문 목적을 잊고는 마냥 앉아 있곤 하였다. 그러다가 무언가 공감되는 내용이 나오면 맞장구를 치기 시작하면서 이야기가 이어지는 경우가 많았는데, 선생님 입장에서는 유치해 보일 수도 있는 나의 이야기를 어찌나 열심히 경청해주시는지 나도 모르게 자유로워져서 한참씩 떠들어대곤 했다. 그리고 나면 선생님은 나에게 종종 이렇게 말씀하셨다. '자네는 참으로 유식하고 박식하구만.'

선생님께 배우기 시작한 후, 나는 한동안 선생님의 이전 저서와 논문들을 열심히 찾아 읽었다. 데리다와 베르그송, 마르셀에 대하여. 그리고 불교와 유학, 노장철학에 대한 선생님의 새로운 해석에 대하여. 아마도 선생님을 찾은 이유는 그 책들을 읽으면서 질문할 것이 있거나, 나누고 싶은 소감이 있어서였던 것 같은데, 그때마다 선생님께서는 얼마나 진지하게 하나하나 호응하며 들어주셨던지. 하여간 나는 원 없이 시원하게 선생님과 이야기를 나누었던 것 같다. 당시 어떤 교수분이 나에게 했던 말이 생각난다. 정 선생은 선생님이 얼마나 크신 분인지 몰라서 그렇게 마음 놓고 이야기할 수 있는 것이라고. 자신은 선생님 앞에 가면 경외심에 주눅이 들어서 그렇게 시원하게 이야기하지 못한다고. 하긴 그렇다. 내가 이런저런 눈치를 보는데 소질이 없고, 그런 눈치를 보아야 할 자리라면 아예 입을 닫아버리는 성향을 지니고 있긴 하지만…

어쨌든 이렇게 제자로 하여금 마음 놓고 자신의 생각을 피력하게 해주는 스승이 얼마나 될까. 또 스승 앞에서 구애 없이 이런저런 소회를 털어놓을 수 있는 제자는 또 얼마나 될까. 그런 면에서 나는 만나기 힘든 좋은 스승을 둔 행운아임에 틀림이 없다고 느꼈고, 그런 느낌은 이후 명실상부하게 나의 공부 과정에서 실현되었다.

## 배움 2: 새로운 세계를 만나다.

당시 선생님 강의에서 나는 하이데거를 배우고 있었는데, 어느 날 강의를 듣다가 귀가 번쩍 뜨이는 대목을 만나게 되었다. '존재론적 무드'에 관한 것이었다. 일희일비하는 일상의 감정과 별도로 실존적으로 존재자 자체가 지니고 나온 일정한 분위기, 즉 삶에 대한 실존적 정서 같은 것을 지칭하는 것 같았는데, 그것이 왠지 나의 상태를 잘 이해하게 해주는 것 같았다. 별로 세속적인 부귀영화에 관심이 없으면서도, 언제나 나의 내면은 공허와 결핍으로 시달리고 있었다. 무언가 '진리'

에 해당하는 어떤 것을 찾지 않으면 안 된다는 그런 생각에 집요하게 매달리고 있었다. 게걸스럽게 다양한 책을 보고, 무언가 마음이 열리게 해주는 말을 들으면 불원천리 달려가 묻고 배웠다. 대체 왜 그런 것인지. 보통 사람들처럼 현실에 충실하게 살면서 의미를 찾지 못하고, 먼 곳만을 바라보고 있는 것일까, 당시의 나는 스스로 의문하고 있었다. 그런데, 하이데거의 이 말을 선생님을 통해 배우며 납득되었다. 선생님은 나아가 이를 유식 철학과 연결지어 설명해주셨다. 알라야식의 업이 존재자의 삶 속에서 현행되고, 그것이 다시 알라야식의 종자로 저장됨을. 아! 이것이 바로 나의 의지와 무관하게, 하이데거 말을 빌면 내가 이 세상에 던져졌다는 의미로구나. 그야말로 타고난 것이로구나. 그러나 그것은 내가 이전 생에 지어 놓은 것을 받는 것이구나. 하늘에서 내려오는 것은 모두 땅에서 올라간 것이라 하더니, 이런 것을 불교에서는 업이라 하는구나. 새로운 정신세계가 열리는 것 같았다. 보다 넓고 길게 내 삶을 바라볼 수 있는 안목을 얻은 것 같았다.

그리고 또 하나. 존재가 존재자를 시간 속에 던져 놓는다는 것. '그것이 준다.(Es gibt)'고 표현하고 있었다. 왜 하이데거가 자기 저서의 제목을 『존재와 시간』이라고 했는지 의문이었는데, 그야말로 선생님의 법문을 들으며 이해되었다. '그것'에 의해 존재자가 시간적으로 보내진 것이라는 것. 유식철학의 입장에서 보면 알라야식의 업력이 어떤 특정 시간대에 인연에 따라 존재자를 던져 놓았다는 것. 그런 의미에서 존재가 준다는 것은 곧 시간 속에 떨어진 현존재(Dasein)로서의 존재자라는 것. 시간 속에서의 업의 전개가 바로 인연사라는 것. 결국 존재자의 삶이란 거대한 우주적 업력의 자기 전개과정이라는 것. 내가 살고 내가 생각한다고 생각하지만 결국 '그것'의 현현이라는 것. 내가 그 '존재'로부터 멀어질 때 스스로 대상화된다는 것. 존재의 開顯이 곧 존재자의 삶이라는 것. 그러면서 하이데거는 존재자가 존재의 차원에서 검토되지 않으면 대상으로 전락하게 된다고 경고하고 있었다.

타자의 욕망을 욕망하는 삶이 아니라, 자기 존재를 직시하고 그 존재의 명에 따라 살아간다는 것. 이 가르침은 나에게 큰 의미로 다가오면서 무언가 마음이 석연해지고 있었다. 나는 얼마나 내 삶을 통제하려고 아등바등했던가. 최선을 다해 생각하고 생각한 것을 의지적으로 실천하기 위해 얼마나 애써왔던가. 그런데 지나고 보니, 내가 산 것이 아니라 살아진 것 같은 느낌이 들었다. 그저 내 삶의 흐름을 담담히 觀하고 비추며 겪어낼 뿐, 다른 길이 없지 않은가. 어떤 의미에서 나는 단순한 강의가 아니라 나를 발견하는 깨침의 법문을 듣고 있었다.


## 배움 3: 선생님의 삶에서 배우다.

선생님의 강의는 단지 공부하고 정리한 것을 전달하는 것이 아니었다. 당신의 삶 전체에서 구원을 찾고 현실에서 해법을 찾기 위해 고뇌하는 과정이 깊이 배인 사유의 산물을 전하고 계셨고, 나는 그것을 기갈든 사람이 감로수를 받아 마시듯 그렇게 받아들였다. 그러면서 다소 의문이 들었다. 나는 20대부터 십 년 이상 한국사회의 민주화와 변혁운동에 참여하고, 그 경험을 정리하느라 몸과 마음이 복잡해졌지만, 선생님의 어떤 계기로 삶에 대한 깊은 고뇌의 길에 접어드신 것일까, 하는 것이 그것이었다.

선생님이 나와 정치적으로 반대편의 입장에 계시다는 것은 여러 경로를 통해 알게 된 바 있지만, 선생님은 전혀 그런 내색을 하지 않으셨고, 그런 입장 차이를 나와의 대화에서 드러내신 적이 없었다. 그러던 어느 날 선생님을 댁으로 찾아뵈었을 때, 선생님이 이런 말씀을 하셨다. '자네는 날 좋아할 이유가 없는데, 어떤 면에서 보면 날 싫어해야 하는데, 어째서 좋아하는 것인가'라고 물으셨다. 그래서 나도 선생님께 되물었다. '선생님이야 말로 저를 좋아하실 이유가 없습니다. 오히려 배척하실 수도 있었는데, 왜 좋아하십니까.' 그러자 선생님이 답하셨다. '아니지, 난 이유가 있지. 난 공부 잘하는 학생을 좋아하거든.' 그래서 나도 답해 드렸다. '저 역시 깊은 학문과 인격을 지닌 선생님을 좋아하거든요'라고. 그러면서 선생님의 젊은 시절 및 유학 시절의 경험과 귀국 후 한국 사회 현실에 대한 당신의 고민과 나름의 실천에 대해 길게 말씀해주셨다. 그러면서 덧붙이셨다. 우리는 그런 시대를 살았네. 너무나 힘들고 가난하고 앞이 보이지 않는 척박하고 답답한 시절을…

가슴이 뭉클하게 무언가 다가오는 말씀이셨다. 나는 선생님의 정치적 참여에 대해 이렇게 저렇게 판단할 자격을 갖고 있지 않다. 하이데거 말대로 존재가 시간 속에 존재자를 던져 놓은 것이라면, 존재는 선생님을 선생님 시대에 던져 놓았고, 나를 나의 시대에 던져 놓은 것이 아닐까. 그리하여 선생님은 선생님대로 옳다고 생각하신 바의 길을 가셨고, 나 역시 그랬던 것이 아닐까, 하는 생각이 들 뿐이다.

하여간 선생님의 말씀은 경청할만 했고, 어떤 지점에서는 공감되는 부분이 많았다. 그러면서 내가 선생님 시대에 태어났다면 어떻게 살았을까 하는 생각이 들었다. 알 수 없는 노릇이긴 하지만 어쨌든 내가 옳다고 생각하는 바에 따라 살았을 것이다. 누구나 그렇게 살지 않는가. 자신의 생각이 옳다고 여기고, 그 옳다고 여기는 바에 따라 살아가지 않던가. 설사 옳지 않은 점이 자각된다 하더라도, 어쩔 수 없었다고 여기지 않던가.

우리는 서로 상대의 옳음에 대해 시비할 자격을 갖고 있지 않은 것 같다. 장자 말대로 시비의 절대적 기준이라는 것이 있던가. 이쪽에서 보면 이쪽이 이쪽이고 저쪽이 저쪽이지만, 저쪽에서 보면 저쪽이 이쪽이고 이쪽이 저쪽이지 않던가. 그래서 是(이쪽)가 是(옳음)이지 않은가. 그런데 하늘에도 입장이라는 것이 있을까. 오직 이쪽 저쪽의 입장을 갖지 않는 것은 '하늘'뿐. 그래서 장자는 하늘의 입장에서 보는 '以明'을 권하지 않던가. 하늘의 입장에서 보면 각각이 각각의 입장에서 옳은 것이 아닐까.

나는 선생님의 말씀을 들으며 선생님의 사유가 가슴 깊은 곳에서 시작되고 성숙되고 완성된 것임을 더욱 절감하게 되었고, 더욱 그 생각을 존중하게 되었다.

## 배움 4: 논문으로 정리하다.

어느 날 선생님이 불쑥 나에게 말씀하셨다. '내가 곧 은퇴해야 하니, 자네 어서 논문을 준비하게.' 느긋하게 늘어져 있다가 이 말씀을 듣고 화들짝 놀란 나는 이전에 정리해놓은 이런저런 자료를 꺼내어 논문 개요를 잡기 시작했다. 논문은 莊子에 관한 것인데, 이 역시 선생님이 권하신 것이었다. 어째서 권하시느냐 묻자 선생님은 이렇게 말씀하셨다. '장자가 가장 철학적이지 않은가. 내가 노자까지는 정리했는데, 장자는 다 못했으니, 자네가 해보게.'

그렇게 해서 선생님께 배운 바와 불법에 귀의하면서 배운 바, 그리고 십수 년 동안 이리저리 공부하고 정리한 바에 따라 논문을 쓰기 시작했고, 초고가 완성되자 바로 선생님께 보여드렸다. 그러고 나서 일주일쯤 지난 후 선생님께 전화가 걸려 왔다. 논문을 모두 다 읽고 연락하신다고 하면서, 잘 썼노라고 칭찬해주셨다. 그리고 이 논문을 책으로 내보는 것이 좋겠다고 말씀하시며, 더욱더 공부하여 장자 전문가가 되라고 격려해주셨다. 그리고 논문이 책으로 나올 때에 선생님은 추천사를 써주셨다. 나에 대해 '선생님의 마지막 제자'이며, '박력 있는 공부꾼'이라고 소개하시면서, 이 논문은 단순히 자료를 토대로 사실관계를 나열한 것이 아니라 논변이 들어 있는 논문이라고, 활발한 철학적 토론을 기대한다고 써주셨다. 그러면서 당신이 제자에게 자리를 만들어줘야하는데, 은퇴해서 이제 뒷방 노인네가 되어 힘이 없으니 어쩌면 좋으냐는 말씀도 뵐 때마다 하셨다. 제가 별생각이 없습니다, 라고 아무리 말씀드려도 계속 한탄하셨고, '자네가 너무 아깝네'라는 말씀을 반복하셨다. 나에게는 그 말씀이 제자에 대한 사랑으로 느껴졌다.


## 그 이후

나는 종종 은퇴한 선생님을 뵈러 갔다. 병환으로 몸이 좋지 않으셨고, 또 은둔 생활에 가까운 생활을 하시는 성격이었으니, 더 자주 뵈러 갔어야 했다는 생각이 요즘엔 많이 든다. 어느 날 한 친구와 함께 선생님 댁에 갔는데 문이 잠겨 있어서 밖에서 한참을 기다리고 있는데, 저 만치서 선생님이 구부정한 걸음새로 다가오셨다. 손에 무언가 달랑달랑 들고 오시기에, 그게 뭡니까, 하고 묻자. 허허허 웃으시며 말씀하셨다. 자네가 온다고 해서 떡을 좀 사서 오는 길이네. 다정하고 자상하신 선생님.

나만 그렇게 생각한 것인지 모르겠지만, 선생님과의 대화는 늘 즐겁고 풍성했다. 연구실에서 뵐 때와 달리, 늘 사모님이 즐거이 동석해 대화에 활기를 더해 주셨다. 나는 당시 공부하는 내용이나 읽은 문학 서적에 대한 평, 세상 돌아가는 이야기 등을 늘어놓았고, 선생님은 들어주시면서, '자네 말을 듣고 있으면 귓가에 새가 지저귀는 것 같다'고 하시며 즐거워하셨다.

몇 년 전, 장자의 입장에서 제자백가를 고찰하는 책을 쓰면서 나는 새삼 내가 얼마나 선생님으로부터 많이 배웠는가를 절감했다. 그래서 바로 전화기를 들고 선생님께 그 말씀을 전했다. 선생님이 말씀하셨다. '자네가 그렇게 생각해준다니, 참으로 고마운 일일세.' 겸손하신 선생님. 어떻게 그렇게 높은 학문적 성과를 거두시고도 조금도 거만한 마음이 없으실까.

나중에 선생님이 가벼운 알츠하이머를 앓고 계시다는 말을 듣게 되었다. 나는 믿을 수 없었다. 여러 차례 만나 뵐 때마다 전혀 알아차리지 못했기 때문이다. 사모님 말씀으로는 정도가 가벼울 때도 있고 심해질 때도 있다고 하셨는데, 아마도 내가 뵐 때는 가볍거나 증세가 나타나지 않았을 때였던 모양이다.

마지막으로 찾아뵙던 날, 나는 선생님께 말씀드렸다. '선생님은 제 인생 최대의 스승이십니다.' 선생님은 그 말에 환하게 웃으시며, '자네 같은 천재에게 그런 말을 듣다니, 내가 참 영광일세.' 참 선생님도. 천재는 무슨. 나는 픽 웃으며 답했지만, 돌이켜보면 그때 그 말씀을 드리지 않았다면 영 말씀드릴 기회가 없을 뻔 했다.

선생님을 만나지 못했다면, 나는 복잡했던 내 속을 어떻게 감당해낼 수 있었을까. 또 장자를 어떻게 나름의 시각에서 해석하여 써낼 수 있었을까. 나아가 하이데거 철학의 그 깊은 奧義를 무슨 수로 이해할 수 있었을까. 아마도 선생님과의 인연은 하늘이 나에게 주신 크나큰 선물이 아니었나 하는 생각이 든다. 연세가 높아질수록 더욱더 편안한 마음과 모습을 보여주신 선생님. 불법에 귀의하셔서 해탈한 듯한 모습을 하셨던 선생님.

선생님의 영전에 감사와 존경과 사랑의 마음을 바칩니다.

# 우리 시대의 철학자, 심원 선생과의 만남

**장승구**

(세명대학교 교수)

## 1.

내가 심원 김형효 선생님의 존재를 알게 된 것은 대학 때 읽은 『한국철학연구』 책에 나오는 「한국고대사상의 철학적 접근」이라는 글을 통해서이다. 한국사상에 대한 선생님의 철학적 분석은 참신하고도 탁월해서 깊은 인상을 남겼다. 1986년 한국학 대학원에 진학하였을 때는 선생님은 국회에 가시고 강의를 하지 않으셨다. 단지 선배와 교수님들을 통해서 선생님에 대해 소문으로만 그 카리스마에 대해서 전해 들었을 뿐이다. 88년 내가 박사과정에서 조교를 할 때 선생님이 국회에서 대학원으로 복귀를 하셨다. 나는 조교로서 학생들을 대표해서 5월 15일 스승의 날 선생님을 찾아뵙고 처음 인사를 드리고 꽃을 달아드렸던 것이 처음 만남이었던 것 같다.

그 뒤로 선생님은 벨기에 루뱅대학에 연구교수로 가셨다. 우연하게
도 나도 89년에 같은 루뱅대학에 교환 장학생으로 가서 1년간 공부하
는 기회가 있었다. 벨기에에 가서 어떤 모임에서 교환프로그램으로 왔
다고 인사 말씀을 드렸더니 편지를 써서 보내달라고 주소를 알려 주셨
다. 그래서 나는 편지로 선생님께 나의 학문적 관심과 포부에 대해 써
서 선생님께 부쳤다. 얼마 후 선생님이 답장을 보내셔서 언제 어디로
와서 만나자고 하셨다. 아마 교환교수로 계시는 대학 게스트하우스 같
았다. 선생님은 거기서 약 6개월간 구조주의 연구를 하시고 저술을 마
무리하는 작업을 하고 계셨다. 이때 선생님의 태도에는 박사학위를 받
기 위해서 모든 것을 걸고 매진하는 학창 시절의 김형효로 돌아가서
혼신의 열정으로 연구에 몰두하시는 비장한 각오가 보였다. 나는 선생
님과 타국의 캠퍼스에서 처음 깊은 이야기를 나누게 되었다. 최근의
유럽철학 사조를 비롯해서 신라정신과 화랑정신, 한국사상 등에 대해
서 이야기 했던 것 같다. 선생님은 학문적 계획을 말씀하셨고 폴 리꾀
르를 좋아하신다고 하였다. 한국을 제대로 알기 위해서는 이웃의 중
국, 일본과 비교해 보아야 한다고 하시면서 한중일 문화의 차이를 비
교해 볼 필요가 있다고 하였다. 한국사상을 현재화하기 위해서는 구체
적 발상과 대안이 무엇인지를 고민하라고 하셨다. 얼마 후 선생님은
먼저 한국으로 귀국하셨다. 그때 나는 벨기에 공항에서 선생님을 만나
서 전송하였다. 이때 선생님은 한국에서 가져오신 반찬을 주시면서 남
은 기간 열심히 공부 잘 하고 오라고 하셨다.

## 2.

89년 연말에 나는 귀국하여 대학원에 복학하면서 선생님을 가까이서 자주 만날 기회가 많았다. 이 무렵 나는 박사학위 지도교수를 김형효 선생님으로 정하였다. 박사논문 주제를 처음에는 퇴계의 자연적 세계관과 다산의 작위적 세계관 연구로 하려고 하였는데, 선생님이 퇴계의 향내적 철학과 다산의 향외적 철학의 비교로 하는 것이 어떠냐고 하셨다. 그러시면서 융과 막스 베버에 대한 책도 빌려 주셨다.

1990년 1년간 철학종교연구실에서 조교를 하면서 나는 선생님의 연구나 강의를 도와드리는 입장이어서 자주 뵐 기회가 있었다. 이 무렵 금요철학강좌가 있어서 매월 원내교수님 또는 외부 유명 학자를 모셔다가 특강을 듣고 토론하였는데 선생님도 특강도 하시고 토론에도 많이 참석하셨다. 당시에 선생님은 교수의 교수로 불렸다. 외부 유명 교수들도 선생님 앞에서는 한수 접고 가르침을 청하는 분위기였다. 나를 비롯한 학생들은 그것을 보면서 선생님에 대한 존경심이 더 높아질 수밖에 없었다. 토론이 끝나면 발표자와 함께 교수님들이 회식하면서 여러 가지를 논의하기도 하였다. 이 시기는 철학과의 전성기였다. 심원 선생과 정해창 교수가 팀웍이 맞아서 연구, 세미나, 강의 모든 것이 활발해서 우수한 학생들이 우리 대학원 철학과에 많이 지원하였다.

한번은 내가 도서관에서 미국의 동양철학 저널에서 도가철학과 데리다 해체주의 관련 논문을 찾아서 선생님께 보여드렸더니 너무 반가워하셨다. 선생님도 비슷한 생각을 하시고 계셨는데 외국 학자 가운데도 당신과 비슷하게 보는 사람이 있다는 사실을 접하고 자신의 해석에 확신을 가지시게 된 것이다. 이것이 나중에 『데리다와 노장의 독법』으로 출간되었다. 나는 선생님으로부터 맹자와 순자의 철학에 대한 비교 강의를 듣고 이것을 퇴계와 다산을 비교하는데 많이 적용하였다. 선생님은 매학기 다른 내용으로 강의를 하시고 강의가 끝나면 수업내용을 책으로 정리하여 완성하셨다. 그래서 선생님은 강의와 저술이 일치하는 대작이 가능하였다. 나는 1990년 연말에 결혼을 하게 되었다. 선생님께 주례를 부탁드리자 선생님은 "원장이나 더 높은 사람도 많은데 나 같은 교수한테 주례를 왜 부탁하지?"라고 물으셨다. 나는 선생님을 존경하니까 다른 어떤 명사보다 선생님께 부탁드리고 싶다고 하였다. 선생님은 나는 주례를 잘 서지 않는데 자네가 말하니 들어주겠다고 하셨다. 그래서 선생님은 12월 말 추운 날씨에 기차를 타고 경북 영주에 오셔서 1박을 하시고 다음 날 주례를 서 주셨다. 주례사의 요지는 지인용(知仁勇)을 갖추라는 철학적 주례사였다.

결혼을 하고 나서 박사논문 준비 때문에 가끔씩 선생님을 찾아뵙고 지도를 받았다. 선생님은 논문의 초고를 읽고 문제 되는 부분은 붉은색 펜으로 표시를 해주셨다. 서양철학의 이론을 통해 비교철학적 내용을 보강하도록 지도하셨다. 하이데거와 실용주의를 많이 보강하였다. 학위를 마치고 나서는 공동연구에도 참여할 기회를 주셨다. 민본주의와 다산 철학 프로젝트에 선생님과 함께 공동연구를 하면서 많은 것을 배우게 되었다. 선생님은 연구실에 찾아가면 녹차를 타 주시고 몇 시간씩 하시고 계신 연구에 대해 설명해 주셨다. 나는 가끔씩 연구원으로 선생님을 찾아뵙고 최근의 연구현황을 직접 말씀으로 들으면서 배우는 기회를 가졌다. 선생님은 새로 저술이 나올 때마다 싸인을 해서 보라고 주셨다. 연초에는 댁으로 찾아가서 사모님이 차려주시는 다과를 먹으면서 선생님과 공부 이야기와 세상 돌아가는 이야기를 재밌게 나누곤 하였다.


3.

정년을 전후해서 선생님은 전국의 대학과 학회를 비롯한 많은 곳에서 특강요청을 받았다. 나는 동해 낙산사에서 하는 불교철학(의상) 발표, 서강대 발표, 서울대 발표 등 선생님의 강연과 발표를 들을 기회가 많았다. 낙산사에 가셨을 때는 발표를 마치고 제자들과 함께 인근의 수산시장에서 회를 드시면서 모처럼 제자들과 격의 없는 즐거운 시간을 나누셨다. 정년 이후에도 2010년 연구재단에서 주최하는 「석학과 함께하는 인문강좌」에서 선생님 발표에 대한 토론자로 초청을 받아 '존재와 소유'에 대해 토론하였다.

선생님은 2005년 8월 정년퇴임 기념식에서 "색즉시공과 공즉시색의 철학"을 주제로 고별강의를 하시고, 연구원 식당에서 만찬을 하시고 떠나실 때는 마음이 무거웠고 세월이 빨리 흐르는 것이 서글퍼서 마음이 짠했다.

정년 이후에는 2006년 5월 무렵 세명대에서 "인생과 철학"을 주제로 교양 특강에 초대하였다. 선생님은 사모님과 함께 오셔서 학생들에게 좋은 말씀을 들려 주셨다. 자신이 종사하고 있는 업에서 최선을 다해 복락을 짓고 자리이타를 실천하라고 하셨다. 그리고 마음이 기(氣)고 기가 욕망이라고 하셨다. 베르그송을 인용하여 소가 뿔이 있으니까 박는 것이 아니라 소의 박으려는 의지가 뿔을 낳게 하였다는 말씀이 인상적이었다. 세상을 뜨시기 몇 달 전에 송파동 자택으로 찾아갔을 때 선생님은 반갑게 맞아주시면서 옛날이야기를 하셨다. 나는 선생님께 핸드폰 사용법에 대해서 몇 가지 말씀드렸다. 선생님은 마산고를 그리워하시는지 보고 싶다고 하셔서 핸드폰으로 마산고 모습을 검색해서 보여드렸다. 아마도 푸른 청춘의 꿈을 좇던 고교시절이 생각나신 것 같다. 그것이 마지막이 될 줄은 몰랐다.


## 4.

선생님은 늘 연구계획이 머리 속에 가득하셨고, 본인의 영혼과 세상을 함께 구할 수 있는 철학을 창조하기 위해 혼신의 노력을 다하셨다. 하나의 철학에 만족하지 않고 동서고금의 철학을 아울러서 새롭게 종합하고픈 원대한 꿈을 가지고 계셨다. 만년에 그것이 어느 정도 이루어졌다. 그것은 무(無) 또는 무아(無我)의 철학이었다. 나는 불교 공부가 깊지 않아서 만년의 사상을 이해하기가 쉽지 않았다. 선생님은 지적으로 정직하신 분이고, 명분보다 사실을 중시하셨다. 한국인의 낭만주의적 이상주의적 도학과 그 현대적 아류들에 대해서 그 부작용을 경계하셨다. 인간을 좀 더 깊은 차원에서 사실 그 자체로 보고자 하였다. 구조주의와 해체주의, 무의식에 대한 연구가 이러한 경향을 더욱 촉진하였다.

선생님은 젊은 시절 유럽에 유학할 때 한국인하면 외국인들이 육이오 전쟁과 가난을 떠올리는 것을 보고, 어떻게 해서라도 우리나라를 반듯하고 부강한 나라를 만들어야 하겠다고 염원을 하셨다. 그런 염원이 정치에 참여하도록 하였는지 모른다. 대통령에게 한강치수의 필요성과 행정고시를 분야별로(행정, 경제, 교육 등) 나누어서 시험을 보는 것을 건의했는데 그것 때문인지는 모르나 실현되었다고 하셨다. 막상 현실정치에 참여해 보니 정치란 장기적 계획이나 철학 이념도 없이 그 때그때 임시방편으로 이루어지는 것을 보고 체질에 맞지 않는다고 느끼셨을 것이다. 그래서 그 이후로는 율곡보다 퇴계를 더 가까이하겠다고 하시면서 호도 심원(心遠)으로 하셨다. 선생님은 음악을 무척 좋아하셨다. 특히 좋아하시는 음악에 대해서 물었더니 혼협주곡과 독일 낭만주의 음악가 슈만의 라인 교향곡을 좋아하신다고 하셨다. 여행은 그다지 좋아하지 않으신 것 같다. TV는 동물의 왕국과 같은 야생다큐를 좋아하신다고 들었다. 아마도 그런 것을 통해서 적나라한 자연의 모습을 알고 싶으셨던 것이 아닌가 한다.

선생님은 일생 동안 철학과 한국 그리고 음악을 사랑하셨던 것 같다. 이 세 가지는 선생님의 마음 속에 불가분의 것으로 보였다. 한때는 어떤 대학의 총장직을 제안받기도 하셨지만 선생님은 총장직을 고사하고 연구에만 몰입하였다. 당신의 소명은 철학에 있었고 그것을 위해서는 다른 것은 후순위였다. 가끔 고등학교 동창들을 만나면 동창들이 언제 원장이 되냐고 묻는다고 하셨다. 학자에게 무엇을 연구하는지를 묻지 않고 원장이나 총장이 되는 것이 최고인 것처럼 생각하는 한국의 지적 풍토에 안타까움을 표시하셨다.

한번은 인류학 전공하신 강신표 교수를 만나서 이야기를 나누는 중에 강교수는 김형효 교수가 학계에 처음 데뷔해서 발표할 때 들어보니 당시 우리 학계의 낡고 타성에 젖은 풍토와 대조되는 맑은 진주같이 빛나는 존재였다고 하셨다. 선생님은 70년대는 실존주의와 현상학으로 80년대는 구조주의로 90년대는 해체주의로 2000년대는 동양사상과 포스트모더니즘으로 우리 시대의 지성적 풍토를 선도하신 철학적 선구자였다.

잘 모르는 사람은 선생님이 외국에서 유행하는 철학사상을 우리 학계에 소개나 하는 수입상으로 오해하였다. 그러나 사실은 선생님은 그러한 외국의 철학 사조를 두루 섭렵해서 그 바탕 위에서 우리의 한국적이면서도 세계적인 철학을 구상하셨다. 나에게 선생님은 우리 시대의 원효 같은 스승이다. 선생님은 삼국 시대를 좋아하셨고 화랑의 문무합일과 성속일여를 좋아하셨고, 그것을 철학화 한 원효를 진심으로 좋아하셨는데 아마도 전생에 원효가 아니셨는지 모르겠다.

늘 계실 것만 같았던 선생님이 홀연히 가시고 빈 자리는 더욱 크고 허전해지는 느낌을 지울 수 없다. 그러나 나의 기억 속에 선생님은 영원하시고 저서를 통해서 늘 강의하시는 느낌이다. 평생을 잠시도 쉬지 않고 철학적 소명을 완수하시기 위해 모든 것을 다 바치신 선생님! 선생님은 정말 철학에 신들리신 것처럼 몰입하셨다. 그러다가 마침내는 큰 깨달음을 얻고 기쁜 미소를 머금으시는 경지에 도달하셨다. 비록 젊어서 서양철학을 전공하셨지만 그것은 궁극적 깨달음에 이르기 위한 방편이었던 것 같다. 동서 철학의 진수를 두루 회통하신 선생님의 높고 깊은 정신 경지는 앞으로 어떤 철학자도 쉽게 도달하기 어려울 것이다. 선생님의 제자인 것이 자랑스럽고, 더 열심히 가르침을 배우고 실천하지 못한 것이 아쉽다. 선생님! 감사합니다!

# 김형효 선생님을 추모하며

**권미숙**
(강릉영동대학교 교수)

　김형효 선생님과의 첫 인연은 책을 통해서였다. 1984년 대학 4학년 때, 한국정신문화연구원 한국학 대학원 진학을 목표로 시험공부를 하면서 선생님께서 쓰신 『한국사상산고』를 처음 접하게 되었다. 散考의 형태였지만 한국사상의 중요한 맥락을 짚고 화랑도 등 핵심사상을 말씀하시는 목소리는 힘찼고 호방했다. 저자의 전공은 분명 프랑스 철학이라 되어 있는데 어떻게 이렇게 한국사상에 대해서 깊은 애정과 통찰을 갖고 있는 걸까 몹시 신기했다. 이런 감정이 들었던 이유는 전공이라는 좁은 틀 안에서 그와 관련된 것에 대해서만 발언하는 게 학자의 당연한 모습이라는 선입견에 내가 빠져 있었기 때문이다. 물론 이런 선입견은 이후 선생님의 동서고금을 종으로 횡으로 누비면서 비교하고 얽어내는 그 자유로움 앞에서 완전히 무너졌음을 고백한다. 대학원 입학시험을 치르고 면접을 볼 때 선생님을 처음 뵀다. 올해 60인 20대

초반의 어린 내가 40대 중반의 선생님을 뵌 것이다. 사상산고 같은 글을 쓴 분은 어떤 분일까 몹시 궁금했는데 성량이 풍부한 중저음의 목소리가 아주 인상적이었던 기억이 난다. 그러나 대학원에 입학하고 선생님께 수업을 들을 것을 기대했지만 그 기대는 무산됐다. 선생님께서는 정계로 진출하셨기 때문이다. 다시 학교로 돌아오시기까지는 몇 년의 시간이 더 소요되었다. 드물게 드러내시는 속내의 끝자락만으로 선생님께서 겪으신 쉽지 않은 시간을 짐작만 할 수 있을 뿐이었다.

박사과정에서 선생님께 지도를 받으면서 가끔 뵙게 되는 선생님의 모습은 늘 읽고 쓰시는 한결같은 모습이었다. 시험공부에 매진하는 학생 이상으로 공부하시는 모습은 존경스러웠고 그런 선생님의 모습에 나를 비춰보면 부끄럽고 민망했다. 선생님께서 하신 말씀 중 기억에 남는 얘기가 있다. 선생님께서는 대학 다니실 때 강의를 들으면서 실망을 많이 하셨다고 했다. 이유는 수업을 통한 공부의 양이 너무 적었기 때문이었다. 유일한 예외가 조가경 교수란 분이셨는데, 그 분의 한 학기 강의를 듣고 나면 그 강의내용이 노트 한 권으로 남았다고 하셨다. 선생님은 그 이상을 보이셔서, 한 학기 강의를 마치시면 그게 노트 한 권 정도가 아니라 한 권의 저서로 남았다. 선생님의 쏟아져 나온 저서들은 강의의 결과물인 것이 많았다. 아마 우리나라에서 한 학기 강의를 김형효 선생님처럼 한 권의 저서로 만들어낼 수 있는 교수를 찾기는 쉽지 않을 것이다.

선생님의 강의하시는 모습은 마치 무대에서 열연하는 배우를 보는 듯했다. 기승전결의 확실한 그림을 그리시면서 펼치시는 강의 중간에 어설픈 질문을 던지는 것은 마치 공연을 방해하는 것 같은 송구한 마음이 들기까지 했다. 논문지도를 받으면서 뵙거나 사적으로 뵙는 드문 만남에서 선생님은 늘 우리 공동체에 대한 희망과 때로는 깊은 걱정을 말씀하셨다. 그 모든 말씀이 공동체에 대한 사랑이 없으면 언어화될 수 없는 것이라는 게 선생님의 목소리를 통해 그냥 느껴진다.

자주 뵙지 못했던 만큼 오히려 가끔 뵈면서 들었던 말씀들은 파편처럼 기억에 또렷하게 박혀 있다. 어느 해인지 말이을 '而'자에 대해서 언젠가 꼭 풀어보고 싶다고 하셨다. 현실과 이상, 실제와 현상 등 상반된 듯 보이는 것들을 而에 담아 녹여내려는 포부이셨던 듯싶다. 불교에 심취하셨던 선생님은 다음 생은 僧으로 태어나고 싶다는 말씀도 하셨다. 또 늦게 천주교에 입문을 했을 즈음 선생님을 뵌 적이 있다. 이미 불교에 심취해 계신 선생님께, 이쪽에서도 득도한 고승의 경지의 인물이 나올 수 있을까요, 여쭤봤다. 없다, 가 선생님의 답변이셨다. 몇 년 뒤 나는 냉담을 하게 되었고 가끔 선생님의 그 말씀이 떠올랐다.

5년 전 선생님의 부음을 접하고 아산병원 장례식장에 인사드리러 갈 때까지 나는 오랫동안 선생님을 찾아뵙지 못했었다. 지방에서 내 애들 기르고 남의 애들 가르치며 사느라 바쁘단 것이 핑계라면 핑계였다. 본래 건강체는 아니셨지만 그렇게 일찍 쇠하시리라고는 전혀 짐작도 못했다. 비록 육체적으로 정신적으로 예상보다 일찍 쇠하셨지만 선생님의 말년의 모습은 해맑은 웃음의 동승 같은 모습이셨을 것 같다. 왠지 그런 생각이 든다.

# 심원(心遠) 선생, 내 학문의 데미안

**신창호**

(고려대학교 교수)

## 1. 추억(追憶)

내가 선생을 처음 뵌 것은 30년 전, 1993년 어느 봄날이었다. 정확한 날짜가 기억나지는 않지만, 선생님의 강의는 흥분(興奮) 그 자체였다. 수업이 끝나면, 수시로 선생의 말투, 행동, 제스츄어 하나까지도 흉내를 내곤 했다. 정말이지, 학문의 즐거움을 만끽할 수 있는, 대학원생으로서 자긍심(自矜心)을 느끼면서, 학문적 자부심을 충만해 갈 수 있는, 학업 생활이 나날이 이어졌다. 철학 사상의 향연이 너무나 행복하게 펼쳐졌던 아름다운 시절이었다.

뿐만 아니었다. 나는 운이 좋게도, 2년 정도 선생의 연구실을 들락거렸다. 책 정리도 하고, 강의 준비를 도우기도 했다. 지금은 상전벽해(桑田碧海)가 되었으나, 당시 연구원 부근은 정말 적막강산(寂寞江山)이었다. 그래도 조금만 이동하면, 이른 바 '맛집'으로 이를만한 몇몇 음식점이 주변에 산재해 있었다. 선생께서는 당시 대학원생으로서는 먹기 힘든, 향어매운탕을 수시로 사 주었다. 그리고 시간이 나면 차 한 잔을 곁들이면서, 1960년대 유학(留學) 시절의 고충, 학문의 자세 등 여러 가지 삶의 태도를 일러주셨다. 그 멘토(mentor)하는 순간은 신기하기도 했고, 불가사의(不可思議)하기도 했다. '너무나 가난했기에, 유학길에 오를 때, 100달러를 들고 비행기를 탔다!' 그 말씀을 하시고는 수십 초 동안 말씀을 잇지 않으셨다. 잠시 천장(天障)을 올려보거나 창문 밖 풍경을 보시다가 못난 제자를 보며 웃으시던 모습은 지금도 잊을 수 없다. 그 촉촉한 웃음에는 선생의 지난날과 제자의 앞날이 오버랩 되어 있는 듯 했다. 그때 선생께서는 자주 '극복(克服)'과 '용기(勇氣)'를 언급하셨다. 그것은 학문을 향한 열정이자 사명에 관한 의미 부여였다. 특히, '독서량(讀書量)을 끌어 올려 학문의 양식을 준비하라!'는 일갈(一喝)은, 지금도 마음 깊이 새기고 있다.

선생께서 포스트모더니즘(post-modernism) 사상가의 상징격인 자크 데리다(Jacques Derrida, 1930~2004)와 원효(元曉, 617~686)의 사상을 강의하던 때는 학문의 즐거움이 배가되는 시간이었다. 선생께서는 늘 말씀하셨다. 내 사유는 단순한 '동서비교철학(東西比較哲學)'이 아니다! 동양과 서양을 종횡(縱橫)으로 엮으며 통합하는 원융(圓融)의 사유다. 선생은 강의 준비에 누구보다 철저하셨다. 연구한 내용을 일일이 노트에 기록하고, 하나씩 풀어나가는 열정을, 강의를 통해 고스란히 제자들에게 전수했다. 선생은 강의에서 직접 인용하거나 강조할 부분을, 페이지마다 표시하고 라벨을 붙였다. 나는 그 작업을 보좌하며 학문의 즐거움이 이런 데 있음을 느꼈다. 나도 교수가 되어 여러 차례 선생과 같은 강의 준비를 시도해 보았다. 컴퓨터 문명의 발달로 사정이 달라지기는 했지만, 그런 시절은 다시 오지 않았다.

이제는 선생의 사유가 고스란히 녹아있는 '강의노트'만 남았다. 언젠가 여유가 된다면, 칸트의『교육학 강의』나 비트겐슈타인의 저작들처럼, 선생의 강의노트를 다시 정돈하여 출간해 놓고 싶다.

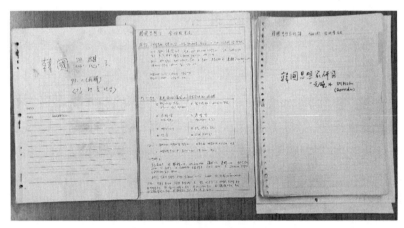

〈심원선생 강의 노트〉

선생님을 모시고 연구를 보좌하던 그 시절은 보석상자 같은 내 학문과정의 추억이다. 지금도 내 연구실에는 선생께서 공부하라고 직접 건네주신 데리다의 책이 두 권 있다. 선생께서는 데리다의 책을 복사하여, 읽고 또 읽으며 수업이 밑줄을 긋고, 중요한 내용은 원어로 다시 써 놓으셨다. 그 손 때 묻은 책 위로, 선생이 불어 넣으신 문운(文運)의 향기가 넘친다. 아마, 내 학보(學寶)로 간직될 것이다. 이런 모든 삶의 시공간, 그 좌표 위에 심원 선생이 계셨다. 선생께서 나의 석사과정 지도교수였다는 사실은 그 무엇보다도 자랑스러운, 내 학문의 훈장(勳章)이다.

〈데리다의 책〉

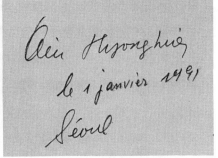

〈심원 선생 자필 싸인〉

〈심원 선생 연구 흔적〉

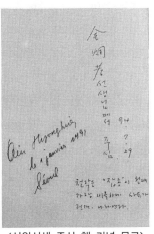

〈심원선생 주신 책 기념 문구〉

## 2. 텍스트(Text)

어쩌면, 학문은 '선생이 전수(傳授)해 주신 사유(思惟)의 체계를 따라
가며, 그것을 마음에 품는 작업'인지도 모른다. 그것은 선생의 인품(人
品)과 학덕(學德)을 본보기로, 나를 빚고 가꾸어나가는 일에 다름 아니
다. 그런 점에서 학자는 선생께 받은 학은(學恩), 그 빚을 갚기 위해

다시 학문 활동을 해 나갈 뿐이다. 대학원 석사과정 이후, 지금까지도 선생께서 비추어 준 학문의 자취는 생생(生生)이요 불측(不測)이다. 연구를 하면서, 내가 수시로 인용했던 선생의 글 몇 가지를 다시 성찰해 본다. 이는 선생의 저술에도 있고 내 강의노트에도 기록되어 있다.

① 텍스트(Text); 책은 의미가 일정한 체계적 줄거리를 중심으로 지니면서 하나의 상자 속에 질서정연하게 담겨있는 과일들처럼 그렇게 촘촘히 박혀 있는 의미들의 전체성에 해당한다. 그래서 책은 의미의 진열대요, 의미가 현존하는 보석 상자요, 의미를 가두어두는 전체성의 뒤주와 같다. 다시 말하면 책의 의미는 전체적이고 폐쇄적 영역확보, 저자의 자의식, 신적 창조, 영혼의 대화, 영혼의 모방과 초상, 아버지와 스승의 가르침 등의 개념과 불가분의 관계를 맺고 있다. 그러나 텍스트는 책과 전혀 다른 지대에 속한다. 신화학적 진술이 고정적으로 지니고 있는 현실적 중심이 없다. 시간과 공간의 복합체 속에 존재하는 것이 무엇이든지 텍스트로 간주된다. 책이 기호의 내용을 중시하는 소기(所記)라면 텍스트는 능기학(能記學)은 아니더라도 어떤 것의 최종적·궁극적 의미가 있을 수 없다.

② 대학(大學)의 지선(至善)과 중용(中庸); 율곡(栗谷)이 강조하는 지선(至善)의 본체(本體)는 『중용』이 말하는 '천명지성(天命之性)'과 같고, 지선(至善)의 활용(活用)은 『중용』의 '솔성지도(率性之道)'가 되고, 『대학』이 말한 '지어지선(止於至善)'의 개념은 『중용』에서의 '수도지교(修道之敎)'의 개념과 상통한다.

```
         ↑↓   至善之體 ----- 天命之性 ----- 性  論 ↑↓
   中論 ↑↓   至善之用 ----- 率性之道 ----- 情  論 ↑↓ 中論
         ↑↓   止於至善 ----- 修道之敎 ----- 德行論 ↑↓
```

위의 도표에서 화살표가 내려오는 방향[↓]은 자연의 화육질서(化育秩序)를 상징하고, 올라가는 방향[↑]은 인간의 교육질서(教育秩序)를 말한다.

③ 성인(聖人); 공자(孔子)가 유교적 이상형의 대명사이지만, 현실적으로 인간이 성인(聖人)의 완전한 성취를 이룩함은 적어도 거의 불가능하다. 구체적으로 성인의 경지에 이른 자만이 완전한 뜻에서 중용(中庸)과 시중(時中)의 도리를 행하는 이라고 할 수 있는데, 중용의 이치를 온전히 실행하는 일도 성인되기만큼 힘들고, 또 현실적으로 거의 불가능하다.

④ 이(理)와 기(氣); 리통기국(理通氣局)과 리일분수(理一分殊)을 보면, 리통(理通)은 리일(理一)과 같고 기국(氣局)은 리분수(理分殊)와 다르지 않다. 이(理)와 기(氣)는 개념적으로 상반성과 상보성의 관계이다. 율곡은 개체 사물[氣]만이 발(發)하고 이(理)는 개체 사물을 타고 한 길로 나아간다는 '기발리승일도설(氣發理乘一途說)'을 주장하였다. 이것이 바로 리통기국(理通氣局)의 운동을 설명하는 근거이다. 그런데 리통기국(理通氣局說)의 궁극적 목적은 리통(理通)으로써 선(善)의 본체는 어디에나 존재하여 변함이 없으며, 기국(氣局)으로써 인간의 현상적 불완전은 기(氣)로 인한 것임을 밝히는 작업이다. 율곡은 기(氣)의 특성이 가변적인 것이므로 인간은 수양을 통해 불완전한 상태의 기(氣)를 온전한 본래 상태로 회복시킬 수 있다는 점을 강조한다. 다시 말하면, 나의 경험들 사이의 상호작용, 나와 타인의 경험 사이에 엮어지는 상호교차(相互交叉)는 어떤 의미 작용이 생성된다. 이때 튀어나오는 구체적 의미의 세계에서 인간이 편벽된 기질(氣質)을 다스려 본연의 선(善)을 확충한다면, 모두가 성인(聖人)이 될 수 있다.

# 3. 그리움

2022년 9월 7일 수요일, 맑은 날씨였다. 세명대 교수로 재직하고 있는 장승구 선배로부터 『심원 선생 추모문집』의 원고를 써 달라는 부탁이 왔다. 청탁을 받은 후, 선생께서 계신 곳을 확인하고, 바로 달려갔다.

심원(心遠) 김형효 선생, 내 삶에서 매우 중요했던 시기, 대학원 석사과정, 지도교수시다. 내 학문 인생을 진지하게 일깨워주신 어버이 같은 분이셨다. 가르침을 받은 지 엊그제 같은데, 벌써 30년의 세월이 흘렀다. 프랑스철학에서 노장(老莊), 불교(佛敎)를 넘나들며 철학적 탐구 자세를 일러 주시던 모습이 아직도 선하다.

전화 통화 때마다, 선생은 그러셨다. 처음에는 나지막하고 약간은 근엄한 목소리로 '여보세요! ……'라고 하시다가, 이내 목소리를 높이시며 '어, 그래! 어떻게 지내냐? ……'라고 흥분에 가깝게 목소리를 높이셨다. 그만큼 사람을 그리워하고, 제자의 성공을 기원하며, 반가워하시던 음성이 귓가에 맴돈다.

데리다에서 하이데거, 노장에서 화엄(華嚴)으로, 원효의 일심이문(一心二門), 진여(眞如)와 생멸(生滅)의 사이세계를 누비며, 연구실에서 보조하며 배우던 시간이 정말 그립다.

그 학문의 빚은 언제나 갚을까!

피안(彼岸)의 양지 바른 곳에서 여전히 사색(思索)하고 계신 선생을 뵈니, 차안(此岸)의 내 인생도 큰 복(福)이다.

〈심원 선생 묘소〉

다시 찾아뵐 때는 보다 성숙한 학인(學人)이기를, 자수(自修)와 자신
(自新)의 시공간에 기대어, 소망한다.

# 미지사야, 부하원지유(未之思也, 夫何遠之有)

**한형조**
(한국학중앙연구원 교수, 철학 & 고전한학)

청중들이 일어서서 박수를 보내자,
현자는 의아하게 좌우를 둘러보았다.
"이런, 내가 또 무슨 잘못을 했지?"

학부를 졸업할 무렵, 졸업 논문을 "화담의 氣와 道德"으로 잡았다. 氣가 내부의 主宰를 갖고 있다면, 도덕은 어디서 찾을 것이냐는 초보적 질문을 했던 듯하다. 그때 참조한 유일한 논문이 심원 선생의 글이었다.

학부 논문이 뭐 대단했겠는가. 10여분씩 간단히 발제 듣고 지나가는 마당에, 내 논문만 꽤 오래 붙들려 있었다. 그 많은 동양철학의 전문적 언술은 다 어떡했느냐는 힐난을 들었던 듯하다.

# 1.

진로를 정신문화연구원 대학원으로 정했다. 이곳 사정에 익숙한 김태길 교수님이 우려의 표정으로 취직까지 염려해 주셨지만 나는 별로 개의치 않았다. 등록금에 기숙사에, 생활비까지 그리고 마음놓고 공부를 할 수 있는 곳이면 무얼 더 바라나. 더 이상 손벌리지 않기로 한 어머님과의 약속도 지키고 싶었다.

면접을 하셨던가? 선생의 강의는 동서와 고금을 종횡하고 있었다. 『송고승전』에서 원효를 두고 읊은 '勇擊義圍, 雄橫文陣'을 직접 목도하고 있는 기분이라 할까? 나는 늘 짧은 걸음으로 좌고우면, 버벅거렸다. 내가 머리가 나쁘다는 것을 확실히 깨닫게 해 주셨다.

돌이켜 보니 다니던 학부는 서양철학이 주류였고, 그 중에서도 현상학, 분석철학, 그리고 헤겔을 가르쳤다. 삶의 철학을 기웃거리던 내게 현상학은 의식의 심리학으로, 분석철학은 서양 언어의 게임으로 보였다. 그리고 헤겔은 근처에 가지 않는 것이 정신 건강에 좋을 듯하였다. 독일과 영미 철학에 지친 초보에게 마르셀이나 베르그송, 메를로-뽕띠 등의 프랑스 철학이 가세한 셈이라고 할까. 생소한 거장들의 사유는 낯설었고, 그들이 동원하고 있는 수많은 개념과 어법이 나의 체험적 지평과 어떻게 연관되는지도 알 수 없었다.

동양 철학 또한 사정이 다르지 않았다. 학부 초년에 불교에 접근했지만, 경전과 주소는 감당이 안 되었고, 선불교의 간명 직절한 어법, 그리고 화두의 이야기에 끌렸다. 깨달음은 단순하지만 미끄럽고, 기실 반쪽이라는 생각에 하산, 학교로 돌아왔다. 그 후 유교에 입문했지만, 그 또한 난공불락이었다. 누가 『논어』를 쉽다 하나? 첫 구절부터 애매하기, 내겐 온통 의문 투성이였다. 주자학이 논리와 체계를 갖추고 있다는 소문에, '한국유학' 강의를 들었다. 그 학기 내내 배종호의 『한국유학사』한 권과 씨름했다. 그리고 낸 리포트가 A4 한 장, 내가 이해한 것이 그것뿐이었다. 학점은 영 바닥이었던 것으로 기억한다.

대학원에 들어와 본격 한문 고전을 파고 들었다. 선인들의 목소리를 직접 듣는데 허덕였기에 비교와 대화는 내게 잘 닿지 못하고 미끄러졌다. 하나도 모르는데 둘이라니? 흡사 라틴어 속담처럼, "애매한 것을 더욱 애매하게"의 늪에 빠진 듯했다.


## 2.


이해는 잘 못해도 東西를 종횡하는 강의를 열심히 들었고, 리포트를 준비했다. 기억나는 것은 대면 평가였다. 지금 생각하니 학생들을 평가할 때, 이 인터뷰 방식을 왜 채택하지 않았을까 하는 생각이 든다. 사기나 변명, 아는 척이 통하지 않고 남의 도움도 받을 수 없이, 가진 자산을 고스란히 내보일 수밖에 없지 않은가.

석사를 졸업할 무렵의 에피소드 하나. 선생은 연구원의 부원장을 맡고 계셨다. 나는 조만간 군대를 가게 되었다고 인사차 본관에 들렀다. 부속실에서 기다리고 있었는데, 손님을 배웅하러 나오셨다가 나를 발견하셨다.

당시 졸업생들에게는 병역 특례가 있었다. 대학의 조교나 연구직, 일반 대학의 교수 등으로 5년을 근무하면 징집을 면제받는 제도였다. 서울의 방송통신대학에서 조교직을 뽑는데, 특정대학이 독점하고 있다고 말씀드렸더니, 바로 전화를 들고, 한참을 통화하셨다. 곧 지원서가 연구원으로 배달되었다. 둘(?)이 경합하는 공채라니… 일반상식은 터무니 없이 뒤졌지만, 영어 성적이 더 앞서는 바람에 내가 낙착되었다. 발령과 근무를 앞두고, "군대를 안 가려고, 결혼도 해야 하는 선배 앞길을 막을 것이냐"는 읍소가 마음에 걸렸다. 결국 자리를 양보하고 입대하기로 했다. 잘했다는 칭찬을 들을 줄 알았는데, 학장부터 무책임을 탓하는 바람에 의아해 했던 기억이 새롭다.

아, 그때 부속실에서 용무를 마치고 일어서는데, 비서가 불같이 화를 냈다. "이게, 웬일?" 하고 있는데, 이런… 선생이 서서 말씀을 하시는 동안, 내가 대기실 소파에서 그대로 앉아 대화를 나누었다는 것. 풍경이 상상이 가실 듯. 10여분은 되었을 것인데, 조마조마, 가슴이 쫄려 죽는 줄 알았다면서 길길이 뛰었다. 그 흥분에 실소, 사과는 하면서도, 그게 그렇게 죽을 죄인가? 하며 방을 나왔다. 철부지 시절의 일이다.

많이들 군대를 가고, 또 모교로 돌아갔다. 나는 그대로 박사과정에 진학, 선생의 지도를 받았다.

초보는 주제를 좁게 한정해야 한다. 넓히면 산만해지고, 섣불리 비교에 뛰어들면 다리가 찢기는 수가 있다. 공맹도 모호하고 주자학은 심오하여 헤매던 차에 다산을 만났다. 나는 모호를 걷고 깊이를 부정하는 그의 명료함에 매료되었다. 그를 따라 주자학의 구조와 논점을 읽고, 공맹의 근본 정신에 가탁하는 다산의 대안을 탐색해 나갔다.

초안은 일필휘지로 썼던 듯하다. 할 일을 다했다고 쉬고 있던 차에, 선생은 글의 전체 구성에서 개념, 표현까지를 세심하게 판독해 주셨다. 원고는 온통 시뻘겋게 물들어 있었다. 나는 아차 했고, 잠시 당황

했다가, 초고를 폐기하고 완전히 다시 썼다. 선생의 지도로 세부 논점을 하나씩 점검하고, 문체를 더 차분히 진중하게 끌고 나갈 수 있었다. 처음에는 '그렇게까지?' 하는 마음이 없지 않았으나 학위를 받고 난 후, 곧 그만한 다행이 없다고 가슴을 쓸어내렸다. 지금도 "초고 그대로 갔더라면?"을 상상하면 등에 식은 땀을 느낀다. 다시 고쳐 출판한 책을 보고도, 누가 왈, "주제는 주자학인데, 문체는 禪風을 닮았다"고 해서 웃었는데, 아마도 초고를 보았더라면 더 기가 찼을 것이다.

## 3.

학위를 받고 나자, 선생이 내게 존대를 하셨다. 나는 화들짝 놀라 말렸지만, 웃으며 말하셨다. "이제 어른인데, 그래야 마땅하지." 나는 지금도 이 일을 따라 하지 못한다. 내가 아파 병원에 있을 때 문병을 오시면서 "친구가 아픈데 가 보아야지" 하셨다는 것을 최근에 듣고, 오래 전인데도 눈물이 핑 돌았다.

이듬해 94년 한국사상사연구소에 있던 나를 선생과 정해창 교수께서 부르셨다. 그로부터 10년을 철학과에서 함께 지내는 행운을 누렸다. '모셨다'는 말은 터무니없다. 권위의식은 외계의 일이었다. 젊은 교수나 제자들을 늘 도반으로 생각하셨지, 어른으로 행세하거나 대접받기를 원치 않으셨다.

임용 초기에 물가에 내놓은 아이처럼, 걱정이 많으셨을 듯하다. 그렇지만 내색을 하시지는 않았다. 다만 매년 가는 교수 연찬에는 가급적 빠지지 말 것을 당부하셨던 기억이 난다. 그리고 아하, 내가 신고 다니는 운동화를 보며, 구두를 신었으면 하신 적이 있다. 나는 그마저 불편하다는 이유로, 작은 부탁을 들어드리지 못했다. 아마도 용서해 주실 것으로 믿는다.

선생의 학구열은 무시무시하다. 정해창 교수님은 이를 곰의 잡식성과 엄청난 힘에 비유한 적이 있다. 과시 정곡을 찔렀다. 잊지 않고 덧붙인 것도 찰졌다. "그런데도 내가 즐기는 영미의 분석 철학은 영 입맛에 맞지 않는 듯하시다!" 나는 이 대목에서 무릎을 치며 웃었다.

선생은 학자들이 날씨나 안부를 묻고, 정치난 가십에, 그저 시간을 흘려보내는 것을 늘 못마땅해 하셨다. 그럴 때면 율곡이 퇴계와 마주 앉은 자리에서, "저는 도를 물으러 왔지, 한가한 잡담이나 하려고 온게 아닙니다.(小子求聞道, 非偸半日閒)"라고 읊은 결기가 떠올랐다. 선생과 앉으면 동서의 학문과 철학이 흡사 음악처럼 어디선가 시작했다가, 적절한 화음으로 이어지고, 가끔 긴장이 고조되지만, 조용히, 때로 장중하게 마무리되었다. 매일이 일종의 철학적 공연을 감상하고 즐기는 것 같았다.

선생은 不恥下問, 내게도 늘 질문을 던지고 의견을 물으셨는데, 주 테마는 다산과 노장, 불교였다. 주자학은 더 논의할 게 없다고 여기신 듯하다. 다산의 사상이 촛점이 맞지 않는다고 고개를 갸웃하셨다. 그의 신학적 회귀와 실학적 태도가 공존하는 것이 아무래도 잘 납득이 되지 않으시는 듯했다.

『사유하는 도덕경』을 쓰실 때는 자주 내 연구실을 찾으셨다. 특히 초횡의 『장자익』을 읽으시며 이해가 잘 되지 않는 곳을 짚어가며 물으셨는데, 내 실력이 감당하지 못해 지금도 죄스러운 마음이 한 켠에 있다. 그때보다는 한문이라는 외계의(?) 낯선 글자가 좀 익숙해졌고, 주석도 더듬을 만큼 되었는데, 지나간 시간을 따라잡을 수 없으니 어쩌랴. 특히 선생은 呂惠卿(吉甫)의 주석에 착목하셨는데, 『장자익』을 펼칠 때마다 그 기억이 새록할 것이다.

## 4.

서세 5주기를 맞아 선생과의 첫 만남이 문득 궁금해져, 내 학사 논문을 수소문했다. 옛날 지인이 나도 모르게 그 허술한 글을 『자유』라는 잡지에 실은 적이 있는데, 국립중앙도서관의 과장에게 전화했더니, 못 찾겠다는 연락이 왔다. 아쉬운 마음으로 그때 참조했던 선생의 논문을 다시 펼쳤다. 「화담 서경덕의 자연철학에 대하여」라는 제목이 붙어 있었다. 읽다가 그만 아득했다.

시작은 문학적이다. "한송이 들꽃이 왜 피는지 그 까닭을 캐묻기 전에 이미 꽃은 철이 되면 어김없이 핀다. 사람이 있는 곳에 제철따라 어김 없이 철학의 꽃이 핀다." 철학에 대한 봄날의 사랑이 가득하다.

선생은 화담의 氣와 物의 철학을 논하면서, 현대 과학의 득세를 비평한다. 형이상학적 사유는 시들지 않는다는 것. 화담의 '자연'을 두고 마르크스와 혁명의 실패를 예견하고, 이것이 사르트르의 자유와 어떻게 다른지도 읽어낸다. 동양의 자연이 아리스토텔레스의 그것과 달리 목적론적이지 않으며, 신학적 창조론이나, 그 연장에 있는 칸트와 헤겔의 자연철학과도 다르다고 짚었다. 아울러 유물론적 해석이 얼마나 오독인지도 분명히 짚으셨다.

독자들을 위해 귀띔해 드리자면, 선생이 동서의 철학 안에서 세 개의 철학소를 분리했을 때, 특히 '物學'의 이름을 의아해 하는 사람이 많을 텐데, 여기 物은 지금 화담이 설파하고 있는 의미와 맥락에 주의한 것이다.

철학 논문이 문학과 상상력으로 가득하고, 자연과 길을 둘러싼 동서의 진영을 지도처럼 뚜렷이 그려 보이고 있었다.

선생은 화담의 사유를, "인륜성의 근거는 자연성에서 파생한다"로 정리했다. 이어, "장자의 제물론이나 스피노자처럼 마음의 평정이 자연의 필연성에 대한 인식임을 표명하고 있다."고 하셨다. 나는 이즈음에야 이 평행 혹은 공명을 약간 이해하고 있는 중인데… 1978년이면, 선생의 나이 30대 후반에 벌써 이 소식을 알았단 말인가. 역시나 족탈불급이었다.

박찬국 교수는 선생을 "비교 철학의 달인"이라고 칭한 바 있다. 화담의 논문, 이 최초의 대면을 통해 아마 나도 모르게, 고전 한문의 의미는 문자의 안이 아니라 밖에 있다는 것을 깊이 새겼는지도 모르겠다.

화담의 글을 읽으면서, 沒絃琴, "줄 없는 거문고 소리"라는 대목에 터억 막혔다. "이게 무슨 소린가?" 선생은 천연스럽게 존 키츠의 시를 들려준다. "그대 아직도 고요의 새 색시, 그대는 침묵과 느린 시간의 아이를 기르는구나… 들리는 멜로디도 달콤하지만 안 들리는 멜로디는 더욱 달콤해. 그대 부드러운 피리의 연주를 하라. 감각적 귀에서가 아니고, 좀 더 사랑받도록, 아무 소리도 없는 정신의 노래에 피리를 불렴."

한국의 철학적 사유는 지금 어디쯤 있는가. 선생은 76년작, 『한국사상산고』의 서문에서 탄식한다. "서양 철학은 해설에 치중하고, 동양철학은 훈고에 매달리고 있다. 학자들은 자료와 각주를 넘어서지 못하고 있고…"흡사 어제 쓴 듯 생생하지 않은가?

30대의 젊은 학인은 이 세 해협을 뚫고 동서와 고금의 철학을 자신의 발로 답파하고, 마침내 그 철학을 넘어서 버렸다. 철학의 산정에서 선생은 "이제 철학은 필요 없어!" 하셨다.

당부컨대, 후학들은 이 말을 그대로 믿으면 안된다. 주자가 말한 바 있다. "내가 도달한 곳을 알자면, 내가 걸은 길을 직접 밟고 와야 한다."

저번 1주기에는 퇴계의 독법을 두고 선생의 통찰을 다시 음미하는 기회를 가졌다. 지금 화담을 다시 읽으니 감회가 더욱 새롭다. 앞으로 그 수많은 저작과 다시 만날 일이 기대된다. 곁에 계실 때는 뭐하다가, 떠나신 이후에 다시 읽으며 감탄하고, 학습하고 있으니, 내 태만과 국량을 한탄할 뿐이다.

만년작 『하이데거와 불교』 2부작을 쓰셨을 때, 나는 "논설은 알아들을 듯한데, 하이데거의 사설은 도무지 난감하고, 유식과 화엄도 난해하기 이를데 없습니다."라고 해서, 선생을 섭섭하게 해 드렸다.

그래도 나는 서두르지 않는다. 이제사 선생의 작업 가운데 동양 철학의 성과를 읽으며 즐거워할 만하게 되었다. 칸트의 저작을 두고 온갖 평가가 난무할 때 쇼펜하우어는 말했다. "비판은 쉽다. 그러나 이해는 어렵다." 모든 귀한 것은 손닿지 않는 곳에 있다. 감탄과 비평에 이르기 위해서는 인내와 시간, 그리고 정직성이 필요하다.

이제 내친 김에, 두툼한 서양 철학의 도정, 그 오랜 난공불락의, 은산철벽도 한번 올라가 볼까 생각도 드는 중이다.

남기신 책과 기억이 어디 가겠는가. 세상 또한 본시 오고감이 없는 것을…. 소유가 아니니 생사도 없는 곳, 그 가지도 오지도 않은 곳, 無何有之鄕에서 선생은 늘 평안하실 것이라 믿는다.

　폐렴으로 병원에 계실 때 문병을 갔다. 힘든 고비 속에서 선생은 낮은 목소리로, "내가 살아야 할 이유를 하나만 대보시게"라고 물으셨다. 그건 당신을 빗대 내게 던진 화두였다. 철학의 끝, 이 질문을 놓치지 말고 일전어(一轉語)를 준비하라는 당부로 들렸다. 나도 어느새 희끗한 정년을 바라보고 있는 지금, 이 다그침에 너무 늦기 전에 한 마디 할 수 있기를… 창밖, 잎이 다 떨어진 裸木들의 풍경을 보며 생각한다. 어디선가 대답이 나도 모르게 익고 있을지 모른다.

# '양가성(兩價性)'을 깨우쳐주신 스승

## 이상익
(부산교육대학교 윤리교육과 교수)

내가 심원(心遠) 김형효(金炯孝) 선생을 처음 뵙게 된 것은 1982년, 대학교 2학년 때인 것으로 기억된다. 당시 나는 성균관대 유학대학 한국철학과에 재학중이었는데, 그 해에 심원 선생께서 우리 학과에 출강하신 것이다. 그 해에 심원 선생께 〈세계철학사〉와 〈철학연구방법론〉을 수강했던 것으로 기억된다.

벌써 40년이 지난 지금 그 때의 강의 내용을 떠올려보면, 심원 선생께서는 이성주의를 벗어난 관점들을 많이 소개해 주셨다. 그때까지만 해도 '철학'과 '이성'을 등치시키고 있었던 내게 그러한 강의 내용들은 매우 낯설고 놀라운 것이었다. 또한 선생은 강의 시간에 '진리의 양가성' 또는 '양가적 진리'에 대해 많은 말씀을 하시면서, "이 세상을 단선적으로 보지 말라"고 가르쳐주셨다. 특히 기억에 남는 것은 '순수성의 악마'라는 개념이었다. 가장 순수하고 고귀한 이념을 내세운 혁명가들이 한편으로는 가장 피비린내 나는 살육을 자행하는 경우가 많다는 것이요, 그들은 자신들의 살육을 순수성이라는 관념으로 정당화한다는 것이다. 선생의 이러한 가르침은 내게 '항상 어떤 사물의 양면성을 동시에 주목하라'는 태도를 심어주었다. 선생은 또한 '진리의 애매성'에 대해서도 몇 차례 언급하셨다. 우리는 이러저러하게 진리를 명확하게 규정하고자 하나, 궁극적 경지는 애매한 경우가 많다는 것이다. 이러한 가르침은 결국 우리에게 '자기 확신을 경계하라'고 깨우쳐 주는 것이요, '지적으로 겸손하라'고 주문하는 것이었다.

심원 선생은 인간 세계의 역설적 상황을 '사방에 홍수가 났는데 마실 물이 없는 상황'으로 비유하신 적이 있다. 물속에서 허우적대면서 목말라 죽을 지경인 상황이라니, 이처럼 실감나는 비유가 또 있을까? 아무튼 지금도 우리 인류는 이런 역설적 상황을 헤쳐 나가야 하는 것 같다. 선생은 '땅으로 인해 넘어진 사람은 땅을 딛고 일어나야 한다(因地而敗者 因地而起)'는 말씀으로 우리 인간은 결국 이 땅을 외면할 수 없다는 말씀도 해 주셨다. 이러한 말씀들은 하나하나 화두(話頭)가 되어, 나는 지금도 종종 이를 붙잡고 생각에 잠기곤 한다.

선생께서는 또한 원효와 율곡의 철학에 대해서도 열강하시면서, 이분들은 세계철학사에서도 전혀 손색이 없는 1급 철학자들이라고 소개해 주셨다. 사실 이런 내용은 한국철학을 강의하시는 교수님들은 누구나 하는 말이었다. 그러나 동양철학·한국철학을 전공하신 교수님들이 이런 말씀을 하는 것에 대해서는 혹시 우리끼리 '자화자찬'하는 것이 아닐까 하는 의심이 들었다. 그런데 본래 서양철학을 전공하신 심원 선생이 이런 말씀을 하니, 기존의 의심을 풀고 그 말씀을 받아들일 수 있었던 것이다. 선생께서는 또한 한국사상의 특징으로 '풍류도'와 '신바람'에 대해서도 신바람 나게 강의해 주셨다. 그리하여 한국철학과에 다니던 나는 한껏 고무되고, 한껏 의기양양할 수 있었다. 그 뒤로 나는 원효와 율곡에 대해 더 많은 공부를 하면서, 실제로 그분들의 철학적 위대성을 조금이나마 확인할 수 있게 되었다. 그리하여 더욱 자부심을 가지고 한국철학을 공부하게 되었던 것이다.

한참 재미있게 심원 선생의 강의를 듣고 2학년을 마칠 무렵, 당시 한국철학과에 재직중이시던 행촌(杏村) 이동준(李東俊) 선생께서 "김형효 교수님이 내년에 우리 한국철학과로 오실 것"이라고 귀띔해 주셨다. 그런데 3학년이 되고 보니, 심원 선생은 우리 학과로 오시지 않고, '한국정신문화연구원'으로 가셨단다. 나중에 다시 행촌 선생께 설명을 듣고 보니, 심원 선생은 당시 재직중이던 서강대학교 철학과에 사표를 내고 우리 한국철학과로 적(籍)을 옮기셨는데, 마침 우리 학과에 재직 중이시던 도원(道原) 류승국(柳承國) 선생이 한국정신문화연구원 원장으로 부임하게 되면서 심원 선생을 함께 데리고 가셨다는 것이다. (나의 대학 졸업 앨범 '한국철학과 교수진' 사진에는 류승국 선생, 이동준 선생, 금장태 선생의 사진과 함께 심원 선생의 사진도 나란히 실려 있다. 이것으로 보면 당시에 심원 선생이 우리 한국철학과로 적을 옮기셨던 것은 분명하다.) 그리하여 심원 선생의 강의를 계속 더 듣고 싶다는 나의 소망은 일단 무산되었고, 대신에 나는 한국정신문화연구원에 대한 동경을 품게 되었다.

실제로 나는 한국정신문화연구원 한국학대학원에 진학할까 하는 생각도 지니고 있었다. 그런데 행촌 선생께서 "도원 선생도 곧 한국철학과로 돌아오실 것"이라고 말씀하시면서 "한국철학과 대학원에 진학하는 것이 좋겠다"고 권하셨다. 그리하여 성균관대에서 석사과정과 박사과정을 모두 마치게 된 것이다.

한국정신문화연구원에 대한 나의 동경은 박사학위를 마치고 나서야 실현되었다. 나는 1995년 2월에 박사학위를 받은 다음, 1996년 9월부터 1997년 8월까지 한국정신문화연구원 철학종교연구실에서 박사후과정(Post-doc.)을 연수하게 되었던 것이다. 당시에 한국학술진흥재단이 후원하는 박사후과정 제도가 막 시행되어, 나도 그에 응모하고자, 박사과정 지도교수이셨던 행촌 선생께 말씀드렸더니, 행촌 선생께서 심원 선생께 연락하여, 심원 선생의 지도를 받을 수 있도록 주선해 주신 것이다. 그리하여 나도 한때나마 한국정신문화연구원에 적을 두게 된 것이다.

박사후과정 연수가 결정되어 행촌 선생과 함께 심원 선생을 찾아뵈었을 때, 심원 선생은 "나는 서류상의 지도교수일 뿐이니, 실질적인 지도는 행촌선생께서 하시라"고 겸사의 말씀을 하셨다. 그리하여 나는 두 분의 지도교수를 모실 수 있는 행운을 얻게 된 것이다. 또한 심원 선생께서 여러 편의를 보아주셔서, 나는 별다른 불편 없이 박사후과정을 마칠 수 있었다. 1년 뒤에 그 결과물로「한국근대사상에 있어서 민족적 주체성과 세계적 보편성의 문제」라는 논문을 제출하자, 심원 선생께서는 한번 훑어보시고 '훌륭한 논문'이라고 칭찬하시고,『정신문화연구』에 게재할 수 있도록 주선해 주셨다.

심원 선생께서는 나와 만났을 때 항상 소탈하셨고, 겸손하셨고, 나의 편의를 최대한 배려해 주셨다. (나는 일전에 어떤 유명한 퇴직 교수님을 만났는데, 그분의 말씀은 태반이 자기 자랑이었다. 물론 그분도 대단한 학문적 업적을 남기셨는데, 겸손에 있어서는 심원 선생님만 못한 것 같았다.) 단 한 가지 아쉬운 점은 항상 담배를 즐기셔서, 결국엔 천수를 누리지 못하신 것 같다는 점이다.

내가 심원 선생께 놀라운 점은, 선생께서 만년에 자신의 인생이 '행복하지 못했다'고 술회했다는 점이다. 심원 선생은 사회적 지위도 높았고, 학문적 명성도 높았다. 그럼에도 불구하고, 만년의 저작 서문에서 "나의 인생은 행복하지 못했다"고 술회하신 것이다. 그런데 또 놀라운 것은 만년의 저작에 실린 심원 선생의 사진을 보면, 그 얼굴 표정이 다른 누구의 표정보다도 온화하고 편안해 보인다는 점이다. 심원 선생은 왜 행복하지 못했을까? 그럼에도 불구하고 만년의 얼굴은 어찌 그렇게 온화하고 편안한 모습일 수 있었을까? 이것이 이제 환갑이 된 내가 해결해야 하는 화두인 것이다. 혹시 한 사람에게 '불행한 의식'과 '온화한 얼굴'이 공존할 수 있는 것도 '진리의 양가성'에 해당하는 것은 아닐까 생각해본다.

# 심원 선생님을 회상하며

김백희

(한국학중앙연구원 장서각 연구원)

1988년 한국학중앙연구원(당시 한국정신문화연구원) 한국학대학원 석사과정 학생으로 입학한 때가 지금도 생생하다. 나는 시골스러웠던 청주의 국립대학을 다녔다. 농과대학에서 종합대학으로 변신한 대학답게 교정 안에는 커다란 논이 여전히 있어서 어색했던 기억이 있다. 1980년대 청주의 대학은 나름대로 최루탄이 난무하였지만 무엇인지 고풍스러웠다. 하여튼 촌스러운 대학을 어설프게 졸업하고, 새로 입학한 대학원이 청계산이라는 첩첩산중에 자리 잡고 있었다. 촌에서 촌으로 이사를 온 것이다. 2022년 한국학중앙연구원은 화려한 분당 신도시 외곽의 고급주택가 근처에 있게 되어서 격세지감을 느낀다. 강산도 변하는데 사람이야 일러 무엇을 하리오.

당시의 한국학대학원은 철학과 종교 두 전공이 묶여서 하나의 연구실로 통합되어 있었다. 이른바 철학종교연구실, 우리는 줄여서 그냥 철종실로 불렀다. 촌에서 올라온 나의 입장에서 철종실 소속 대학원 선배들은 스포츠에 비유하자면 매우 뛰어난 역량을 지닌 프로구단의 1급 플레이어로 보였다. 학문적 실력과 호쾌한 주량에서 모두 범접할 수 없는 경지를 느꼈다. 그런데 이렇게 커 보이는 선배들이 한결같이 두려워하는 선생님이 계셨다. 심원(心遠) 김형효 선생님이었다. 보기에는 창백한 얼굴에 약간 구부정한 걸음새 그리고 큰 키에 깡마른 체구라서 도대체 무서움이 느껴지지 않았다. 본래 하룻강아지 범 무서운 줄 모르는 법이라 하였다.

석사과정 1학기부터 사서집주(四書集註) 위주의 기초한문을 익히다 보니 자연스럽게 주자학에 관심이 생겨서 율곡의 주자학으로 석사논문을 마무리하였다. 이때는 심원 선생님께 제대로 무엇을 배운 적이 없었다. 이후 박사과정을 다니면서 개인적으로 생태학(生態學)에 깊은 관심을 가지게 되었다. 나아가 동양 고전의 노장(老莊) 사유에서 생태학적 지혜를 구명해보겠다는 생각을 하였다. 과정을 마칠 즈음 행정 제도상 박사논문 구상과 지도교수 지정이 필요하게 되었다. 그리하여 「노자철학과 생태학」을 주제로 소박한 목차와 간략한 내용요약을 정리하여 선생님을 찾아뵈었다. 근심스러운 눈빛으로 나의 자료를 보시면서 "이런 주제는 철학적 사유가 펼쳐질 공간이 적어서 힘들겠지만, 소신이 있다면 해보게."라는 답을 듣고 나왔다. 이후 3년여 기간을 이리저리 자료를 모으고 분석하였다. 그렇게 정리한 초고(草稿)를 불안한 마음으로 들고 가서 선생님께 보여 드렸는데, "아직 멀었다. 이 주제로는 안 되겠다."는 간략한 답을 듣고 나와 망연(茫然)하였던 기억이 새롭다. 박사논문 발표를 같이 시작한 두 명의 동료들은 학위를 받고 떠났는데, 나는 다시 출발점에 선 것이다.

그 사이 선생님은 구조주의에서 해체주의에 이르는 서구의 일류 철학사유를 종횡하면서 이미 낙양의 지가(紙價)를 올리고 계셨다. 당시 선생님은 해체주의로 득력(得力)을 하신 이후 당신의 철학적 세계가 급격하게 심화되어 갔다. 어리숙한 나로서는 면장(面墻)의 답답함을 풀어 낼 길이 없었다. 이즈음에 『노장철학의 해체적 독법』이 한국학중앙연구원 출판부에서 나왔다. 나는 이 책을 읽고 고전을 해체하고 의미를 천착해가는 철학적 사유의 모형(模型)을 보았다. 오래전에 말씀하신 "철학적 사유가 펼쳐질 공간"의 확보가 필요하다는 말의 뜻을 어렴풋이 이해할 수 있었다. 그래서 J. 데리다의 "차연(差延)"을 방법으로 노자의 철학을 조명하는 논문으로 박사논문을 완성할 수 있었다. 비록 수평적 차연의 논리 뿐만 아니라 수직적 계보(系譜)의 논리를 결합한 초점 불일치의 도가사유방식으로 귀결된 주장이었지만, 나는 선생님의 사유를 절반은 수용하였다. 이후 선생님은 계보학적 사유의 틀을 마저 버리지 못하는 나를 마뜩찮게 여기셨다. "철학적 사유가 깊어져야 눈이 열린다네." 하신 말씀이 귀에 쟁쟁하다. 나도 벌써 60을 바라보는 즈음에 철학적 사유가 깊어지길 고대하면서 지금도 선생님의 『마음혁명』을 손에서 놓지 못하고 있다.

# 심원 선생님에 대한 나의 기억

**임헌규**

(강남대학교 교수)

내가 심원 김형효 선생님을 처음 배알하게 된 것은 한국학대원에 입학을 준비할 때인 학부 3학년(1986년경)이었다. 선생님께서 고려원에서 출간하셨던 『동서철학에 대한 주체적 기록』, 『한국사상산고』, 『현실에의 철학적 접근』 등을 통해서였다. 당시 나의 지적 수준으로는 물론 이해하기 쉽지는 않았지만, 소중히 열심히 읽었던 기억이 난다. 그리고 나는 원했던 한국정신문화연구원 부설 한국학대학원에 진학했었다.

내가 대학원에 진학했던 1988년은 한국의 올림픽개최와 더불어 민주화의 바람이 세차게 불었다. 그 격동의 소용돌이 속에서 당시 우리 학생들도 연구원과 대학원의 개혁을 원했고, 당시 원장의 퇴진과 책임 있는 교수들의 문책을 요구했었다. 바로 이 때 심원 선생님께서는 학교에 복직하셨지만, 혼란을 피하고자 하였는지 얼마 후 벨기에 루벵대학으로 연구차 떠나셨다. 그리고 1년 후인 1989년 가을학기에 다시 되돌아 오셨다. 이때 나는 석사 4차 학기 학생이었고, 나의 석사학위 청구논문의 주심을 맡으셨다. 선생께서는 차분히, 친절하게, 성실하고, 그리고 엄격하게 지도해 주셨다. "철학적 상상력은 있지만, 철학적 지식이 너무 모자란다."는 코멘트를 해주셨던 기억이 난다.

다음 해(1990년) 바로 나는 박사과정에 진학했고, 당시 철학종교연구실 조교를 맡았다. 조교를 하면서 지켜본 선생님은 늘 정해진 시간에 출근하시고 항상 연구에 몰두하시는 것 이외에 다른 것에는 별반 관심을 보이지 않으셨다. 매 학기 시작 2~3달 전인 방학 때에 연구 및 강의 주제를 정하셨고, 항상 수업 전에 이미 당시 400자 원고지에 강의할 내용을 전부 기록해 놓고 계셨다. 선생님께서는 언제나 성실하게 동서 철학을 자유롭게 넘나드는 명 강의를 하셨다. 구조주의 4인방에서 시작하여, 맹자와 순자의 비교, 노자, 율곡, 다산, 마르셀, 메를로 뽕띠, 데리다, 하이데거 등등에 관한 강의를 하셨다. 지금 생각해 보니 실로 어마어마한 위대한 강의 그 자체였다. 그 누구도 그 깊이와 넓이에서 흉내조차 내기도 쉽지 않을 것이다.

그 후 1999년에 선생님께서는 나의 박사학위청구논문의 심사위원장을 맡으셨다. 10년 전 석사논문 심사 때와 마찬가지로 성실하고, 엄격하셨으며, 그리고 당시 하이데거에 관한 2권의 책을 내셨던 선생님께서는 자신감도 넘치셨던 것 같다. 학위논문에 사인을 하시면서, 나의 모교 은사 선생님 얘기를 나누다가 이런 말을 하셨다.

"여기(한국학대학원)가 바로 자네 모교 아닌가? 강장 밑에 약졸 없다고 하지 않았던가? 자네도 선배들(아마도 한형조, 장승구 박사를 지칭한 듯)처럼 잘 할 것으로 믿네!"

그 후로 거의 20년의 세월이 흘렀다. 학교 연구실에 있던 어느 날 저녁 나는 갑자기 심원 선생님이 보고 싶어졌다. 하여 서가의 있는 선생님 책을 전부 끄집어내어 펼쳐 들고, 선생님의 친필 사인을 보면서 깊은 상념에 잠겼었다. 그리고 나는 선생님의 책과 사인을 일일이 사진을 찍고 페이스북에 올리면서 이렇게 썼다.

"오늘 나는 선생님이 그립습니다!"

그 후 며칠 후 나는 심원 선생님의 부고를 신문에서 보게 되었다.

# 철학에 몰입하신 김형효 선생님에 대한 기억

### 정갑임
(명지대학교)

김형효 선생님을 처음 뵌 곳은 여의도에 있는 성천문화재단 인문학 강의실이었다. 1992년경 성천문화재단 2기 수강생으로 강의를 들었던 인문학강좌에는 당시 동서양 철학계의 아주 훌륭한 교수님들께서 명 강의를 해주셨다. 여러 강의를 들으면서 그 중에서 특히 김형효 선생님이 하시는 강의에 점점 매료되어갔다. 당시 선생님께서는 가브리엘 마르셀의 철학에 대해서 강의를 하셨는데 처음 접한 가브리엘 마르셀의 구체철학의 여정도 매혹적인 내용이었지만 마르셀에 대한 강의를 하셨던 김형효 선생님의 열정적인 강의 또한 무척 인상적이었다. 그래서 선생님의 강의를 더 듣고 싶어 1994년 당시 선생님이 재직하고 계시던 한국학중앙연구원 한국학대학원에 석사과정에 진학하였다.

대학원 강의에서도 선생님의 강의는 마치 1인 연극을 보는 것 같았다. 김형효 선생님은 그야말로 온몸으로 강의를 하시는 분이다. 선생님의 책도 그렇지만 특히 강의를 하실 때는 동서양을 거침없이 넘나드는 개념의 향연 같은 강의 내용도 워낙 현란하고 매혹적이지만 선생님께서 강의를 하실 때의 고양된 목소리와 어조 뿐만 아니라 양팔과 가슴을 비롯한 상반신과 허리까지 한껏 열고 닫고 휘저으시며 온 몸으로 하시는 강의를 듣고 있노라면 때로는 마치 가수들이 노래와 하나가 되어 몰입된 상태에서 노래하는 것처럼 느껴지기도 하고 때로는 마치 1인 연극을 보는 듯했다. 덕분에 성천문화재단과 한국학대학원 석박사과정을 통틀어 수년 동안 선생님의 강의를 들을 때는 자주 철학과 공연예술이 함께하는 이중 몰입의 즐거움을 느끼는 호사를 누렸던 것 같다.

선생님의 강의공연에서 선생님께서 얼마나 철학이라는 학문을 사랑하시는지, 그리고 연구와 강의를 얼마나 즐기시는지 알 수 있었다. 그런 교수님의 지도학생으로 석박사과정을 거치면서 철학공부에 대한 열정을 크게 배운 것 같다. 석박사과정동안 지켜본 선생님은 늘 연구실이 마치 신나는 놀이터인냥 책 속에 파묻혀서 그야말로 열공하시고 연구하신 내용에 대해 대화하시는 것을 매우 좋아하셨다. 철학적인 대화를 하실 때는 기분만이 아니라 기운이 아주 고양되셔서 앉은 자리에서 엉덩이를 들썩이셨다. 사실상 선생님께서는 철학이라는 학문이 너무 재미있어서 다시 태어나도 철학자가 되고 싶다는 말씀을 자주 하셨던 것도 기억난다.

석사과정은 무난하게 지나갔지만 '왕양명의 몸철학'이라는 제목으로 박사학위논문을 제안한 이후로 참 힘든 과정을 겪었다. 몸철학이라는 쉽지 않은 주제이지만 교수님의 지원을 받으면서 논문을 쓸 수 있을 것이라는 애초의 기대와는 달리 처음부터 논문의 주제는 거부되었다. 논문의 주제를 바꾸고 힘들게 작성한 내용들을 덜어내면서 결국 '왕양명의 만물일체론'이라는 주제로 바꾸어서 박사학위논문을 마무리하게 되었다.

논문 심사가 지나가고 최종논문 제출을 앞두고 논문수정을 하고 있을 즈음 기진맥진하고 너덜너덜해진 상태에 있는 나에게 선생님께서 "미안하네. 내가 왕양명을 잘 이해하지 못해서 자네가 논문을 쓰는 것을 방해한 것같네."라는 말씀을 하셨다. 제자에게 그런 말씀을 하시는 것이 신기했다. 그 말씀을 들으면서 얼떨떨하면서도 아쉬웠고 또 따뜻했다.

같은 해에 왕용계에 대한 연구로 함께 박사학위를 받은 이주행 선배님과 저의 박사논문에 대한 지도를 계기로 왕양명의 철학에 대해서도 열공하신 선생님께서 저의 졸업 이후에 왕양명의 철학에 대한 가치를 알리는 열정적인 강의를 대학원 후배들에게 했다는 것을 전해들었다.

대학원 시절 선생님께서 원효부터 한국 뿐만 아니라 동서양의 철학 사이를 자유자재로 종횡무진하게 누비시는 비교철학적 접근방식이 참으로 부러웠다. 세월이 지나 동서양을 종횡무진하지는 못하지만 왕양명의 철학을 치유와 몸이라는 코드를 중심으로 현대의 다양한 치유법들과 조우시키며 재조명하고 재해석하는 비교철학적 연구방법을 선호하는 나의 연구방식에서 역시 김형효 선생님의 제자여서 그 학통을 받아서 내가 이럴 수 있는게 아닌가 싶어 선생님에 대한 감사의 마음이 무럭무럭 올라온다. 선생님! 감사합니다.

# 심원회상(心遠回想)

**김학수**

(한국학대학원 인문학부 한국사학 전공 / 부교수)


심원(心遠)이란 존재를 인지한 것은 1993년 봄이었다. 청계 동문(洞門)을 어렵사리 통과하여 청운(靑雲)의 뜻을 키워가던 시기였다. 당시 필자는 한국학대학원 역사전공 석사과정을 수련 중이었고, 동학들과 함께 대학원 2층의 열람실에 거접(居接)하며 학문적 옹알이를 하고 있었다.

그 내막은 알 수 없으나 도서관에 연구실을 두고 있었던 여느 인문학부 교수님과는 달리 철학·종교 교수님들은 대학원 2층에 연구실이 있었고, 심원 선생 연구실은 내가 공부하던 열람실 바로 맞은 편이었다.

말이 공부였지 우리는 열람실에 모여 현학적 대화를 서슴없이 주고받았고, 대학원 복도는 학생들의 지적(知的) 만용이 찧어대는 발걸음으로 몸살을 앓았다. 그것은 인문학을 빙자한 공해(公害)였다.

심원은 그런 학생들을 꾸중하는 일이 없었다. 소음에 근접하는 잡담으로 연구에 방해가 될 법도 했지만 어떤 간섭도 하신 적이 없었다.

그래서 처음에는 인내심이 큰 노학자 정도로 여겼지만 한 학기 쯤 지났을 무렵 그것은 인위적 인내가 아니라 지척의 굉음도 범접할 수 없는 지적 몰입이라는 것을 알아차릴 수 있었다.

1993년 3월 어느날. 대학원 건물이 술렁였다. 올 2월에 우리 대학원에서 센세이셔널한 박사학위논문이 나왔고, 그 논문을 소개하는 정체불명의 세미나가 열린다는 것이었다. 열일 제쳐두고 참여했다. 주관자는 심원 선생이었고, 그날의 주인공은 현재 필자의 3절린(三切隣)의 한 사람인 한형조 교수였다. 주제는 '주희에서 정약용에로의 철학적 전환'이었다. 세미나는 스승이 묻고 제자가 답하는 사제담론(師弟談論)의 형식으로 진행되었고, 참여 제인(諸人)의 오감을 빨아들일만큼 집중도가 높았다. 더욱 인상 깊었던 것은 심원의 제자 사랑이었다. 두 사제가 주고받은 담론의 디테일은 휘발된 지 오래지만 심원은 한교수와 같은 준예(俊乂)를 길러낸 것에 자못 고무되어 있었고, 그와 그의 학문적 성취를 세상에 알리고 싶어 했다. 그날의 여운은 '부러움'이었고, 그것은 비단 필자만의 기억은 아니었을 것이리라.

1990년대 초중반 한국학대학원생은 전공을 불문하고 '한국의 사회와 사상'이란 교과목을 수강해야 했다. 사상 분야의 강의를 맡은 분이 심원이었다. 강의는 일방통행이었다. 어줍잖은 질문은 원천 봉쇄되었다. 심원의 학문적 정통함과 학자적 열정은 학생들을 압도했다. 세 시간 수업의 필기 분량은 수십 페이지로도 부족했다. 사실 필자는 필기조차 쉽지 않았다. 도무지 무슨 말인지 알아 들을 수 없었기 때문이다. 대학원에서 '문맹체험(文盲體驗)'을 강요당한 셈이었다. 그러나 그것은 어설픈 격려보다 훨씬 청량했고, 박카스의 마지막 한 방울에 혀를 내밀 듯 간절했다. 심원의 열정적 가르침은 부족했던 나에게는 그저 지적 편린으로만 남았지만 나는 그것을 통해 그를 기억한다. '된장국에 여러 숟가락이 드나들어도 개의치 않았던 한국인의 특성', '데리다와 하이데거의 학문적 진위', '꽈배기 이론', '원효의 융화·회통' 등을 강(講)하던 성음(聲音)이 아직도 생생하다.

나는 심원의 남다른 사랑을 받았다고 자부한다. 15년을 넘는 세월 동안 사제로서 한중연이라는 공간을 공유하였지만 한 번도 대화한 적이 없지만 심원은 마음으로 필자를 보듬어 주었다.

한중연 정문에서 대학원까지의 거리는 짧다면 짧고 길다면 길다. 여유로울 때야 산책을 겸한 가뿐한 길이지만 수업 시간에 쫓길 때면 발목 인대가 늘어지는 통증에 날숨들숨을 수없이 반복해야 도달할 수 있는 애증의 공간이다.

90년대에 심원은 소나타 승용차를 자가 운전하여 출퇴근을 하셨고, 정문 근처에서 필자가 보이면 늘 태워주셨다. 이것이 아무나 누리는 특전이 아님은 한참 뒤에야 알았다. 호의의 절반은 흡사 우물가의 적자(赤子)를 구하는 측은지심이었을 것으로 요량하지만 그 절반은 친애(親愛)와 격려로 감각한다. 물론 태워주기만 했을 뿐 어떤 말씀도 하신 적은 없다. 심원은 그런 분이었다. 비록 구담(口談)은 없었지만 따스하면서도 형형(炯炯)한 눈길과 청향(淸香) 가득한 기품에서는 어떤 작위(作爲)도 능가하는 큰 가르침이 느껴졌다. 그 기억은 사소한 것일 수 있지만 몹시 강렬했고, 세월의 흐름 속에 굳건한 은의(恩義)로 자리잡았다. 2018년 2월 선생의 부음이 들렸을 때 발인 당일 빈소로 달려가 곡(哭)을 한 것은 그 은의의 자연스런 이끌림이었다.

# 은적(隱迹)의 가르침,
# 늘 기억되는 세 가지 에피소드

**이창일**
(한국학중앙연구원)

이 글은 돌아가신 심원 김형효 선생님을 생각하며 쓰는 것이다. 조금 외람되지만, 나는 선생님을 '사공용'으로 기억한다. 사공용은 40년 용띠라는 말을 줄인 것인데, 태어난 해와 띠를 버무려서 조금 재미있게 표현한 말이다. 오사말은 54년 말띠이고, 오팔개는 58년 개띠를 줄인 말이다. 선생님이 태어나신 해와 띠를 기억하는 것은 선생님보다 일찍 돌아가신 내 아버지를 생각해서 그런 것이다. 아버지는 삼구토끼셨다. 심원 선생님보다 한 살 많으신 것이다. 그러니 심원 선생님은 내게는 아버지뻘 되시는 분이시다. 아버지와 선생님은 같은 점이 거의 없다. 태어난 곳이나 살아 온 이력과 종사한 일 등이 모두 다르다. 하지만 내 머리 속에 두 분이 연결되는 단서가 하나 있었다. 그 일로 해서 이런 의미의 연결이 생겨난 것인 듯하다. 이런 단서와 함께 앞으로 선생님을 생각하면 떠오르는 기억속의 몇 가지 에피소드를 적어보고자 한다. 내 기억 속에서만 의미가 있는 에피소드겠지만, 또 내가 아니면 그냥 사라지고 없었을 선생님의 흔적일 수도 있으니 여기 글로 적어보는 것도 의미 있을 것이다.

## 에피소드 하나

선생님을 알게 된 것은 대부분 사람들이 그렇듯이 저술을 통해서였다. 내게 의미 있었던 선생님의 책은 대학 시절에 탐독했던 『구조주의의 사유체계와 사상』(인간사랑, 1993)이다. 좀 멋있는 사람이 되고 싶은 젊은이라면 이런 책에 눈이 가기 쉽다. 구조주의라는 말이 풍기는 지적인 분위기와 구조주의를 창도했던 4명의 위대한 철학자들이 한 곳에 줄을 지어 있어서 정말 폼 나는 책이었기 때문이다. 대학 구내 서점에서 10% 디씨를 받고 샀는데, 나는 다른 책은 20% 디씨를 해주면서 왜 이 책은 아니냐고 살짝 항의를 했다. 그 때 서점 주인이 "인간사랑은 마진을 안 남겨줘, 아주 짜."라고 했던 기억이 난다. 거의 30년이 지난 지금도 절판이 되지 않았으니, 책의 내공을 짐작할 수 있다.

정해창 선생님이 현역에 계실 때, "구조주의에 대해서 그만한 책이 있나?"라고 하시며, 한 동안 홍수처럼 쏟아졌던 포스트모더니즘 관련 저술들을 놓고 이렇게 말씀하셨다. '짠' 출판사인 인간사랑은 제본을 별로 좋지 않게 해서 그만, 대학 졸업 때 이미 책은 낱장으로 떨어져 나갔다. 그래서 스프링 노트로 다시 묶어 놓고, 대학원에서 전공 시험을 볼 때나 논문자격고사를 볼 때마다 요긴하게 사용했다. 그 책에서 내가 처음 받은 인상은 구조주의 사유의 내용이나 규모가 아니었다. 「서문」에 실린 선생님의 육성이었다.

선생님은 실크로드 음악을 들으시며 이 책을 집필하셨다고 한다. 유럽의 구조주의와 약간은 고답적인 실크로드 음악이라니? 무언가 어울리지 않지만, 동서를 잇는 인류의 끈질긴 집념이라면 또 그럴 듯하다 싶었다. 그리고 젊은 시절 지독하게 가난한 나라에서 유학을 와서 잘 사는 나라 사람들 앞에서 부끄러움이 컸다고 하셨다. 그러나 가난하지만 유구한 문화 민족이라는 자부심으로 견디었다고 한다. 그리곤 당장은 우리나라도 서구의 문화처럼 수준이 높을 수는 없지만, 그런 날이 오기를 오랜 시간을 기다리며 학문을 한다고 하셨다. 지적이고 세련된 사유인 구조주의를 연마하면서 말이다. 「서문」에 있는 내용을 내 기억으로 정리한 것이라서 세부적으로는 틀릴 수도 있지만, 내 의식 속에서는 이런 의미망이 짜여 있다. 아마 다른 곳에서 비슷한 이야기를 해도 이런 틀을 가지고 있을 것이다.

비록 서양 사람들의 수준 높은 사유체계를 설명한 책이지만, 이 책은 한국 사람이 지은 것이다. 단지 내용을 정리하고 해설하면서 정보를 이해하기 쉽게 다듬고 가공한 것이기보다는, 한국 사람이 세련된 사유를 소화하기 위해서 애를 쓰고 있는 글이었다. 소화해야 내 것을 만들고 피와 살로 내 육신과 마음과 혼을 키워서, 건실하고 윤택하게 살아야지 하는 비원(悲願)이 빚어놓은 노작이었다. 그런데 이런 인상은 선생님이 줄곧 해 오신 학문의 밑바탕에 놓인 근원적 감정이었던 것 같다. 데리다의 사상도 하이데거의 사상도 원효와 지눌을 만나서 우리의 하늘에 날개를 펴고 날며, 실존주의와 현상학이 퇴계와 율곡을 만나자 비로소 의미의 꽃을 피울 땅을 얻게 된다. 선생님이 하신 실제 수업도 동서의 정신이 구체적인 우리가 사는 삶 속에서 융화되는 내용이 주를 이루었다. 하이데거는 독일의 위대한 철학자이고 21세의 가장 탁월한 철학자로 자리매김 되는 것만이 아니라, 우리의 삶이 더 나아지고 우리가 사는 이곳을 더 좋게 만들기 위해서 미래에 반드시 필요한 사유의 방법을 알려주는 철학이자, 꼭 필요한 우리의 철학으로 빚어놓는 것이 선생님이 하신 일이다. 영광스럽게도 『구조주의의 사유 체계와 사상』이 출간된 그 이듬해부터 선생님이 하신 수업에 한 학생이 될 수 있었다. 선생님이 이후 출간하신 깊고 넓은 저술의 시작이 이때부터라면 그 저술 시기 동안 그 분위기 속에 함께 있었으며, 그 곁에서 나도 학문의 훈도를 받으며 성장할 수 있는 기회를 얻었다.

내가 선생님께 처음 받은 수업은 철학 전공이 아니라, 한국문화특강이었다. 첫 수업 시간에 선생님께서는 의학철학을 강의하신다고 하셨다. 의학의 지혜가 한국문화를 연구하는데 의미 있는 방법론을 전달해 줄 것이라 말씀하셨다. 그리고는 매우 불만스러운 어조로 말씀을 끝맺으셨다. 내 기억은 이랬다. "내가 한국의 의학철학을 알아보기 위해 이제마의 『동의수세보원』을 염두 했지요. 그래서 이 방면에서 제일 유명하다는 『사상의학원론』(행림, 1985)을 보았는데 도무지 알 수가 없어요. 무슨 표만 가득하고 이해할 수 있는 수준이 아니었어요. 그래서 불만스럽지만 이번 우리 강의에서는 『동의수세보원』을 다룰 수 없어요. 대신 조르주 캉길렘의 의학철학을 선택할 수밖에 없어요. 참 안타까운 일이지요."

기연이지만 나는 대학원에 입학하기 전에 『동의수세보원』을 원전으로 읽고 있었고, 이제마의 사상철학에 대해서 흥미가 있었다. 그런데 대학원 첫 수업에서 이런 말씀을 듣고 '그래 한 번 해 보자'라는 의기가 생겨났다. 『동의수세보원』은 난공불락(難攻不落)의 언어로 되어 있어서, 단순히 한문을 잘 읽거나 전통의학의 논리에 정통한다고 해서 이해될 수 있는 글이 아니다. 훗날 일이지만 이해가 어려운 이유는 이제마의 사유가 전개되는 틀을 파악하지 못해서라는 것을 알게 되었다. 그 틀에 대한 정확한 파악이 없이는 이제마의 글은 매우 초솔하면서, 관심이 없는 사람들에게는 통사(統辭)조차 갖추지 못한 엉성한 글로 매도될 수도 있다.

나는 이후 『동의수세보원』을 연구해서 석사 학위를 받았고(1996), 잘 썼다고는 생각하지 않았지만, 출판사의 권유로 석사 논문에서 자연학적인 부분을 빼고 조금 손봐서 『사상의학, 몸의 철학 마음의 건강』(책세상, 2002)을 출간했다. 이 책에는 드러나지는 않지만 심원 선생님께서 한국문화특강에서 한국문화를 잘 다룰 수 있는 방법론으로 의학철학을 소개해 주신 덕을 많이 보고 있다.


## 에피소드 둘

나는 1998년 후반부터 2000년 초까지 철학과 조교를 했다. 이때는 박사과정에 있었는데, 어느 날 선생님께서 초콜릿 한 상자를 주셨다. 중간 크기의 가나 초콜릿 30개였다. 무슨 일로 이 많은 초콜릿을 가지고 계신 건지 여쭈어 보았고, 선생님은 "이걸 먹으면 내가 건강해진다고 해서 먹는 건데 너무 달아서 그러니, 자네 좋아하면 먹게나." 지금은 몸이 뚱뚱해져서 초콜릿을 선뜻 먹지 못하지만, 그때는 프림과 설탕이 듬뿍 든 밀크커피를 담배와 함께 즐기고도 날씬하던 시절이라서, 담배 피며 먹는 초콜릿 맛도 좋아했다. 그런데 왜 초콜릿일까?

퇴임하시기 불과 몇 년 전만 해도 선생님은 파이프 담배를 태우셨다. 연구실에 전달해 드릴 업무가 있어 갈 때면, 정말 굴속 너구리를 뛰쳐나오게 만들 정도로 짙은 담배 연기가 방안 가득 자욱했다. 그 전에는 파이프 담배 대신 권련을 피우셨다. 선생님은 식당에서 점심을 드시고 나오시면 곧장 권련 담배를 한 대 무시고 걸으면서 '식후연초'를 하시는 습관을 가지고 계셨던 것 같다. 식당 앞에서 피워 문 담배를 예전 장서각 앞에 돌로 새긴 웅장한 재떨이에 비벼 끄시고 가는 규칙적인 동선을 가지고 계셨다. 어느 날 당시는 애연가였던 나도 무슨 담배를 저리 맛있게 피우시는가 궁금하여, 아직 꺼지지 않은 담배꽁초를 본 적이 있는데 이름을 알아보기 힘든 외제 담배였다. 나중에 프랑스에 다녀온 옛 제자가 사온 것을 피우셨다는 말을 어디서 듣기도 했다. 하지만 퇴임 즈음에는 건강 문제로 더 이상 담배를 피울 수가 없게 되셨다. "내가 유일하게 좋아하는 건데…." 하시며 못내 아쉬워하던 모습이 떠오른다. 후일 연구실을 옮기실 때 파이프를 버리셨는데, 나는 이사를 돕고 있다가 버리기가 아까워 챙겨두었다. 나도 언젠가 파이프를 피워야지 하는 생각이었다. 하지만 지금은 가지고 있지 않다. 선생님이 돌아가시고 나서는 연구원의 어느 장소에 두었는데 그 곳이 어딘지 잊어버렸다.

선생님이 초콜릿을 드신 것은 담배 대신의 기호품이 아니라, 건강을 위한 식이요법 식단에 초콜릿이 들어있어서였다. 나는 초콜릿이 건강을 지키거나 회복하는데 매우 중요한 식품이라는 것을 알고 있었다. 그래서 선생님의 초콜릿이 어떤 것인지를 짐작할 수 있었다. 돌아가신 아버지는 병을 낫기 위해 초콜릿이 든 식단을 오랫동안 드셨고, 선생님도 건강을 위해 초콜릿을 '처방'받으신 것이다. 사공용과 삼구토끼는 같은 체질의 소유자였다. 여기서 체질은 사상의학의 체질이 아니라,

사람을 8유형으로 구분한 8체질을 가리킨다. 선생님과 아버지는 금음(金陰)체질이었다.

금음체질은 8유형의 체질 중에서도 매우 희소한 체질이었다. 금음체질은 식이요법의 관건이 육고기를 멀리하고 맑고 담박한 채소와 과일을 가까이해야, 건강하고 또 병에서 회복할 수 있다. 오장육부의 상호 균형 관계에서 금음체질은 금기(金氣) 즉 폐(肺)가 체질유형의 정체성을 담당하고 있다. 보통 폐가 강하고 간(肝)이 약한데, 이는 사상의학에서 폐대간소(肺大肝小)한 태양인(太陽人)과 유사한 체질로 알려져 있다. 하지만 두 체계는 유사하지만 차이도 크기 때문에 같이 보는 것은 피해야 한다. 8체질을 창시한 분에 따르면, 자신은 사상의학을 연구하여 이런 학설을 만든 것이 아니고, 사상의학에 대해서도 전문적인 지식이 없다고 했기 때문이다.

폐가 강하다 혹은 크다는 것은 폐의 기능이 다른 장부에 비해서 활성화되어 있거나 좋다는 뜻이다. 그런데 폐의 기능이 좋다면 폐와 상관관계에 있는 장부가 상대적으로 열세에 놓이게 된다. 동서의 의학철학이 그렇듯이, 인체는 균형과 조화를 추구하며 이는 과불급(過不及)이 없는 중용(中庸)의 철학을 금과옥조로 삼고 있다. 심원 선생님의 첫 수업도 의학 철학의 대명제인 정상과 병리 혹은 정상적인 것과 비정상적인 것의 위상은 늘 고정된 것이 아니고 역전될 수 있으며, 서로의 정체성을 위해서 상대에 의존하고 있는 상관적 개념이라는 것을 알려주신 것이다.

폐가 좋으면 그의 상관관계에 있는 간이 열세에 놓이게 된다. 폐는 우리의 몸을 외부로부터 지키는 기능에 에너지를 공급하는 기관이기 때문에 금음체질은 병에 강한 편이라서 잔병이 없다. 그런데 간이 열세이기 때문에 독소를 제거한다든지 하는 해독에는 매우 취약하다. 그래서 혹 병에 걸려 약이라도 먹을 때면 이 약은 독이 되어 간을 지치게 만들고 해를 입히게 된다. 백약이 무효다. 약은 독이 되기 때문이다. 그래서 평소에도 독성이 미약하지만 잔류하고 있는 음식은 몸을 보호하기 보다는 몸에 부담을 준다. 이런 이유로 맑고 담박한 음식이 금음체질에게 좋다. 초콜릿은 좋은 음식 군에 속해 있다. 그래서 선생님의 냉장고에는 초콜릿이 가득 있었던 것이다. 몸에 좋다고 해서 드시기는 했으나, 밀크 초콜릿에는 설탕과 우유가 많이 들어 있어서 오히려 좋지 않을 수도 있다. 그래서 다크 초콜릿이라고 설탕과 우유가 없는 순수한 초콜릿을 먹어야 한다. 나 역시 돌아가신 아버지께 다크 초콜릿을 사드리려고, 수입 식품 코너에 자주 들리곤 했다. 간이 취약하기 때문에 근육을 다스리는 간의 에너지가 원활하지 않아서 관련된 희귀병에 잘 걸리기 쉽다. 그런데 폐라는 기운은 몸을 만드는 기운 중에서 가장 맑고 가벼운 기운이다. 그래서 이는 정신의 기운에 영향을 미친다. 금음체질은 매우 독창적인 사람이고, 비상한 면모가 있다. 간혹 배움이 적다면 어디 시골에서라도 교주 역할을 하거나, 암자에서 수행자로 살면서 일정한 성취를 얻기도 한다. 선생님은 많이 배우신 분이며 그 저술의 대강이라도 살핀다면 창의적인 연구 내용을 쉽게 짐작할 수 있다.

나는 적은 시간이지만 금음체질에 대해서 아는 척을 하면서 이런저런 얘기를 선생님께 드렸다. 귀를 기울이시는 것 같았지만 지금 생각하면 동몽(童蒙)의 열정으로 생각해주시고 그냥 두고 보신 것일 것이다. 더구나 아버지가 치병을 위해 체질요법을 한다는 사실이 남의 일 같지 않으셨을 것이다.

# 에피소드 셋

선생님은 현역 말년에 하이데거 강의를 깊이 하셨다. 그 때 오후 1시 30분 수업을 위해서 오전 중에 영어판 『존재와 시간』의 해당 부분에 펜으로 줄을 치신 자료를 주셨고, 그것을 받아 복사본에 똑같은 페이지 문단을 찾아 줄을 쳐서 복사하는 것이 내 일이었다. 어떤 날은 심각하게 사색을 하셨는지, 12시 다 되어 수업 자료를 주셨다. 소심하지만 책임감이 있던 나는 밥도 거르고 수업 준비를 위해 손 빠르게 해당 부분을 찾아서 줄을 치고 수십 부 복사를 준비했다. 수업은 무사히 진행되었지만, 그 때는 배가 고팠고 선생님께 원망의 마음도 있었다. 하지만 배고픔은 영원하지 않더라. 열심히 임무를 수행했던 훌륭한 조교가 그때 있었다. 세상을 바꾸지는 못했지만 수업은 빵꾸나지 않게 했다.

최근에 정신치료에 관한 책을 번역한 일이 있다. 평소 연구해오고 있던 C. G. 융의 정신치료 체계 가운데 적극적 명상 혹은 상상이라는 기법이 있다. 이에 대한 융의 직접적인 저술은 없고, 다만 융 심리학 초기 연구자이자 1세대 제자 그룹에 속했던 바바라 한나의 『적극적 명상』이 전해지고 있다. 저자는 책 끝 무렵에 독일어의 한 개념을 소개하고 있었다. 영어로 쓰여진 책이지만 융은 독일어를 모국어로 하는 스위스 사람이라서 그가 사용했던 이 독특한 개념을 영어로 옮기면서, 의미가 새어나가자 그것을 막기 위해서 독일어의 그 개념을 자세히 설명하는 부분이었다. 그 단어는 아우스아이난더제충(auseinandersetzung)이었다.

한국학대학원 철학과에서 선생님의 수업을 들은 학생들은 불일이불이(不一而不二)나 일이이 이이일(一而二 二而一) 등과 같은 개념을 잘 알 것이다. 이런 개념들은 역설의 최고봉이다. 진리의 실재를 어떻게 해서라도 전달해 보려고 하다가 언어의 한계에 부딪힐 때 이런 말이 나온다고 한다. 이거면 이거고 저거면 저거지, 이거기도 하고 저거기도 하다니 이 무슨 말인가? '아우스아이난더제충'도 그 정도의 신비스럽거나 말도 안 되는 유사한 그룹에 속한 역설적 개념이다.

융의 심리학은 무의식의 패러다임 속에서 정신을 논의하고 있기 때문에 의식과 무의식의 관계를 파악하는 것이 정신의 이해에 매우 중요하다. 이 심리학에서 정신은 의식과 무의식의 합이며, 정신의 중심과 달리 의식의 중심을 자아라고 한다. 그런데 의식은 무의식에 비해서 너무 작기 때문에 무의식이 바다라면 의식은 맹구우목(盲龜遇木)의 나무 조각으로 여겨질 정도이다. 의식이 자신을 정신의 중심으로 생각할 때 정신에 이상이 생겨난다. 작은 것이 커지려고 하니 무리하게 팽창하다가 파탄에 이를 수도 있는데, 정신이 찢기고 터지면 정신병에 걸리고, 팽창하거나 팽창하다가 꺼져들면 자아는 쭈그려들면서 신경증을 앓게 된다.

관건은 정신 곧 마음의 중심은 의식과 무의식 특히 무의식을 염두하는 마음의 전체 영역에서 발견되어야 하는 것이다. 이 중심이 진아(眞我)이다. 진아는 전체 마음의 중심이라서 의식은 거의 매순간 이 중심을 받아들이기 어렵다. 자신의 내부에 있을 수도 없을 수도 있기 때문에 중심을 차지하지 못할까 불안에 빠진다. 자아가 진아의 중심에 따라 자신의 중심을 조정해 나가는 것이 건강한 삶이며 의미 있는 삶이 된다. 철학으로 말하자면 천명에 따라 삶을 사는 지수(持守)의 수양이 여기에 해당할 것이다.

적극적 명상은 의식이 전체 마음의 중심에 도달하기 위해 스스로가 가 본 적이 없는 영역 즉 무의식의 영역을 탐사하면서 겪게 되는 온갖 체험들을 살펴보면서 의식을 무의식과 조화시키려는 방법이다. 무의식의 영역은 의식이 알아챌 수 있는 합리성의 지대가 아니기 때문에 흔히 그 곳에서는 알 수 없는 이미지들이 출현한다. 이 이미지들은 무의식이 만들어낸 형상으로서 상상력의 소산물이다. 이런 이미지들은 꿈이나 공상을 통해 직접적으로 드러나고, 혹은 합리성을 가장한 언어적 진술이나 의도적 활동 행위의 배후에 있기도 하다. 이처럼 상상력의 산물들을 잘 살피면서 무의식이 의식에게 건네고자 하는 메시지를 찾아내는 것이다. 이 때 의식은 자신의 중심을 일시적으로 상실하게 만드는 무의식을 위협적인 존재로 대하기 쉽다. 이런 의미에서 종종 무의식과 대결하는 것으로 이해되기도 한다. 하지만 대결로 번역되는 '아우스아이난더제충'은 본래 그런 뜻이 아니다. 나는 이를 선생님의 하이데거 강의에서 일찍부터 알고 있었다. '아우스아이난더제충'은 '마주 대하여 서로 바라봄' 혹은 '서로 마주하며 떨어져 있음'이라는 뜻이다.

대결은 하나가 다른 하나를 극복하여 승리하거나 패배당하는 승부의 개념을 가지고 있다. 그러나 의식과 무의식은 정신을 이루는 부분들이다. 비록 양자는 균형을 상실할 정도로 무의식의 힘이 압도적인 관계를 이루고 있지만, 한 개인이 삶을 사는 것은 현실을 사는 것이기 때문에 의식은 인간에게 매우 중요하다. 다만 의식이 무의식의 힘을 돌아보지 않고 스스로 마음의 중심으로 자처하면서, 불행이 생긴다. 좁은 눈으로 세상을 사는 것은 우물 속 개구리와 같은 삶이다. 이러 의미에서 의식이 무의식과 대결하는 것은 어불성설이다. 의식은 무의식과 '마주 대하는' 대립적인 자리에 있지만, 무의식의 소리에 귀를 기울이지 않으면 안 되는 처지에 있기 때문에 바라보아야 한다. 의식이 성장하면 무의식의 영역을 자기 것으로 삼기 때문에 무의식은 영원히 타자가 아니며, 무의식은 의식의 영역 속에서 실현되어야하기 때문에 적이 아니다. 서로를 잘 알기 전에는 남인 듯 적인 듯 싶지만, 결국 친구가 되어야 한다. 이런 관계를 아우스아이난더제충이라고 설명하는 것이다.

　선생님은 하이데거가 아우스아이난더제충의 개념을 통해 존재가 자기 자신인 존재와 마주 보면서 대화와 대결을 수행한다는 설명을 다시 말씀해 주신 적이 있다. "존재를 마음으로 바꾸어 보아라. 다만 그 마음은 원효의 일심이문(一心二門)과 같은 유식학적 개념으로 보아야 한다." 이렇게 보면 아우스아이난더제충은 마음이 자기의 마음과 마주 앉아서 서로 대화와 대결의 구조를 형성하고 있다는 것으로 볼 수 있다. 마음의 밝은 쪽이 의식이라면 그 어두운 쪽이 무의식이다. 전체 마음의 음양이 의식과 무의식이다. 빛과 어둠이 서로의 존재를 필요하듯이, 음양이 서로 상관관계를 가지고 있는 이와 같은 존재의 이중성을 아우스아이난더제충이라고 한 것이다. 이는 또한 마음의 이중성이다. 그래서 불일이불이는 마음의 심층 구조를 이루고 있는 우주의 문법이다.

　내가 하이데거를 알지 못했다면 독일어를 근간으로 하는 정신치료의 중심 개념을 잘 알지 못했을 것이다. 내게 하이데거의 철학과 그것이 한국인에게 어떤 의미인지, 동양의 철학인 원효의 불교 철학과 음양철학의 언어로 해석하여 소화할 수 있게 설명해주신 선생님이 계시지 않았더라면 동서의 생각이 어떻게 연관되고 있는지 도무지 알 길이 없었을 것이다.

　선생님께서는 이미 돌아가셨지만 이는 존재의 은적(隱迹)으로 계시는 것일 듯하다. 무의식의 신호가 의식에게 전달되어 의식이 제 중심을 찾고 영역을 넓혀가며 자유를 얻고 성장해 가듯, 은적이 주는 가르침에 귀기울여가며 사는 것이 사는 사람의 일일 것이다. 선생님께서는 돌아가셨지만 은적의 자리에서 여기에 늘 가르침을 전하고 계신다. 나는 그것이 철학이라고 이와 같이 들었다.

# 김형효 선생님을 추모하며

**채석용**

(대전대학교 교수)

역사 속 인물처럼 느껴지던 선생님께서 정말로 역사 속의 철학자가 되셨다. 아둔하기 짝이 없던 데다가 가까이서 선생님을 모실 짬도 못 되었던 터라 한국철학사에 널찍하게 마련된 선생님의 공간에 의미 있는 이야기를 더할 엄두를 내지는 못한다. 대신 선생님을 추모하며 지극히 개인적인 몇 가지 장면을 떠올려본다.

## #장면1 강의실: 비교철학의 신세계

2000년 1학기로 기억한다. 익숙지 않은 한문 문장들을 더듬더듬 익히며 동양철학의 문법을 따라잡기 위해 안간힘을 쓰던 대학원 2년차 시절이었다. 엉터리 레포트로 선생님들께 혼쭐이 나던 1년차 시절의 고난은

2년차에도 여전했다. 명민한 후배들이 합류하니 자신감은 더욱 떨어졌다. 기숙사에서 동료들과 함께 즐긴 유쾌한 시간이 없었다면 어쩌면 학업을 중단했을지도 모를 일이다.

때마침 수강한 김형효 선생님의 강의는 내 마음을 더욱 초라하게 만들었다. 강의 내용은 하이데거의 전기 철학을 불교의 유식학과 비교하는 것이었다. 하이데거도 모르고, 유식학은 더더욱 모르는데 이 둘을 비교하는 강의 내용을 이해하려니 여간 힘든 게 아니었다. 자칫하다간 하이데거와 불교 모두 어설프게 이해하는 흉내만 내는 데 그치게 되지 않을까 두려웠고 이 두려움은 공부를 게을리하는 좋은 핑곗거리가 되었다.

교육학자들은 이렇게 이야기한다. "배운 것을 모두 잊고 남은 것이 교육의 진정한 결과이다." 공부에 워낙 게을렀기 때문에 사실 잊을 만한 지식 자체가 부족했지만, 그 많은 시간 동안 강의를 들었는데도 머릿속에 입력된 것이 아예 없다면 그 또한 이상한 일일 테니 이 말을 감히 내게도 적용해본다. 23년 전 김형효 선생님의 강의는 지금의 내게 어떤 의미가 있는가?

김형효 선생님의 강의는 내게 비교철학의 신세계를 열어주었다. 하늘 아래 새로운 것은 없나 보다. 지역이 다르고 시대가 달라도 인간의 사유에 공통된 패턴이 있다는 발견은 놀라웠다. 인간의 의식과 무의식, 그리고 무의식의 근원인 알라야식에 관한 유식의 정교한 논리는 하이데거의 전기 철학에서 데칼코마니처럼 재현되었다. 그것이 독일로 건너간 일본 불교학자들의 귀띔에 의한 것이었는지 여부는 중요하지 않다. 그것이 가능하다는 사실 자체가 중요하다. B학점 수준이었던 데다가 지금은 그나마 세부 내용을 거의 다 잊은 상태이지만, 어렴풋이나마 접했던 하이데거와 유식학의 비교가 지금의 내게 큰 지적 응원이 되어준 데에는 나름의 이유가 있다.

나는 요즘 진화심리학과 신경과학 연구성과의 도움을 얻어 유교 인성론을 재해석하는 작업에 혼자 신이 나 있다. 정확한 의미의 비교철학은 아니지만, 이질적인 두 학문 성과를 비교한다는 점에서 광의의 비교철학에 제멋대로 포함해 본다. 비교철학, 혹은 융합학 연구자들에게는 숙명적으로 이런 혐의가 따른다. "둘을 비교(융합)한다는데, 하나나 제대로 알고 하는 것인가?" 이런 혐의에도 불구하고 이 작업을 고집하는 과정에서 김형효 선생님의 선구적 시도는 심리적 방패요 응원이 되어주었다.


## #장면2 강의실: 인간의 감정이라는 화두

선생님의 강의를 통틀어 가장 기억에 남는 말씀은 '인간에게 남는 것은 결국 감정뿐'이라는 화두였다. 당시까지만 해도 나는 유교사회철학에 대부분의 관심을 쏟았다. 능력도 안 되면서 오지랖은 넓어서 김영삼이 어떻고, 김대중이 어떻고 이러쿵저러쿵 혼잣말로 세상 장기 두는 걸 좋아했던 터다. 내가 좋아하는 유교철학이 혼자 두는 세상 장기에 좋은 훈수 감을 제공해주리라는 기대도 있었다. 정약용과 최한기 등 당대의 사회 문제에 개입하여 발언했던 조선 후기 사상가들에게 자연스레 관심이 갔다. 조선 사람들의 뇌와 세포를 지배했던 유교가 급변하는 조선 후기 사회에 아무런 영향력도 미치지 못했다면 과연 그것이 진정한 지배이겠는가 의구심이 들었다. 유교의 현대적 가치는 사회철학에서 발견할 수 있다는 거창한 구호까지 들먹였다. 2007년 제출한 박사논문 주제로 나는 「최한기의 사회철학」을 선택했다.

사정이 이러하니 '인간에게 남는 것은 결국 감정뿐'이라는 선생님의 회한이 담긴 말씀이 귀에 잘 들어오지 않았다. 대신 풀리지 않은 숙제로 오랫동안 마음 한편에 깊이 남아 있었다. 이 숙제가 다시 내게 해답을 요구한 것은 한참 뒤인 2015년 경부터였다. 과도한 강의와 번잡한 학교 행정에 치이느라 연구를 게을리하던 내게 선생님의 말씀이 문득 되살아났다.

그 무렵 접하게 된 진화심리학과 신경과학은 '왜 성리학자들은 그토록 인간의 선한 본성과 감정에 큰 의미를 두었는가'라는 오래된 물음에 대한 해결의 실마리를 제공해주는 것처럼 보였다. 인간의 선한 본성은 진화심리학의 설명 단위인 유전자 차원에서 접근할 수 있어 보였고, 인간의 감정은 신경과학이 설명하는 뇌와 호르몬 차원에서 재해석이 가능해 보였다. 쉽지 않은 시도여서 지칠 때쯤이면 문득 '인간에게 남는 것은 결국 감정뿐'이라는 선생님 말씀이 든든하게 격려해주었다.

지나고 보니 교육학자들의 이야기가 맞는 듯하다. 아둔한 탓에 하이데거와 유식학의 비교라는 강의 내용에 대한 학습은 부진했고 그나마 남아 있던 지식조차 흐릿해졌다. 하지만 '비교철학'과 '감정'이라는 선생님의 두 가지 화두는 강의가 끝난 지 한참 뒤에 내 변변치 않은 학문 여정의 든든한 지원자가 되어주었다.


## #장면3 연구실: 긴장감 넘쳤던 구술시험

석박사 통합과정을 수료하고 박사논문 제출 자격시험을 본 것은

2004년 무렵이었다. 이때 구술시험을 보기 위해 처음으로 선생님 연구실에서 선생님과 단둘이 시간을 가질 수 있었다. 선생님들의 사랑을 받는 우수한 학생이 아니었고 웃어른을 편안하게 모시는 살가움도 없었기에 선생님들과 함께하는 시간은 늘 어려웠다. 하물며 학계의 거목이신 선생님과 단둘이 시간을 보내게 되었으니 내 심장은 쪼그라들 대로 쪼그라들었다. 하지만 선생님께서는 너무나 인자하셨다. 까마득히 어리고 아둔한 제자였지만 부족한 지식을 탓하지 않으셨다. 심약하기 짝이 없던 내 마음마저 어루만져주셨다. 인간에게 남는 것은 감정뿐이라는 믿음이 교육에도 고스란히 적용되었다.

그다지 길지 않았던 구술시험 과정에서 평생 잊지 못할 순간이 있었다. 긴장과 함께 두려움, 도발, 원망이 무질서하게 오고 간 그때의 기억은 내 해마에 여전히 단단히 저장되어 있다. 나는 선생님의 철학에 대한 열정과 학문적 엄밀성, 그리고 지칠 줄 모르는 노력과 번득이는 천재성을 흠모했다. 그러나 그분의 이력에 심리적 붉은 줄로 기억되는 민주정의당 국회의원 시절은 언제나 의문이었다. 왜 그러셨을까? 어떻게 전두환에게 협력하면서 그토록 아름다운 철학적 언어를 구사하실 수 있었던 것일까?

역린을 건드릴 수는 없는 노릇이었다. 선생님의 일방적 혜량으로 그나마 유지되던 미약한 관계마저 파국으로 몰고 가는 것은 도리가 아니었다. 그래도 의문을 풀 기회는 지금밖에 없을 것이라는 조급함은 여전했다. 나는 선생님께서 그토록 사랑하셨던 하이데거를 통해 내 의문에 대한 해답의 실마리를 간접적으로라도 얻고 싶었다. 그래서 여쭈었다. "하이데거는 그토록 위대한 철학적 작업을 했음에도 불구하고 나치에 협력했다는 의혹에서 자유롭지 못합니다. 어찌 된 연유인가요?" 선생님께서는 잠시 생각에 잠기신 듯 멈칫하다가 이내 머리를 끄덕이며 옅은 한숨을 내쉬었다. "그게 시대의 소명을 안고 가는 철학자의 숙명이야."

내 질문의 얄팍한 의도를 간파하셨을까? 선생님께서는 나와 눈을 마주치지 않은 채 책상 아래쪽을 응시하면서 혼잣말처럼 말씀을 이어가셨다. "나치를 지지하는 게 어떻게 합리화될 수 있겠는가? 폭력에 협력하는 건 옳지 않은 일이야. 그렇다고 나치에 저항하는 게 또 무슨 의미가 있었겠는가? 철학자는 철학으로 세상을 이야기할 뿐이야. 그래서 철학은 사실 별로 할 필요가 없는 거야. 철학 공부하는 이유가 있다고 한다면 그건 철학 공부할 필요가 없다는 걸 깨닫는 것일 뿐이야."

그때의 선생님 모습은 그 자체로 하이데거이자 바수반두였다. 그가 하이데거와 유식학을 공부하는 것은 어쩌면 자기 결정에 관한 철학적 탐구 과정이었는지도 모른다. 나의 등에서는 식은땀이 흘렀고 정신은 여러 갈래로 흩어졌다. 더 이상의 질문은 내 의문에 대한 직접적 해답을 요구하는 무례라 판단했다. 나는 화제를 논자시로 돌렸고 선생님께서는 흔쾌히 응해주셨다.


## #장면4 예식장: 새 인생의 출발 선언

2005년 4월 23일 나는 결혼했다. 선생님께서 흔쾌히 주례를 허락해주신 덕에 변변치 않던 내 결혼식에 격이 갖춰지게 되었다. 평소 선생님 모습 그대로 조금은 수줍어하시면서도 단호하게 삶의 선배로서 소중한 말씀을 전해주셨다.

역시 화두는 감정이었다. 남녀의 결합은 국가의 결합만큼이나 어렵다. 서로 다른 삶의 환경과 가치관을 가진 남녀가 만나 완전한 화학적 결합을 달성하는 것은 어쩌면 불가능한 일일지 모른다. 물과 기름은 섞이지 않지만, 끊임없이 휘저으면 섞인 것처럼 보일 수는 있다. 결혼을 통해 남녀의 화학적 결합을 기대하는 것은 지나친 것이다. 섞이지 않는 물과 기름을 섞인 것처럼 보이도록 하려면 끊임없이 휘저어야 하는 것처럼 신랑과 신부가 끊임없이 서로를 배려하고 감정을 보듬어야 한다.

올해로 결혼 18년 차다. 그 사이 아들 둘이 생겼고 나름대로 행복하게 가정을 이루고 살고 있다. 그동안 결혼 생활에서 무엇이 가장 중요했었는지 묻는다면 단연코 '감정'이라 답하련다. 높은 연봉도, 엄밀한 살림 계획도 모두 부차적인 것이었다. 상대의 감정을 내 감정이라 여기며 서로의 감정이 오고 가면 모든 것이 순조로웠다.

지난해 나도 주례를 설 기회가 있었다. 주례를 요청받았을 때 처음에는 당황스러웠다. 내가 그렇게 늙었나? 따지고 보니 주례를 설 만큼 충분히 늙어있었다. 그리고 기억을 더듬었다. 선생님의 말씀을 가공해 그럴듯하게 몇 마디 훈수를 두었다. 내가 주례를 서주었던 제자 녀석도 훗날 누군가의 주례를 서게 될지 모른다. 선생님의 주례사는 그렇게 밈(meme)이 되어 세상에 전해질 것이다. 그의 철학도 그럴 것이다.

# 새삼 떠오르는 심원 선생님의 기억들

**성광동**
(한국학중앙연구원)

　나는 한국학대학원에 입학할 때까지 심원 선생님과 일면식도 없었을 뿐더러, 그분의 존함 자체도 들어본 적 없었다. 대학원 석사 과정에 입학하고 나서야, 신입생 환영회나 스승의 날 행사에서 심원 선생님을 얼핏 뵈었을 뿐이다. 다가가기 항상 어려운 분이셨지만, 그래도 학과 모임에서는 항상 즐겁고 진지하게, 그리고 호기심 많은 모습으로 말씀하시던 기억이 떠오른다. 그 후로도 심원 선생님을 여러 차례 마주할 수 있었다. 그 중 깊은 인상을 받았던 경험이 있었다.

　오래되어서 정확하지 않지만, 아마도 석사 과정 2학기 때였던 것 같다. 선생님의 강의를 처음 들었던 그날이 지금도 머릿속에 생생하게 남아 있다. 선생님은 무려 3시간 가까이 철학 세계로 우리를 이끄셨는데, 그야말로 동서양을 횡단하는 강의였다. 난생 처음 강렬한 지적 쾌감을 느낄 수 있었다. 지적으로 충만해지는 느낌을 넘어, 머릿속이 시원해지면서 꽉 막힌 가슴 한 구석이 뻥 뚫린 듯했다. 선생님의 강의를 몇 차례 들으면서, 초학자였던 내가 철학의 재미에 빠져들 수 있었다. 아마 그 때 이후로 철학하는 힘이 내게도 조그맣게 생겨난 것은 아닐까 생각해 본다.

선생님의 강의는 한 두 학기 정도 지나면 어김없이 엄청난 두께의 책으로 출간되었다. 오랜 시간 수업을 준비하시고, 강의를 통해서 확인하시고, 또 많은 시간을 들여 생각을 다듬으시고, 그리고 책으로 출간을 하셨다. 한 번은 출판사에 전해 줄 선생님의 수정 원고를 받아든 적이 있었다. 선생님은 빨간 줄로 가득 표시한 부분을 내게 보이시면서 몇 번이고 신신당부 하셨다. 그만큼 꼼꼼하게 준비하시고 또 준비하셨다. 공부하는 학자의 모습이 어떤 것인지 직접 볼 수 있었다.

대학원 생활이 어느 정도 익숙해지고, 박사 과정에 들어섰을 때였다. 어느 순간부터 거의 같은 시각, 같은 장소에서 선생님을 마주할 수 있었다. 지금은 기숙사 신축 공사로 사라져 버린 대학원 앞 너른 잔디밭, 무심히 쳐다보며 사유를 가다듬는 것이 나의 즐거움일 때가 있었다. 그런데 우연찮게도 그때마다 잔디밭 저쪽에서 빠른 걸음을 더욱 재촉하시는 선생님을 뵐 수 있었다. 같은 시각이지만, 선생님을 비추는 햇살은 계절마다 달랐다. 늘 그렇게 선생님은 지친 몸을 달래며 운동을 하셨다. 멀리서 바라보는 선생님은 꼿꼿한 자세가 아니었다. 몸 한쪽이 비스듬했다. 얼마나 오랜 기간, 오래도록 책상에 앉아 계셨던 걸까? 게다가 앞으로 더 오래도록 사유하기 위해 그렇게 몸을 달래고 계셨다. 선생님의 대작이 출간될 때마다, 우리는 선생님의 사유에 대한 기대가 커져 갔지만, 선생님의 몸은 겨우겨우 견뎌내고 계셨던 걸까? 좀 더 건강하게 우리 곁에 오래 계셨으면 하는 아쉬움이 크다.

선생님은 천생 이야기꾼이셨다. 그것도 해맑게, 호기심 가득한 총총한 눈빛으로, 그리고 뭔가 알아냈다는 듯이 이야기를 술술 풀어내셨다. 철학과 모임에서 선생님의 화제는 내셔널지오그래픽 동물 다큐멘터리였다. 지루한 다큐멘터리 내용을 세상 재미있게 들려주셨다. 일전에 그런 종류의 다큐멘터리를 본 적이 있는데, 기다림의 연속과 찰나의 순간이 반복되는 지루함이 앞선 프로그램이었다. 그런데 선생님은 화면의 영상을 어떻게 그토록 재미있게 들려주시는지…. 선생님의 시선은 우리들과는 너무 다른 것 같았다. 천생 이야기꾼! 그래서였을까? 선생님은 어렵고 이해하기 힘든 철학적 개념과 사유들을 새롭게 포착해서 재미나게 들려주셨다. 물론 철학과 관련해서 선생님의 사유 세계는 쉽지 않다. 그래도 선생님의 사유를 통해 이해의 폭을 꽤 많이 넓혔던 것 같다.

요즘 나는 연구원 경내를 혼자 빠른 걸음으로 걷기도 한다. 가끔 업무에 지쳐 머리를 식힐 겸, 또는 코앞에 닥친 글 마감 때문에 주위를 환기할 겸. 어쩌다 선생님께서 걸으셨던 길에 접어들 때면, 그 때의 선생님을 문득 떠오르곤 한다. 그럴 때마다 아쉽다는 생각만 앞선다. 좀 더 용기를 갖고 선생님께 다가섰더라면…. 사소한 질문이라도 드릴 기회를 가졌더라면…. 지금도 여전히 고민하고 있는 삶의 문제들, 그것을 바라보는 성글은 나의 철학적 시선들. 여전히 내가 헤쳐 나가야 할 숙제다. 숙제를 풀어낼 때마다 강렬했던 선생님의 기억이 떠오른다. 선생님께 소중한 사유의 빚을 지고 있다는 것을 새삼스레 또 깨닫는다.

# 저자와 독자

## 심원 선생과 나의 관계에 대한 회상

### 김학재
(한국대학교육협의회 학술연구교수, 철학전공, 96년 입학)

이 글은 심원 선생의 학생이면서도 결코 가까이 다가갈 수 없었던 한 학생의 회상이다. 사실 나와 심원 선생 간에 특별한 사건은 아무것도 없었다. 나는 그저 심원 선생의 수업을 들었던 철학과 학생 중 하나였다. 나는 그의 수업을 들은 그의 학생이자 심원 선생 제자의 학생이기도 하였다. 말하자면 나에게 심원 선생은 일종의 할아버지뻘 선생님이었던 셈이다. 논문 지도 교수가 정해지기 전에도 그는 철학과에서 절대적 권위를 가진 분이었다. 따라서 나는 그와의 관계에서 일종의 중압감을 느끼기에 충분했다. 이러한 중압감은 그의 수업 분위기로 인해 가중되었다.

나에게 심원 선생의 수업은 여러 가지로 곤혹스러웠다. 그 때까지 겪어보지 못했던 수업 내용과 방식이었기 때문이다. 심원 선생은 당신만의 방식으로 서양철학과 동양철학을 비교하였으며 강의의 전 내용을 빼곡이 노트에 적어와서 읽으셨다. 강의할 내용을 모두 문장으로 미리 완성하여 읽는 방식은 어느 서양철학사에서 읽었던 헤겔의 강의 방식과 매우 닮은 것이었다. 나중에 자연스럽게 알게 된 사실이지만 그의 강의 노트는 출판될 책의 초고였다. 초고를 학생들에게 강의하면서 수정, 증보하여 책을 출판하셨던 것이다. 강의가 끝난 후 1-2년 뒤에는 같은 내용이 책으로 출판되곤 하였다.

심원 선생의 강의는 전공 과목임에도 불구하고 다른 전공 학생들에게도 인기가 많았다. 그래서 심원 선생의 교실은 학생들로 가득 찼으며 대학원 수업이라기보다는 학부 수업에 가까운 방식으로 진행될 수밖에 없었다. 많은 학생들은 선생님의 강의 내용을 그대로 받아 적기에 바빴다. 결국 학생들은 강의 초고의 육성 낭독과 추가적인 해설을 받아 적고 있었던 것이다. 당연히 학생들의 필기 분량은 매우 많을 수밖에 없었다.

심원 선생의 수업의 분위기는 내가 기대하던 철학과 대학원 수업의 분위기와는 거리가 멀었다. 그래서 나에게 심원 선생의 수업은 그 내용의 우수함이나 독창성과는 관계없이 매우 곤혹스럽고 불편했다. 언제나 정신없이 노트 필기를 해야 했으며 빠짐없이 그의 강의를 받아 적는데 나는 언제나 실패했기 때문이다. 그의 책을 읽을 때만이 편하게 더 많은 것을 배우고 생각할 수 있었다.

돌아보면 나는 그의 강의 내용에 불편했다기보다는 빽빽한 교실 분위기가 더 불편했고, 심원 선생이 권위주의적이었다기보다는 어떠한 권위에도 반항심을 가지기 마련인 20대의 내가 그를 불편해했을 뿐이다. 나의 동료들이 심원 선생에 대해 어떤 느낌을 가졌는지는 정확히 알 수 없다.

하지만 나에게 심원 선생은 언제나 책으로 만날 때만 편한 그런 분이었다. 심원 선생 생전에 강의 외에도 나는 여러 가지 형식의 만남을 통해 그 분을 대면할 기회를 가졌다. 하지만 나는 책의 저자가 아닌 살아있는 '김형효'란 존재에 대해 일종의 비현실감과 불편함을 느꼈다. 나는 이해하기 힘든 현실의 인간, 김형효에 대해서는 마주하기를 거부하고 잘 정리된 그의 철학 저술에서 편안함을 느끼고자 했는지 모른다.

내 서가에는 아직 심원 선생의 저서들이 꽂혀있고 나는 아직도 많은 것을 그로부터 배우고 있다. 이제까지의 나의 느낌대로라면 심원 선생은 나에게 여전히 현실적인 존재이다. 그는 나에게 저자로서 더 현실적이고 편안한 존재였기 때문이다. 그가 작고하셨다는 사실은 나에게 오히려 비현실적이다.

누군가는 나에게 조롱 섞인 말을 던질 것이다. 그렇게 훌륭하고 저명한 학자를 실제로 만나서 공부할 기회가 가졌으면서 왜 더 다가가지 못하고 누리지 못했냐고 말이다. 내가 대면했던 현실의 인간, 김형효는 내가 어떻게 쉽게 이해할 수 있거나 다가갈 수 있는 사람은 아니었다. 적어도 나에게 그것은 사실이었다. 그렇기에 그와의 대면은 부담감 가득한 불편한 자리인 경우가 대부분이었다. 차라리 나는 현실 속의 난해한 김형효라는 인간을 이해하려 한다든가 다가가려 한다든가 하는 쓸데없는 노력을 포기하고 그의 저서의 독자로 지내기로 자연스레 마음먹었던 것이다. 나는 그의 학생이라기보다는 그의 저술의 독자로서 나 자신을 자리매김해왔던 것이 오히려 다행이라고 생각한다. 그 덕에 나는 김형효라는 존재를 예전에 작고하신 은사라기보다 내가 읽고 있는 책의 저자로서 아직도 생생하게 대할 수 있고 여전히 많은 것을 배우고 있기 때문이다. 적어도 나에게 그는 지금 살아있다.

# 내 기억 속 김형효 선생님 그리고 몇 가지 상념

장규언
(한국학중앙연구원 박사)

김형효 선생님에 대한 제 기억은 대부분 공적인 것입니다.

제 기억 속에 선생님께서는 교사로서 강의할 때는 열정적이셨고, 기타 학술의 장에서는 자기 생각을 분명히 말씀하시되 학생들의 의견을 존중하시는 분이셨습니다.

하지만 학자로서는 제게 다소 낯설게 느껴지는 분이셨습니다. 아마도 선생님의 글쓰기나 수업 방식이 내가 그때까지 대학에서 만났던 여느 선생님들과 조금 다르다고 생각되었기 때문일 것입니다.

우선 떠오르는 것은 한문 고전에 대한 접근법인 듯합니다. 고전을 그것을 권위로 여기는 전통 속에서 형성된 주석을 통해 접근하는 방식에 익숙해 있었던 저는 대학교 3학년 때인가 무렵에 『노장철학의 해체적 독법』을 접했습니다. 매우 낯선 데리다의 언어를 통한 『노자』와 『장자』 읽기는 당시 전통적 주석을 통해 그 두 고전의 일부를 읽고 자기 해석이 막 싹트고 있었던 저에게 매우 낯설고 어려웠습니다. 하지만 그때 선생님께서 자신의 독법을 뒷받침하기 위해 여길보(呂吉甫)의 주석을 인용한 점이 인상적이었고, 거기서 한문 고전에 접근하는 진지함을 느낄 수 있었습니다. 어쨌든 그 독서 경험을 통해 텍스트를 그것이 생성된 전통 바깥의 관점에서 새롭게 읽는 일과 관련된 해석학적 문제들에 대해 생각해 보게 되었습니다.

다음으로 인상적이었던 점은 수업과 연계하여 저술을 완성해 나가는 학술 작업 방식이었습니다. 제가 대학원 박사과정 때 들었던 선생님의 '철학적 사유론' 강의도 나중에 『철학적 진리와 사유에 대하여』로 결실을 맺었습니다. 수업을 통해 연구 주제에 대한 자신의 생각을 학생들에게 펼쳐 보이고, 수업과 그 전후에 걸쳐 이루어진 연구의 성과를 단행본으로 출간하는 이러한 방식의 학술 활동은 저에게는 낯설게 느껴졌습니다. 당시 한국의 대학원 수업은 일반적으로 고전을 읽는 언어학적·문헌학적 훈련 시간이었을 뿐만 아니라, 개인적으로는 학부 3~4학년 수업도 고전 강독인 경우가 많았기 때문입니다.

하지만 가장 눈에 띄었던 것은 강의와 글쓰기를 통해 '자신의 철학'을 펼쳐 보이는 담대한 철학적 여정이었습니다. 「한국철학을 위한 자유평론」(『철학 나그네』)에서 선생님께서는 "구도자의 구원 의식과 진리와 한몸을 이루어 진리의 정신이 되려는 간절한 원의(願意)가 희박"한 '전공 철학 연구'와 "온고(溫故)의 매개를 통하여 자신의 사유를 구도의 수행으로 심화시켜 나가"는 '철학적 사유'를 구분하였으며, 같은 맥락에서 '철학적 사유'는 "이 세상의 온전한 진리를 도(道)로서 터득하고자 하는 마음에서 일어나"며, "그 마음은 어떤 소유의 제한된 봉토에서 만족을 느끼면서 그 봉토의 주인 행세를 하는 것이 아니라 그의 존재가 바로 진리 자체와 일체화가 될 때까지, 즉 진리와 그의 정신이 합일할 때까지 탐색의 사유를 계속한다"고 부연 설명하였습니다. 이것은 '전공 철학 연구'와 '철학적 사유'에 대한 일반론적 구별이지만, 사실은 어느 하나의 철학 체계에 머물지 않고 '철학적 사유'를 시도했던 선생님 자신의 철학적 여정에 대한 변호처럼 읽힙니다.

선생님께서 자신의 '철학적 사유'를 어떤 과정을 통해 형성해 왔는지에 대해서도 같은 글은 간접적으로 말하고 있습니다. 선생님께서는 "선철(先哲)의 철학적 사유를 가능한 한에서 자기 속에 소화시켜 자기의 사유가 바로 그의 사유와 다르지 않는 수준으로 일체화가 이루어"지도록 한 후, "그 선철의 사유가 지금 내가 살고 있는 세상을 깨닫게 하는 데 부족함이 없는지? 부족하다면 어떤 점에서 그런지?"를 묻고, "부족하다고 여기는 순간 다시 다른 구도의 길을 떠"난다고 설명합니다. 이어서 그런 점에서 자신이 "철학자"로서 "구도 정신이 만족할 때까지 끝없이 편력"했음을 간접적으로 고백합니다.

여기서 선생님께서는 철학의 목적이 '지금 내가 살고 있는 세상을 깨닫게 하는 것'이라고 명시하였으며, 같은 맥락에서 '지금' '여기'의 세상을 위한 "한국철학도 한국의 철학자가 이 현대의 한국이라는 시공의 존재 구속적 상황 속에 살면서" 보편적인 "도(道)의 자기화, 도(道)의 자각을 터득하는 데 있다"고 말합니다. '깨달음'이라는 말이 암시하듯이, 선생님의 '철학적 사유'는 한국의 현실에 대한 철학적 자각과 올바른 변화를 위한 인식론적 전회를 지향하는 듯합니다. 그 지향은 철학을 향한 초발심까지 거슬러 올라가는 듯합니다. 선생님께서는 고등학교 때 박종홍의 『철학개설』을 읽고 "철학이 우리를 구원할 수 있는 사상이어야 한다"고 생각하였으며(김형효 철학 편력 3부작 『마음 나그네』·

『철학 나그네』·『사유 나그네』(소나무, 2010) 서문 「세상 주인되기에서 놓여나 나그네로 사유하기」), "나와 내 나라가 모두 행복하기를 기원하는 소박한 낭만주의가 철학하기의 동력이었다"고 고백한 적이 있습니다(「초점 불일치의 철학적 여행과 안심스러운 무(無)의 집의 발견」, 『철학 나그네』).

선생님께서는 특정한 철학 체계의 전문가를 넘어서서 '개인과 국가 모두의 행복을 위해' 현실을 올바르게 진단하고 그것의 긍정적 변화를 위해 관여하는 '철학자' 역할을 자임하셨던 듯합니다. 여기에서 저는 '지식인'으로서 선생님의 자기 인식에 대해 생각해 봅니다. 선생님께서는 조선 시대 사대부의 도학(道學)을 포함한 모든 종류의 도덕적 이상주의에 대해 매우 비판적이셨지만, 크게 보았을 때 우리의 전통으로 뿌리 내린, 국민의 한 사람으로서 나라를 걱정하고 조언하는 선비 정신 속에서 '철학적 사유'를 펼치신 분으로 저는 읽고 싶습니다. 실존주의, 현상학, 구조주의를 거쳐 해체철학에 이르는 철학적 탐색의 여정에서 그 철학 체계들을 자득하는 과정을 통해 얻는 철학적 통찰과 그것을 통한 한국 현실 진단과 처방을 글을 통해 펼쳐 보이셨기 때문입니다. 선생님께서는 자신이 도달한 "해체철학이란 집은 의식과 인간의 소멸, 그리고 양가성의 인정으로 집약"되며, 그런 사유를 "인간의 자연 동형론(physiomorphism)", "무(無)와 공(空)을 닮으려는 사유라고 명명하고 싶다"고 명시하였습니다(「초점 불일치의 철학적 여행과 안심스러운 무의 집의 발견」).

선생님의 이러한 철학적 통찰이 아름다운 문장을 통해 피어난 글로 「한국 예술미학의 철학적 접근」(『마음 나그네』)을 꼽고 싶습니다. 거기서 선생님께서는 "'내가 실존적으로 한국인으로 살고 있다'는 것은 나도 의식하지 못하는 사이에 내 마음이 한국이라는 세상의 상황적 운명과 분리되지 않음을 뜻한다"고 지적하신 후, "한국인의 배타적·독선적 흑백의 간택 심리"를 "어머니인 고향을 아프게 하는 업장"으로 규정하고 그것을 치유하기 위해 '예술미학의 길'을 제시하셨습니다. 우선 흑백 심리와 깊이 연관된 "반(反)이기적 선의지의 도덕윤리의 길"이 예술미학적 길에 대해 "마음이 자발적으로 좋아하는 좋음을 따르므로 본능이 좋아하는 좋음과 너무 근접한 욕망이라고 간주하여 그 길을 매우 위험하다고 경계"하여, "본성이 좋아하는 좋음을 무의식적 욕망의 영역에서 빼내어 그것을 도덕 의식의 영역으로 이념화", "즉, 좋음(好)을 좋아하는 자발성을 옳음(義)을 좋아해야 하는 실천이성으로 도덕화하고 명분화"하였다고 비판합니다. 이어서 "예술미학의 길은 자기 본성의 요구를 스스로 성취한다는 점에서 자리적이고, 또 다른 사람들과 좋음을 다투거나 싸우지 않는다는 점에서 이타적이다. 본능-지능이 추구하는 경제기술의 이기적 사리사욕과 달리 예술미학은 본성이 좋아하는 공동 이익을 생기시키므로 그 공동 이익을 아름다움(美)이라 부를 수 있다"며 대안을 제시합니다.

슬프게도 지금 이 순간 이태원 참사에 왜 많은 사람들이 슬픔과 분노를 느끼는지 진정 공감하지 못하는 일부 정치지도자와 놀이도 삶의 중요한 일부임을 이해하지 못하는 일부 도덕주의자들에게도 여전히 결여된 듯한, '본성의 좋아함에 기반한 아름다운 상식'의 가치를 철학적으로 조명한 격조 있는 문장, 문질빈빈(文質彬彬)의 순간이라 평가하고 싶습니다. 프랑스의 지적 전통에서 19세기 이후에 확립된 '지식인(intellectuel)'에 대해 자크 아탈리(Jacques Attali)는 『21세기 사전』에서 여러 정의를 내렸는데, 그 중 "세상의 광기를 자유롭게 관찰하는 사람, 확신시키기보다는 이해하려고 애쓰는 사람, 지배하기보다는 매혹하려고 애쓰는 사람"(고종

석, 『코드 훔치기』, 마음산책, 2000)에서 선생님의 모습이 겹쳐집니다.

저를 포함한 당시 한국학대학원의 적지 않은 학생들에게 사적이면서 동시에 공적인 기억일지도 모를 선생님의 모습도 떠오릅니다. 그것은 바로 글쓰기 노동자로서의 성실함의 궤적으로 제 마음 속에 새겨진 원내 산보입니다. 매일 대학원 건물을 한 바퀴 돌아나가시던 총총 걸음은 오솔길을 따라 숲 속 연구실로 귀환하여 거기서 다시 문장으로 피어올랐을 것입니다.

박사과정을 수료하고 선생님을 개인적으로 다시 떠올리게 된 계기는 베이징에 머물 때 중국어 공부를 위해 산 중·고등학생용 '고시사(古詩詞)' 낭송 CD 속에 포함된 도연명(陶淵明)의 「음주(飮酒)」 연작 중 다섯 번째 시와의 조우이었습니다. 속지를 보면서 낭독을 듣다가 '심원(心遠)'이라는 구절에 이르러자 선생님의 호(號)가 여기에서 왔을지 모르겠다는 생각이 들었습니다. 선생님께서는 자신의 철학함의 동기 중의 하나인 '개인의 행복'을 "향내적 부드러운 정신의 행복"으로 표현하셨는데(「초점 불일치의 철학적 여행과 안심스러운 무의 집의 발견」), '심원'은 바로 그 염원을 담고 있으며, 그 점에서 심원 철학의 본령도 여기에 있으리라 짐작됩니다. 경제기술의 이기적 사리사욕이나 "인간의 본성을 덮어버리고 '애(愛)/증(憎)'의 이분법으로 단순화하여 본성을 본능의 소유적 무의식으로 되돌리"는 "열광 의식"으로 말미암아 늘 '소란스러운' 세상을 "은적의 깊은 무(無)의 신비에서 만물의 존재 현상이 삶의 방향으로 본질 현시(Anwesen)하는"(「한국 예술미학의 철학적 접근」) 예술미학적 존재론을 통해 '멀리 초월하고자 하는' 심원 선생님의 염원을 생각하며 이 시를 다시 읽어 봅니다.

| 結廬在人境 | 사람들 사는 곳에 오두막 지었지만 |
| 而無車馬喧 | 수레와 말의 소란스러움은 없지 |
| 問君何能爾 | 누군가 '자네 어떻게 그럴 수 있는가?' 묻더군 |
| 心遠地自偏 | 마음이 먼곳 향해 있으면 사는 땅은 절로 한적해지지 |
| 採菊東籬下 | 동쪽 울타리 아래 국화 따다가 |
| 悠然見南山 | 저 멀리 남산 바라보니 |
| 山氣日夕佳 | 산 기운 밤낮 없이 아름답고 |
| 飛鳥相與還 | 하늘 나는 새들 무리지어 귀소하네 |
| 此中有眞意 | 이 찰나 피어나는 진리의 속삭임 |
| 欲辨已忘言 | 말로 표현하려는 순간 이미 말을 잊어버렸는걸 |

지금 선생님께서는 아마도 마음의 오두막을 짓고 그 집 울타리 아래 피어난 국화꽃 따다가 저 멀리 산바람 속에서 들려오는 진리의 속삭임을 듣고 계시리라 상상해 봅니다. 그러다가 잠시 '내 나라'에서 객사한 젊은 유혼(遊魂)들을 생각하며 조용히 눈물 흘리실지 모르겠습니다.

# 20년 전 김형효 교수님의 수업 시간을 떠올리며

**최귀순**
(중앙대학교 간호학과 교수)

김형효 교수님의 수업을 들을 수 있었던 때는 20년 전 2002년과 2003년이었다. 한국학대학원 철학과 석사과정에 다니면서 두 학기 김형효 교수님의 수업을 들을 수 있었다. 지금 생각해보면, 김형효 교수님의 수업을 약 1년간 들을 수 있었던 건 내게 정말 행운이었고, 영광이었다.

노자의 도덕경부터 유교, 불교, 하이데거, 데리다, 라깡까지 동서고금을 오가면서 한문으로 칠판에 적으시고, 불어로 용어를 설명하시는데, 김형효 교수님은 그동안 만나보지 못한 전혀 새로운 놀라운 분이었다. 수업을 듣고 있으면 '와~'하는 찬탄이 절로 나왔다. 김형효 교수님의 수업을 들으면서, 놀라운 것은 단지 그 분의 학문적 영역의 크기가 넓어서만은 아니었다. 지금도 생각나는 귀한 가르침이 수업 시간에 담겨있었고, 교수님이 말씀하고자 하는 내용이 교수님의 진정성과 함께 학생들에게 전달되었다.

　가장 기억에 남는 주제 중 하나는 '비어있음[空]'이다. 교수님은 불교의 존재론적 사유에 대해 이 세상에 존재하는 것은 주체가 없는 생멸의 행위여서 생기하고 소멸하는 사건 그 자체이며, 이 생기하고 소멸하는 사건이 가능한 것은 '비어있음[空]'이란 토대가 있기 때문이라고 하셨다. 교수님은 불교의 '空'을 스스로 독립적으로 존재할 수 없는, 즉 자성이 없는 존재론적 본질을 뜻하는 개념으로만 이해하신 게 아니라 진짜 허공처럼 비어있는 공간으로도 보신 듯 하였다. 하늘이라는 허공이 있어야 새가 날아다니고, 공간이 있어야 건물을 세울 수 있는 것처럼, 모든 것이 존재할 수 있는 터전으로써 불교의 비어있음[空]을 설명하셨다. 일체 만물의 현상을 구성하고 있는 원소로서의 오대(五大), 즉 지수화풍공(地水火風空)의 '空'과 존재론적 본질로서의 자성이 없음을 뜻하는 '空'을 동일한 선상에서 연결지으셨다.

　한 예로, 수업시간에 교수님이 중앙대에 특강을 다녀오신 얘길 해주셨다. 당시에 중앙대 철학과에 특강을 다녀오셨는데, 중앙대에 가셨을 때 학교에 빈 공간이 너무 없어서 안타까웠다는 얘길 하셨다. 건물이 너무 많이 들어차 있어서, 학교안에 공터가 거의 없었다고 하시면서, 빈 공간이 없으면, 철학적 사유가 발생할 토대로서의 터전이 없다고 하셨다.

　지금 나는 중앙대 교수가 되어 학교를 바라본다. 지금은 20년전보다 빈 공간이 더 많이 사라졌다. 후문쪽에 있던 대운동장도 없어졌고, 그 자리에 엄청 큰 건물이 웅장하게 들어섰다. 이 건물은 국내 대학 건물 중 가장 크다고 한다. 강의와 연구를 위한 공간은 늘었지만, 빈터가 없는 중앙대에서 철학하긴 어려울 것 같다며 안타까워 하신 김형효 교수님의 표정이 떠오른다.

김형효 교수님이 비어있음[空]의 중요성을 언급하며, 하신 비유가 하나 더 기억난다. 숲속의 공터이다. 숲이 오직 나무로만 빽빽하게 들어차 있다면 그 숲속에 있는 나무들은 더 이상 자랄 수 없을 것이라는 말씀을 하셨다. 숲 속에 빈 터가 있어야 그 빈 터에 태양의 빛이 가득하게 들어차서 숲을 비추며 나무를 살릴 수 있다고 하셨다.

김형효 교수님이 말씀하신 비어있음[空]은 물리적 공간만을 의미하는 것은 아니었다. 시간의 빈 공간과 마음의 빈 공간을 모두 담고 있었다. 대학 교수들이 비어있는 자신의 시간에 골프를 치러 다니기에 바쁘면, 언제 고요히 사색하며 학문을 탐구할 수 있겠냐고 하신 말씀이 생각난다. 바쁘게 많은 일들을 처리하느라 급급하게 살아가고, 바쁜 일과 속에 시간을 내어 정신없이 놀아야 하는 사람들은 '나는 어떻게 존재하는가'란 철학적 물음을 시작하긴 어려울 것이다. 김형효 교수님이 강조하신 비어있음[空]이 생각날 때마다 나는 내 삶에 빈 공간이 얼마나 되는지 되돌아 볼 때가 있다.

비어있음[空]에 대한 말씀 다음으로 내게 큰 울림으로 남은 건 큰 뜻을 품고 공부하라는 당부의 말씀이셨다. 교수님이 말씀하신 공부에 큰 뜻을 품은 사람은 사회적으로 명성을 얻거나 실용적인 무언가를 개발해야 한다거나 훌륭한 논문을 써서 잘 알려진 학자가 되는 게 아니었다. 김형효 교수님이 수업 시간에 큰 뜻을 품은 공부에 대해 말씀하시면서 들려주신 예시가 있다. 어떤 사람이 새를 연구하기 위해서, 오지의 숲에 들어가서 나무 위에서만 30여년을 오직 새 하나만을 들여다보며 살았다고 한다. 이 사람이 김형효 교수님이 보시기에 큰 뜻을 품고 공부하는 사람이다. 이 새를 연구하는 사람처럼 탐구하고자 하는 대상에 순수하게 전념하며 일생을 바칠 수 있는 큰 공부를 하라고 하셨다. 김형효 교수님은 공부에 언제나 진지하시고 순수하셨다. 식당에서 학생들과 식사를 하실 때에도 주로 고심하시던 철학적 주제에 대해 진지하게 말씀하셨다.

나는 교수가 된 지금에도 김형효 교수님이 말씀하신 대로 큰 뜻을 품은 공부를 하지 못하고 있다. 김형효 교수님이 하셨던 것처럼 철학적 질문과 학문적 내용을 생활 속에서 골똘히 생각하지도 못하고 있다. 어쩌면 삶에 시·공간적 심리적 비어있음도 없을지 모른다. 그렇지만, 교수님이 말씀해주신 내용은 기억하고 있다. 교수님이 20년전 수업 시간에 해주셨던 말씀은 뱃길을 인도하는 등대의 불빛처럼 학자로서 가야할 길을 안내해주는 귀한 지침으로 내 마음에 남아서 혼침에 빠지려는 나를 수시로 깨운다.

# 심원 김형효 선생의 철학과 선(禪)

**문광스님**

(조계종 교육아사리, 동국대학교 불교학술원 HK 연구교수)

## 선생의 마지막 강의를 듣다

지나온 시간을 돌이켜 보면 나는 스승 복이 많았던 것 같다. 선친께 어릴 때부터 한학(漢學)을 배웠고, 20대에 대학에서 좋은 교수님들 밑에서 문사철(文史哲)을 익혔으며, 출가하여 혜암 선사의 수행 가풍을 훈습했고, 탄허 선사를 사숙하여 교학의 기틀을 다졌으며, 진제 선사께 공부를 점검받으며 선(禪)의 안목을 길렀다. 많은 어른 스님들과 각계각층의 선생님들이 나의 소중한 공부의 이정표가 되어 주었으며, 수행이 진척될 수 있도록 도와준 자상한 선각자(先覺者)이셨다.

그 가운데에서도 특별히 기억나는 분이 계시니, 출가한 뒤에 한국학 중앙연구원의 한국학 대학원에서 만난 심원(心遠) 김형효 선생이시다. 현대 한국철학계의 커다란 획을 그은 지성으로 서양철학에서 시작하여 동양철학을 두루 관통한 뒤 불교에까지 방대한 사유의 영역을 펼치신 분이다. 그의 마지막 강의를 들을 수 있었던 경험은 내 인생에 크나큰 행운으로 지금도 생생히 기억되고 있다.

나의 박사과정 지도교수이신 한형조 선생의 스승이시니 절 집안의 설명방식을 잠시 빌자면 나에게는 노스님 같은 분이라고나 할까. 동서와 고금의 철학을 관통하고 나서 던져준 불교와 관련된 그의 직관과 통찰은 5주기가 지난 지금까지도 그 깊은 여운을 내뿜고 있다.

## 따라 읽기의 대상에서 현실 만남으로

나는 출가 전 대학 시절에 서양철학사를 일별한 바 있었다. 철학반이라는 학회에 몸담으면서 동서 철학을 두루 보았는데 철학과의 전공 수업을 5과목 이상 찾아 들을 만큼 철학에 대한 학문적 열정이 강렬했다. 그중에서도 생철학이라 불리던 베르그송의 '생명의 비약(élan vital)'에 대해서 흥미를 느꼈고, 이를 『중용(中庸)』의 '연비어약(鳶飛魚躍)'과 비교하면서 내심 좋아했던 적이 있었다. 그 당시 만난 책이 바로 김형효 선생의 민음사에서 출간된 『베르그송의 철학』이었다.

그때만 해도 일반적으로 국내에서 나온 서양철학 개론서들은 어색한 번역과 난삽한 용어들의 나열이 많았던 것으로 기억된다. 독일과 프랑스 철학의 복잡성을 한번 투과하고 현학적인 언어들을 자유롭게 구사해야 철학 공부를 좀 해본 것으로 인정받는 분위기였다. 하지만 선생의 저서를 읽으면 그 철학자의 사상을 완전히 소화한 뒤 자신의 글을 쓰고 있다는 것을 확실히 느낄 수 있어서 좋았다. 그렇게 선생의 책을 따라 읽다가『데리다의 해체철학』까지 보고 출가를 했고, 10여 년이 지나서 한국학중앙연구원에서 직접 선생을 뵙는 인연을 맺게 된 것이다.

생애 마지막 대학원 강의에서 선생은 평생 철학자로서 걸어온 학문의 여정을 회고했다. 어린 시절 겪은 한국전쟁 이야기에서부터 유럽에서의 유학 시절 이야기, 그리고 마지막에 만난 불교에 관한 내용까지 선생의 마지막 강의는 마치 순수 무구한 천진불(天眞佛)의 해맑은 제요(提要)와도 같은 것이었다.

총림에서 큰스님을 시봉해 보고 도인스님들을 참방해 본 경험이 있는 나로서는 그 스님들과 비교하여 조금의 손색이 없을 만큼 무심도인(無心道人)의 마음자리를 갖춘 어른임이 틀림없었다.


## 하이데거 철학을 불교를 통해 설명

마지막에 뵈었던 소탈하고 단순한 모습과는 달리 선생의 저서들은 매우 광활하고 다양한 영역을 섭렵하고 있다. 탄허 스님이 유불선 3교를 회통하고 기독교를 동양적으로 해석하는 데에까지 나아갔다면, 김형효 선생의 사유와 저술은 서양을 관통(貫通)하고 귀거래(歸去來)하여 그 안목으로 동양사상과 한국학을 통섭(統攝)한 것이라 할 수 있다. 서양철학을 해부한 안목을 바탕으로 하여 노장사상을 데리다의 해체철학으로 분석하고, 하이데거의 사상을 불교로 설명한 저술은 탁월한 안목을 드러내 여지없이 보여준다. 하이데거의 전기사상을 유식(唯識)으로 푼『하이데거와 마음의 철학』과 후기사상을 화엄(華嚴)으로 설명한『하이데거와 화엄의 사유』는 한국에서 진정한 동서 철학의 회통이 이루어졌음을 확신하게 해 주었다.

불어에 더 능통했던 선생이 독일어로 된 하이데거의 저술을 읽다 보니 모르는 단어가 가끔 나와서 독일어 사전을 통째로 외우고 책을 다시 읽었다는 일화에서처럼 선생은 하이데거에 진심이었다. 특히 서양 철학자 가운데 불교에 가장 깊이 접근하고 이해했던 인물이 하이데거라는 선생의 언명은 시사하는 바가 크다. 이러한 직관을 바탕으로 불교를 더욱 깊은 연구하기 위해 그는 매주 개포동 금강선원에 나와서 유식학 강의를 들었다. 노구를 이끌고 불교 공부에 매진한 뒤 '동서와 고금을 통틀어 가장 깊이 있는 철학은 바로 불교'라는 그의 평생의 결론은 불제자인 나에게도 큰 이정표가 되었다.


## 선정(禪定)에서 나온 저술들

선생은 많은 책을 선정(禪定) 속에서 썼던 듯하다. 당신의 체험들을 나에게 수차례 질문한 적이 있었는데, 그 말끝에 "이런 것이 선사(禪師)들이 말하는 선정이 아니겠는가 생각했다."라고 했었다. 책을 집필할 때에 집중이 될 때면 며칠 밤낮이 지나도 시간 가는 줄 몰랐다고 한다. 바깥세상을 전혀 인식하지 못한 채 책 한 권을 며칠 만에 단박에 쓴 적이 많았다는 것이다. 그 과정들을 들어보니 참선해서 깊이 들어갈 때 만나는 일여(一如)의 과정과 삼매(三昧)의 순간과 대체로 일치했으며, 겪어보지 못하면 알 수 없는 상황들을 정확히 언급하고 있었다.

그래서 나는 김형효 선생을 단순한 세간의 학자로 생각지 않는다. 그는 철학자이자 선사(禪師)였다. 깊이 불교를 공부했고, 좌선도 많이 했던 실참수행자였다. 그가 도달한 철학의 종착지는 '마음'이었고 소유가 아닌 존재였다.

## 소유에서 존재로, 물질에서 마음으로

제1회 원효학술상을 수상한 『원효의 대승철학』이라는 저서에서 선생은 원효의 사상을 1400년 전의 낡은 철학도 아니요, 부처님의 가르침을 해설한 설법에 그치는 것도 아니라고 했다. 인류의 본원적 질문에 대한 탁월한 철학적 성찰로 21세기에도 여전히 유효한 한국 정신의 정수라고 재해석했다.

그뿐만 아니라 『마음 혁명』이라는 책에서는 '소유'에 매몰된 대가로 각종 정신질환에 노출된 역풍을 겪고 있는 현대사회의 본질적인 문제를 지적하며 산업혁명이나 사회혁명을 넘어선 '존재'의 '마음 혁명'을 요청했다. '본능'이 아니라 '본성'으로 돌아가야 하며 세상을 혁명할 것이 아니라 세상을 보는 우리의 마음을 혁명하는 것이 급선무라고 역설했다. 이러한 존재론적 혁명의 정점에 선(禪)이 자리하고 있으며 그렇기에 불교가 모든 사상의 관면(冠冕)을 차지하고 있다고 했다.

## 선악이 끊어진 세계를 갈망한 애국자

선생은 소유의 철학은 자아(自我)의 철학이요, 존재의 철학은 무아(無我)의 철학이라고 했다. 우리 사회는 너무나 선악 시비의 분별과 과

도한 도덕주의의 잣대로 서로 싸우고 있다며 이를 심히 걱정했다. 세상의 모든 것은 흑백과 명암이 공존하지만, 상대를 죄악시하는 이분법과 분별심을 넘어선 원효의 화쟁 사상이 우리의 근본정신임을 잊으면 안 된다고 하였다.

그는 한국의 미래에 대해 우환의식을 가지고 있었다. 탄허 스님이 계룡산 시대가 온다고 예견했으니 함께 계룡산 일대를 보러 가자고 제안했더니 흔쾌히 응하셨다. 돌아가시기 전 어느 국군의 날에 계룡산 안에 위치한 9백만 평이나 되는 계룡대를 함께 방문했다. 탄허 미래학의 본고장이 바로 이곳으로 산태극, 수태극의 천하 명당 신도안(新都案) 터가 이렇게 잘 보존되어 있어서 한국의 미래를 준비하고 있다고 했더니 "한국의 명운이 그리 나쁘지는 않겠다는 확신이 든다."라며 환한 웃음을 보여 주셨다.

내가 만났던 심원 선생은 세간사보다는 존재의 본질과 인간의 근원에 더 긴밀하게 줄이 닿아있는 순수본연의 인격체였다. 어느 한 전생에 깊은 암자에서 함께 모시고 참선 정진했던 노스님을 이생에 다시 만난 것은 아니었을까? 선생을 생각하면 손자의 살을 만질 때가 가장 행복하다던 할아버지의 미소가 아련히 떠오른다.

# 심원 김형효 선생님을 추억하며

**권복규**

(이화의대 의학교육학교실 교수)

　어쩌다가 뒤늦은 나이에 한국학중앙연구원에서 학위를 마쳐 한국
철학계의 제일 말석에서 자리를 더럽히고 있기는 하지만, 스스로 철학
을 안다거나 철학자라고는 생각하지 않는 내가 김형효 선생님과의 추
억담을 쓰게 되어 송구스럽기 짝이 없다. 그러나 선생님의 마지막 수
업을 듣는 기쁨을 누렸던 제자로서 개인적인 회고를 한 꼭지 보태는
것이 그분의 삶과 철학의 이해에 조금이라도 도움이 되었으면 한다.
　나는 김형효 선생님의 동서양을 관통하는 거대한 철학적 여정을 이
해하거나 정리할 수 있는 능력을 가지고 있지 못하다. 철학에 대한 이
해도 매우 작은 부분에 국한되어 있을 뿐이다. 사실 한국철학을 좀 더
공부해 보기로 결심한 것은 의과대학에서 의료윤리와 생명윤리를 연
구하다보니 윤리적 사유의 근간이 되는 사상, 그리고 철학이 우리의
것과 현대 생명윤리가 유래한 미국의 그것과는 매우 다르다는 절절한

438　2부 _ 선생과의 인연

인식 때문이었다. 하지만 의료 현장에서, 임상에서 만나는 환자들과 벌어지는 갈등들은 우리의 전통 사유와 문화에 대한 이해가 없이는 해결이 불가능했다. 2010~2011년에 미국에서 연구년을 보내면서 그러한 확신은 더욱 굳어졌고, 이런저런 관련 서적들을 들추다가 한국학중앙연구원의 한형조 교수님에게서 내가 찾던 바로 그 공부를 할 수 있을 것이라는 생각이 들었다. 학부에서 철학을 전공하지도 않은 나를 한형조 교수님과 한국학중앙연구원 철학과 교수님들은 선뜻 받아주셨고, 2년 반 동안 다시 학생으로 돌아가 정말 즐겁게 아름다운 캠퍼스에서 공부를 하는 복을 누릴 수 있었다. 내가 김형효 교수님을 뵙게 된 것도 이 곳에서였는데, 처음에는 철학과 신년 하례식에서 몇 번 인사드리고 했던 정도였다. 그때의 느낌은 참 자상하고 겸손한 할아버지셨다. 선생님은 어린 제자들에게도 절대 하대를 한 적이 없으시고, 늘 은은한 미소를 띠고 계셨다.

김형효 교수님을 조금이나마 이해하게 된 것은 2014년 한 학기 동안 진행하신 수업에서였다. 철학 수업이었지만, 이 수업은 철학 수업도 아니었고, 어쩌면 수업 자체도 아니었다. 이것이 심원 선생님의 마지막 수업이셨는데 나는 그 어떤 수업보다도 이 수업에서 많은 것을 배웠다. 선생님은 어떤 이론도, 어떤 철학자도 설명하지 않으셨고 필기를 하지도 않으셨다. 수십년 전 학부 또는 대학원 시절에서 심원 선생님께 배웠던 제자 선생님들은 당시 선생님은 정말로 무섭고 엄격한 교수였다고 회고한다. 하지만 이 마지막 수업은 전혀 그런 수업이 아니었다. 선생님은 일관되게 "철학 같은 거 다 필요없어요."라고 말씀하셨는데, 내게는 그 말씀이 모든 사유의 여정을 다 지나 이제는 사유의 저편으로 넘어가 버리신 성자의 모습으로 비쳤다. 마치 헤르만 헤세의 "유리얼 유희"에 나오는 음악 명인의 모습 같았다. 단순한 동요를 연주해도 바흐의 칸타타 못지 않은 감동을 주는, 음악을 넘어서 음악과 하나가 되어버린 그런 거장의 모습이 내가 만난 심원 선생님의 모습이었다.

선생님은 자신이 철학적 사유를 하게 된 가장 근본적인 동기부터 말씀하셨는데, 그것은 한국전쟁 이전부터 서로 죽고 죽이던 빨치산 투쟁과, 그들로부터 가족이 생명의 위협을 느꼈던 경험, 전신주에 대롱대롱 매달려 있던 빨치산 전사들의 머리, 그리고 형체를 알아볼 수 없게 해체되어 버린 시신의 내장 등이었다고 하셨다. 즉 어린 시절에 절절하게 겪은 "죽음에 대한 원초적 체험"이 그분이 철학을 하게 된 첫 번째 동기였다. 그리고 두 번째 동기는 한국전쟁 후 폐허가 되어버린 국토와 세계 최빈국으로 떨어진 조국의 가난, 그리고 유학 시절 유럽에서 만난 선진국들과 대비되는 그 가난의 뼈저림이었다. 그분에게 철학은 단순한 지적 활동이나 유희가 아니었고, 온 존재를 던져서 해결해 내야 할 하나의 거대한 물음이었다. 나는, 그리고 이 나라는 왜, 그리고 어떻게 존재해야 하는가?

선생님은 "구체철학"을 말씀하셨다. 본인이 마르셀의 영향을 깊이 받기도 하셨지만, 애초 선생님이 철학을 하게 된 동기 자체가 삶과 떼려야 뗄 수 없었던 것이기 때문이다. 비록 그분의 한때의 "사회참여"와 그 방식을 비판하는 이들도 있지만, 선생님은 적어도 한 시대의 지식인으로서 시대의 부름에 나름의 방식으로 충실히 응답하셨다. 그리고 그 사회참여는 절대로 개인의 명리나 세속의 이익을 위한 것이 아니었다고 나는 믿는다. 전쟁과 분단과 빈곤은 선생님의 세대에는 절대 부정할 수 없었던 긴박한 현실이었고, 선생님은 현실과 무관한 지적 유희로 철학이 전락하는 것을 매우 싫어하셨다. 지극히 난해해 보이기도

하는 선생님의 텍스트 한줄 한줄은 현실문제와의 엄청난 고투(苦鬪)에서 길어낸 성과였고, 지금도 그 배경을 생각하고 읽으면 깊은 감동을 준다. 즉 그 마지막 수업은 최고의 경지에 올라간 한 철학자가 자신의 텍스트를 해독할 수 있는 맥락과 배경을 주신 것이었다.

의료윤리를 공부하다 보면 결국 궁극적 문제와 만나지 않을 수 없다. 어떤 삶이 살 가치가 있는가? 두 명 중 한 명밖에 구할 수 없다면 어떤 선택을 해야 하는가? 고통이란 무엇인가? 내게 사유의 장은 삶과 죽음의 드라마가 매일같이 벌어지는 병원이기 때문에 김형효 선생님의 저런 말씀은 너무나 명징하게, 직접적으로 다가올 수밖에 없었다. 거대한 지적 구축물로서, 문화의 일부로서 철학도 소중하겠지만, 나로서는 실제 삶의 현실에서 떠나 있는 철학을 할 능력은 없다. 선생님은 이런 나를 이해해 주셨고, 또 격려해 주셨는데, 이러한 따뜻한 격려가 없었다면 끝내 학위를 마치기는 어려웠을 것이라 생각한다.

개인적이고 실존적인 계기―그것은 대부분 고통일 것이다―로 시작되는 사유의 여정이 극한까지 가게 되면 마침내는 영성과 만나게 되는 듯 하다. 김형효 선생님의 말년의 모습은 바로 그런 완성된 인격의 아름다움이었다. 아마도 소크라테스나 스피노자가, 공자나 붓다가 저러했을 것이라고 생각되는 겸손함과 기품, 자족의 행복이 그분에서 우러나왔다. "예전에는 머리를 쥐어짜면 뭐가 좀 나왔는데 지금은 아무 것도 없어요."라고 겸손하게 말씀하시던 모습이 떠오른다. 선생님, 선생님께서는 그 큰 고통과, 거기에 정직하게 맞선 평생의 지적 고투를 통해 사유의 끝까지 가 보시고 이젠 그 경계도 넘어가셨기 때문입니다. 철학에 삶을 걸만한 어떤 가치가 있다면 바로 이런 것이구나라는 모습을 선생님은 보여주셨습니다. 그리고 선생님께서 남겨주신 풍부한 사유의 유산은 후학들에게 두고두고 좋은 양식이 될 것입니다. 별세 5주년을 맞아 다시 한번 선생님의 명복을 빌어 봅니다. 그리고 정말 감사합니다.

# "철학은 필요없다"는
# 철학자 김형효 선생님의 노년 풍경

**최진덕**

(한국학중앙연구원 명예교수)

2018년 2월 24일 토요일 오후, 우리 시대의 '외로운' 철학자 김형효 선생님이 돌아가셨다는 전화를 받았다. 나는 1970년대 중반 서강대에서 처음 선생님의 강의를 들었고, 그 후 지금까지 무려 40년 넘게 선생님의 애제자였던 만큼, 이 뜻밖의 부고에 누구보다도 슬퍼해야 옳았다. 하지만 약간 먹먹할 뿐 그다지 슬프지 않았다.

약간 먹먹했다 함에는 그만한 이유가 있다. 선생님이 2013년 여름 이후 치매증상이 나타나 외부활동을 중단하고, 주로 집안에 칩거하셨지만 선생님의 얼굴은 늘 미소를 머금은 채 해탈한 표정이었다. 나는 선생님의 그 표정을 이젠 더 이상 뵐 수 없다고 생각하니, 너무 아쉬워 목이 메어오면서 먹먹한 느낌이 들었던 것이다.

내가 슬프지 않았던 이유는 두 가지다. 첫째 이유는 선생님이 동서고금을 넘나드는 해박한 지식과 깊은 통찰력으로 평생에 걸쳐 길고도 다채로운 철학적 사유의 여정을 걸어가는 동안, 25권의 묵직한 철학저서를 남겼다는 것이다. 아마 수백 년 뒤 누군가가 한국철학사를 쓴다면 대한민국시대의 대표철학자로 반드시 선생님을 꼽아야 할 것이다. 선생님의 육신은 이미 사라졌지만 선생님의 말은 아직 남아있으니, 철학을 하는 나로서는 선생님의 죽음을 크게 슬퍼할 이유가 없었다.

둘째 이유는 선생님이 철학적 사유의 극치에 이르러 철학적 사유 자체를 초극했다는 것이다. 선생님이 굵직한 저서를 낼 때마다 나는 자랑스러운 한편, 내심 부럽기도 했지만 정작 선생님 자신은 자랑하는 마음이 별로 없었다. 은근한 자부심 정도야 없지 않았겠지만, 노년에 이를수록 자부심마저 거의 다 사라지고 무념무상의 경지에 접근해갔다. 무념무상에는 철학적 사유마저 끼어들 여지가 없다.

치매증상이 나타나기 전 노년의 어느 날 선생님은 물었다. "최 선생, 우리는 왜 그 좋은 젊은 시절부터 인상을 찡그려가며 쓸데없이 철학을 했을까?" 솔직히 말해 남들보다 잘난 체하고 싶다는 욕심에서 철학을 시작했던 나로서는 별로 할 말이 없어 멋쩍게 웃기만 했다. 선생님은 말했다. "철학 같은 건 필요 없어." 이 말을 듣자 문득 선생님의 철학적 사유가 이제 절정에 이르렀구나 하는 생각이 들었다. 이와 함께 지금 당장 돌아가시더라도 내가 슬퍼할 이유는 없겠구나 하는 생각도 들었다.

선생님의 장례식에 서강대학교와 한국학중앙연구원에서 가르친 몇몇 제자들 외에 학계인사들은 거의 오지 않았다. 중앙 일간지 어디에도 선생님의 철학적 업적을 기리는 기사는 실리지 않았다. 선생님만큼 우리 시대를 걱정한 철학자도 없었지만, 우리 시대는 선생님을 기억하려들지 않았다.

조선시대 이래 오늘날까지 한국의 지식인사회는 몸을 가진 인간이 그 안에서 밥을 먹고 살아야 하는 사회경제의 구체적 현실보다는 실현 불가능할 정도로 고원하기만 한 추상적 이상을 더 높이 평가하는 경향이 있어왔다. 철학계는 그런 이상주의적 경향이 특히 심했다. 선생님은 서른도 채 안 된 나이에 벨기에 루벵대학에서 박사학위를 받고, 귀국하자마자 한국 지식인들의 이상주의적 경향을 통렬하게 비판하면서, 구체적 현실에 뿌리박은 철학적 사유를 제창하기 시작했다. 선생님은 처음부터 철학계의 이단자였고 지식인사회의 이방인이었다.

선생님이 "이상과 현실의 양가적 묘합"을 강조하면서 이른바 "구체철학"을 제창하기 시작하던 1970년 무렵, 박정희 대통령은 이상주의적 지식인들의 험담에 시달리는 가운데 "잘 살아보자"는 촌스러운 구호를 내걸고 경제건설에 박차를 가하고 있었다. 박 대통령은 1960년대 어느 겨울 서울대 졸업식 치사에서 "강단의 어설픈 관념론(이상주의)"를 버리고 "냉엄한 현실"을 직시할 것을 요구한 바 있다.

선생님과 박정희는 살아생전 한 번도 만난 적이 없지만, 고원한 이상의 하늘로부터 비근한 현실의 땅으로 내려왔다는 점에서 정신적 공통분모가 있었다. 이 공통분모 하나만으로도 이상주의적 경향이 강한 한국 지식인사회에서는 용납하기 힘든 스캔들의 조짐일 수 있었다.

선생님은 서양철학에 대해 누구보다도 해박하고 정통했다. 거기에다 이 땅의 정신적 전통을 이해하기 위해 귀국 후 동양철학까지 배웠다. 기존의 이상주의 철학을 뒤집어엎는 선생님의 구체철학은 동서고금을 아우르는 풍부한 지식과 날카로운 통찰력에 의해 다채롭게 전개되었다. 선생님의 강의는 새로운 것을 갈망하던 1970년대 학생들 사이에 선풍적 인기를 끌었다. 나는 선생님에게 매료되어 학과를 옮겨버렸다. 선생님의 인기는 대학에서 그치지 않았다. 언론에서도 주목했다. 선생님은 이를테면 스타였다.

그러나 1970년대 중반 지식인들이 경멸해 마지않던 박정희 대통령의 새마을운동을 지지하면서, 선생님은 어용교수라는 낙인이 찍히고 비난과 욕설의 표적이 되기 시작했다. 학생들이 해명을 요구하자 선생님은 강의노트를 덮고 팔을 걷어붙이고는 경제적 가난과 약소국의 비애에 대해 이야기하기 시작했다. 나는 아직도 40년 전의 그 장면을 생생하게 기억하고 있다. 하지만 학생들은 "저 교수 사꾸라야"라고 수군거렸다. 학생들마저 도무지 설득이 되지 않았다. 이상주의적 경향은 그만큼 뿌리가 깊었다.

하지만 선생님은 비판과 욕설에 아랑곳하지 않았다. 1980년대 들어 선생님은 사유의 세계에 머물지 않고 현실참여에 나섰다. 한국정신문화연구원 부원장을 지내고, 민정당 국회의원이 되었다. 선생님의 현실참여는 한 점의 사심도 없이 자신의 철학적 소신과 애국심에 따른 것이었지만, 어용교수라는 낙인은 누구나 다 아는 선생님의 상징이 되었다. 1987년 6.29와 함께 선생님의 정치적 몰락은 불가피했다.

지인들은 등을 돌렸다. 선생님의 덕을 본 사람들까지 선생님을 비난했다. 당시 어떤 교수가 내게 말했다. "김형효는 끝났어." 권력의 단맛을 보았으니, 더 이상 공부하지 않을 거라는 냉소였다. 학생들은 "어용교수 물러가라"는 피켓을 들고 연구실 앞에서 시위를 했다. 40대 말의 선생님은 자신의 철학적 소신과 애국심이 가져온 참담한 결과에 엄청난 정신적 충격을 받았다. 견디기 어려운 실존적 고통과 함께 인간과 역사에 대한 아득한 절망이 선생님을 엄습했다.

선생님의 철학적 사유는 1980년대 말(40대 말)을 고비로 선명하게 전기와 후기로 나뉜다. 나는 그때 겪은 실존적 고통과 절망에서 벗어나기 위한 선생님의 철학적 몸부림이 1990년대 이후(50세 이후) 선생님의 철학적 사유와 방대한 저술을 가능케 만든 원동력이라 생각한다. 선생님은 2005년 정년을 할 때까지, 거의 20년 가까이 몇몇 제자들과 극소수의 동료교수들 외에 아무도 찾지 않는 가운데, 매일 오전 9시 반쯤 연구실에 나와 오후 7시 반쯤 퇴근하는 생활을 어김없이 반복했다. 원고청탁도 강연요청도 거의 없었다. 사실상 유폐생활이었다.

하지만 선생님은 외로운 유폐생활 속에서 사유와 명상에 침잠하여 보란 듯이 무게 있는 철학저술들을 쏟아내기 시작했다. 선생님은 정년할 무렵 열암학술상을 받고, 정년 이후 몇 가지 학술상을 더 받았지만, 학계 그중에서도 특히 철학계의 반응은 냉담 일변도이거나 아니면 인신 공격에 가까운 비판뿐이었다. 이 때문에 선생님은 짓밟힌 자존심을 회복하고 세상에 자신의 건재를 과시하기 위해, 수많은 저술을 했을 것이라고 흔히들 짐작한다. 하지만 1996년부터 정년 때까지 10년 동안 바로 옆 연구실에서 아침저녁으로 선생님을 지켜봐온 내 판단은 전혀 다르다.

선생님의 왕성한 저술활동은 상처받은 자신의 마음을 치유하고, 더 나아가 좌우의 대립, 동서의 대립을 넘어 한국사회가 나아갈 길을 여는 것이 그 목적이었다. 개인적인 동시에 사회적 안심입명의 길을 여는 것과는 거리가 먼 자기 과시 따위는 선생님의 관심사가 전혀 아니었다. 선생님의 후기 철학적 사유가 어떻게 흘러갔는지를 대강이라도 알면 내 판단에 수긍하기가 쉬울지 모른다.

선생님의 철학적 사유는 구조주의에서 시작해서 해체주의로 나아가고, 해체주의를 통해 노장을 재발견하는 한편, 데리다의 해체주의가 하이데거의 존재론적 사유의 표절임을 알고는 다시 하이데거를 읽고 심취하게 된다. 그리고 하이데거를 통해 선생님은 불교를 재발견하게 된다. 불교는 선생님의 철학적 여정의 사실상 종착점이었다. 선생님은 몸과 마음을 다해 불교에 귀의했다. 연구실에 나오면 제일 먼저 목탁을 두드리면서 염불을 했다. 선생님은 "나는 머리 안 깎은 중"이라고 말했다.

구조주의와 해체주의로부터 시작해서 하이데거를 거쳐 노장불교에 이르는 사유의 도정은 선생님이 젊은 시절부터 좋아하지 않았던 저 추상적 이상을 지워나가는 과정이기도 했다. 추상적 이상은 때로는 도덕적 당위가 되고 때로는 사회적 정의가 되어 인간을 흥분시키고 그의 열정을 불태워 세상을 대립과 갈등의 아수라장으로 만든다.

추상적 이상을 지워나가는 과정은 또한 그것을 불변의 실체로 고집하는 자아의식을 지워가는 과정이기도 했다. 불교식으로 말하면 법집(法執)과 아집(我執)을 동시에 지워가는 과정이었다. 법집과 아집을 다 지우고 나면 남는 것은 천지만물이 서로 다르기도 하고 같기도 한 관계 속에서 시작도 끝도 없이 흘러가는 우주와 역사의 현실뿐이다.

그 연기의 현실세계를 선생님은 데리다의 말을 빌어 "차연의 세계"라고 불렀다. 젊은 시절 선생님은 "이상과 현실의 양가적 묘합"을 주장했지만, 노년에 가면 이상은 완전히 사라지고 오직 현실만 남는다. 선생님은 그런 현실의 세계를 가장 깊은 곳까지 있는 그대로 보는 것이 바로 철학적 사유라고 자주 말했다. 있는 그대로 보려면 자아를 지워야 하고 자아를 지우려면 목숨까지 포함해서 모든 소유를 버려야 한다. 물론 철학적 사유도 버려야 한다.

선생님이 50대 중반에 도달한 철학적 사유의 종착점에는 아무것도 없었다. 거기엔 "무(無)" 한 글자가 있을 따름이었다. 무는 현실을 떠나 따로 있는 어떤 것이 아니다. 따로 있는 어떤 것이라면 그것은 유(有)이지 무일 수 없다. 하지만 무는 아무것도 아닌 것만은 아니다. 무는 아무것도 아니지만 동시에 모든 것이다. 현실 전체가 무다. "존재가 곧 무"라고 하이데거는 말했다. 법집과 아집을 지우고 무로 돌아감이란 변화하는 현실 전체를 다 긍정함이다. 그것은 물론 추상적 이상의 완전한 포기이기도 하다.

선생님의 치매가 본격화되기 이전 내가 들었던 마지막 가르침은 "철학은 이제 필요 없다, 본능이 시키는 대로 즐겁게 살면 된다"였다. 본성과 본능의 구별까지 걷어치운 최말년의 선생님은 니체를 최고의 철학자라며 좋아했다. '모든 것이 다 좋다'는 전면 긍정이야말로 노장불교의 마지막 귀결이자 니체 사상의 마지막 귀결이다. 무를 체득한 마음은 고요하다. 주어진 무언가에 대해 나쁘다고 부정하면 마음의 고요는 깨어진다. 거울처럼 고요한 마음으로 현실을 있는 그대로 봄이란 모든 것을 주어지는 대로 다 긍정함과 다르지 않다.

선생님의 철학적 사유는 이해하기 어려울 정도로 난삽하게만 들릴지 모르겠다. 나 자신도 아직 정리가 잘 안 된다. 하지만 선생심의 철학적 사유는 선생님의 삶 속에 녹아들어 사유와 삶의 간격이 자꾸 줄어갔던 것은 확실하다. 그 과정은 물론 철학적 사유를 초극하는 과정이기도 했다. 철학적 사유의 중심에 '無' 한 글자가 자리 잡은 50대 중반 이후 선생님은 불교에 귀의하여 염불과 참선에 몰두했을 뿐만 아니라, 일상적 행동까지도 젊은 시절과는 현저히 달라져 차분하게 가라앉아 갔다. 나는 간혹 선생님 같은 분이 성자가 아닐까 하는 생각도 했다.

선생님은 다른 사람들에 비하면 젊은 시절에도 남보다 잘난 체하고자 하는 마음이 별로 없었다. 선생님과 나의 결정적 차이가 거기에 있었다. 선생님은 연구실에서 사색과 명상에 몰두하다가 문득 새로운 생각이 떠오르면 기쁨에 넘쳐, 직접 내 연구실에 와서 당신의 생각을 나게 말해주곤 했다. 나는 선생님의 기쁨에 동참하고 싶었지만 늘 맞장구를 칠 만한 실력조차 안 됨을 절감해야 했다. 내가 이런 과분한 혜택을 누렸던 것은 제자인 나 말고 선생님의 생각에 귀를 기울이는 철학도는 드물기 때문이었다.

선생님은 외로웠다. 외롭다는 것은 남의 인정을 받고 싶다는 뜻이라볼 수도 있다. 하지만 선생님의 경우는 그게 아니었다. 희한하게도 선생님은 90년대 이후 굵직한 저술을 쏟아내면서도 그걸 자랑스럽게 생각하지는 않았다. 나 같으면 잘난 체하며 목을 힘을 주고 남들을 무시할 터인데, 선생님은 늘 별 것 아니라는 투였다. 모든 것이 덧없음을 절실히 깨닫지 않고는 나올 수 없는 자세였다. 선생님의 외로움에는 내가 이해할 수 없는 깊은 경지가 숨어 있었다.

선생님은 누구한테나 겸손했다. 아무리 하찮은 사람의 말이라도 귀를 기울여 들었다. 제자 교수들에게도 늘 존댓말이었다. 심지어 조교들한테도 폐를 끼치지 않을까 조심할 정도였다. 나이가 들수록 말씀의 길이가 좀 늘어나긴 했지만, 예의에 어긋나는 일은 거의 없었다. 권위의식 같은 것은 눈곱만큼도 찾을 수 없었다.

정년 이후에야 강연요청이나 원고청탁이 빈번해졌다. 선생님이 어용교수라는 것을 잘 모르거나 알더라도 개의치 않고 선생님의 철학적 사유에 매료된 사람들이 많아졌기 때문이다. 나는 선생님의 건강이 염려되어 선별해서 받아들이면 좋겠다고 했더니 선생님은 대뜸 "내가 뭔데" 하면서 누가 부르건 최선을 다했다.

선생님은 천재였다. 어려운 책을 읽고 소화하는 능력이 보통 학자들과는 비교가 되지 않았다. 선생님이 공부하는 걸 보면 나는 삼류였다. 하지만 선생님은 진심으로 자신이 아무것도 아니라고 생각했다. 선생님의 마음은 그렇게 비워져 있었다. '김형효'라는 세 글자는 그렇게 선생님의 의식에서 지워지고 없었다. 선생님은 2018년 2월 24일보다 훨씬 이전에 속세를 떠난 건지도 모른다.

정년을 하고 몇 년 뒤 2008년 선생님은 폐렴으로 한 달 정도 중환자실에서 사경을 헤맸다. 1987년 정신적 충격 이후 20여 년만의 신체적 충격이었다. 이 충격으로 선생님은 건강의 상당 부분을 잃었다. 선생님으로부터 "철학은 필요 없다"는 말을 그 즈음에 들었다. 그리고 2013년 여름부터 치매증상이 본격화되었다. 그해 가을 선생님을 위해 한국학대학원에 강의를 개설했다. 선생님의 마지막 공식 강의였다. 강의를 들었던 사람은 문광스님, 권복규 교수, 박사과정생 백은석, 그리고 나였다.

제대로 된 강의가 될 리 없었다. 선생님은 즐거운 듯도 하고 슬픈 듯도 한 미소를 띠우며 예의 그 해탈한 표정으로 추억에 잠긴 채 어린 시절에 대해 이야기했다. 강의시간에 이런 사적인 이야기를 하는 것은 처음이었다. 경남 의령 섬진강가에서 겪은 어린 시절의 체험은 선생님의 무의식에 새겨져 선생님의 철학적 사유의 바탕이 되었구나 하는 생각이 들면서 왠지 울컥하는 감동이 밀려왔다.

40년 전 서강대 학생시절 선생님의 강의를 듣다가 갑자기 눈물이 나서 강의실을 뛰쳐나온 적이 있었다. 선생님한테는 늘 나를 울게 만드는 무엇이 있다. 그것 때문에 지금껏 선생님을 따라다닌 건지도 모른다. 선생님은 부처님을 닮아가고 있는데, 나는 왜 선생님을 생각하면 울컥하는 것일까.

선생님은 세상의 악 앞에서 너무 진지하게 고민하는 근육질의 남자를 조각한 로댕의 "생각하는 사람"을 좋아하지 않았다. 그 대신 신라의 "미륵반가사유상"을 좋아했다. 선생님은 "세상을 구하는 것은 고뇌에 찬 진지한 얼굴이 아니라, 부드럽게 미소 짓는 얼굴"이라고 쓴 적이 있다(『마음혁명』, 2007). 더 나아가 선생님은 "무념으로 일하는 사람은 누구나 성공한다"고도 말했다. 무념무상의 마음이 온갖 갈등으로 가득 찬 한국사회를 고요히 안정시키는 지름길이라고 선생님은 믿었다. 손자를 끔찍하게 좋아했다는 점에서 보통 노인네들과 다를 바 없었지만, 선생님은 그런 식으로 돌아가시기 직전까지 나라를 염려했다.

"부드럽게 미소 짓는 얼굴"은 마음을 텅 비워 무를 체득한 자의 신체적 표현이다. 선생님은 루벵대학에서 함께 유학했던 사모님의 보살핌을 받으며, 늘 그런 얼굴로 왼 종일 말없이 칩거했다. 한 달에 한 번 선생님을 좋아하는 몇몇 분들이 선생님 댁에 모여 사모님과 함께 담소를 나누곤 했다. 선생님은 묵묵히 듣기만 하다가, 이따금 한 두 마디로 자신의 의사를 표명했다. 하지만 예전의 그 '김형효'는 아니었다. 선생님은 이미 존재하지 않았고, 이제는 선생님을 좋아하는 그 분들이 '김형효'가 되어가고 있었다.

인간은 흙에서 태어나 흙으로 돌아간다. 흙은 사유하지 않는다. 그러니까 흙은 무와 다르지 않다. 치매는 인간적 사유의 결핍 혹은 부재란 점에서 흙과 닮아 있다. 선생님의 치매 또한 선생님이 흙으로, 무로 돌아가는 과정의 한 변종인지 모른다. 나는 말년의 선생님을 뵐 때마다 그렇게 생각하면서 마음을 달랬고, 막상 돌아가신 다음에도 슬퍼하지 않았다. 슬퍼할 하등의 이유도 없었으니까.

내가 슬퍼해야 할 것은 '선생님의 죽음'이 아니라, 어느 모로 보나 선생님에 훨씬 못 미치는 '나의 삶'이라고 이성적으로 생각했다. 하지만 자꾸 목이 메어오는 것은 왜일까. 내가 아직 마음을 비우지 못해서일까. 아니면 내가 선생님을 너무 좋아해서일까. 선생님은 세상으로부터 응분의 대접을 못 받았지만 참 귀한 분이었다. 참 귀한 분이 그렇게 왔다가 그렇게 갔다.

# 2장
## 벗·지인들

# 인연

**강승원**
(돌핀에이전시(주) 대표)


제가 박사님을 뵌 것은 선원에서입니다. 박사님의 첫인상이 욕심이 없이 순수하게 다가와 그 뒤로 박사님의 저서를 겉핥기 식으로 몇권 읽고 감탄했습니다. 학문을 위한 학문이 아니고 남에게 읽히기 위한 글이 아니라 마치 용천수가 끊임없이 솟아나오는 것 같은 생명력이 넘친 글들이었습니다.

초발심시 변정각(初發心時 便正覺) 이라고 했듯이 이런 글은 사춘기 이전부터 식(識)이 맑을 때 발심하여 상구보리 하화중생(上求菩提下化衆生)의 원력으로 힘써 공부하지 않으면 나올 수 없을 것 같다는 생각이 들었으며 삼매(三昧)에 들어 무아의 경지에서 만이 나올수 있는 글 같았습니다. 우리나라에도 이런 선지식이 있구나 하며 복 지은 것도 없는데 이런 선지식을 만났다는 것에 대해 한없이 감사하고 행복했습니다.

박사님은 동서양 철학의 진수를 알기 쉽게 설명해주시고 철학과 현실

생활이 별개가 아니라 서로 함께 아우러져서 철학을 공부하지 않은 사람들도 쉽게 행복하게 사는 길을 보여주셨으며 정신적으로 머리 아프게 고민하던 것들도 박사님께 가면 누구나 알 수 있게 설명해주셨습니다.

언젠가는 니체의 '권력에의 의지(will to power)'가 잘 이해가 안 가서 물어 본적이 있는데 그것은 마음의 고향 자리라고 하셨습니다. 이것은 이제까지 어디서 듣도 보지도 못해 저에게는 쇼킹한 것이었습니다. 어려운 난제들을 이렇게 의심없이 명쾌하게 해결해주는 것이 또한 진정한 선지식의 면모라고 생각합니다.

박사님은 수시로 삼매(三昧)에 드시어 저 같은 사람들이 따라갈 수 없는 인간 본성의 근본 자리와 하나가 되어 무엇이든지 물어보면 막힘이 없고 걸림이 없으셨으며 세상의 명예나 지위, 경천(輕賤)에 연연하지 않으시고 오로지 사람들을 이익 되게 하기 위해서 평생을 상(相)이 없이 사셨습니다. 예를 들면 화를 내셔도 개인적인 감정이 없기 때문에 상대방이 듣고 부담없이 허허 해버리는 그런 것이었습니다.

박사님께서는 불교계에 별다른 연고가 없음에도 자연스럽게 원효학술대상을 수상하셨으며 개인적으로는 진속여일(眞俗如一)과 같은 원효대사님의 철학을 몸소 실천하신 대사님의 맥을 이은 이 시대의 선지식이라고 생각합니다.

특히 저는 박사님이 30대 중반에 쓰신 『한국사상산고』를 읽고 감명을 받았습니다. 우리민족의 특성과 장·단점을 잘 성찰해 주셨고 우리가 새로운 시대로 앞서 나아가는 방법은 당장 불편하다고 즉흥적으로 모든 것을 바꾸어서 되는 것이 아니고 온고이지신(溫故而知新)의 근간에서 이루어져야 한다고 하셨습니다. 이것은 이 땅에서 살아온 역사, 경험, 환경, 풍토 등의 자각에서 새로운 대안이 나올 수 있지 이것들을 무시하고 자주 바꾸기만 한다면 개념이 없어지고 자기합리화에 빠지며 나중에는 무엇을 하는지 조차도 모르기 때문일 것입니다. 또한 우리민족은 무의식적으로 신바람(신명)의 체질이며 이것이 잘못 흐르면 맹목적인 광기, 배타성, 부르주아적인 사고방식 등으로 갈 수 있지만 이것과 조화롭게 회통하면 가정의 행복, 사업의 성공, 일등 국가로 갈 수 있다고 했으며 이것을 잘 활용하는 방법에 대해서도 방안을 제시해 주셨습니다.

30대에 예리한 통찰력과 지혜로 이런 저술을 할 수 있다는 것에 놀랍고 존경스러울 수밖에 없었으며 우리는 박사님 같은 선지식들의 은덕으로 발전해가고 있는 것 같습니다. 비록 박사님의 육신은 안보이지만 박사님의 가르침과 업적은 세세생생 이어져 우리의 눈과 귀를 밝게 해줄 것임을 믿어 의심치 않습니다.

# 철학과 동기 동창들과 김형효

**공종원**
(전 조선일보 논설위원)

나는 1958년 봄 서울대 문리대 철학과에 입학하면서 김형효군을 처음 만났다. 마산출신으로 서울에 처음 올라온 사람치곤 경상도 사투리가 그리 두드러지지 않고 대신 목소리가 맑고 우렁차다는 인상을 받았다.

당시 철학과의 입학동기생들은 모두 25명이었는데 너무 개성이 강하고 자기주장도 강한 때문인지 동창으로 친하게 지냈다는 기억은 없었지만 졸업 후엔 오히려 그런대로 자주 만나서 학창 때의 서먹함을 해소하려는 듯한 노력을 했다는 느낌이다. 물론 졸업 후에도 별로 모임에 참석하지 않고 자기생활에 전념한 동창들이 적지 않았음은 인정할 밖에 없다.

모임에 자주 참가한 동창은 김기팔(드라마 작가), 임상원(고려대 신방과), 이남영(서울대 철학과), 디오게네스라는 별명을 가졌던 정상렬(건설업), 정호용(부산대), 신향식(민주화운동), 이창복(민주화운동), 홍성현(목사), 공종원 등이었으며 여러 이유로 거의 참여하지 않은 동창은 신오현(경북대), 신구현(영남대), 임종규(목포대), 하일민(부산대), 오명호(재독 경영학), 이창균(북한), 전광일(재미 목사), 유택상(재미 사업) 윤형진(재미 사업), 오태환(재 스웨덴), 류훈길(사업), 김태영(경희대 사학) 등이었다. 김형효군은 초기에 몇 번 참여했으나 뒤에는 거의 참석하지 않았다고 기억된다.

세월이 가면서 동창들 가운데 세상을 떠난 이도 생기는 등 여러 가지 이유로 모임자체도 부실해진 때문이기도 했지만 김군 자신의 생각이 모임참여를 주저하게 만들었던 듯 싶다. 언젠가 그는 나에게 "이제 시간도 별로 없는데 별로 중요하지 않은 모임으로 아까운 시간을 빼앗기기 싫다."는 뜻을 밝히기도 했다. "해야 할 공부가 많은데 헛되게 시간을 허비하는 것이 너무 아깝다"는 취지의 말이었다고 기억된다.

김 박사의 근년 학적 탐구 생활도 아주 철저했다는 것이 친구들의 전언이었지만 학창시절에도 그는 대단한 공부벌레였다. 전공 공부는 논외로 하고 어학공부만 국한해도 철학과생이 알아야하는 영어, 독일어, 그리스어 이외에 프랑스어와 라틴까지 개인적으로 공부했던 것은 동창들 사이에선 잘 알려진 일이었다. 아마도 이런 기초 작업이 있었기에 그는 서울대 대학원 석사과정을 입학했으나 일찍이 벨기에 루뱅대로 유학길에 올라 석·박사통합과정에 입학할 수 있었던 것 같다. 들리는 소문에 따르면 그는 가톨릭계 장학금으로 유학하여 무사히 박사학위를 취득하고 귀국하여 서강대 철학과 교수로 취임한 것이다. 그후에 그는 정신문화연구원으로 옮겨 그의 학구적 관심의 폭을 더욱 넓혀갔던 것 같다.

그 즈음인가 나는 도봉산 등산에서 돌아내려오던 길에서 우연히 김

박사를 만나 약간 놀라지 않을 수 없었다. 도선사의 석불 앞에서였다. 그는 자신의 어머니를 모시고 와서 부처님에 참배하는 중이라는 이야기였다. 대학시절에 친구 간에 자신의 종교를 내세워 한창 토론을 한 적이 있었다는 기억으로 잠시 당황할 밖에 없었다. 하지만 다시 생각하니 김 박사가 독실한 불자인 어머님을 따라와 참배 길에 나섰다는 자체가 너무 아름답다는 생각이 들고 한편으로 김 박사의 학문적 깊이가 이제 불교철학에까지 확대되고 있었다는데 대해 크게 고무되기도 했다.

이런 일이 있은 후 김 박사는 본격적으로 불교철학의 강의에도 나서고 심지어 도가의 노자 도덕경까지 강론하는 학문적 온축을 드러냈다. 그는 아마도 자신의 모친이 택했던 것처럼 불교에 귀의하고 그 토대 위에서 동서양사상을 집대성하여 자신의 철학을 정립하는 노력을 했던 것 같다. 그 과정에서 그가 일찍 세상을 떠난 것이 동창의 한사람으로 너무 아쉬울 뿐이다.

# 영원한 지란지기 김형효 동창을 그리며

**박성태**
(12대 국회의원, 심원의 마산고 동문)

독일의 문인이며 의사인 '한스 카롯사'는 "인생은 만남"이라 하였거늘 "한번만의 초대"인 이 인생에서 김형효라는 이름 석 자와의 만남은 이 사람에게 있어서는 생사를 초월하여 지성과 감성과 영성에 바탕한 영원한 친구로 가슴 속에 늘 자리하고 있는 참된 우정의 표상이라 밝히고 싶다. 윤석열 대통령이 금년 5월 대통령으로 당선된 뒤 방한한 미국 바이든 대통령은 축하 만찬 환영사에서 평소 애송하는 '예이츠'의 시를 인용하면서 "나의 영광은 훌륭한 친구를 가진데 있다"고 하며 인상적인 환영 스피치를 한 바 있다.

김형효 박사가 서울대 출신으로 벨기에에서 철학박사를 받고 서강대 교수, 한국정신문화연구원 부원장을 거쳐 12대 국회의원에 입성하는 영광을 누린 것도 김 박사의 영명한 지성 때문이겠으나 주위의 출중한 친구들이 즐비한 데다 비록 중소도시인데도 우수한 자질의 마산고교라는 텃밭 자체가 워낙 좋았기 때문이라고 본다. 마저 모교의 자랑을 좀 하자면 마산고 1회 졸업 삼영화학의 이종환 선배는 한국 아니 아시아에서 기부왕으로 장학금 1조원을 희사하고 서울대학교에도 650억 원을 기부하여 관정도서관을 완공하게 하였다. 이 선배는 지난 11월 20일 100세를 맞아 고향 의령에서 상수연을 성대히 개최하는 행사를 가졌다. 12회 노재봉 선배는 국무총리로 봉직하셨다. 또, 16기의 검사 출신 김영재 변호사는 마산고 동창회장으로 발전의 기초를 다짐과 함께 따님이 대법관에 취임하는 영광을 가졌었고, 당시 우리 동기만도 서울대학교에만 중소도시 마산에서 50여명이 합격되었는데 17기는 마산고 전체 동창 중 정계, 기업, 문화계를 총망라하여 가장 성공적인 진출을 자랑하고 있다. 소개드리자면 정계에서는 한국기자협회장 출신의 손주환 공보처 장관, 12대 국회에 동시에 진출한 김형효 박사와 필자, 이장춘 싱가폴대사, 김옥조 총리비서실장, 검사 경력의 정태류 변호사, 판사 경력의 오성율 변호사, 기업상계에선 대기업 코오롱기업 하기주 회장, 넥센 타이어 대표 강병중 회장, 재미 건축가 김운해, 조아제약 조원기 회장, 한국전력 김정부 부사장, 현대건설 사장 및 중역에 이존명, 박찬규, 황성혁이 있다. 교육사회 문화계에선 한국음악협회 명예이사장, 대한의사협회 고문인 필자, 국전 중진화가 이병석, 명지대 법학과 주임교수 임홍근, 시인 주문돈, 성우 황일청, 영화감독 한상훈, 작곡가 이수인 등 사회 전반에 골고루 빛나는 중진으로 참여하였었던 실상을 본다. 현세는 눈에 보이는 돈이나 물질세계의 중요성이 너무나 강요되고 있는 세상인데 반하여 눈에 보이지 않는 정신세계의 중요성이 홀대받고 있는 실정의 판국이다. 지금 우리나라 정치에는 이념전쟁만 있지 철학이 없다고들 한다. 그래도 박정희 대통령 시절은 군부정치였지만 "하면 된다"는 정신력과 새마을 정신의 열정으로 조국 근대화를 이뤄냈지만 국민들은 그걸 잊고 모르고 산다.

이제부턴 김 박사와 나와의 어느 누구도 가질 수 없는 각별한 인연의 예화를 들려고 한다. 아까 얘기한 대로 김 박사와 필자는 마산고 17기 동기졸업으로 김 박사는 문과에서 필자는 이과에 소속되었는데, 매월 실시하는 모의실력고사 성적을 학교 정문 현판에 성적순으로 공개하고 연말에 수석상을 실시하였는데, 필자 기억에 김 박사는 늘 수석군에 있었다. 필자는 마산중학교 졸업당시 수석을 하고도 수석상 발표 일주일 전에 야간에 친구 몇 명과 "마음의 행로"라는 영화를 같이 본 사건이 적발되어 3일 정학을 받는 바람에 중학 졸업시에는 수석상 수여식을 취소당한 아픈 경험이 있었는데, 고등학교 졸업시에는 정식으로 전체 수석상을 받아 중학교 때의 설움을 씻은 바 있다.

김 박사는 필자가 서울의대 졸업 후 외과전문의로 개업 후에도 마산 출신의 10여명의 친구들과 함께 부부동반으로 격의없이 세상 돌아가는 얘기나 자기 전문분야의 숨은 야화들을 스스럼없이 얘기 나누었고, 좋아하는 가곡이나 인기 가요들을 합창하면서 즐기기도 하였다. 특히 김 박사는 학자이면서 냉철한 지성의 소유자라기보다는 친구들한테 풍부한 화제의 주인공이면서 가슴이 따뜻한 사람으로 색인되곤 하였다. 부인과 함께 그 진솔함이 항상 배어 나와 내면의 향기가 절로 풍겨 나왔다. 그런데, 어느날 갑자기 김 박사와 나 사이에 잊지 못할 사건이 생겼다. 강동구 천호동 아산병원 근처에서 박성태 외과의원이란 필자 병원에 당시 정신문화연구원 중견 스태프로 있던 김 박사가 밤중에 급히 고열과 복통 때문에 나한테 연락이 왔다. 당시 가족주치의도 맡고 있던 터라 어서 내 병원으로 오라고 하여 김 박사를 진찰했더니 41도의 고열에다 맥이 거의 안 만져질 정도의 쇼크 상태로 화농된 담랑(쓸개주머니)이 파열 직전으로 부어 중태였다. 새벽에 급히 개복수술준비를 끝내고 필자의 집도하에 서울대병원 외과 후배인 김용일 교수(후에 삼성의료원 외과과장 취임)를 제 1조수로 세워 화농된 담랑을 단숨에 제거하고 담도까지 열어 그 속에 들어있는 담석들을 깨끗이 제거하고 수술을 성공적으로 끝마쳤다. 그 후 극적인 수술 후 회복을 보고 있던 중에 수술 후 10일째쯤부터 새로운 복통이 시작되어 수술자인 필자는 무척 당황하였는데 새 복통 원인을 처음에는 알 수 없었으나 심사숙고 끝에 진단으로 담도 끝에서 십이지장으로 담즙이 흘러 들어가는 경계점에 있는 괄약근에 1개의 담석이 꽉 박혀 제거 대상에서 은폐되어 통증이 유발되는 것이라 판단했다. 순간 필자는 사랑하는 친구의 복부를 수술하고도 또 재수술해야 한다는 것에 너무나 마음이 아팠다. 필자로 말하자면 한국도규계의 석학인 서울의대 외과 은사이며 간, 담도계 수술의 권위자인 민병철교수와 한국에서 처음으로 간이식 수술을 성공한 김수태 교수의 제자로서 "자랑스런 외과의사상"도 받고 국제외과학회 정회원으로 프라이드에 차 있었는데, 친구의 복부 담도 수술에서 199개의 담장 결석을 제거하고 담도 수술도 잘해냈는데도 다시 매우 어려운 자리에 박힌 담석 1개 때문에 재개복 수술을 해야 함이 외과의에겐 환자에게 쓰린 고통을 또다시 주어야 함에 몸둘 바를 모를 정도로 안쓰러운 지경이었다. 부인되시는 분의 충분한 이해로 다시 서울대 병원에서 필자의 은사며 도규계의 명의인 김진복 교수에게 사정을 호소하고 재개복 수술에 들어갔는데 결국 매우 어려운 부위의 담석제거가 완료되었다. 그 후 출혈에 신경을 많이 쓰며 전 의료진이 김 박사의 완치에 정성을 쏟았다. 당시 서울지검 검사로 재직 중인 김 박사의 친형 김형표 고교선배도 정성껏 동생의 수술 후 회복을 위해 같이 고생했던 기억이 있다. 이 잊지 못할 뼈아픈 기억이 지금도 생생하게 필자의 가슴속에 남아있다.

그 후 몇 년이 흘러 민정당의 제5공화국 출범과 동시에 정신문화연구원 부원장에 재직 중인 김 박사와 대한의사협회 대표고문으로 의학계를 대표하고 있던 필자는 12대 민정당 국회의원 비례대표에 같이 당선되어 국회에 입성하는 기쁨을 나누었다. 12대 국회에서 김 박사는 교육분과위원회에서, 필자는 보사분과위원회에서 활동하였는데 후에 국회사무총장으로 봉직한 우병규 전의원이 언급하기를 김 박사가 출중한 활약상을 보였다고 했고, 필자 역시 한국의료보험제도 정착을 위해 동분서주했던 기억이 난다.

그 뒤 김 박사는 헌정회 정기모임에서도 "한국철학계의 동향"이라는 제목으로 특강을 하기도 했다. 요사이 아슬아슬하게 돌아가는 우리나라 정국이 자유과 공정과 상식의 올바른 나라가 되기 위해선 "법치"가 최우선의 통치철학이 되는 것이 필요한 시점인데 이럴 때 일수록 김 박사가 강조하였던 나라사랑에 대한 "큰 그릇의 깨어있는 지성" "혜안의 통치 리더십"이라는 통치철학이 새삼 그리워지는 것도 사실이다. 김박사를 생각할수록 세상이 아무리 변하여도 변함없는 것은 오직 진실한 친구와의 우정뿐이라 생각된다.

※ 필자 약력: 대한민국 헌정회 원로위원, 12대 국회의원. 대한의사협회 고문, 한국음악협회 명예이사장, 대경요양병원장

# 스승과 도반(道伴)

### 심원 김형효 선생님을 기리며...

**벽파(碧波) 권명대**

(의학박사)


　나는 철학을 전공한 사람이 아니고 직업은 치과의사이고 나이는 선생님보다 2살 아래인 1942년생으로 2022년 현재 81세이다. 그런데 학문적 호기심이 많던 나는 전공과목과는 별개로 역사, 철학, 종교, 과학, 음악 등 여러 가지 학문에 대한 관심과 궁금증이 많았다.

　『중용(中庸)』 제20장, 『논어(論語)』 위정편(爲政篇) 제15장, 『근사록(近思錄)』 위학편(爲學篇)에 이르기를 "博學, 審問, 愼思, 明辨, 篤行 五者廢其一이면 非學也니라" [널리 배우고, 자세히 묻고, 신중히 생각하며, 명확하게 분별하고, 진실되게 행하는 것 5가지 가운데 한 가지라도 빠지면 학문을 한다고 할 수 없다.]라는 구절이 있는데, 학문을 넓게 깊게 이루려면 '박학다식'이 선행해야 한다는 구절의 의미를 마음에 새기고 여러 학문을 기웃거리기 시작했다.

고교생 시절부터 서양 클래식 음악에 심취하였고, 대학을 졸업하고 인턴, 레지던트 과정, 박사과정을 거치면서 전공과목인 치의학의 공부에 심혈을 기울이면서도 30세쯤부터는 환인, 환웅, 단군 등 우리나라 고대사(古代史)와 비교종교학, 불교 철학 공부와 명상 수련 등에 몰두하기도 하였다.

그 가운데 불교 철학이야말로 모든 종교, 철학, 사상, 과학을 아우르는 것으로 가장 광대하고 심오하며 수승(殊勝)한 것이라고 생각했다. 그때부터 특히 불교 철학 공부에 심취하여 전력을 다하였으며 아침, 저녁 각 1시간씩 하는 명상 수행은 지금까지 50여 년간 계속 이어져오고 있다.

그런데 특히 불교와 명상 수련 같은 공부는 초월성과 논리를 토대로 하는데, 초월성은 수행을 통해 직관으로 깨달아야 하는 것이고, 논리는 철학적 사유를 바탕으로 이루어지는 것이므로 논리를 갖추어 불교 철학을 더 깊이 공부하기 위해서는 동, 서양철학을 공부하는 것이 필요하다고 생각하였다.

물론 부처님의 가르침에 의하면 수행자는 궁극적인 경지에서는 통상적인 논리, 사유를 차단해야 된다고 되어있으나, 그 이전에 기본적인 교설 등을 배우고 이해하는 단계에서는 논리적 사유의 능력이 필요하기 때문이다.

다행히 사서(四書) 등 동양철학은 친할아버지에게서 어릴 적 국민(초등)학교 때부터 배워 익혀 온 관계로 당시에 대략적인 것은 조금 이해하는 기본적인 수준은 되었으나 특히 생소한 서양철학 공부가 문제였다.

그래서 대학의 철학과에 학사 편입해 볼까 하는 생각도 하였으나 여의치 않아 결국 치과의원에 출근했다가 퇴근한 후 교보문고 등의 철학

코너에 가서 독학하였으나 별 효과를 얻지 못하다가 조계사 옆에 있는 불교 대학에서 철학 강좌를 통해 3년 여간 집중적으로 서양철학을 공부하게 되었다.

그런데 서양철학을 공부하는 과정에서 탈레스를 시작으로 파르메니데스, 플라톤, 아리스토텔레스, 아우구스티누스, 토마스 아퀴나스, 데카르트, 칸트, 헤겔, 훗설, 니체 등등으로 이어진 '존재 망각의 철학'을 거쳐서 서양철학이 2,500여 년 만에 '존재 철학'인 하이데거 철학에 이르렀는데, 하이데거 철학에서 '존재론적 차이 – 존재자와 존재', 'Sorge', '무(無 Nichts, Nothing)', 'Dasein', 'Ereignis' 등등에 대한 이해가 쉽지 않았다.

또한 스콜라철학에서 말하는 '실존'과 '본질' 사이의 구별과 칸트의 '경험이성(경험-주객 분리)'과 '선험적 순수이성(경험 이전-주객 근거)' 사이의 '초월 철학'에 대한 물음을 토대, 근거로 '실존(Dasein)'의 분석을 통해 '존재 자체'를 규명하려는 하이데거의 전기(前期) '존재 철학'과 존재의 '고유성'을 다룬 후기(後期) '존재 철학'을 이해하는 것도 쉽지 않았다.

그런 가운데 나에게 서양철학을 가르치시던 김종욱 교수님께서 김형효 선생님의 유명한 하이데거 강의를 한번 들어 볼 것을 나에게 권유하였고, 우여곡절 끝에 불교 대학에서 김형효 선생님의 하이데거 강의를 듣게 되었고 그것이 내가 하이데거 철학을 이해하는 데에 많은 도움이 되었다.

김형효 선생님은 철학사상(哲學史上) 최초로 불교적 관점에서 하이데거의 전기(前期) 철학('Dasein')을 다룬 『하이데거와 마음의 철학(2000)』과 하이데거의 후기(後期) 철학('Ereignis')을 다룬 『하이데거와 화엄의 사유(2002)』를 저술하신 바도 있다.

그런 일이 있은 지 몇 해 후 불교 철학 가운데 대승불교 유식학(唯識學)을 공부하던 시기에 대치동의 내 집에서 가까운 개포동에 금강선원이 있었는데 그곳에 계시는 혜거 스님의 '유식 30송(頌)' 법문이 그 당시 유명하였다. 그런 어느 날 혜거 스님의 '유식 30송(頌)' 법문을 듣고 나온 후 금강선원 법당에서 뜻밖에 전(前)에 불교 대학에서 하이데거 강의를 하셨던 김형효 선생님을 만나게 된 것이다. 그로부터 김형효 선생님과 나 사이의 "특별한 인연"이 시작된 것이다.

당시 김형효 선생님은 자신의 철학 완성을 위해 불교 공부가 필요하다고 생각하시어 금강선원에 다니시는 것 같았고, 불교 철학에 심취하여 심혈을 기울여 공부는 하지만 기복적 신앙으로 얼룩진 종교로서의 불교에 대해서는 비판적인 관계로 특정 사찰에 불자로서 정례적으로 다니지는 않던 나도 선생님을 만난 이후 거의 매주 일요일마다 금강선원에 다니게 되었다. 그 이후 선생님과 금강선원에 다니면서 주로 불교 철학을 중심으로 종교, 동, 서양철학, 사상, 과학 등 여러 가지 담론을 주고받으면서 지낸 특별한 세월이 2003년부터 2018년까지 대략 15년가량이 된다.

당시 금강선원 불자들 가운데는 불교 철학과 동, 서양철학을 아울러서 하시는 선생님의 말씀을 조금이나마 알아듣고 선생님과 대화를 나눌 수 있는 수준의 사람이 별로 없었고, 그래서 주로 선생님과 나 사이에 대화가 이루어지게 되었고 그로 인해 "특별한 인연"이 지속되었던 것 같다. 선생님께서 평소 말씀하시기를 불교 철학을 비롯한 동, 서양철학과 과학(상대성 원리, 양자물리학 등) 등의 공부에 치열한 나를 보고 내가 박학다식하다고 하시면서 치과의사보다 철학 전공자가 되었으면 더 좋았을 것이라고 나를 격려하시며 특별히 대해 주신 것을 지금도 잊을 수가 없다.

그런데 항상 온화하시고 겸손하시며 자비로우셨으며 학문적인 면에서는 진지하고 예리하셨던 선생님의 건강이 한때 좋지 않으실 때가 있었는데, 선생님의 건강회복을 위해 내가 수개월 동안을 토요일만은 모든 일을 제쳐두고 매주 토요일마다 선생님의 승용차를 운전하여 심원 선생님과 사모님이신 후조 선생님을 모시고 대치동에서 경기도 파주까지 가서 내가 소개한 침술가분에게 선생님이 침 맞으시고 뜸 뜨고 하는 치료받으시는 것을 돕고 다니면서 왕복 운전하는 운전기사 역할을 하기도 하였다.

그리고 선생님께서는 인사동에서 서양철학 강의도 하셨고, 자신의 저술인 『사유하는 도덕경』이라는 저서를 중심으로 한 '노자의 도덕경' 강좌 등을 통해 동양철학을 강의하기도 하셨는데, 그런 선생님의 동, 서양철학 강의를 여러 사람들이 듣고 배울 수 있게 된 계기의 대부분이 원천적으로 보면 나로부터 비롯되어 연결된 인연으로 이루어진 셈이다.

선생님께서는 말년에 가서 건강 상태가 좋지 않았음에도 불구하고 여러 제자들을 포함하여 몇몇 분들과 함께 지금의 '심원 철학회'의 전신(前身)인 철학 모임을 결성하여 한 달에 한 번 만남을 이어 갔는데, 나는 초기에는 그 모임에 참여하지를 않았으나, 선생님의 거듭된 권유를 받고 몇 년간 그 철학 모임에 참여하기도 하였다. 그런 가운데 어느 날 애석하게도 선생님께서 갑자기 별세하신 것이다.

그러나 선생님이 계시지 않은 가운데에서도 나는 선생님을 추모하는 마음을 속으로 간직한 채 철학 모임에 계속 참여하였고, 모임에서 수행이라는 타이틀 아래 불교 이야기를 연속으로 수개월에 걸쳐 발표하기도 하였다.

　이론적 알음알이의 관념적 지식에 매달려 설왕설래하는 것만을 능사로 하기보다는 실천행으로서의 수행을 행하는 것이 필요불가결하다는 소신으로 수행에 관한 공부와 실천에 임하다보니 수행에 대해 가장 구체적이고 체계적인 불교공부에 치중하게 되었고, 그래서 요청이 있었을 때에 수행이라는 타이틀 아래 수개월에 걸쳐서 불교 이야기를 하게 된 것이다. 그런데 지금은 비록 모임에서 물러 나와 있으나 모임의 설립 취지가 원만히 이루어지고, 그래서 '심원 철학회'가 더욱 발전하기를 바라고 성원하는 나의 마음에는 변함이 없다.

　돌이켜 보면 심원 선생님과 나와의 인연은 하이데거를 매개로 시작된 '인연의 시작'과 선생님을 다시 만나 금강선원을 다니던 시절을 중심으로 한 "특별한 인연"과 선생님 사후의 '후속된 인연'으로 볼 수 있다

　내가 생각하기에 김형효 선생님과 나와의 인연은 만남과 헤어짐을 비롯한 모든 것이 마치 극적으로 짜 맞추어진 것 같아서 한때의, 우연적, 일시적으로 스쳐 지나가는 평범한 인연이 아니라, 필연적으로 정해져 이루어진 인연인 것임에 틀림이 없는 것 같고, 따라서 사모님이신 후조 선생님께서도 말씀하시는 바와 같이 "특별한 인연"인 것으로 여겨진다.

　이제 선생님과의 "특별한 인연"을 정리해 보면 선생님과 나 사이는 나이 차이가 2살밖에 안 되고, 비록 짧은 시간의 강의를 듣고 배운 것에 지나지 않는다고 하더라도 나에게는 선생님은 '스승'과 같고, 상당한 기간 동안을 금강선원에 같이 다니면서 불교 철학, 동, 서양철학, 사상, 과학 등 이런저런 담론을 서로 주고받으며 지낸 일들을 떠 올려 보면 도반(道伴) 같은 특별한 사이에서나 있을 법한 것들이 많았으니,

누가 뭐라고 하더라도 굳이 표현하면 심원 선생님과 나 사이는 '스승'과 제자 사이 같으면서, 같은 불제자(佛弟子)로서 '도반(道伴)'에 가까운 사이로도 봐야 할 것 같다.

이상 두서없이 쓴 글 가운데 결례된 것이 있다면 두루 양해를 구하면서, 끝으로 심원 김형효 선생님을 기리며 극락왕생 하시기를 빈다.

# 만남과 헤어짐의 여정의 길

**이명준**
(철학박사, 전 한국교육과정평가원)


　심원 선생님이 떠나신지 어느 덧 5년이 되었다. 생전에 선생님 댁에서 지난 몇 년 간 매월 심원학회의 공부모임을 통해 가까이서 뵈었다. 선생님이 떠난 지금도 그 모임을 지속하며 매월 한 번씩 모임의 준비를 하고 그의 저술을 통하여 나타난 사상을 톺아보고 생각하고 토론하고 내용을 정리하느라 별리의 감정을 크게 느낀 적은 별로 없었다. 이런 연유로 모임의 회원들은 항상 심원 선생님과 만남을 지속하는 것처럼 느낀다. 개인적으론 모임에서 선정한 공부 주제와 연결된 선생님의 다른 저술 등도 찾아보면서 정신적으로 친숙하게 만나고 상상의 대화와 사고를 하며 지내는 상황에서 심원 선생님을 회상하는 글을 쓴다는 것이 조금은 낯설고 머쓱하다. 나는 심원 선생님의 저술을 살피고 검토하고 성찰하고 궁금한 것은 마음속으로 묻고 답하며 지내는 것에 익숙한데 선생님이 떠난 상황을 현실로 인정하고 인간으로 그리워하며 무언가를 글로 남기려니 생경한 마음이 들기도 한다.

심원학회의 회원들은 심원 선생님의 생전에 그랬던 것처럼 사후에도 매월 모여서 그의 사상과 저술을 논하기에 심원 선생님이 떠났다는 물리적 사실이 현실인 줄 알면서도 정신적으로 끊임없이 저술을 통하여 회원들과 함께 저술과 사상에 대해서 대화를 나누고 있으니 선생님이 떠났지만 은연중에 떠나지 않았다고 생각하는 것이 이상하거나 어색하지 않게 느껴진다. 그렇다고 간서치(看書癡)인 내가 대학에서 사제지간으로 만난 때부터 현재까지 거의 반 백 년의 시간이 지났다. 그럼에도 불구하고 심원 선생님이 남긴 사상과 생각을 제대로 다 이해하고 있는가 하고 자문해 보면 자신 있게 말할 수 없으니 부족한 나의 능력이 못내 아쉬울 뿐이다. 그런 나를 말년의 심원선생님은 생전의 공부 모임 중에 한 번도 엄격한 지적이나 비판 없이 여여(如如)하게 바라보고만 계셨으니 참으로 훌륭한 스승에 못난 제자 관계의 초라한 모습이 아닐 수 없다.

심원선생님과 인연 속에서 들은 에피소드 몇 가지가 생각난다.

하나의 에피소드는 대학시절 수업 시간에 들은 것이다. 심원 선생님의 루벵대학 유학 시절 박사과정 클래스에서 만난 한 수녀 학생에 대한 말씀이었다. 그 여학생이 매일 수녀 복장을 하고 수업에 참여할 때는 전형적인 수녀 상을 보이며 말을 아끼고 긴장되어 보이고 근엄한 모습을 보였다. 그러던 어느 날 박사과정 학생들의 자연스런 사적 모임에서 보니 수녀 학생이 일상복을 입고 활달하게 대화에 참여하며 말과 행동이 너무 상냥하고 명랑했다. 심원 선생님은 그 수녀의 제복 속에 감추어진 또 다른 인간적 모습을 보게 되면서 평범한 인간으로서의 수녀와 수녀 복장을 한 수녀 모습의 차이가 매우 다르고 크다는 것을 체험하게 되었다고 말씀하시며 옷이 사람을 만든다고 하셨다.

이 에피소드는 나에게 인간을 이해하게 위해서는 그의 여러 측면을 이해하는 것이 중요함을 알게 해 주었다. 한 인간에 대한 겉모습이나 특정 지위만 알아서 그를 이해하는 것만으로 그를 전부 이해하는 것은 아니다. 인간을 제대로 이해하기 위해서는 인간을 다양한 상황 속에서 접촉하고 관찰함으로써 가능해 진다는 사실을 깨우쳐 주었다. 옛말에 '옷이 사람을 만든다(vestis virum facit)'는 서양 속담과 '옷이 날개다'라는 한국 속담의 의미를 폭넓게 이해하게 해준 일화이었다. 인간의 겉모습과 내면의 인성을 함께 볼 때 인간을 제대로 이해하게 된다는 교훈은 지금도 인생을 살아가는데 유효한 원칙으로 남아있다. 아직도 이 이야기가 기억에 생생히 남아있다. 한 인간을 이해하는 것은 겉과 속 그리고 개인이 처한 직위나 상황과 역할에 따라 변해야 함을 보면서 철학도 이와 같이 시대의 변화와 시대정신과 진행 방향을 함께 고려하여 성찰하고 새로운 관점으로 종합하고 자기 것으로 체화하는 각자의 역할과 기능의 중요성을 학생들에게 일깨워 주는 일화였다.

또 다른 에피소드는 심원 선생님이 대학 때 책 읽기를 좋아해서 밤낮없이 책을 읽었다. 밤늦게까지 책을 열심히 읽는 그를 보고 어느 날 함께 지내는 하숙생 하나가 '너, 고시공부 하느냐?'고 물었다. 그래서 '아니다. 그냥 책을 보는 게 좋고, 철학을 공부하는 데 그와 관련된 책을 읽고 있다'고 했더니 그 하숙생이 이해할 수 없다는 표정을 지었다고 했다. 이로부터 나는 적어도 심원 선생님이 철학 공부를 고시생만큼 열심히 했거나 그 이상으로 했다는 사실을 알고 놀랐다. 그 만큼 심원선생님은 독서하고 생각하고 성찰하고 연구하는 게 대학생 때나 대학교수 시절이나 은퇴 후에도 변함없이 평생을 학문의 길을 걸어온 한결 같은 분이었다. 선생님은 항상 학자의 자세와 풍모로 한 평생을 살았다고 할 수 있다.

마지막 에피소드는 어느 명절 때(2000년이나 1999년 구정 때)인가 조금 늦은 저녁에 댁으로 찾아뵈었는데 책상 앞에서 책을 읽고 계셨다. 나도 모르게 무슨 책을 읽는지 궁금한 표정을 지었나 보다. 심원 선생님은 그런 나에게 '나는 요사이 하이데거의 『Sein und Zeit』를 독일어 원본으로 읽고 있다'고 하셨다. 나는 순간적으로 그 어려운 책을 익숙하지 않은 독일어 원서로 읽으면 시간도 많이 걸리고 이해하는데 불편하지 않으시냐고 되물었다. 심원선생님은 '읽을 만하고 이해하는데 크게 어려움이 없고 오히려 그간 국내외 다른 학자들이 잘못 이해한 부분을 분명히 알 수 있었다'고 하셨다. 그 말을 듣고 나는 심원선생님이 '대학생 시절 밤낮으로 책을 읽었다'는 얘기가 떠올라서 속으로 놀라면서도 한편으로 이해가 되었고 철학을 향한 지칠 줄 모르는 열정에 나를 비추어 보면서 내심 당황하고 부끄러워하면서도 외경심과 함께 스스로를 반성하는 계기가 되었다.

마지막 에피소드와 관련해서 당시에 읽으셨던 하이데거의 『Sein und Zeit』는 요사이 다시 보기 시작한 심원 선생님의 『하이데거와 마음의 철학: 「존재와 시간(Sein und Zeit)」을 소화하기 위한 해석』(2000)과 『하이데거와 화엄의 사유』(2002)와 『원효의 대승철학』(2006)의 저술로 이어진다.

심원 선생님은 은퇴를 얼마 남기지 않은 상황에서도 학자로서 보이지 않는 인고의 노력과 열정적 마음으로 깊고 넓은 사고를 이어가며 이후 긴 호흡의 사색을 거쳐 잇달아 세 권의 저술로 결실을 맺었고 이를 은퇴 전후해서 출판했다. 당시에 주변 사람들과 나누었던 대화에서

'심원 선생님의 저술은 인문 사회과학의 최고 지성인들(교수 연구원 사회 지도층 등)에게는 소리 소문 없이 퍼져나가는 베스트셀러다'라는 농담을 하던 기억이 난다. 물론 심원 선생님의 다른 많은 저서들도 이미 그 학문적인 질과 수준에서 보인 성과는 학문적 지평에서 최고 수준에 오른 것들이지만 최근에 읽을 것을 중심으로 추모의 마음을 담아 잠시 다시 그려본다.

심원 선생님은 『하이데거와 마음의 철학』(2000)과 『하이데거와 화엄의 사유』(2002)라는 두 권의 책을 은퇴 직전에 출판하였다. 전자는 아마도 심원선생님이 우리나라에서 1924년 근대적 고등교육 기관으로서 대학이 설립된 이래 오랜 시간 동안 하이데거의 『존재와 시간』(1927)에 대한 한국의 철학적 연구와 논의가 일차적으로 원전에 대한 직접적이고 정밀한 이해와 논문을 생성하기보다는 하이데거 철학에 관한 간접적이고 이차적인 저술에 의존하면서 철학적 소화불량을 낳고 오해를 빚었다고 생각하신 게 아닌가 하고 나는 추측한다. 심원 선생님은 이런 상황에 대해서 철학자로서 오랜 동안 마음에 빚처럼 여기던 부담을 덜고, 더 나아가서 동양의 마음의 철학(心學)과 함께 풀어내려는 굳은 학문적 의지가 이들 저서에 담겨있다고 나는 생각한다. 지금 생각해보니 2002년은 은퇴가 불과 3년 밖에 남지 않은 상태였는데도 심원선생님이 동서양을 아우르는 존재적 사유를 논하는 두 권의 묵직한 저서를 내놓은 것은 그의 끝없는 학문에 대한 열정과 진지함을 보여준다. 이 두 권의 저술에서 심원 선생님은 알차고 풍성하고 잘 익은 하이데거의 철학과 화엄의 철학적 사유에 대한 깊은 이해와 사상을 거침없이 보여주는 우수한 저술이라고 생각한다.

개인적으로는 이러한 심원 선생님의 의도를 잘 보여주는 것이 『하이

데거와 마음의 철학: 「존재와 시간(Sein und Zeit)」을 소화하기 위한 해석」이란 제목에 짙게 배어있다고 본다. 이 저술의 제목에서 우리는 "소화하기"란 단어에 관심을 둘 필요가 있다. "소화하기"는 심원 선생님이 의도적으로 한 표현이라고 본다. 앞에서 잠시 언급했듯이 이는 국내에서 하이데거의 『존재와 시간(Sein und Zeit)』 철학에 대한 연구와 저술은 나름대로 꾸준히 나왔지만 하이데거의 철학 특히 실존적 존재론에 대한 이해가 시간이 갈수록 풍부해지기보다는 더 혼란스럽고 어렵게만 느껴지는 지루한 시간이 계속되는 상황이었다. 하이데거의 철학에 대한 소화불량의 시간이 길게 이어지면서 학계의 혼란이 계속되는 상황이었다. 이것은 누구도 하이데거의 철학을 잘 소화해서 논리정연하게 『존재와 시간(Sein und Zeit)』에 담긴 철학적 의미와 내용을 전달하고 독자가 이해할 수 있도록 하는 데 어려움이 많았다. 이런 상황을 학자로서 심원 선생님은 그냥 지나칠 수 없었을 것이다. 심원 선생님은 하이데거의 철학이 널리 읽혀지고 이해될 수 있도록 하고 나아가서 이 연구와 이해를 통하여 우리의 전통적 사고와도 연계하여 하이데거의 철학과 한국의 철학과 사상을 동시에 이해하고 성찰을 할 수 있도록 하는 의도로 저술을 한 것이라 할 수 있다. 이 연구와 저술 과정을 통해서 심원 선생님은 동료 철학자와 후진이 좀 더 하이데거의 철학에 대한 깊은 이해를 할 수 있도록 돕기 위한 것이었다고 여겨진다.

이처럼 『하이데거와 마음의 철학: 「존재와 시간(Sein und Zeit)」을 소화하기 위한 해석」을 통하여 심원 선생님은 우리나라의 하이데거 도입 단계인 20세기 초반부터 지금까지 하이데거 철학을 명징하게 파악하지 못한 채 많은 관련 서적이 출판되니 소화불량이 지속되고 오해는 오해대로 남고 하이데거의 철학은 난해하다는 비판과 비난만 난무하는 것이 심각한 문제라는 것을 분명히 파악하였을 것이다. 심원 선생님은 이 같은 하이데거 철학의 국내 상황에 대한 반성과 더불어 이런 달갑지 않은 당시의 사태를 해결하려는 의도로 철학적으로 낯선 단어인 "소화하기"란 용어를 책 제목에 넣고 그것을 한국의 사상적·학문적 상황에서 이해하기 쉽게 풀어내려 한 것으로 생각해 볼 수 있다.

심원 선생님은 『하이데거와 화엄의 사유』(2002)를 하이데거 철학에 대한 국내 철학계의 소화불량이 지속됨으로서 나타나는 이해의 혼란과 오해, 논리적 설명이나 학문적 이해 부족, 현실적 상황에 대한 이해의 결여 문제를 나름대로 통찰하고 이를 우리의 전통 사상과 연결하여 설명하려는 의도를 이 저술에 담았다.

심원 선생님은 이 지점에서 현실적 소유론(플라톤과 아리스토텔레스로부터 이어지는 형이상학적 혹은 구성적 소유론)의 한계를 극복함과 동시에 그것을 극복하려는 사실적 존재론을 제시한다. 하이데거의 실존적 존재론과 불교의 해체적 존재론의 사유에 근거하여 일체의 모든 진리가 인간의 지능이나 의지로 구성되는 것을 멀리하고 세상을 있는 그대로 읽으려는 사실적 존재론으로 풀어내고자 하였다. 심원 선생님은 언제나처럼 이 저술에서도 종횡으로 동·서양철학을 비교하며 변증법적 관점으로 이끌면서 동서양 사유의 공통점과 상이점을 찾고 존재의 사실을 바로 보고 읽는 것을 방해하는 모든 것을 해체하고 덜어내서 원초적인 눈으로 세상을 다시 보고 통합하여 "이상과 현실의 양가적 묘합"을 시도하였다. 이 저술에서 심원 선생님은 현재의 상황을 중시하는 철학 혹은 사상을 드러내고자 하였다.

이 두 권의 저술에서 멈추지 않고 심원 선생님은 은퇴 다음 해인 2006년에 바로 그 동안 하이데거의 사상과 화엄사상을 비교 연구한 결과를 염두에 두면서 대승 불교철학의 핵심 중의 하나를 이루던 존재의 문제를 다룬 사상가이자 승려이자 거사인 원효의 사상을 연구하여 『원효의 대승철학』을 출판했다. 이로써 심원 선생님은 루뱅대의 유학, 그 후 서양철학과 한국철학 및 동양철학의 연구를 통한 긴 철학의 여정 끝에서 발전적이고 창의적인 관점으로 현실적 소유론과 사실적 존재론의 철학에 이르렀다. 원효의 대승철학이 빚어내는 존재에 대한 철학적 사유가 심원 선생님의 존재론적 사유의 연구를 자극하며 원효의 대승철학을 해석하고 마무리 하여 『원효의 대승철학』을 낳았고 그 속에는 심원 선생님이 존재에 대한 동서양 철학과 한국철학에 대한 깊은 이해를 바탕에 깔고 있다고 보여진다.

마르크스처럼 세상을 바꾸려는 자들은 외부 세계를 진정으로 바꾸는 현실적 소유론의 혁명에 탐닉하여 겉보기에 번드르르한 빛 좋은 개살구 같은 모습의 임시방편적 현실 개조론에 집착한다. 하지만 통섭의 시대인 21세기에는 하이데거가 강조했던 실존적 존재론을 바탕으로 하여 한걸음 더 나아가서 세상을 바꾸는 마음의 혁명이 필요하다. 이는 존재의 관점에서 유무의 관계를 풀어내는 원효의 불교적 사유와 존재자와 존재를 중심으로 풀어내는 하이데거 존재론의 만남을 하나로 통섭하는 관점이다. 이는 시대를 초월한 동서양 존재론을 해석하고 융합하는 것으로 자세히 들여다보면 양자(兩者)의 철학과 그 해석이 겉보기에 달라 보이지만 '사실적 존재론'의 관점에서 보면 크게 다르지 않음을 여실하게 보여준다.

"존재가 존재자와 분리되어 존재하는 것은 아니지만, 존재자는 존재하는 개체의 명사를 지칭하고, 존재는 그런 명사적 실체가 아니다. 존재는 우주적인 모든 명사의 존재방식을 지칭한다고 읽어야 한다… 그러므로 空사상도 生住異滅의 현상을 뜻하는 본체나 본질을 말하므로, 존재론적 사유와 절대무(絶對無)의 공(空)사상이 전혀 별개의 다른 의미라고 여겨서는 안 된다."(『원효의 대승철학』)며 심원 선생님은 존재와 존재자의 구분을 보여주면서도 존재자가 존재임을 확연히 보여준다. 우리가 추진해 나가야 할 방향은 절대무의 허무를 좇는 竹林七賢 식의 허망하고 빗나간 否定의 無爲 철학이 아니라 현실적 소유론에 근거해서 더 나은 곳으로 나아가기 위한 肯定的 積極的 무위와 여정의 형이상학을 추구하여야 한다. 그것이 진정한 부처와 노자가 암시하고 있는 사실적 존재론이라 할 수 있다.

전통적인 所有的 형이상학을 결함 있는 형이상학으로 보고 그를 넘어서 實存的 存在論的 형이상학에 도달한 것이 하이데거의 철학이라면 심원 선생님의 철학은 구체철학으로서 현실적 소유론과 형이상학으로서 실존적 존재론을 아우르면서 그를 바탕으로 하여 사실적 존재론으로 나아간다. 이것이 존재자가 존재자로서의 존재 한계를 인식하며 동시에 존재의 '무한'을 이해하고 여정의 형이상학을 펼쳐가는 '당연'이고 피할 수 없이 가야하는 길이다. 심원 선생님의 철학은 이처럼 전통적 서양철학의 한계를 넘어 하이데거의 새로운 철학을 창조적으로 한국적 철학으로 융합하는 새로운 지평을 여는 해체철학이자 열린 철학이다.

이상의 내용은 『존재와 시간(Sein und Zeit)을 소화하기 위한 해석』(2000)과 『하이데거와 화엄의 사유』(2002)와 『원효의 대승철학』 등 세 권의 저술을 최근에 들춰보며 든 나의 짧은 이해이다. 이처럼 심원 선생님의 저술을 통하여 심원 선생님과 많은 사색과 대화를 나누는 것이 가능하니 시공간 속의 만남이 가능하지 않은 현실이 대화에 큰 장애가 되지 않는다고 말하는 것이 의미 있다고 나는 생각한다.

대학에서 뒤늦은 공부를 하던 나는 철학 석사과정을 마치고 유학 후 돌아와 친구와 함께 심원선생님을 다시 찾아뵈었다. 때론 정신문화연구원(현 한국학중앙연구원)에서, 때론 명절에 심원 선생님 댁을 방문하며 만남을 이어갔다. 당시에는 간헐적인 만남이었지만 그러던 중에 우연한 기회에 사모님인 후조 선생님의 권유로 심원학회에 참여하게 되었고, 매월 한 번씩 만나는 이 모임에 꾸준히 참석했다. 심원학회에 참여하면서 나는 모임의 회원들과 함께 공부를 하며 심원 선생님의 말년을 여러 회원들과 함께 지켜볼 수 있었다.

말년의 심원 선생님은 신체적으로 조금 불편하시기는 했지만 건강이 아주 나쁘지는 않으셨고 정신적으로 모든 것을 달관한 듯 보였고 세속을 초탈한 여유를 즐기시는 매우 평온한 모습이었다. 당시 모임의 분위기로 추정해보면 회원들은 심원 선생님이 몸이 좀 불편하긴 하지만 긴 시간 함께 하실 것으로 무언중에 인식하고 있었다. 그래서 회원들은 심원 선생님과 함께 모임을 가지면서도 변변한 사진 한 장이라도 남겨야 한다는 생각조차 하지 못할 정도였다. 이런 상황에서 심원 선생님의 갑작스런 별세 소식에 심원학회의 모든 회원들은 망연자실 했다. 왜냐하면 모임의 회원들은 심원 선생님이 약간의 인지 저하증은 있었지만 크게 건강을 걱정할 정도는 아니라고 알고 있었고 사모님조차도 전혀 예상치 못하고 놀라실 정도로 갑작스런 별세였기 때문이었다.

심원 선생님을 추모하며 위에서 짧게나마 옛 기억과 저술을 통해 회상해보니 사제로서 만남이 속세의 시간으로 보면 거의 반세기에 가깝다. 그 세월이 한 사람에게는 짧지만은 않은 시간이었다는 사실에 나는 새삼 놀랐다. 인간은 누구나 살면서 많은 사람을 만난다. 누구에게나 만남은 소중한 것이다. 다양한 만남은 때론 학연이나 인연이나 지연으로 이루어지지만 그 밖의 인연으로 맺어질 수도 있다. 만남의 시작은 우연일 수 있지만 그것이 지속되다 보면 그 만남은 우연 이상의 의미를 갖는다. 우리는 세상을 살면서 많은 사람과 만난다. 그 만남 속에서 우연 이상으로 다가오는 누군가가 있다면 그와의 만남은 누구에게나 소중한 것이다. 인간에게는 자신의 영육을 다하는 사랑의 짝이 있고 마음을 터놓는 마음의 친구가 있고, 정신을 이끄는 영적 만남이 있다. 심원 선생님과 만남은 나에게는 영적 만남이고 귀중한 만남이었다.

會者定離 去者必返이다. 만난 사람은 헤어지고, 헤어지면 또 다시 돌아와 만나게 된다. 심원선생님이 떠나신지 벌써 수년이 흘렀지만 나에게 이 떠남은 물리적이었을 뿐이고, 정신적 별리는 아니라고 생각한다. 어쩌면 심원 선생님과 함께 하는 사상적 머무름의 대화 시간은 갈수록 더 깊게 더 가깝게 더 무겁게 나에게 다가올 것이다. 이 점에서 생각의 발자취와 사유를 통한 심원 선생님과의 만남은 갈수록 희미해지기는커녕 더욱 선명해지고 친밀해지고 강렬해 질 것이다. 시간이 가고 세월이 흘러도 보이지 않는 곳에서 선생님이 여전히 후학을 이끌 것이라는 생각에 이르면 감사하면서도 아직도 나는 갈 길이 멀고 많이 부족한 후생이라는 생각이 든다. 아마도 먼 하늘나라에서 언제나 내려다보고 계실 심원 선생님은 떠나도 떠난 것이 아니라는 생각이 든다. 심원 선생님과 인연은 잊을 수도 잊혀 질 수도 없는 추억이자 현실이다. 이 상황은 지금뿐만 아니라 앞으로도 이렇게 꾸준히 이어질 것이다. 최근에 심원 선생님의 여러 저술을 접하면서 다시 또 심원 선생님의 사유의 세계를 톺아본다. 어쩌면 나에게 심원 선생님은 "님은 갔지마는 나는 님을 보내지 아니 하였습니다"라고 「님의 침묵」에서 한용운이 노래한 것처럼 그렇게 내 마음에 언제나 생생하게 남아 있을 것이다.

# 철학함을 깨우쳐 주신 선승(禪僧)

**박정진**

(문화인류학박사·THINK TANK 2022 정책연구원 소장)

철학이라는 학문은 무엇을 하는 학문인가. 또 철학함은 무엇을 의미하는가. 철학은 앎을 위한 것일까? 삶을 위한 것일까? 죽음을 위한 것일까? 철학은 삶과 함께 죽음과 대결하는 학문인지도 모른다. 또한 철학은 죽음을 자연스럽게 받아들이도록, 두려워하지 말 것을 종용하는 학문인지도 모른다.

기존의 동서철학의 광범위한 지식을 잘 요약·정리하고 강의를 잘하면 훌륭한 철학자가 되는 것인가. 과연 우리나라에서 철학함을 실천한 철학자는 있었던 것일까. 요컨대 우리나라가 자랑하는 퇴계(退溪) 이황(李滉)의 철학이 과연 글로벌시대에도 퇴계철학으로 통용될까. 모르긴 몰라도 중국에서는 주자(朱子)철학이라고 말할 것이다. 그들이 퇴계를 칭송하는 것은 은근히 주자를 자랑하는 것일 수 있기 때문일 것이다.

우리는 철학에 대해 다층적인 질문을 할 수 있다. 내가 대학교에 진학해서 경험한 철학이라는 과목은 동서양철학의 내용을 지식으로 익히는 것에 불과하였다. 서양의 플라톤, 아리스토텔레스, 데카르트, 스피노자, 칸트, 헤겔, 쇼펜하우어, 니체, 마르크스…. 그리고 동양의 공자, 노자, 맹자, 장자, 제자백가….

앞에서 열거한 인물은 철학의 전범을 보여준 철학자들이다. 그러나 그들의 철학을 고스란히 외우고 번역하는 것이 오늘날 철학함은 아니다. 이들의 철학을 잘 아는 것이 철학함이 아니라는 사실을 아는 데는 참으로 오랜 시간이 걸렸다. 그런 점에서 근대한국의 철학자들은 철학함을 실천한 철학자는 아니었다. 자신의 독창적인 개념으로 혹은 우리말인 한글로 사유하는 습관을 가진 학자를 만나기는 어려웠다.

나는 심원(心遠) 김형효(金炯孝) 선생님을 만나기 전에 철학자의 진면목을 알지 못했다. 선생님을 만나고 대화를 나누면서, 철학을 대하는 태도를 훔쳐보면서 마치 벼락을 맞는 것 같은 정신적 충격에 휩싸였다. 철학함을 보았던 것이다. 그동안 머릿속에 집어넣었던 지식들을 재빨리 재점검하고, 또 그것을 나의 사유로 순간적으로 넘어서면서, 나름대로 내 철학체계를 구축하는 데 열중할 수 있었다.

모처럼 질문다운 질문, 질문이 답이 되고, 답이 질문이 되는 촌철살인 할 것 같은 대화를 주고받으면서 사유의 단비를 맞는 것 같았다. 선생님은 요점을 간략하게 말해주면서도 모자람을 보충이라도 하듯 반문을 해줄 때가 많았다. 아마 그 중에는 제대로 개념을 알고 있는지를 테스트하는 경우도 있었을 것이다. 구두시험 말이다. 이러한 주고받음은 생각하는 힘을 북돋워주었다.

물론 지식적 측면에서는 선생님을 만나기 전에도 철학공부와 사유훈련을 스스로 해오지 않는 것은 아니었다. 1969년 한양대학교 의과대학에 입학한 후 의예과를 거치는 동안 대학도서관에서 문학과 철학, 그리고 동서양의 고전들을 게걸스럽게 정복해갔던 시절도 있었다. 이때 읽은 책은 헤아릴 수도 없다.

헤르만 헤세의 『데미안』, 『차륜 밑에서』, 사르트르의 『말』과 『구토』, 까뮈의 『이방인』, 『시지프스의 신화』, 스털링 P. 램프레히트의 『서양철학사』, 버트런드 러셀의 『서양철학사』 등도 즐겨 읽는 책이었다. 경향신문 학술기자로 있던 나에게 강성위(외국어대)교수는 자신이 번역한 요한네스 힐쉬베르거의 『서양철학사』(상하)를, 임석진(명지대)교수는 자신의 학위논문인 「헤겔의 노동의 개념」을 가지고 와서 선물하였다. 그들은 나에게 철학을 해볼 것을 종용했으며, 철학이야기가 통하는 언론인인 나를 즐겨 찾아왔다. 나는 그때를 계기로 철학에 대한 관심을 배가시켰다.

본격적인 철학적 사유에 접어든 것은 영남대 대학원 문화인류학과 박사과정에 적을 두고부터다. 비교문화, 혹은 비교문학적 관점이라는 것이 철학의 길로 유혹을 했던 셈이다. 또한 자생인류학의 길을 개척하려면 필수적으로 갖추어야 하는 것이 철학적 훈련이었다. 철학적 사유는 모든 학문의 기초로서 필요한 것이었고, 인류학에서도 예외는 아니었다.

86아시안게임이 벌어질 무렵, 한국의 인문학에 대한 새로운 바람, 말하자면 '신(新)실학운동으로서의 인문학'을 주창하는 일군의 소장학자들이 있었다. 철학도 문화적 성숙과 함께 어떤 현실적 필요와 계기를 만나야 구체적인 이정표를 세우게 되는 모양이었다.

나는 당시 영남대학교 대학원에서 인류학박사과정을 마친 신분으로 여기에 참가했다. 학자들은 당시 한국문화예술진흥원이 발행하는 『문화와 예술』이라는 잡지(1986-1988)에 기고를 통해 자신의 학문적 역량을 집결하였다. 나의 예술인류학 정초작업은 이런 계기를 통해 윤곽을 잡아갔다.

당시 나 자신도 모르게 한국문화를 토대로, 혹은 한글개념을 토대로 철학체계를 구성하고 있는 자신을 발견하곤 깜짝 놀라기도 하였다. 요컨대 '멋'이라는 개념을 가지고 한국문화를 철학적으로 정리하기 시작했다. 입술소리인 'ㅁ'으로 시작되는 〈멋(의), 맛(식), 마당(주), 한마당(굿판=문화총체), 말(언어)〉을 가지고 한국문화의 의식주의 원형과 문화총체, 그리고 일상생활의 '말'까지를 포함하는 문화적 원형을 창출하기도 했다. '손'(솜씨, 쓰다, 그리다)이라는 말로 문화적 행위의 원형을 설명하기도 했다.

이같은 작업은 공부를 많이 했기 때문에 할 수 있는 일이 아니라 타고난 재능 혹은 본능과 결부되는 것이었다. 그 결과를 단행본으로 처음 묶은 것이 바로 『한국문화와 예술인류학』(미래문화사, 1990)이라는 책이다.

한국문화와 예술인류학의 뒤표지에는 이런 경구가 새겨져 있다.

"지금까지는 인간이 신(神)이 되고자 했으나, 이제는 신이 인간이 되고자 하는 시대에 들어왔다. 심정문화, 그것은 인간이 신이 되고자 하는 신(神)의 복음(福音)이다./지금까지 한국문화는 지극히 극단적으로 억눌린 감정(정사)의 하나인 한(恨)과, 정반대로 지극히 솟아오르는 감정의 하나인 신(神, 神明)으로 해석하는 경우가 많았다. 그러나 이제 그 중간의 멋(맛)으로 우리 문화를 해석할 때가 되었다./멋은 예술적으로 문화를 고양시키며, 이를 해석하는 순수우리말이다. 멋의, 멋에 의한, 멋을 위한 그러한 멋의 한국문화를 창달하고 해석하는 첫 탐험이 여기 이 책으로부터 시작되기를……."

　지금 돌이켜 보아도 이 책은 참으로 독창적인 내용으로 가득 차 있어
서 보수적인 학계에서는 받아들이기 어려운 책이었을 것으로 짐작된
다. 논리전개상 더러 거칠게 전개한 부분이 없는 것도 아니지만 '순 우
리말(한글)'로 우리문화체계를 정리한 거의 최초의 저술이었기 때문이
다. '한(마당)사상과 예술인류학'으로 대미를 장식하고 있었다.

　심지어 이 책에서 나는 한국문화예술에 대한 폭넓은 사유와 함께,
지금 생각하면 마치 하이데거의 '존재와 존재자'를 구분하는 것과도 같
은, 한국적 존재론을 제안하기도 했다.

　내가 주장한 이론은 바로 '역동적(力動的, 易動的, 逆動的) 장(場)의 개
폐(開閉)이론(DSCO: Dynamic Space-Time, Close and Open)'이라는 것이
었다. DSCO이론은 일종의 큰 이론(Grand Theory)에 해당되는 것이었
다. 여기서 장(場)이라는 것을 의식의 차원에서 말하면, 의식의 열린
상태(O)가 '존재'라면 의식의 닫힌 상태(C)가 '존재자'가 되는 셈이다.
장(場)은 전자기장(電磁氣場)의 의미와도 통한다는 점에서 현대물리학
으로도 확장될 수 있는 거대담론이었다.

　인간이든, 사물이든 모두 고정불변의 실체를 가진 존재가 아니라 열
린-닫힌 상태의 이중적 몸짓, 경계의 운동에 불과하다는 주장이었다.
인간은 근본적으로 어떤 체계를 구성하고 그 안에 머물거나 아니면 그
체계를 벗어나서 새로운 생각을 할 수 있는 힘을 동시에 가진 동물임을
주장하는 저의가 담겨있었다.

　'한국문화와 예술인류학'은 세계를 실체로 볼 것이냐, 비실체로 볼
것이냐의 문제뿐만 아니라 종교, 철학, 예술, 과학, 시 등 문화전반을

다루면서 토착적 담론을 전개했던 것 같다. 그 후에도 나는 직업적으로, 혹은 습관적으로 수많은 저술을 하면서 지냈다. 지금까지 시집을 포함하여 인문학 저술이 백여 권을 넘는 것을 보면 해마다 3, 4권의 책을 세상에 내보냈다.

내가 김형효 선생님을 만난 것은 2011년 봄(5월) 무렵이었다. 서울 종로구 인사동 인사문화포럼(갤러리 THE FOUR)에서였다. 당시 심원선생님은 불편한 몸을 이끌고 문화포럼에서 나와서 『사유하는 도덕경』을 강의하고 있었는데 도덕경을 강의하면서도 항상 동서비교철학적 안목을 보여주셨고, 철학의 대중화에도 힘을 쏟고 있었다.

신문기자로서 한국정신문화연구원(정문연) 출입기자로서 당시 정문연의 부원장으로 계시던 선생님을 만난 적은 몇 번 있었지만, 철학공부를 하는 사람으로서, 혹은 인류학자로서 선생님을 만난 것은 '인사문화포럼'이 처음이었다.

『사유하는 도덕경』 강의는 도덕경의 내용과 서양의 해체철학을 비교하면서 진행되는 강의였다. 동서철학의 유의미한 철학소(哲學素)를 찾아 집중적으로 설명하고, 조명하고, 비판하는 가운데 참가자들의 질문과 대답이 활기차게 오고가는 대화의 장이었다.

선생님은 원로철학자로서의 권위는 전혀 내보이지 않았고, 편하게 대화하고 질문할 수 있는 동네할아버지 같은 분위기로 좌중을 압도하는 힘을 보여주셨다. 그러한 자유로운 토론분위기가 그동안 내 속에 쌓여서 잠자고 있던 철학적 힘을, 간헐적으로 여러 저작 속에 분출되었지만, 철학적 체계를 갖추고 드러날 것을 자극했다.

나는 당시 송파구 석촌호수 주변에 살았는데 선생님은 송파구 올림픽 선수촌아파트에 살고 있었던 관계로 집으로 돌아오는 지하철 안에서도 토론을 연장할 수 있었다.

심원선생님은 동서철학의 내용을 나름대로 소화하고 정리하고 평가한 20, 30권의 굵직한 철학서들을 가지고 있다. 나는 선생님의 책을 읽으면서 미진했던 철학적 사유들을 다시 가다듬을 수 있었고, 스스로 사유하는 힘을 길렀던 것 같다. 무엇보다도 선생님과의 대화는 나의 철학적 소양에 대해 자신감을 갖게 해주었다. 내가 즐겨 읽은 선생님의 책은 소개하면 다음과 같다.

『평화를 위한 철학』(물결, 1976), 『한국사상 산고』(일지사, 1979), 『한국정신사의 현재적 인식』(고려원, 1985), 『동서철학에 대한 주체적 기록』(고려원, 1985), 『구조주의의 사유체계와 사상』(인간사랑, 1989), 『가브리엘 마르셀의 구체철학과 여정의 형이상학』(인간사랑, 1990), 『베르그송의 철학』(민음사, 1991), 『데리다의 해체철학』(민음사, 1993), 『메를로-퐁티와 애매성의 철학』(철학과 현실, 1996), 『현실에의 철학적 접근』(물결, 1997), 『하이데거와 마음의 철학』(청계, 2001), 『하이데거와 화엄의 사유』(청계, 2002), 『물학, 심학, 실학』(청계, 2003), 『사유하는 도덕경』(소나무, 2004), 『철학적 사유의 진리에 대하여 1, 2』(청계, 2004), 『원효의 대승철학』(소나무, 2006), 『철학 나그네』(소나무, 2010), 『마음 나그네』(소나무, 2010), 『사유 나그네』(소나무, 2010), 『마음혁명』(살림, 2010) 등이었다. 그리고 번역서로 『방법서설(김형효 번역)』(사단법인 올재, 2014)이 있다.

나는 선생님의 책들을 삼독사독하면서 스스로 일취월장하는 자부심을 가질 수 있었다. 약 1년간의 만남과 소통의 결과로 2012년 1월에, 나는 『철학의 선물, 선물의 철학』, 『소리의 철학, 포노로지』(소나무, 2012)라는 철학서 2권을 세상에 내놓을 수 있었다.

이 책의 출판기념회가 인사동 인사문화포럼(2012년 2월 23일, 갤러리 더포)에서 열렸다. 이때 선생님과 사모님은 출판기념회가 끝나는 이슥한 저녁 무렵까지 함께 머물면서 축하해주셨다. 선생님은 축사를 통해 격려를 아끼지 않으셨다.

"내가 지금까지 만난 사람 중에서 나보다 똑똑하다고 생각한 사람으로 초대 문화부장관을 지낸 이어령 교수를 들 수 있었는데 이제 그 다음으로 박정진 선생을 만나게 되었다."고 선생님은 과찬을 해주셨다.

나는 이 책머리에 '나는 이 책을 자생철학의 시원을 이룬 김형효 선생님에게 바친다'고 증정을 표했다. 선생님의 은혜에 보답하고 싶은 심정에서였다. 나의 첫 철학책은 시장에서 큰 반응을 얻지는 못했다.

2014년 봄, 2월 어느 날이었다. 선생님께서 갑자기 전화를 주셨다. 선생님께서는 당시 건강이 점점 나빠지고 있었다. 사모님이 전화를 해서 선생님을 바꾸어주셨는데 내용인즉 카톨릭 생명윤리연구소가 주최하는 학술대회(제 10회 정기학술대회)에 제출키로 약속한 논문을 쓰지 못해서 난처한 입장이라는 것이었다. 그래서 내가 논문을 대신 쓰고, 발표에 나갈 수 없느냐는 제안이었다. 나는 순간 무슨 말을 잘못 들었는 것은 아닌가, 귀를 의심했다. 사모님이 좀 더 자세하게 설명해주시면서 내가 써주었으면 좋겠다는 조언이었다. 나는 황송해서 "제가 어떻게 선생님이 발표할 자리에 감히 나가느냐."고 일단 사양했다. 그런데도 다시 부탁하셔서 부담스럽지만 결국 원고를 쓰기로 했다.

주제는 '과학문명시대의 통제와 지배의 대상으로서의 몸'이었다. 이 주제는 과학시대의 시대정신은 물론이고, 이에 적응하는 인간의 몸에 대한 여러 차원의 이론전개가 필요한 것이었다. 과학기술에 대한 이해와 철학적 존재론에 대한, 나름대로 정리된 체계가 없으면 주제에 부응할 수가 없는 것이었다.

그날부터 메를로-뽕띠의 신체현상학과 가브리엘 마르셀의 구체철학과 여정의 형이상학을 펼쳐놓고 정독하는 한편 의과대학에 다닐 때의 의학과 생물학 지식을 동원하는 복잡한 과정을 거쳐 보름정도 걸려 원고를 마칠 수 있었다. 원고를 선생님에게 보여드렸는데, 며칠 지나서 선생님께서 전화를 주셨다. 원고내용이 좋다고 하면서 바로 주최측에 제출하도록 주선하셨다.

나는 가톨릭 생명윤리연구소 주최 제 10회 정기학술대회(2014년 3월 15일, 오후 2시~6시, 카톨릭 대학교 성의교정 성의회관 5층 504호, 주제: 몸의 생명현상과 사회·윤리적 성찰)에 논문을 발표했다. 돌이켜 생각하면 선생님은 너무나 과분한 인정을 해준 셈이었다. 아마도 여기에는 후학들을 격려해주는 선생님의 마음이 숨어있었을 것이다. 선종(禪宗)에서는 이러한 경우를 인가(認可), 혹은 전법(傳法) 혹은 의발전수(衣鉢傳受)라고 한다.

2014년 5월에 나는 『철학의 선물, 선물의 철학』과 『소리철학 포노로지』를 좀 더 선명하고, 요령 있게 정리한 『일반성의 철학과 포노로지』를 소나무출판사에서 냈다. 그 뒤를 이어 『니체, 동양에서 완성되다』(소나무, 2015), 『위대한 어머니는 이렇게 말했다』(살림, 2017), 『네오샤머니즘』(살림, 2018)을 선생님이 살아계실 때 연이어 펴냈다.

심원선생님의 제안과 선생님의 애제자인 최진덕 교수(한국학중앙연구원)의 주선으로 "일반성의 철학, 소리의 철학 공개토론회"(한국학중앙연구원 연구동 3층 소회의실, 2014년 9월 25일 오후 2시~4시)를 가지는 행운을 철학인류학자의 자격으로 가질 수 있었다. 이날 김형효 선생님과 사모님은 줄곧 경청해주셨다. 이날 연구원 철학전공 교수들과 학생들이 다

수 참가하였다.

내가 세계일보 초대평화연구소장으로 재직할 때인 2016년 9월, 『평화는 동방으로부터』, 『평화의 여정으로 본 한국문화』(행복한 에너지, 2016)를 출간하고 신문사에서 출판기념회를 해 주었는데 그 때에도 선생님은 노구를 이끌고 참석하셔서 과분한 축사를 또 해주셨다. 물론 이 책들에도 추천사를 쓰셨지만, 축사까지 해주셨으니 몸 둘 바를 모를 일이었다. 돌이켜 생각하면 꿈만 같다.

선생님은 추천사를 써주실 때, 처음 몇 권에는 황송하게도 '벗 심원(心遠)으로부터'라고 사인을 하셨다. 나이가 10살 정도 차이여서 그랬을까, 추측하기도 했다. 그러나 나중에는 '심원 김형효'라고 사인해주셨다. 선생님은 항상 '박 선생'이라고 불러주셨고, 존대를 하셨다. 선생님은 항상 누구에게도 겸손하셨다.

선생님께서 추천사를 써주신 책으로는 앞에서 언급한 『일반성의 철학과 포노로지』, 『평화는 동방으로부터』『평화의 여정으로 본 한국문화』에 이어 『위대한 어머니는 이렇게 말했다』(살림, 2017), 『네오샤머니즘』(살림, 2018)이 있다. 네오샤머니즘에 써주신 것이 마지막 추천사였다. 2018년 2월 16일 설날아침에 쓰신 것이었다. 그 후 8일 뒤인 2018년 2월 24일에 갑자기 돌아가셨다. 아무리 회자정리(會者定離)라는 말이 있긴 하지만 도대체 믿을 수가 없었다. 한국철학계를 위해서도 안타까운 일이었다.

내가 쓴 여러 책에 선생님과 함께 추천사를 자주 써 주신 공종원 선생(전 조선일보논설위원)은 김형효 선생님과 서울대 철학과 16기 동기동창으로, 선생님에 대한 평가를 이렇게 한다.

"김형효 선생만큼 방대한 저술을 한 서울대 동기가 없어. 학자는 책으로만 말할 수 있는 거야. 세월이 갈수록 남을 수밖에 없어. 제 10회 열암학술상, 제 7회 율곡학술상, 제 19회 서우철학상, 그리고 제 1회 원효학술상을 받았으니까."

공종원선생은 이어 뒷말을 붙였다. "나도 열암 박종홍 선생님을 지도교수로 석사학위를 받은 제자로서 집안사정으로 동양방송에 취직하는 바람에 학업을 포기하고 언론인으로 활동했지만, 김형효선생과 내가 함께 박정진 박사의 신간에 여러 번 추천사를 써준 것은 인연으로 말해도 보통 인연이 아니지."

돌이켜 생각하면 나는 학교제자가 아닌데도 김형효 선생님으로부터 너무도 과분한 사랑을 받았다. 이 사랑은 대학이라는 제도권에서 스승과 제자 사이에 학점과 학위를 주고받는 것과는 다른, 전통적으로 말하면 '사숙(私淑)'에 가까운 것이었다. 선생님의 말년은 참으로 고독한 나날이었다. 아마도 선생님의 치매증세도 실은 고독의 산물이었지 모른다. 철학적 대화가 되는 상대를 만나기 어려웠고, 선생님은 '유신(維新)철학자'라고까지 주류철학계로부터 매도되는 상황이었다.

선생님은 고독한 섬과 같았다. 나는 만년에 선생님의 고독을 깨운 낯선 이방인 같은 존재인지 모른다. 그렇지만 선생님과 나는 수많은 이야기, 신변잡기에서 고담준론까지, 동서양철학의 핵심부분까지, 그리고 미래의 인류문명에 대한 걱정까지를 자유분방하고 허심탄회하게 나누었던 것 같다. 2013년 9월 27일부터 선생님이 돌아가시지 직전까지 4년 반 동안 진행된 대담내용은 앞으로 선생님을 증거하기에 좋은 자료가 될 것이라 짐작된다.

선생님은 항상 '이타적'이셨다. '부처님'과 같았다. 선생님은 간혹 철학이 무용하다고까지 말하곤 했다. 말하자면 철학에 관한한 '무용(無用)의 용(用)'의 경지에 있었다. 이것은 불교의 '무(無)의 유(有)'의 경지와 같다. 선생님은 항상 '불일이불이(不一而不二)'의 입장을 견지하셨다.

돌이켜 생각하면 선생님은 철학한다는 것이 어떤 것인지를 가르쳐 준 분이셨다. 어쩌면 선생님은 나에게 철학 자체였다. 이제 나에게 남은 선생님에 대한 도리랄까, 책무랄까, 빚을 갚는 길은 선생님과 4년 반 동안 진행한 대담을 정리하는 작업이다.

나는 선생님이 돌아가신 뒤 최근에 『신체적 존재론』(살림, 2020)과 『서양철학의 종언과 한글철학의 탄생』(yeondoo, 2022)을 펴냈다. 『한국문화와 예술인류학』에서 제시한 〈멋(의)-맛(식)-마당(주)-한마당(문화 총체)-말(언어)〉이 한국문화의 특성을 한글로 체계화한 것이라면 『서양철학의 종언과 한글철학의 탄생』에서 제시한 체계인 〈알(알다)-나(나다)-스스로(살다)-하나(되다)〉는 한국인의 사유체계를 한글로 체계화한 것이라 말할 수 있을 것이다. '문화에서 철학'으로 나아간 나의 사유의 궤적을 알 수 있다. 이것이 이른바 철학인류학적 작품이다.

나의 저서에는 반드시 선생님의 각주가 많이 붙어있기에 새로운 글을 쓸 때마다 선생님을 필연적으로 만날 수밖에 없다.

나는 그때마다 깨닫게 된다.

"논문이나 저서가 없는 학자는 학자가 아니다."

제자가 선생님을 떠올릴 기회가 없기 때문이다.

오늘도 서가에 꽂힌 선생님의 굵직한 저서들을 보면 마음이 부자가 되는 것은 무슨 까닭일까. 진정한 철학은 권력이 아니다.

# 심원철학과 심물합일론

## 심원선생을 추모하며

**손병철**

(라석, 철학박사)

심원 김형효(心遠 金炯孝) 선생은 고금의 동서철학과 한국철학을 두루 섭렵하고 불후의 저서들을 남긴 한국철학자 가운데 걸출한 존재이다. 한국현대철학의 제1세대인 열암 박종홍 선생의 제자로서 청출어람을 이룬 제2세대의 대표적인 철학자라 할 것이다. 이 땅에서 심원선생만큼 여러 개 언어를 구사한 분을 찾기 쉽지 않고(한문을 포함해 5개국 언어에 정통), 종횡무진으로 동서고금의 철학의 밭을 갈아 제친 분도 없을 것이기 때문이다. 그러기에 심원철학의 옥토를 잘 가꾸어 풍성한 결실을 맺어야할 몫은 후학들인 우리에게 남아있다.

필자는 철학도로서 80년대 말부터 선생의 저서를 읽었지만, 90년대에 유학을 마치고 돌아와서야 선생의 존안을 뵐 수 있었다. 그런데 유학 가 있는 동안 내신 저서들을 돌아와 찾아 읽어내기가 쉽지 않았다.

2000년대에 들어와서는 더욱 그랬다. 다 읽기도 전에 두터운 새 책들이 쏟아져 나왔기 때문이다. 더더구나 필자는 동양철학 전공자로서 서양철학에 어두운 편이라 쫓아가기가 힘들기도 하였다. 선생의 문장은 물 흐르듯 막힘이 없어 문학책을 읽듯 단숨에 읽히기는 하였으나, 관심 분야가 넓고 깊어 핵심을 파악하기가 결코 쉽지를 않았다. 선생은 동양철학과 한국철학의 핵심 분야인 유불도(儒佛道) 삼가(三家)를 서양철학과 비교 연구하여 집대성하였던 것이다. 그렇지만 책마다 주석과 색인이 잘 되어 있어서 후학들이 많은 도움을 받고 있다.

만년에는 병고에 시달리셔서 선생과 즐거운 청담 자리를 마음껏 가질 수 없었다. 여간 아쉬운 일이 아니다. 하지만 선생의 장서와 유품의 일부를 소장할 수 있게 되어 안타까움을 달래고 있다. 전생에 어떤 업을 쌓았는지 모르지만 이런 귀한 인연을 얻게 되니 감사할 따름이다. 필자가 은거하고 있는 불한티산방에는 따로 마련한 심원서재가 있는데, 서가에는 선생의 때 묻은 책들이 빼곡히 꽂혀 있다. 서책의 면지에는 선생의 장서인이 모두 찍혀 있다. 서가의 책들을 바라보거나 펼쳐 볼 때마다 무언의 가르침이 엄습해오기도 한다. 철학자로서의 성실한 자세와 엄격한 학문의 길에 대한 전범이 보이기 때문이다. 산방에는 심원서재만 있는 것이 아니다. 주변의 불한계곡에는 필자가 명명한 불한12곡 중 심원폭포도 있다. 필자는 선생의 입실제자가 아니고 심원철학회의 말석에 자리한 사숙제자일 뿐이다. 그렇지만 생전의 선생을 회고할 때면 깊디깊은 말씀과 함께 천진난만한 수행자의 표정이 떠오르곤 한다.

심원선생을 추모하는 뜻에서 선생과 공유했던 철학적 관심사항을 키워드로 짚어내어 소개해 본다. 30권에 이르는 방대한 저서를 바탕으로 선생의 철학생애를 살펴본다면 몇 단계의 시기로 구분할 수 있겠지만, 크게 보면 2000년을 기점으로 전후에 큰 변화가 일어난 것을 알 수 있다. 새로운 밀레니엄은 선생에게 있어서 '철학'에서 '사유'로 넘어가는 전환점이었다. 만년에 중관학과 유식학 그리고 화엄학 등 불교철학에 심취하게 되면서 일어난 변화로 보인다. 2003년 이후 10년 동안 저술에 거의 빠짐없이 등장하는 중요한 철학용어가 하나 있다. 그것은 '심물합일(心物合一)'이란 새로운 철학어휘이다. 그것은 유심론도 유물론도 아닌 '심물론'을 대표하는 철학적 키워드이다.

필자가 심물합일이란 용어에 관심을 가지게 된 것은 학창시절에 스승에게 배운 심물문리철(心物文理哲)과 심물론리철(心物論理哲)로 구성되는 '심물론(心物論)' 철학과 관련이 있다. 필자는 승조(僧肇, 384~414)의 조론(肇論)을 심물론적으로 해석하여 박사학위 논문('肇論通解及研究', 북경대 1996)을 썼다. 심물관계에 대해서는 유학시절에 탕일개(湯一介) 지도교수 및 장대년(張岱年) 원로교수와 여러 차례 토론했었다. 그렇지만 귀국한 뒤에 심물론에 대한 토론은 심원선생과 유일했다. 필자에게는 철학의 대선배였지만 학문적 동지처럼 너무나 반갑고 소중한 분이었다. 학위논문과 대만에서 발간된 졸저를 드리고 마음껏 토론의 장을 벌리고 싶었지만, 아쉽게도 서로 여의치는 못했다.

이 '심물합일(心物合一)'은 심원선생의 대표작 가운데 하나인 불교의 유식학과 화엄학으로 해석한 하이데거 전기 후기 연구 저술(2000- 2002)에서도 아직 발견되지 않는다. 이 용어는 『물학·심학·실학』(2003)에 와서야 비로소 등장하는데, '심물합일'이 2번, '심물일체'가 1번 나온다. 이어서 『사유하는 도덕경』(2004)에 7번, 『철학적 사유와 진리에 대하여』(2권, 2004)에 4번 나온다. 그리고 『원효의 대승철학』(2006)에는 무려 21번이나 나오는데, '심물합일의 로고스', '심물합일의 법', '심물합일의 사유', '심물합일의 상응론', '심물합일적 상응과 공명'과 같이 다양한 어휘로 변용되고 확장되어 있다. 마지막 작품이자 철학에세이라 할 수 있는 김형효 철학 산책『마음혁명』(2007)과 철학 편력의『나그네』(2010) 3부작에도 심물관계가 여러 곳 언급되어 있다.

심원철학의 심물합일론(心物合一論)에 대해서는 필자를 비롯한 후학들이 앞으로 연구해나가야 하겠지만, 필자가 강조하고 싶은 것은 심원철학에 있어 '심물합일'은 매우 중요한 철학적 귀결점이자 핵심 키워드라는 점이다. 예를 들어, "유식학적 일심(一心)은 오직 인간중심적 마음을 지칭하는 것이 아니라, 우주적 마음으로 우주 법계에 존재하는 모든 중생들의 욕망과 그 기(氣)를 다 총칭하는 그런 심물합일(心物合一)의 마음으로 읽어야 하겠다."(『원효의 대승철학』, 48쪽)는 문장을 보자. 여기에서는 원효의 일심이문(一心二門)을 해석하면서도 심물합일의 '마음이 기운(人心氣也, 스승 말씀)'임을 전제하고 있지 않은가? 또한 "성불(成佛)의 상징인 심물합일(心物合一)의 관여를 마지막으로 훼방하는 무명(無明)"(같은 책 413쪽)에 대한 언급을 보면, 심원철학이 마지막에 어디에 이르고 있는지를 짐작할 수 있다. 선생은 만년에 불교에 귀의하였다.

심원선생을 기리며 지난 여름(8. 17.)에 쓴 졸시「벌바위통신(56) ―心遠哲學」을 첨부한다.

멀리 보면 잘 볼 수가 있다 / 아무도 가지 않은 산정
어두운 밤에 더 잘 보인다 / 바닷가 외로운 등대불
은밀히 보면 잘 알 수 있다 / 자기 허물을 벗는 생명
형형한 눈빛으로 본 세계 / 하나로 합일되는 심물

향기가 멀리 갈수록 더욱 / 맑아지는 그 이치처럼
밝혀 놓은 배움의 큰 강물 / 쉬지 않고 바다로 가리
다시 밝히는 지혜의 산맥 / 사해에 우뚝 솟으리니
마음과 사물이 하나인 법 / 심원이 쌓은 거대한 탑

— 2022. 12. 9. 불한산방에서

# 심원(心遠) 선생님에 대한 회상

**이병래**
(전 중부대학교 유아교육과 교수)

## 만남

그때가 언제였는지, 잘 기억이 나지 않는다. 고전물리학적 시간으로는.

내가 선생님을 처음 만난 것은 선생님의 문자언어를 통해서였다. 『마음혁명』!

유아교육과 교수로서 살아가고 있었던 나는 교수라는 직업으로 살아가는 나의 정체성에 극심한 혼란을 겪고 있었던 그즈음이었다. '정말 내가 교수 맞는가', '그저 먹고 살기 위한 방편으로 거짓된 삶을 살고있는 것은 아닌가', '미래 선생님이 될 예비교사인 제자들에게 나는 지금 무엇을 전해주고 있는가', '이럴 거라면 차라리 교수직업을 포기하는 것이 더 정직한 거 아닌가'...

이럴 때 나는 『마음혁명』을 만났다. 어느 서점인지도 잘 기억나지 않는다. 산으로, 들로, 강으로 무작정 돌아다녔던 때였다. 그리고 도서관에, 서점에 들러 이런저런 책을 뒤적이면서 혹시나 하는 마음으로 어떤 해답을 찾아보려고 애쓰던(?) 그때, 서가에 꽂혀있는 『마음혁명』을 발견하였다. '마음혁명'이라는 진하고 독특한 글씨체가 나를 기다리고 있었다.

책을 펼쳐 머리말 이야기를 읽고, 목차를 보면서 선생님께서 말씀하시려는 이야기들이 어떤 것인지 살펴보았다. 제목 하나하나가 묘한 호기심과 놀라움을 주었다. 세어보니 52가지나 되었다. 주제들을 살펴보던 나는 왠지 모를 가슴 두근거리는 흥분과 얼굴 근육이 환하게 팽창되어 있음을 느꼈다. 단 한 권밖에 없었던 그 책. 다행히 나를 기다리고 있었다. 행운이었다.

책을 가슴에 안고 왔다. 너무 좋아서다.

집에 와서 읽기 시작했다. 마음 가는 대로. 순서대로 읽지 않았다는 말이다. 아니 '읽었다'기보다는 선생님의 말씀을 '들었다'. 선생님께서 어떤 말씀을 하시려는지 정확하게 알고 싶었다. 일단 선생님의 말씀을 다 들었다. 뭔가 해답이 있는 것 같았다. 분명 그랬다. 그런데 쉽지는 않았다. 선생님의 말씀을 정확하게 받아들이고 이해하는 것이. 어떻게 해야 할까...

선생님을 만나고 싶었다. 직접 만나 뵙고 선생님을 바라보며 선생님 말씀을 듣고 싶었다. 한국학중앙연구소에 전화를 하였다. '한국학중앙연구원 명예교수'라고 소개되어 있기에. 그리고 혹시 그곳에 선생님께서 강의하시는 강좌가 있을지도 모른다는 기대감으로. 그런데 전화 받으신 분이 선생님께서는 강의를 하지 않으신다고 답변해주셨다. 친절하게. 그래서 용기를 내어 물어보았다. 혹시 김형효 선생님 전화번호를 알 수 없겠느냐고. 선생님 책을 읽고 선생님의 말씀을 꼭 듣고 싶어서라고.

선생님 대신 후조 선생님과 통화를 하게 되었다. 후조 선생님은 심원 선생님의 이 세상 동반자이시다. 후조 선생님의 배려로 선생님의 자택을 방문하였다. 서울 가락동이었다. 예전 언제가 내가 살던 동네였다. 한 달에 한 번씩 심원 선생님의 댁을 방문하였다. 以心傳心으로 오시는 또 다른 분들을 만나게 되었다. 선생님의 제자로서 직접 사사받으신 분이 계셨고, 이런저런 인연으로 선생님의 사유 세계에 공감하시어 참여하시는 분도 계셨다. 이 분들과 선생님의 책을 읽으면서 책의 내용과 이런저런 삶의 이야기와 마음을 나누는 그런 모임이었다.

심원 선생님께서는 다소 거동이 자유롭지 못하셨다. 하지만 선생님께서는 주로 골똘히 듣는 것을 즐겨하셨다. 그러시다가 가끔 환한 모습으로 반응하시면서 몹시 즐거워하셨고 때로는 궁금한 것을 질문하고 의견을 말씀하기도 하셨다. 그럴 때마다 선생님의 표정 하나하나에 선생님의 마음 세계가 담겨져 전해온다는 것이 느껴졌다.

어느 날인가, 회합을 마치고 헤어지는 시간에 후조 선생님께서 보따리 하나를 주셨다. 심원 선생님의 저술이 담긴 보따리였다. 감사하게 받아들었다. 소중한 선물이었다. 지금 나는 그 보따리 책을 틈틈이 읽고 있다. 아니 선생님의 말씀을 듣고 있다. 그리고 선생님께서 하시려는 말씀이 무엇인지를 놓치지 않으려고 하면서.

# 새로움

선생님의 사유 세계를 바라보다가 나는 내가 왜 헤매고 있었는지를 어렴풋이 알게 되었다. 그리고 내가 어디에서 살고 있기에 그렇게 힘들어하고 있는지를 알게 되었다. 삶에 대한 혼돈에 무언가 희미한 불빛이 보이면서 혼란스러웠던 고민에서 벗어나 자유로울 수 있을 것 같았다. 그것은 삶의 방식 문제였음을 알게 되었다. 존재적 삶의 방식과 소유적 삶의 방식. 모두 그것과 관련된 문제였음을 알게 되었다.

'소유'와 '존재'. 이 용어는 이전에 에릭 프롬을 통해서 접했던 적이 있어 생소하지는 않았으나, 선생님의 문자언어를 통해 들려오는 소유적 삶과 존재적 삶에 대한 의미는 너무도 달랐다. 훨씬 명료하고 설득력있게 스며들어 왔다. 자유라는 말, 평등이라는 말, 사랑이라는 말, 희망이라는 말, 평화라는 말... 아주 특별한 철학자들이나 떠올리는 화두이고, 애매모호하고 분명하지 않아 보였던 이러한 말들이 자연스럽게 보였다. 그리고 설명되었다. 소유론적 차원에서 바라보는가, 존재론적 차원에서 바라보는가에 따라 그 의미가 다르고, 다르게 설명될 수 있다는 것을 알게 되었다.

'행복'이라는 말도 그러했다. 행복한 삶을 살고 싶다는 사람들은 많은데, 말하는 사람마다 행복 조건이 왜 그렇게 다양하고 각양각색인지를 알게 되었다. 소유적 삶을 추구하는 사람들이 생각하는 행복 조건과 존재적 삶을 추구하는 사람들이 추구하는 행복 조건이 다를 뿐이라는 것을 알게 되었다. 나도 모르게 나의 삶을 사랑하게 되었다. 그리고 나의 몸과 나의 영혼에 예의를 지켜야한다는 생각도 하게 되었다. 새로운 발견이다.

처음엔 '해체철학'이라는 말도 이상했다. 그러나 이젠 '해체철학'이
라는 말이 편해졌다. '해체철학'이 마음을 치유하는 의사의 모습이어서
좋다. 내 생각의 새로움이다. 관점의 새로움이다.


## 변화

어느 순간 나는, 나의 살아가는 방식이 변화되었음을 발견하곤 혼자
미소지을 때가 종종 있다. 나 스스로 기특하고 대견할 때도 있다. 어떤
특정한 상황에 직면했을 때, 그것에 대응하는 나의 마음이 어디에서
발현되고 있는지를 알아차리고 스스로 그 마음에서 벗어날 때. 그럴
때 그러하다. 그리고 상대방이 어떤 말을 하든지 그다지 부대끼지 않으
면서 받아들이고 있다는 것을 감지하게 될 때도 그러하다. 그 사람이
왜 그러는지를 알 수 있을 것 같아서다. 의연하고 여유로워진 내 마음의
변화다. 이럴 때 선생님의 사유세계에 조금 가까워진 것 같아서 좋다.
요즈음에는 과거-현재-미래가 지금 이 순간 함께 있다는 것을 체험
적으로 느끼면서 뭔지 모를 숭고함과 겸손함을 느낄 때가 많다. 그리
고 소유적 삶과 존재적 삶은 다르면서도 다르지 않고, 같으면서도 다
르다는 선생님의 문자언어가 아무런 부대낌 없이 받아들여지고 있음
을 느끼면서 묘한 희열을 느끼게 된다. 그리고 연속되는 여러 가지 생
각에 빠져들곤 한다. 소유적 삶과 존재적 삶은 연속되어 있다는 것,
그것은 결코 분리될 수 없다는 것, 다만 소유적 삶과 존재적 삶의 연속
선상에서 사람마다 살아가고 있는 지점이 다르다는 것, 그래서 같은
현상이나 같은 대상을 만나고 있으면서도 사람마다 다른 것을 바라보

고, 다른 생각을 하고, 다른 판단을 하게 된다는 것..... 이런 생각들이 꼬리를 물면서 펼쳐지곤 한다.

한때 괴나리봇짐 지고 따라가는 나그네처럼 선생님의 학문 노정을 똑같이 따라가 보고 싶은 욕구도 있었다. 어디까지 인지는 모르겠지만 갈 수 있는 곳까지라도 가보고 싶었다. 나의 호기심은 주로 해체철학 즉, 존재론적 세계관과 관련된 것이었다. 노장사상, 현대 포스트 모더니즘의 해체주의, 하이데거, 데리다, 마이스터 에크하르트, 가브리엘 마르셀, 메를로 뽕띠... 이런 지적 호기심이 나를 변화시켰을지도 모른다. 아마 그럴 것이다. 그저 생각하는 것만으로도 나의 말과 나의 행동이 영향을 받고 변화된 것 같아서다.

특히『가브리엘 마르셀의 구체철학』은 유아교육자인 나의 교수 생활에 많은 영향을 주었다. 교육방법에 대한 철학적 기반은 물론 심리학적 기반을 확실하게 다질 수 있게 해준 고마운 책이었다. 인간의 마음 흐름에 대한 구체적인 과정과 설명이 신선한 충격이었다. 모든 교육적 상황에서 적용할 수 있고, 적용해야 한다는 생각이 들어서다. 이 책을 바탕으로 유아교육활동에 적용하기 위한 지침서를 저술하고 싶었으나 이루지는 못하였다. 유아교육과 교수인 나의 교육방식에 변화를 일으켜준 고마운 책이다. 물론 심원 선생님의 저서다.

## 적용

나는 심원 선생님의 사유 세계를 교육 현장에 적용한 경험이 있다. 『마음혁명』과『가브리엘 마르셀의 구체철학』에서 발견한 것을 수업 시간에 적용한 경험이다. 마르셀의 구체철학은 유아교육 방법론과 관련하여 전공 교과목 시간에 적용하였다. 인간의 마음 흐름 과정에 대한 원리는 어떤 교육심리학 관련 교재에서도 발견할 수 없는 새롭고 신선한 원리라고 판단되어서다. 그리고 마음 흐름의 각 단계마다 교사는 아이들과 어떤 방식으로 상호작용하는 것이 효율적인지를 논의하고 토론하면서 수업을 운영하였다. '구체적이고 실질적이어서 좋다'는 학생들의 반응이었다. 그리고 이런 방식을 적용하면서 자기 '자신의 마음이 열려지는 것 같다'는 반응이었다. 분명 좋은 방법이었으나 정년퇴직을 하면서 더 이어가지는 못했다. 아쉬운 부분이다.

더 재미있었던 것은 『마음혁명』이었다. 이 책에 수록된 52가지 주제 중에서 교과목별 성격에 따라 12개씩을 선정하여 수업시간에 적용하였다. 12개 주제를 선정한 이유는 학기당 12주 동안 1주제씩 적용하기 위해서였다. 주로 철학, 심리학 관련 교과목이었는데 교과목은 다르지만 동일한 주제를 선정하는 경우도 있었다. 수업은 토론과 발표 방식으로 진행하였다.

먼저, class size에 따라 5~7명을 토론 그룹으로 나누었다. 그리고 각 토론 그룹별로 수업주제에 대한 개인별 소감을 각자 돌아가면서 소개하게 하였다. 소개해야 하는 내용은 3가지다. ① 저자가 나에게 전해 주려는 내용의 요지, ② 저자의 이야기를 듣고 떠오르는 생각, ③ 저자의 이야기를 통해서 새롭게 발견하게 된 것. 이것이 그것이다. 즉 요지 -성찰-발견이다.

두 번째는 토론 그룹 내 개인별 의견에 대한 마음을 나누는 과정이다. 마음을 나누는 과정은 서로 지켜야 할 3가지 규칙이 있다. ① '옳다', '그르다'는 판단적 평가를 하지 말 것, ② '왜'라는 표현으로 정중하게 질문할 것, ③ 의견이 다를 때는 '내 생각은~'이라는 표현으로 시작할 것. 각자 서로의 생각을 존중하기 위해서다.

세 번째는 각 토론 그룹별 대표자가 전체 학생들에게 소개하는 과정이다. 각 토론 그룹별 대표자는 자기 그룹의 구성원들이 어떤 소감을 제시하였는지를 전체 학생들에게 소개하는 시간이다. 이 과정에서 교수는 대표 발표한 학생이 누구였는지를 기록할 필요가 있다. 모든 학생들에게 가급적 동일한 발표기회를 부여하는 것은 또 다른 교육적 의미가 있기 때문이다.

마지막으로 담당교수가 종합적으로 정리한다. 먼저 학생들이 성찰한 것과 발견한 것 즉 ②번과 ③번을 중심으로 긍정적 평가를 해주고, 다음으로 담당교수가 첨언할 필요가 있다고 판단되는 것들을 소개한다. 그리고 마지막으로 학생들의 질문을 유도하고 학생들의 질문에 가급적 학생들이 답변하는 기회를 준 다음 담당교수가 첨언하는 방식으로 수업을 마무리하였다.

『마음혁명』은 나에게 매력있는 책이었다. 학생들의 마음이 쑥쑥 자라면서 변화되는 모습을 실감할 수 있게 해주었다.


## 회상

심원 선생님과의 만남! 그것은 행운이었다. 그리고 선물이었다. 선생님과의 인연이 감사하다. 혼란스러웠던 나의 정체성은 이미 회복되었다. 유아교육자로서 살아가는 삶의 새로운 의미와 가치를 알게 되었기 때문이다. 그리고 선생님의 문자언어를 들을 때마다 그 빛이 더 밝아지고 확연해진다는 것을 체감하고 있기 때문이다.

　심원 선생님의 사유세계는 다른 모든 사람들에게도 행운이고 선물이 될 것이다. 확신한다. 내가 체험하고 경험한 믿음이고 확신이다. 나도 심원 선생님께 받은 선물을 다른 사람들에게 돌려주려고 한다. 선생님의 사유세계를 다른 사람들과 함께 나누고 싶은 거다. 심원 선생님의 사유방식을 통해서 소유적 삶의 습관에서 자유로우면서 존재적 삶을 살아가는 지혜를 다른 사람들과 함께 나누고 싶어서다.

　어떻게 하면 일반인들이 이런 지혜를 수월하게 알아듣고 받아들일 수 있을까. 이에 대하여 이런저런 생각을 하고 있다. 지금은 『원효의 대승철학』을 다시 한번 읽고 있다. 선생님께서 문자언어로써 말씀하신 책이다. 선생님께서 마지막으로 말씀하시고 출판하셨다고 한다. 선생님의 사유세계에 대한 정수를 만날 수 있을 것 같아서다.

　나를 心月이라 부르기로 하였다. 소유적 삶과 존재적 삶이 조화를 이루는, 소유적 삶에 함몰되는 위험에서 자유로운, 존재적 삶을 살아가는 지혜를 놓치지 않는 삶을 살고 싶어서다. 그런데 더 큰 매력은 心遠과 어감이 유사해서다. 내가 나를 사랑하게 된 것. 참 대견하다. 그런데 자세히 보니 내 안에 心遠 선생님이 계셨구나! 선생님 감사합니다!

# 나로부터의 혁명을 꿈꾸며

**한송이**
(한송이 영상의학과 원장)

여러모로 부족한 제가 존경하는 김형효 교수님의 추모글에 동참하게 되어 크나큰 영광으로 생각합니다. 한편, 많은 저명한 분들이 글을 쓰는 소중한 추모집에 저의 부끄러운 글이 누가 되지 않을까 많이 걱정스럽기도 합니다. 추모글을 부탁받았지만 저는 김형효 교수님을 직접 뵌 적이 없어서, 제가 책을 통해 교수님을 만난 경험에 대해 짧게 쓰고자 합니다.

저는 압구정에서 작은 개인병원을 18년째 운영하는 영상의학과 전문의입니다. 의대를 졸업하고 평범한 의사로 28년을 살아왔기에 철학에 대한 공부가 많이 부족한 제가, 최진석 교수님의 권유로 읽게 된 책『마음혁명』을 통해 심원 김형효 교수님을 처음 만났습니다.

일반인을 상대로 비교적 쉽게 쓰셨다 하지만, 이과 전공인 제게는 밀도가 높은 책이라 쉽게 읽히지 않는 책이었습니다. 하지만, 첫 장부터 김 교수님의 사유에 깊이 공감하고 감동 받아서, 오히려 쉬이 책장을 넘기기가 싫어 더욱 아끼며 천천히 읽게 되었습니다. 동서양 철학과 불교를 넘나드는 해박하고 통찰력 넘치는 글들이 제 마음에 큰 울림을 주었고, 하나하나의 의미와 깊이를 이해하고 제 것으로 만들고 싶었습니다. 책을 읽는 동안, 이 책을 만나고, 김형효 교수님을 만난 게 제 삶의 큰 행운으로 느껴졌고 많이 행복했습니다. 죽어 있고 단편적인 철학 이론에 갇힌 분이 아니라, 다양한 철학 이론을 소화해서 얻은 융합적이고 독창적인 해석으로 새롭고 자유로운 인식의 지평을 열어주는 교수님의 글은 제게 정말 특별하고 신선한 경험이었습니다. 책속의 글들이 다 귀하지만, 그중에 개인적으로 특히 와닿은 것은 '자리이타'와 죽음에 대한 말씀들이었습니다.

언제부터인지 기억이 잘 나지 않지만, 오랫동안 '자리이타'는 제 삶의 좌우명이었습니다. 그 말과 뜻이 좋아서 막연히 제 소명으로 여기고 살았던 것 같습니다. 의사라는 저의 직업은 자리이타라는 말에 매우 적합해 보였고, 저는 의사를 업으로 삼고 살아가며 동시에 사람과 사회에 봉사할 수 있는 것이 고마웠습니다. 그리고 언젠가는, 이 직업의 울타리에서 벗어나 더욱 적극적으로 이타적인 삶을 살 수 있는 기회가 오기를 바라며 멋진 은퇴를 꿈꿔 보기도 했었지요.

그런 제가 김 교수님을 만나서 자리이타의 진정한 의미를 더 분명히 깨닫게 되었습니다. 『마음혁명』을 읽으면서 자리이타란 본능적인 이기배타심을 이겨내는 인간 본성의 모습임을 이해했고, 그 본성을 회복하고 따르는 것이 자리이타의 실현임을 새롭게 배웠습니다. 자리이타는 제가 가진 관념과 목적과 수단을 통해 외부에서 이루어지는 것이 아니라 저 자신을 고요하고 성스러운 곳에 두는 진실한 배려를 통해서 드러나는 제 본성 자체임을 알게 된 것이지요. 자와 타가 다르지 않으므로 제 본성에 충실할 수 있다면 그것이 곧 자리이타라는 것도요.

김 교수님은 나의 인생을 존재론적으로 바라보기 위해, 삶과 죽음을 동시에 생각하는 것이 중요하다는 말씀을 책 속에서 여러 번 강조하셨습니다. 내가 소유의 환상에서 잠을 깨는 순간은 바로 나의 죽음이 이미 내 앞에 서 있다는 것을 실존적으로 느끼는 순간이라고 하셨지요. 순간마다 죽음을 삶의 이면으로 생각하는 사람은 시간을 낭비하지 않고, 열심히 자기의 존재 방식에 가장 알맞은 의미를 찾게 되며, 그 일을 찾아 무심으로 매진하되 스스로 자기에게 주어진 본성의 특성을 잘 살려 그것을 꽃피워서 남들을 즐겁게 도와주는 것이 자리이타의 삶이라는 말씀이 제게 큰 울림을 주었습니다. 죽음에 대한 명상은 나 중심의 이기적 사고를 잊게 하고, 나를 해체시켜 주위에 보이는 모든 것들에게 이득과 즐거움을 주려는 자비심을 일깨운다는 김 교수님의 가르침을 통해 저는 삶이 곧 죽음과 닿아있음을 매 순간 인식하는 게 얼마나 중요한지 더 절실히 느낄 수 있었습니다. 이는 제가 살면서 찾던 많은 것들이 막연한 모습에서 보다 분명한 모습으로 드러나는 벅찬 경험이었습니다. 인식과 이해를 실천과 삶으로 구현하는 것은 전혀 다른 일이고 매우 어려운 일이라고 생각합니다만, 제게 이러한 인식이 비로소 시작되었다는 것만으로도 저는 그저 고맙고 기쁘기만 합니다. 김 교수님의 책이 그 제목처럼 저의 삶과 마음 속에 자발적 혁명을 꿈꾸는 계기를 만들어주었다고 생각합니다.

저는 이제 저 자신과 본성을 찾는 일이 바깥 멀리 어디엔가, 또 먼 훗날 어디엔가 따로 있는 것이 아니라 저의 일상을 계율처럼 묵묵히 수행해나가는 것에 있음을 이해합니다. 그 인식을 통해 저의 일과 그 속에서 매일 새로 만나는 환자들이 전보다 더 소중하게 느껴지고, 더 성실한 마음으로 진료에 임하고자 하는 소명감과 의지를 얻었습니다. 언젠가 이 일을 그만두고 다른 곳에서 진정한 나 자신을 찾을 기회가 있을 거라고 생각하던 제가, 꾸준히 반복하는 평범한 일과 사유 속에 저를 찾는 길이 있다는 믿음을 가지게 되었고, 순수한 몰입과 고요함 속에 저를 두어야 한다는 것도 알게 되었지요.

삶의 이면이 죽음이며 타자가 자기의 이면임을 이해하고, 소유에서 존재로, 지성에서 지혜로, 본능에서 본성으로 나아가는 삶을 살 수 있도록, 앞으로도 김 교수님의 사유가 제게 길을 밝혀주는 등불이 되어줄 거라 믿습니다. 살면서 누릴 수 있는 가장 큰 기쁨은 돈도 명예도 인연도 아닌, '깨달음'이라고 생각합니다. 저는 깨달음에 이를 수 있는 사람은 못되지만, 깨달음으로 가고자 하는 작은 욕망의 불씨를 제게 나눠주신 김형효 교수님께 깊은 감사의 마음을 드리고 싶습니다. 철학은 제게 아직도 낯설고 어려운 주제이고, 저는 이제 걸음마를 시작한 아이 같은 처지이지만 철학이 주는 위안이 어떻게 제 삶을 의미 있고 윤택하게 할 수 있는지 조금 알 것 같습니다. 김 교수님을 진작 뵙고 직접 말씀을 들을 수 있었다면 얼마나 좋았을까 하는 아쉬움이 큽니다만, 앞으로도 제 곁에서 철학적 삶의 길을 함께 걸어가 주실거라 생각하기에 기쁘고 든든합니다. 또 김 교수님의 다른 책들을 통해 교수님이 사유의 종착역으로 여기셨던 불교철학도 좀 더 깊이 있게 배워보고 싶습니다. 더불어, 보다 많은 이들이 김형효 교수님의 사상과 철학을 접하고, 지혜와 위안을 함께 얻기를 소망해봅니다.

마지막으로 헤르만 헤세의 『싯다르타』 속 문장으로 제 부족한 글을 마무리하고자 합니다.

"친구 고오빈다여! 이 세상은 불완전한 것도 아니며 또한 완전한 것에 이르기 위해 서서히 가고 있는 것도 아닐세. 아니, 세계는 순간순간마다 완전한 것이며 모든 죄는 이미 그 자체 속에 은총을 지니고 있다네. 어린아이들은 이미 자체 속에 백발노인을 지니고 있으며 젖먹이들은 이미 죽음을, 죽어가는 존재 속에는 이미 영생을 지니고 있는 법일세."

# 3장

동료 교수들

# 곰동지

### 정해창
(한국학중앙연구원 명예교수)

　80년대 후반 어느 자리에서 심원 선생님의 루벵대학 동창을 만난 적이 있었다. 수인사를 끝내자 이 분 대뜸 "곰동지 안녕 하신가요"라고 했다. 무슨 말씀이신지 영문 몰라 하는데 이 분이 재미있는 일화를 들려주었다. 당시 유학생들 사이에서는 심원선생님이 도서관에 자리를 틀고 앉으면 도무지 일어날 줄을 모른다고 해서 혹시 엉덩이에 곰팡이가 생기지나 않았을까 하는 농담을 한 적이 있었다고 했다. 그래서 이들이 심원 선생님에게 붙여준 별명이 '곰'이었다는 것이다. 미련스럽게 공부만 한다고 해서 붙여진 별명이었다. 나중에 이런 말씀을 드렸더니 본인도 그런 별명이 있었다는 정도만 알고 계셨다. 선생님은 예나 지금이나 미련한 곰이다. 아마 앞으로도 계속 곰으로 남아 있으리라 믿어 의심치 않는다. 그런데 선생님의 별명이 곰이 된 것은 결코 우연이 아니다. 그만큼 선생님은 곰 같다. 이제 그런 이유를 몇 가지 들어보겠다.

첫째 곰이 미련하다고 하는데 이게 사실이라면 선생님도 미련하기로
는 곰이 행님으로 모실만한 분이다. 30년 가까이 옆에서 지켜보았지만
미련하다는 말이 무색할 정도이다. 일단 어떤 책이든 손에 잡으면, 반복
해서 밑줄 치고 그것도 부족해서 여백에 잔뜩 써 넣고 하여 책이 금방
고서(?)가 되어 버린다. 불문학자인 사모님은 정반대로 책을 정갈하다고
할 정도로 깨끗하게 보신다고 한다. 가끔은 이 분이 자신을 무슨 대입
수험생으로 착각하고 있는 것이 아닌가하는 의심이 들기도 했다. 학자
가 공부 열심히 하는 게 무슨 이야기 거리가 되겠는가마는 선생님은
그 차원을 훨씬 넘어서 있다. 처음에는 재하자로서 면구스러운 마음이
들기도 했지만, 얼마 지나지 않아 도저히 흉내 낼 수 없다는 것을 알고는
그냥 포기했다. 흉내라도 낼라치면 스트레스가 쌓여서 내 스스로가 너
무 고단해질 것 같아서였다. 그런데 사실 천성적으로 게으른 내가 선생
님 덕택에 상당히 부지런해진 편이다. 아무리 게으르다고 해도 바로
옆에 그런 곰이 있으니 농땡이도 하루 이틀이지 시늉이라도 해야 했다.
　한 때 국가석학으로 추앙받았지만 지금은 사람들 뇌리에서 완전히
사라져버린 어느 교수가 일주일을 월화수목금금금으로 보낸다고 하는
신문 기사를 본 적이 있다. 당시에는 많은 감동을 불러일으킨 말이었
다. 그런데 심원선생님에게는 이게 별스럽다거나 새로울 것도 없는 이
야기이다. 선생님이 대학에 다닐 때 일이라고 한다. 선생님의 백씨께
서 사법시험 준비를 하고 있었는데 평소에 자신보다도 더 심하게 공부
를 하는 아우를 보고 기가 막혀서 혀를 찬 적이 있었다고 한다. "동생아
너는 우짜 고시 공부하는 내보다도 그리 지독하게 하노?" 막걸리 사발
을 앞에 놓고 '낭만'이 어떻고 하던 당시의 대학 분위기로 보았을 때
미련한 곰이 아니고서는 그렇게 하기가 불가능한 일이었으리라. 아무

튼 본원의 철학이 한국 철학계에서 평가를 받는다면 그것은 무엇보다도 '낭만 좋아 하시네' 하며 낭만을 경멸했던 심원 선생님 덕이다.

둘째 곰은 잡식성인데 심원 선생님도 곰 못지않은 잡식성이다. 선생님은 동서양의 다양한 철학을 게걸스러울 정도로 먹어치우는 엄청난 대식가일 뿐만 아니라 위장이 튼튼하여 소화하지 못하는 것이 없다. 어떤 경우에는 상호 궁합이 잘 맞지 않아 보이는 것들도 주저하지 않고 잡수신다. 선생님이 그동안 자시고 내놓은 것들의 목록만 보아도 현기증이 날 정도이다. 레비 스트로스의 구조주의, 가브리엘 마르셀의 구체철학, 베르그송의 직관주의 철학, 데리다의 해체철학, 메를로 뽕띠, 마르틴 하이데거, 맹자, 순자, 노자, 원효, 율곡, 지눌, 도덕경, 불교철학 등등 참으로 많이도 먹어치우셨다. 철학 공부 좀 해 봤다고 하는 나도 어지러울 정도이니 다른 사람들이야 말할 것도 없을 것이다. 그런데 이 곰선생의 문제는 만족을 모른다는데 있다. 새로운 먹거리를 계속해서 찾아내어 놓으니 그걸 하나하나 맛보기만 하는 것도 당최 힘에 벅찰 지경이다. 선생님께서 말년에 하신 작업 중 하나 예를 들면 하이데거와 불교 유식학을 비교하는 것이었는데 대단한 반향을 불러일으킨 바 있다. 철학 공부하는 사람들은 누구나 둘 또는 그 이상의 철학을 비교하는 일이 얼마나 어려운지 잘 안다. 하나 통달하기도 어려운데 양쪽을 모두 꿰뚫고 있어야 하니 아무리 잘해도 본전 건지기 어려운 것이 비교 연구이다. 그래서 어떤 이들은 비교철학이라는 장르는 성립할 수 없다고까지 선언하기도 했다. 그만큼 지난하다는 말이다. 하이데거와 유식학의 비교연구는 세계적으로 그 유래를 찾아볼 수 없는 심원선생님의 역작 중 하나라고 주저 없이 말할 수 있을 것이다.

그런데 이 대식가 곰동지께서도 잡숫지 않는 것이 딱 한 가지 있는데 바로 분석철학과 같은 미국의 철학사조이다. 분석철학은 사실 맛이 없다 못해 먼지 가루 먹는 맛이 난다. 대체로 미각을 잃어버린 사람들이 좋아하는데 나도 젊었을 때는 별 수 없이 그걸 먹고 컸지만 너무 무미건조하여 당기지는 않는 먹거리이다. 그래도 어렸을 때의 입맛이라고 습관적으로 자주 먹는 편이다. 선생님은 이 거시기에 대해서 영 식욕이 나지 않는다고 쳐다보지도 않지만 그것마저 잡숴 버리면 이 불쌍한 중생이 먹을 게 없어지니 양보해 주신 것이리라 믿는다. 뒤늦게나마 고마운 말씀을 전한다.

셋째 곰의 가장 확실한 특성 중 하나는 그 엄청난 힘이다. 심원선생님도 힘에 관한 한 타의 추종을 불허한다. 삐쩍 마른 몸매 하며 어깨는 한쪽으로 약간 기울어져 있어서 아무리 보아도 힘 쓸 데가 있어 보이지 않는다. 그럼에도 불구하고 어디서 그런 힘이 솟아나는지 기가 찰 정도이다. 한 가지 곰과 다른 점이 있다면 아무리 힘센 곰이라도 나이가 들면 허약해지기 마련인데 선생님은 나이를 자실수록 더욱더 힘이 세졌던 것 같다. 80년대 중반에 이런 일이 있었다. 고등학교 철학교재를 여섯 명이 공동집필하는데 내가 간사를 맡았었다. 예나 지금이나 교수들의 똥고집에는 대책이 없는 편이다. 집필자 중 한 분은 자신의 원고에서 토씨 하나도 고치지 말라고 엄포를 놓기도 했다. 심원선생님은 당신의 철학적 입장이 물씬 풍겨나는 원고를 200매나 주셨다. 당시는 아직 육필로 작성하던 때였다. 우여곡절 고민 끝에 나는 곰선생에게 다시 써 줄 것을 요청했다. 선생님은 흔쾌히 받아들이시고 한 달도 안되서 200매를 또 써 주셨다. 그 원고를 받아 들던 순간 기가 질렸던 심정을 아직도 잊을 수가 없다. "이 사람 미친 사람이구나"

지난 20여 년 동안 꽤 여러 명의 외국학자들이 이런저런 이유로 본원을 방문했었다. 철학 '종주국'에서 온 기분을 물씬 풍기며 한 수 가르치려 드는 사람도 있었다. 그럴 때면 나는 그런 분을 정중하게 심원선생님의 연구실로 안내하곤 했다. 말이 좋아 예방이지 사실은 "한국에도 꽤 괜찮은 '물건'이 있으니 한 번 붙어보라"는 생각에서였다. 선생님은 '날씨' 이야기로 시간 낭비하는 것을 좋아하지 않으셨다. 어떻게 학자라는 사람들이 그런 쓸데기 없는 이야기나 하고 있느냐고 반문하시곤 했다. 대신에 상대가 누구라도 상관없이 곧바로 맞장 뜨는 걸 너무 좋아하셨다. 봐주는 법도 없었다. 서양학자들은 대체로 언어에 능한 편이다. 모국어 외에 한두 개 언어는 다 한다. 물론 알파벳이나 단어가 많이 유사하기 때문에 배우기가 우리보다 훨씬 수월하다. 우리가 유럽이나 미국학자들과 마주 앉을 때 학문적으로 꿀리지 않는 경우에도 외국어에서 딸리니 공연히 주눅이 들곤 한다. 그런데 그게 심원선생님한테는 통하지 않았다. 영어면 영어, 불어, 독일어, 라틴어 어느 것을 들고 나와도 맞받아쳤다. 어떤 때는 손님에게 좀 미안한 마음이 들 정도로 깨져 나온 적도 있었다.

선생님의 곰 같은 힘은 19세기 영국의 역사가 토마스 칼라일에 관한 일화를 떠올리게 한다. 그가 프랑스 혁명사를 탈고했을 때 하녀가 잘못하여 원고를 아궁이 속에 넣고 말았다. 칼라일은 한동안 크게 낙담했지만, "이 칼라일의 위대함은 프랑스 혁명사를 다시 쓸 수 있다는데 있다"라고 하며 다시 쓰기 시작하여 불후의 명작을 완성했다고 한다. 선생님께서 잠시 정치판으로 외도 하신 적이 있는데 연구실로 돌아오신 후 그 때의 그 '잃어버린 시간'을 두고두고 아쉬워하셨다. 선생님은 지나간 시간을 거슬러 메우기라도 하려는 듯 거의 매년 역작을 내어놓으셨다. 마치 김형효의 위대함은 바로 여기에 있다고 세상에 외치기라도 하는 것 같았다.

　마지막으로 곰은 코믹하다. 곰이 그 거대한 몸을 뒤뚱거리며 움직이는 모습을 모고 있노라면 나도 모르게 미소를 짓게 된다. 코믹하다는 점에서 심원선생님도 곰에 못지않았다. 솔직히 말하면 심원선생님 뿐 아니라 본원 철학교수들도 다소 코믹한 구석이 있는 편이다. 나는 선생님과 하루가 멀다 하고 '이바구' 하는데도 지루하다고 느낀 적이 없었다. 봉숭아 학당의 철학 교실이 문을 열면 훈장인 심원선생님의 철학 쇼가 시작되고 반장인 내가 거기에 얼쑤하며 장단을 맞추었다. 철학과 얼라들(미안, 젊은 교수들)은 그 광경을 보면서 좋아라고 흥을 돋우었다. 다른 학문도 마찬가지겠지만 특히 철학은 그 특성상 개념을 다루기 때문에 자칫하면 분위기가 심각하고 무겁게 흐를 수 있다. 그러니 철학 담화를 재미있게 이끌어간다는 것은 곰과 같은 순진한 유머스러움이 몸에 배어있지 않으면 불가능하다. 분위기가 이래서 그런지 이곳 동료 철학교수들에게서도 권위 의식과 같은 것은 찾아볼 수가 없다. 어줍지 않은 허명이나 자리만 얻어도 그만 마음이 교만해지고 몸에서는 거드름이 묻어 나오는 것이 보통인데 심원선생님은 그 특유의 해학으로 즐거움을 선사하시곤 했다. 철학과에는 재야 고수라고 자처하는 철학자들이 방문하는 경우가 간혹 있었다. 심지어는 말도 안 되는 도사들이 찾아와도 다 들어주고 격려해 주시는 것을 몇 번 보았다.

　그런데 드디어 이 미련한 곰동지에게도 한소식이 찾아오고 말았다. 60세 나이를 전후하여 자신의 평생에 걸친 화두가 '마음'이었음을 마침내 깨닫게 되었던 것이다. 그리고 그 때부터 선생님은 종래의 모습 즉 치열한 철학 전투에서 벗어나 구도자의 입장에서 세상을 보기 시작했다. 그 무렵 지방의 한 대학에서 선생님을 총장으로 모시려고 삼고 초

려했으나 완곡하게 사양하고 본격적으로 마음의 도 연마에 몰입하셨
다. 사실상 머리만 깍지 않았을 뿐 수도승이나 매한가지였던 노대가의
이런 모습을 보면서 나는 새삼스럽게 철학이 무엇이고 삶은 또 무엇인
지 묻지 않을 수 없었다.

# 영원히 마르지 않는 샘과 같으신 선생님

**심경호**
(고려대학교 명예교수)

　　지난 날들을 돌이켜보면 인생에서 큰 의미를 지녔던 만남이었거늘 당시에는 대수롭게 여기지 않았던 일들이 누구에게나 있다고 한다. 나로서는 1989년 운중동의 한국정신문화연구원(현 한국중앙연구원)에서 김형효 선생님들 뵈온 일이 그 하나이다. 구내 매점 앞에 낙엽들이 낮게 휘돌던 날이었다. 주변에 마땅한 음식점도 없었던 시절이라, 교직원들이나 연구자들은 구내 식당에서 식사를 했던 시절이다. 원로 교수들은 왼쪽 창가 테이블을 쓰시고, 직원분들은 오른켠 테이블을 사용했다. 어린 나이에 조교수로 발령을 받았던 나는 식사 시간이면 어느 쪽에 앉아야 할지 망설이고는 했다.

　　어느 날인가, 선생님께서 식판을 들고 내가 앉은 테이블로 오셔서, 한문고전을 연구한다니 반갑다고 하셨다. 부임한 직후 연구실로 인사하러 갔던 일이 있었으나, 긴 대화를 나눌 수 있었던 것은 그 때가 처음이었다. 부원장으로 계실 때 부득이 민정당 국회의원을 하셨다는 이야기를 듣고 정치적 신념이 같지 않으리라 여겨서 굳이 가까이 뵈려고 하지 않아 왔었다. 선생님은 키가 크시고 옅은 고동색 콤비를 즐겨 입으셨으며. 허리는 구부정하셨지만 걸음이 빠르셨는데, 늘 사색에 잠겨 계셨고, 얼굴 주위에 신비로운 기운마저 감돌았다.

구내식당의 테이블에 앉으신 선생님은 안경 너머 눈빛이 무척 맑았다. 그리고, 그래서, 그렇다면…. 대화의 중심 주제가 무엇이었는지 기억나지 않지만, 추어주시던 그 말씀은 잊을 수가 없다. 나는 일생 많은 학자분들을 만나 뵐 수 있었지만, 사실상 나의 사유를 계발해주신 분들은 그리 많지 않았다. 아마 우리나라 연구자들은 특정 주제를 두고 오랜 시간 토론하기보다 소소한 이야기를 통해 교감하는데 그치는 것을 예의로 생각하기 때문일 듯하다.

김형효 선생님은 『퇴계의 사상과 그 현대적 의미』라는 제목으로 공저를 기획하시고, 철학 분야만이 아니라 퇴계의 문학에 대해서도 논해야 한다고 하면서 글을 써보라고 권하셨다(한국정신문화연구원, 한국사상가대계 4, 1997.7 간행). 아마도 그날 식사 시간의 대화 때 내가 문학을 통해 심상구조와 논리구조를 동시에 살피려 한다는 뜻을 말씀 드렸던 때문인지 모른다. 나는 학부 때 철학을 부전공으로 공부했는데, 석사 과정을 마치고 조교를 하다가 독일의 한 대학에 동방학 연구소가 설립되었을 때 조교로 추천된 일이 있었다. 김형효 선생님은 근대 이후 신학문체제가 분리해 놓았듯이 문학과 철학을 확연히 구분해서는 안 될 듯하다고 말씀하셨다. 더구나 근세 이전 한국의 사상가들은 동시에 문학가이기도 하여, 시문을 이해하지 않으면 철학을 이해하기 어렵다고 하시면서, 나의 공부를 격려해주셨다.

나는 김형효 선생님에게서 사상사 공부와 관련하여 중요한 가르침을 받았다. 선생님은 우리나라의 사상사를 장기간 분열과 위대한 통일이라는 관점에서 개괄하시고, 원효의 화쟁(和諍)·무쟁(無諍)과 퇴계의 이기론을 위대한 통일의 주요 사례로 보셨다. 나는 그 말씀을 들으면서, 영국의 스코틀랜드 하일랜드(Highland) 켈트족의 불사신 전설을 떠올렸다. 영화를 통해서 이해한 바로는 하일랜더(Highlander)는 단 한 명의 불사신만 존재해야 한다는 규율 때문에 세상의 또 다른 불사신들과 결투를 벌여야 한다. 사상사의 위대한 통일자는 그러한 규율에 구속된 자일지 모른다. 하지만 어떻든 사상사를 분열과 통일의 관점에서 개괄하신 선생님의 구도는 나로서는 우리나라 문학사, 사상사, 문화사, 역사를 큰 그림으로 이해하게 만든 기초가 되었다.

특히 김형효 선생님은 내게 퇴계의 이기론 나아가 조선시대의 성리학을 개괄할 때 '이자도(理自到)'에 주목하도록 이끌어주셨다. 나는 한학을 공부했지만 이기론에 대해서는 굳이 공부하려 하지 않았다. 그 수많은 논쟁은 철학적 담론이라기보다도 논쟁을 위한 논쟁, 계파 옹호의 기제로 성격을 띠는 면이 있기 때문이다. 당시 '정문연'에 있을 때 퇴계 관련 공저를 위한 보고회에서 선생님은 이(理)는 형언할 수 없는 신적인 존재로 보아야 하며, '이자도'는 계시(啓示)와도 같은 개념이라고 말씀하셨다. 신적인 존재의 계시라는 것을 고려하지 않는다면 유학에서 말하는 대월상제(對越上帝), 주자학에서 말하는 거경(居敬)의 행위는 이해할 수 없다고 하셨다. 나는 대학 2학년 1학기 때 일요일마다 이화여대에 재직하시던 허혁 선생님 연구실로 가서 불트만 신학을 공부했다. 신학 자체에는 흥미를 가지지 않았으나 하이데거의 책을 읽으려면 불트만의 논법을 이해하는 것이 한 가지 방법이라고 생각했기 때문이었다. 김형효 선생님의 가르치심을 받으면서 그 공부의 추억이 되살아났다. 그리고 나는 근대 이전 여러 인물들을 연구할 때 사상의 육화(肉化)를 점검하게 되었다. 『김시습평전』을 집필하면서 '사상의 육화'의 궤적을 찾아내고자 고투한 것은 그 한 예이다.

김형효 선생님의 사유는 종교적 체험과 밀접한 관련이 있었다고 나는 생각한다. 1990년에 선생님의 저서 『孟子와 荀子의 哲學思想: 哲學的 思惟의 두 源泉』(삼지원, 1990)과 『(가브리엘 마르셀의) 具體哲學과 旅程의 形而上學』(인간사랑, 1990)이 출간되었을 때, 그 두 책을 선생님의 추천을 받아 탐독했다. 후자의 책은 특히 선생님의 학문적 사유가 무엇에 뿌리를 두고 있는지 조금이나마 알 수 있게 해 주는 중요한 저서라고 생각한다. 신체 속에 수육(受肉)되어 타자와 함께 있는 구체적 생활에 주목하고 그 삶을 살아가야 한다는 메시지는 이 단절의 시대에 더욱 희망의 빛처럼 느껴진다. 나는 『논어』를 번역하고 해석하면서 이 점에 주목했다.

선생님은 마르지 않는 샘과 같은 존재가 되라고 가르쳐 주셨다. 내가 『다산과 춘천』을 집필하면서 강원대학교로 근무지를 옮길 결심을 했을 때, 선생님은 연구환경을 바꾸는 것을 격려해 주셨다. 1992년 7월, 송구스럽게 선생님 차를 타고 서울 시내까지 오면서 학문과 생활에 관해 많은 가르침을 받았다. 달래내를 넘어 고속도로가 끝나고 예술의 전당 부근으로 향할 때, 선생님은 『논어』에서 어느 구절을 가장 좋아하느냐고 물으셨다. '금여획(今汝畫)' 세 글자라고 말씀 드리고, 『맹자』의 '용광필조(容光必照)'와 연계시켜 부연하면서, 본래 한문학을 폐기하기 위해 한문학을 전공으로 택했으나 『논어』의 그 강렬한 메시지에 이끌려 한문을 좋아하게 되었다고 말씀드렸다. 선생님은 운전대를 두드리시며 몇 번이고 그 구절을 되뇌셨다.

이후 선생님을 뵈올 기회가 없었다. 옥고를 더 읽지도 못했다. 선생님은 2013년 여름 이후 활동을 못 하시다가 2018년 2월 작고하셨다. 그러나 내게 선생님은 영원히 마르지 않는 샘이시다. 2021년 2월 정년을 해서 연구실 책을 정리하게 되어, 서가의 중심에 두었던 선생님의 두 저서를 박스에 넣으면서 마음이 아팠다. 선생님께서 계발해주셨던 사유의 방식을 더 확장시킬 시간이 내게 허여될까? 나는 시방 목이 마르다.

# 1980년대 한국정신문화연구원에서 심원(心遠)선생과의 인연

**이서행**

(한국학중앙연구원 명예교수)

먼저 필자의 心遠 아호에서 떠오르는 선생님의 지적인 단상은 단순히 심적 기능이 원하는 心願분야가 아니라 동서철학과 종교문화를 관통하는 넓고 깊고 무한한 학문의 세계 즉 동서철학의 소통과 그 한계를 뛰어 넓는 心遠성을 추구하여 불모지의 한국철학과 실학사상의 지평을 넓히다 78년에 멈춘 고독한 철학자의 모습이다.

제7대 국민윤리학회 회장직을 지낸 필자와 심원선생과의 인연은 80년 국민윤리학회 활동을 하면서 초대회장인 서울대 유달영 교수, 교총회장을 지낸 2대 회장인 한양대 유형진 교수, 이규호 전 문교장관, 3대회장 고대 한승조 교수, 4대회장 서울대 박용헌 교수, 5대회장 성대 양흥모 교수, 중앙대 김민하 총장, 6대회장 건국대 김갑철 교수 등과 친분을 갖게 되면서 부터다. 필자가 82년 1월에 한국정신문화연구원 교수로 옮길 때 심원선생은 부원장이었으며 필자를 적극 추천한 분은 한승조 기획처장, 박용헌 연찬부장이었는데 심원선생도 반대하지 않고 적극 환영해주셔서 가까운 유대관계가 남달리 이어졌다. 당시 원장은 고대교수로서 동국대 총장을 역임한 정재각 선생이었는데 1년 후 성균관대 유승국 교수가 원장으로 발령되었다. 당시 문교부에서는 심원선생과 호흡이 잘 맞는 분을 원장으로 보내려고 심원선생과 교감이 이루어진 것으로 기억 된다. 즉 심원선생이 유학에 관심을 갖고 공부할 때 유승국 선생과의 인연이 되어 추천하게 된 배경으로 기억된다.

큰 맥락에서 보면 심원 선생이 국민윤리학회의 원로들과 가진 친분은 심원선생의 서울대 은사인 박종홍선생의 정치철학과 박정희 전 대통령의 교육철학이 담긴 1968년 제정된 국민교육헌장, 나아가 70년대 초에 시작된 조국근대화와 사회개혁 국민운동이었던 새마을운동에 대한 지지가 배경이었다고 본다.

1983년도 어느 날에 심원선생이 필자와 차담하면서 불쑥 꺼낸 화제가 교수와 국회의원의 비교였다. 사회적 역할 평가와 경제적 대우면에 대해서였는데 그 후 심원선생은 고뇌하며 12대 전국구의원(1985-1988) 입문으로 지인들의 권유를 받아들인 것으로 안다. 그 후 필자는 심원선생과의 대화 속에서 정치입문을 권유한 분들을 확실하게 알게 되었다. 직접적인 영향은 박정희대통령시절 특보로 청와대에 들어가 국정 방향의 큰 틀을 잡아준 은사인 박종홍교수의 영향이 컸음은 생전에 심원선생의 술회에서 나타났듯이 의심의 여지가 없다고 본다.

여기서 심원선생의 일시적인 정치계 입문경력이 왜곡되어 일부 운동권 학생들의 시위 때 나온 어용교수로 오인되어 서강대에서 정신문화연구원으로 이직 하게 된 배경에 대해서 언급하고자 한다. 왜냐하면 당시 심원선생의 고뇌를 누구보다도 가까이서 지켜봤기 때문이다. 심원선생이 정계에 발을 내 디딘 배경은 다수가 교수직과 정계를 넘나든 정치교수와는 판이하게 달랐다는 점이다. 당시 정치상황에서 볼때 심원선생은 권력욕보다는 이념적인 남북대결의 극복과 새마을운동을 통한 국민들의 정신문화 쇄신을 위한 남다른 소신과 열정적인 철학자였다. 그가 스승인 박종홍 교수와 선배인 연세대 이규호 교수 등과 함께 개발연대 박정희 통치에 대한 철학적 뒷받침을 시도한 점은 부정할 수 없는 우연적 필연이었다고 본다.

앞에서 밝힌 대로 그는 뜻 맞는 스승, 선배, 동료 지인들과 함께 박정희 통치에 대한 철학적 뒷받침을 했지만 분단국가의 현실에서 미래 지향적인 국가발전과 평화통일을 염원하는 선택이었지 속물적인 권력 지향의 이데올로기적인 변절이 아니었음을 이 기회에 필자는 단언하고자 한다. 실제로 심원선생 철학사상의 지향점이었고 미래 통합 번영된 민족국가의 조망이었다. 이는 한마디로 심원선생이 당시에 주창한 상응혁명에 잘 나타나 있다. 상응혁명이란 김일성가의 1인 독재 주체사상 좌익혁명에 대응하는 자유민주주의 혁명을 포괄적으로 일컫는 용어로서, 북한 무력공산혁명이 전체주의 광기에 불과한데 비해 자유민주주의 상응혁명이란 인본주의 사회혁명을 동시에 겨냥해야 한다고 심원선생이 1970년대 말에 주창한 대응 혁명이론을 일컫는다.

이런 차원에서 그는 위의 상응혁명정신을 실천하기 위해 각 대학에서 정치교육 혁신이 절실했으며, 기존의 1차원적 반공 이데올로기 교육에서 벗어나 김일성주의와 대결해 그걸 압도하는 반공교육 수립이 목표였다. 80년대 초부터 각 대학에서 이데올로기 비판 교육이 정치교육의 일환으로서 필수과목으로 그 중요성이 강조되었다. 심원선생과 가까운 지인 독일 유학파 출신 즉 정치교육의 원조라 할 수 있는 이규호 교수를 필두로 서울대 이용필 교수, 숭실대 전득주 교수, 이대 진덕규 교수와 홍순호 교수, 연대 박순영 교수, 외대 강성희 교수, 한양대 이기옥 교수, 인천대 김민하 총장, 건대 김갑철 교수 등 각 대학 국민윤리 교수와 정치학과 교수가 주로 담당했었다.

당시 독일 유학파가 중심된 이유는 독일은 미국이나 유럽의 여타 국가와는 달리 '민주교육' 또는 '민주시민교육'이 아니라 '정치교육'이란 용어를 사용했으며 독일 평화통일에 큰 기여를 했다고 평가되었기 때문이다. 바이마르 공화국 시기에는 '공민 교육'이란 용어가 수용되었는데 그것은 무엇보다 국가를 위한 교육이라는 의미를 지녔다. 동유럽이나 프랑스에서 정치 교육은 당파에 물든 이데올로기 교육을 의미하기에 독일의 정치 교육 개념이 유럽에서 보편적으로 적용되거나 전이되기는 어려웠다.

독일인들은 자국에서 '정치교육'이라는 말을 사용하더라도 국제무대에서는 '시민 교육' 또는 '민주교육'이라는 용어를 대신 사용했다. 1952년 11월 25일 '독일 연방 정치 교육원'이 개관 하면서 시민 교육은 '정치교육'이란 이름으로 정착 되었던 것이다.

'정치교육'은 주로 정치 이해와 참여 정치 상황에 대한 이해를 촉진하고 민주주의 의식을 다지고 정치 참여 의지를 북돋우는 것을 과제로 삼았다. 1990년 통일직전부터 독일의 '정치교육'은 협소한 의미의 정치 제도와 과정에 대한 교육을 넘어 더 포괄적인 민주주의 교육으로 재 적립 되면서 민주시민 교육과 개념적 차이가 사라졌다.

심원선생이 '시민정신교육'이나 '정치교육'의 중요성을 설파할 때 필자가 볼 때는 마치 독일의 철학자이면서 패국을 목전에 두고 국민통합을 이끌어 내 외적을 물리치고 유럽의 강국으로 부흥시킨 정신적 철학 지도자였던 피히테(Fichte, 1763~1814)을 연상케 했다.

피히테는 외부 사회와의 마찰과 무신론자라는 누명으로 인해 결국 모교 예나대학을 떠날 수밖에 없었지만 후일 베를린 대학으로 옮겨 명석한 시대적 강연을 펼쳐서 모두가 탄복하고 존경하는 정신적 지도자 자리를 차지하게 되었다. 피히테는 나폴레옹 군대 앞에 프러시아가 항복한 뒤 국왕과 함께 쾨니히스베르크에 갔다가 코펜하겐을 거쳐 1807년에 프랑스군에 점령당한 베를린으로 되돌아 와서 이듬해 겨울 그 유명한 「독일 국민에게 고함」이라는 명연설을 통해 위기시대에 국민대통합을 이끌어 냈다. 필자로서는 피히테와 정치적 환경과 지형은 달라도 당시 심원선생에게 주어진 시대적 요청면에서 그 유사성을 찾아 볼 수 있었다.

피히테는 평소 존경한 칸트처럼 프랑스혁명에 한없이 환호했던 나폴레옹이 혁명을 통한 정치적 성과를 짓밟으며 유럽 전체를 정복하려 들자, 그를 '모든 악의 화신'으로 간주하고 프랑스 관리가 지켜보는 가운데서도 나폴레옹에 대항하여 궐기할 것을 호소한 정의의 철학자였다. 이런 면모는 심원선생의 글이나 강연을 통해 그 유사성과 닮음의 철학정신을 많이 접하게 되었다.

필자가 한중연 연구원 연찬실장으로 재직시 〈국가발전을 위한지도자간담회(각계각층의 차관급이상이 교육대상)〉 특강을 심원선생에게 부탁한 적이 많은데 그 당시 필자가 생각할 때 심원선생이 공군사관학교 교수로서 재직시 남다른 애국적인 열정적인 강의가 몸에 체질화된 것이 아닌가 하는 생각을 갖게 되었다. 특히 심원선생의 평소 지론강의 내용중에 破邪顯正 사자성어가 기억된다.

본래 불교에서 부처의 가르침에 어긋나는 사악한 도리를 깨뜨리고 바른 도리를 드러낸다는 뜻이지만, 평소 그릇된 생각을 버리고 올바른 도리를 행한다는 심원선생의 철학사상 가운데 유학과 불교색이 짙은 인생관의 한 단면의 표현이라고 본다. 심원선생의 지적 영역 가운데 불교철학이 점유하고 있었음을 뒤늦게 알게 되었는데, 필자도 학부시절 불교학개론과 칼 맑스의 공산주의 강의를 이기영 동국대 불교대학 학장한테 듣고 그 감동으로 졸업 후 반공과 승공강사로 활동한바 있었으며 성철스님에게 법문 들으러 해인사에 짧은 기간 동안 기거한 경험이 있어 그를 바탕으로 심원선생과 종교에 대해 시간 가는 줄 모르게 토론한 바 있다.

필자도 학부시절에 철학과 에큐메니컬 신학을 병행하여 공부한 적이 있어 심원선생의 카톨릭 토양의 루벵대학에서 동서철학 공부 경험은 필자에게 큰 도움이 되었고 그 후 한반도 평화통일과 한국철학의 체계정립에 관심을 갖게 되는 동기가 되었다. 뒤늦게 알게 되었지만 불교철학자 이기영교수와 18년 후배인 심원선생은 구라파유학서부터 겹치는 학문영역과 종교를 넘나드는 실천철학을 추구하는 자세에서 상호 아끼고 존중하는 관계였음을 알게 되었다.

연구원 시절 한때 차담하면서 필자가 부러운 듯이 심원선생의 끊임없는 도전과 문제의식의 해결방안을 모색하는 천재성, 식을 줄 모르는 역동적인 열정과 에너지가 어디서 나오느냐는 질문에 겸손하게도 즉답을 피하고 역사적으로 불교에서는 원효선사 유학에서는 퇴계와 율곡을 지칭했으며 이 시대에 있어서 천재는 금년 초에 돌아가신 이대 교수였던 이어령 문화체육부 장관이라고 하는 겸손함을 보여주기도 했다.

필자는 심원선생과 대화 중에 율곡선생의 정치철학에 공감하면서 필자의 석사논문인「율곡의 이기론과 경장론」에 대해 토론한 적이 있는데 심원선생의 현실정치참여가 긍정적으로 생각되어 묵시적인 동의를 표한 적이 있었다. 즉 이이의 정치개혁가적 측면과 도덕사회를 주창하려 하였던 도학자의 면모에 공감했기 때문이었다. 심원선생은 필자가 도덕정치 담론에 머물러 있을 때 실제 정치개혁의지를 실천적인 사회참여, 열정적인 강연과 국회의원직을 통해 표출했었다. 특히 율곡의 정치철학 화두 가운데 창업·수성보다 경장의 중요성을 강조했듯이, 심원선생도 율곡처럼 폐단이 누적되어 경장에 힘써야 할 때라고 평소 사회개혁 정신교육 강연에서 강조하였다.

실제로 80년대 필자도 참여한 정부의 용역사업이었던 국민정신교육 교재『시련과 영광』,『국난극복』집필 내용 가운데서 심원선생의 평소 지론이었던 성웅 충무공의 무에서 유를 창조하여 23전 23승이란 대승으로 구국한 애국심의 표상이 된 '死卽生 生卽死' 결연한 정신 등이 상당부분 반영되었음을 기억한다. 필자도 군 장교로 복무할 때 정신교육교관이었는데 당시 충무공의 구국정신에 탐닉한 바 있어 충무공의 애족애국심에 대해 당시 심원선생과 남다른 공감대가 형성되기도 했다.

16세기 임진왜란 발발 10년 전「민병 10만양성론」을 주장하여 미래 안보관을 제시했던 율곡의 경장론은 본래 태평한 세월이 장기간 지속되면 폐단이 생겨나기 마련이고 그것이 누적되면 기존 질서가 붕괴되어 과감한 개혁으로 구제하지 않으면 망국하는 것을 역설한 것이다. 또한 "조상이 지은 옛집이 오래되어 재목이 썩어서 곧 무너지려는 상황에서 미봉적으로 수리하는 것이 아니라 집을 근본적으로 고치는 것으로" 경장의 중요성을 비유했는데, 심원선생도 시대상황으로 볼 때 지도자의 '聖學: 帝王之道' 즉 수기치인이 절실하여 범사회적 의식개혁의 중요성을 강조했다. 율곡은 당시 성학론에서 "내외 변화정세의 환경 속에서 군왕이 인재를 분별하여 선비를 선발하고 신의정치로 도학의 이상을 실현할 수 있는 길이 열릴 수 있다"는 신념을 밝혔듯이 심원선생도 당시 제자양성과 취업에 남달리 애정과 의욕을 보였던 것으로 기억된다.

인간은 예외 없이 외부 세계의 제약에 굴복하거나 아니면 그것을 극복해서 스스로 내적 자유를 누리거나 둘 중에 하나를 선택해야 하는데 여기에서 독일의 피히테는 영원히 전진하는 행동에 그 주안점을 두었다고 본다면, 심원선생의 서울대 철학과 박종홍교수와의 만남 이후 이미 자신의 철학을 찾기 시작했다고 본다. 카톨릭계통 벨기에 루뱅대학에 유학의 길은 미래생에 있어 큰 도전이었고 서양의 교부철학과 스콜라철학, 실존주의, 구조주의 에서부터 유불을 통한 동양철학의 섭렵, 한국철학의 정립에 쏟은 열정에서 볼 때 자유주의 닮음의 철학을 엿보게 된다.

젊은 시절 피히테는 칸트처럼 종교란 도덕에 지나지 않다고 보았으며 도덕법칙에 따라 성실하게 노력하면 이 땅에서 행복을 누릴 수 있다고 주장했을 뿐, 이 세상이 아닌 저 세상에서 기대할 수 있는 축복이란 없다고 믿었다. 그러나 어느 때부터인가 종교적인 힘이 모든 인류의 역사적인 과정을 완성해야 한다고 주장하기 시작하면서 1813년, 「국가철학」이라는 과목을 종강하는 자리에서 "이 땅의 모든 인류는 내적으로 결합된 유일한 기독교적인 국가에 의해 통일되어야 한다"고 서양종교에 치우친 독일 민족주의 단면이 극단적으로 표출되기도 했다.

결국 칸트와 피히테도 무신론입장에서 철학을 시작했지만 칸트는 요청적인 신을 용납했고 피히테는 기독교 국가 통합을 희망했다. 심원선생도 그의 철학과 신학사상을 담은 아래글을 유추해보면 동서비교

철학자로서 기독교를 비롯하여 유불도를 섭렵 하였기에 어느 한 종교로 단정하기보다는 통합적인 칸트적 신개념에 가깝지 않았겠는가 하는 생각을 갖게 된다.

심원선생의 신학에 대한 입장을 소개하면 "저는 장차 기독교 신학도 역사신학에서부터 마음의 신학으로 바뀌지 않을까 생각하며 마음의 신학으로 바뀌면 미래사회의 종교적 구분은 의미가 없어지고, 예수는 한 사람이지만 우리는 모두 그리스도인이며 불성을 찾든 그리스도성을 찾든 본성을 찾든 양지(良知)를 찾든 아무 관계가 없고, 그렇게 되면 미래에서는 종교의 구분이라는 것이 무의미하게 되지 않을까 생각합니다." 이로 인해 필자가 학부시절부터 접한 초교파 신학과 심원선생의 마음의 신학이 둘이 아님을 엿보게 되었다.

단적으로 필자는 김형효 교수의 아호 心遠과 법명 如天이 내포하고 있는 의미처럼 심원선생의 생은 동서철학과 종교사상을 통해 유한에서 무한(一即多)신개념을 추구하고 무한에서 유한(多即一)의 실천적인 실학사상을 탐구하면서 다양한 지인들과 더불어 현실개혁을 위한 애국심 열정에 반영되었다고 본다. 정년이후 그의 생애철학이 묻어난 강연, 발표, 논문 등을 모은 『철학 나그네』, 『사유 나그네』, 『마음 나그네』에서 心遠과 如天의 세계가 잘 드러났다고 보며, 책 서문에서 언급했듯이 "제가 도착한 마지막 철학적 사유는 하이데거와 니체, 데리다를 잇는 서양의 해체철학과 동양의 노장사상과 불교사상"이라고 분명하게 고백한데서 동서철학을 자유롭게 넘나들며 비교를 통한 초미시세계와 초거시세계, 창조적 진화과정, 유무존재론의 始終이 과학적 사유세계를 넘어 종교심인 일심으로 관조되어 득도된 그의 경지를 읽게 된다.

끝으로 가깝게 지낸 지인의 운명적인 인연을 통해 보면 먼저 김형효 교수의 아호 心遠이 박종홍 은사를 통해 그의 철학적 사유가 끝없이 시작되었고, 조국근대화와 경제부흥을 가져온 박정희 민족지도자와 독일통일을 가져온 '정치교육' 문화을 도입한 독일학파 지인들을 통한 분단현실 극복과 한국적 민족번영의 애국심 의지가 형성되었다. 그후 청화 스님 설법집을 통해 환희심을 얻고 염불선 수행을 통해 성불의 세계를 체험한 후 차별없는 종교심의 과정을 거쳐, 혜거 스님에게 받은 如天이라는 법명에서 불심을 통해 동서에 가장 큰 영향을 준 기독교의 Heaven으로부터 一心 如天이라는 心遠만의 독자적인 불교적 "마음의 신학"을 세운 점에 후학으로서 찬사와 감탄을 아끼지 않게 된다.

# 심원(心遠) 김형효박사 5주기를 맞이하여

**지교헌**
(한국학중앙연구원 명예교수)

세월은 빠르기도 하여 심원(心遠)선생이 우리 곁을 떠난 지도 벌써 5주년을 맞이하게 되었다. 백구과극(白駒過隙)이라는 말을 실감하면서 지난날을 더듬어 본다.

내가 한국학중앙연구원에서 심원(心遠)선생을 만나게 된 것은 1983년에 파견교수로 근무하게 된 때부터이다. 나는 그때 성균관대학교대학원에서 박사학위과정을 수료하고 학위논문을 준비하는 중이었는데 연구원장이며 나의 지도교수이었던 도원(道原) 류승국원장님의 추천으로 파견근무를 하게 되었고 이어서 1년이 경과한 후에는 직장을 옮기라는 권유를 받게 되었다.

심원선생은 당시 연구원의 부원장이었고 유럽의 유명대학에서 철학박사학위를 받고 서강대학교에 근무하다가 한국정신문화연구원(한국학대학원)으로 자리를 옮겨 근무하고 있었다. 그런데 나는 국민정신교육부 교육윤리연구실 부교수로 근무하면서 분석평가실장서리를 맡고 있었지만 도원선생님과 심원선생님과 기타 몇몇 분의 권고로 청주교육대학교를 떠나 연구원으로 자리를 옮기게 되고 교육윤리연구실을 거쳐 철학종교연구실에서 근무하게 되었다. 당시 나는 교육윤리연구실에 소속되어 있었지만 이영덕원장님의 취임 후에 있었던 조직의 개편에 따라 기획조정실의 권고로 소속을 옮기게 된 것이었다. 나는 그때 『맹자』 공손추장구에 나오는 "불감청(不敢請)이언정 고소원(固所願)"의 심정이었다. 유럽의 명문 대학에서, 미국에서, 일본에서 학위를 취득한 여러 교수들과 국내의 명문대학에서 학위를 받고 연구 경력도 쌓은 훌륭한 교수님들과 함께 근무하고 연구하면서 나는 인사위원 · 기획위원 · 도서관장을 맡기도 하였다.

심원선생은 구조주의(structuralism)를 비롯한 중요한 서양철학사상을 연구할 뿐만 아니라 여러 가지 논문과 저서를 남기고 동양철학에도 깊이 있게 연구하여 주목을 끌었다. 특히 2004년 4월에 출판한 『철학적 사유와 진리에 대하여』(부제; 현실적 소유론과 사실적 존재론 - 2책, 총 805페이지. 한국정신문화연구원 편, 청계출판사)는 온 세계의 철학자들이 관심을 가지고 읽고 연구하고 토론할만한 명저이며 대작이라고 생각한다. 이 저서 한 가지만 보더라도 그가 얼마나 주목할 만한 대학자인지 능히 짐작할만하다고 말하고 싶다.

그런데 한 번은 어느 날 갑자기 복도에서 만난 나에게 한자(漢字) 한 글자를 쪽지에 적어서 무슨 글자냐고 질문하는 것이었다. 얼핏 보아도 '曁'(기)라는 글자였다. 한글로는 '및' '다다름'이고 영어로는 'and'라는 뜻으로 쓰이며, 중국에서는 간자체(簡字體)로 쓰지 않고 번자체(繁字體)

로 쓴다는 것을 알고 있었지만 나는 그것을 설명하지 않고 회피하고 말았다. 그런데 그 후 내가 연구실로 찾아가서 설명해야 할 터임에도 불구하고 다시 나에게 질문하기만을 기다렸으나 다시는 나에게 질문하지 않았다. 그 후에 스스로 해결하였겠지만 그 때 나에게 실망한 것으로 짐작되기도 하고 나는 미안하기도 하고 그 일이 마음 한 구석에 오래 동안 남아 있기도 하였다. 그리고 또 한 번은 심원선생의 학술발표가 있었지만 나는 시일을 착각하여 참석하지 못하였다. 참으로 우연한 일이라고는 보기 드문 우연이었다.

나는 심원선생보다 먼저 회갑을 맞이하게 되어 기념문집을 발간하게 되었는데 다른 교수들의 논문은 전혀 싣지 않고 나의 논문만을 싣게 되었고 심원선생은 '眞光不輝'라는 휘호를 주셔서 책을 빛내주었다. 진광불휘는 도광양회(韜光養晦)라는 말과도 은근히 어울리는 말이며, 나의 학문이나 인격이 겉으로는 잘 드러나지 않지만 안으로는 성숙한 수준이라고 인정하는 것처럼 느껴지기도 하고 칭찬하고 격려하는 말로도 해석되었다. 세상에는 겉으로 드러난 광채가 많기도 하지만 그 많은 광채가 모두 참된 광채라고는 보기 어렵고 어떤 것은 거짓된 광채일 수도 있고 드러나지는 않았어도 드러난 광채에 못지않거나 오히려 더욱 빛날 수 있는 광채가 있을 수 있다. 따라서 나의 인격이나 학문이나 특별히 드러나는 것은 없지만 그 언젠가는 반드시 빛날 것이며 그만한 바탕을 갖추고 있다고 칭찬한 것인지도 모른다.

그와 내가 정년퇴직 후에 다시 만나게 된 것은 2009년(?)에 연구원 주최로 개최한 세미나에서 발표할 때였다. 그런데 그 때 그는 내가 보기에도 상당히 피로하게 보였고 재직시절과 같은 건강한 모습이 아니었다. 나는 심원선생이 나보다 몇 년이나 젊기 때문에 나보다는 훨씬 건강하리라는 생각만 하고 있었다. -나는 그 때 척추분리증에 폐암을 수술한 형편이라 건강에 자신이 없었다.- 그런데 그 세미나에서 서로 발표하는 것을 본 것이 마지막이 되고 말았다. 그는 점점 두뇌부분의 혈액순환이 매우 좋지 않아 치매현상이 일어나고 드디어는 운명(殞命)하고 말았던 것이다.

나는 그의 운명을 들었으나 조문을 가지 못하고 말았다. 그 무렵 나는 건강상태가 매우 좋지 않아 외출을 삼가고 있었던 것이다. 인편이나 우편으로 부의를 전하려 하였으나 그것도 잘 되지 못하였다. 인사를 다 하지 못한 나는 늘 미안한 마음을 억누를 수 없었다.

심원(心遠)! 나는 심원선생을 불러 본다. 그리고 그의 아호(雅號)에 대하여 생각해 본다. 왜 하필이면 심원인가. 심원은 마음이 깊고 먼 것이다. 뜻을 원대히 하는 것이다. 어린 아이의 응석이나 소인의 이기심을 버리고 대인의 뜻을 갖는 것이다. 일신에 그치는 지혜로 그치지 말고 천하지지(天下之志)를 찾고 실천하는 것이다. 내 한 몸으로 그치지 않고 후세를 걱정하는 것이다. 마음이 멀면 땅은 저절로 넓어지고 마음이 먼 곳에 있으면 수레의 티끌이나 흔적은 멀어진다는 것이다.

생각해 보면 심원선생은 그 마음을 일신이나 하나의 가정에 머물게 하지 않고 이웃과 국가와 세계와 우주에 미치게 하고 진정한 우주 속의 인간으로서, 학자로서 보고 듣고 느끼고 생각하였던 것이다. 따라서 사사로운 영예에 연연하지 않고 시시각각으로 다가오는 매혹의 정치권력과는 스스로 멀리하고 심원의 세계에서 진리를 탐구하였던 것이다.

이제 그의 서거 5주년을 맞이하여 옛 정을 추억하며 이 글을 쓰게

되니 그의 생전의 모습이 떠오르고 그의 정직하고 성실한 성품과 학문
적 열정과 나에게 베풀어 준 많은 인정이 떠오른다. 그의 생전의 곧고
순진한 인품과 따뜻한 정과 학문적 열정을 우러르며 다시 한 번 명복을
빌어 마지않는다.

# 3부

___

## 심원 자술(自述)
## : 내 사유의 종착지

# 심원 김형효의 철학적 여정

초점 불일치의 철학적 여행과 안심스러운 무(無)의 집의 발견

김형효

나는 미리 독자적인 방법론을 가지고 철학을 공부하지 않았기에 특이하게 개진할 것이 없다. 다만 어떻게 철학을 공부했느냐고 묻는다면 지나온 길을 더듬어 회고적 반성을 간추려 말할 수 있다. 대학생 때 나에게 깊은 영향을 준 두 철학자가 있다. 그 당시 서울대학의 교수로 계시던 열암 박종홍과 프랑스의 가톨릭 실존주의 철학자인 가브리엘 마르셀(Gabriel Marcel)이다.

나는 박종홍 선생님에게 철학이 현실을 떠날 수 없고, 따라서 우리 현실의 역사적 후진성을 극복할 수 있게 하는 주체적인 한국철학을 창조하는 것이 급선무라는 문제의식을 전수받았다. 또 마르셀에게는 실존적 느낌에서 출발하면서 정신의 존재론적 구원을 향해 가는 길을 배웠다. 그 두 가지 문제의식이 나에게 철학 공부의 출발점으로 와 닿았다는 것은 아마도 나의 무의식에 그 두 가르침을 나의 것으로 하려는

깊은 요구가 있었기에 가능했던 것이 아닐까 짐작한다. 아마도 그런 현상은 내가 내면적으로는 부드러운 정신의 행복을 갈구하는 동시에 한국인으로서 우리 모두가 역사적 비참함을 탈피하여 현실적으로 행복하기를 기원하는 의도가 있었기에 일어난 것이 아닌가 한다.

지금 생각하면 사춘기를 막 지난 나의 가슴 속엔 그 당시 우리 사회 현실이 후진적 열등의식에서 벗어나기를 바라는 역사의식과, 안으로 고요한 정신의 진리에 깊이 침잠하고픈 종교적 그리움이 함께 싹튼 것 같다. 앞의 것은 거친 바깥으로 향하는 투쟁적 의지의 노력을 생각하게 하고, 뒤의 것은 반대로 내면의 부드러운 구원의 진리에 안겨 거기에 영혼을 평화스럽게 거주하게 하고 싶은 귀의의 요구를 말한다. 안으로 내가 부드러운 진리를 통하여 정신적으로 행복하고, 밖으로 우리 모두가 세계 속에서 행복하고 당당하게 주눅 들지 않고 살아가는 모습을 이루는 것이 나의 철학적 출발점의 조감도가 아니었나 추정한다. 그런 나의 무의식의 요구에 부응하여 밖으로는 박종홍과 안으로는 마르셀의 서로 다른 철학이 이율배반적으로 나의 세계에 다가왔던 것 같다. 나는 가톨릭 교인이 되었다.

벨지움의 루벵대학 유학 시절이다. 한국을 떠났기에 나는 열암(박종홍) 철학의 요구를 잠시 유보했다. 오직 정신의 실재를 찾아가는 철학 여행에 전념했다. 나는 실존적 정신주의 철학을 공부하면서 마르셀 말고도 라벨(L. Lavelle)을 만나고, 다시 라벨을 통하여 중세의 토마스(Thomas Aquinas)를 친근히 하게 되었다. 그래서 한면으로는 마르셀적인 정신주의의 '존재론적 신비(le mystère ontologique)'와 그 내면적 형이상학에 심취하면서, 다른 한편으로는 그를 통하여 몸의 실존적 느낌의 중요성을 알았다. 그래서 나는 몸의 현상학자인 메를로-뽕띠(M.

Merleau-Ponty)를 배우고 익혔다.

부드러운 내면의 신비주의를 맛보던 나는 다시 몸을 통하여 거친 바깥 세상의 현실과 부딪치는 철학을 만났다. 몸은 의식과 세상의 중간 가교로서 의식과 세상의 '얽힘 장식(l'entrelacs)'과 같다. 의식과 세상의 교호 작용인 몸은 중간의 탄력 있는 두께와 같아서 메를로-뽕띠는 그것을 '살(la chair)'이라고 불렀다. 살의 진리는 인식론적으로 내부와 외부, 정신과 물질, 상부구조로서의 관념과 하부구조로서의 경제, 의식의 사고형태와 역사 상황 등으로 뚜렷이 구분되지 않고 모든 것이 애매모호하게 뒤엉켜 있는 비(非)흑백적인 비(非)선명성을 안고 있다. 역사현실에서도 나는 구체적으로 살에 고통을 덜 주고, 세상을 덜 괴롭히는 휴머니즘의 진리로 이끌렸다. 나는 '존재론적 신비'의 진리 이외에 다시 현실적으로 일체가 '애매모호하다(ambigu)'는 것을 터득했다.

한국에서 대학을 다니면서 지녔던 젊은 날의 낭만적 사고가 낳은 상반된 철학적 요구가 다른 차원의 옷을 입고 나타났다. 내면적인 '존재론적 신비'의 철학과 '애매모호성'을 기조로 하는 바깥의 역사현실의 철학이 다시 초점이 일치하지 않게 나의 철학 공부 행로에서 일어났다. 나는 그 둘을 어떻게 철학적으로 모순없이 동시에 화해시켜야 할지 몰랐다. 그것을 극복하는 철학적 지혜를 알려주는 철학자를 찾으려고 애썼다.

나는 베르크손(H. Bergson)이 정신과 몸이란 두 측면의 공통성을 탐구한 이라서 그가 나의 갈등을 해결할 수 있으리라 여겨 그의 철학을 공부했다. 그는 확실히 위대한 철학자였다. 그러나 그가 인간의 정신과 몸의 공통성을 본능과 지능, 그리고 직관의 삼자관계로 엮음에 나의 철학적 문제의식은 더 복잡하게 갈라졌다. 그의 철학은 바깥의 문제를 해결하려는 지능철학(본능적인 생존의 대안)과 속의 정신세계를 충만케 하는 직관철학(본능적 직접성과 유사)의 두 가지로 대별된다. 이 베르크손의 삼자 관계(본능/지능/직관)는 나중에 나의 철학적 해오(解悟)에 결정적 단서를 제공한다. 아무튼 당시에는 철학적으로 갈라진 나의 문제의식의 틈을 메울 수 있는 어떤 선지식도 보이지 않았다.

마르셀의 실존적 정신주의도 메를로-뽕띠의 살의 현상학도 모두 구체철학이다. 진리의 정신을 상황 속의 실존적 느낌에서부터 출발하려고 하지, 어떤 선취적인 이념에서부터 진리를 연역하지 않으려는 점에서 그들은 공통적이었다. 나는 특히 존재론적 신비와 그 진리를 매우 훼손하는 역사의식을 비판하는 마르셀에게 많은 영향을 받았다. 그것은 마르크스(K. Marx)와 그를 좋아한 싸르트르(J.-P. Sartre), 하버마스(J. Habermas)와 같은 이성적 해방의 혁명 철학과는 다른 길이었다. 마르셀이 가르친 길은 '열광적인 추상의 정신(l'esprit d'abstraction fanatique)'에 대한 비판과 역사 안에서 이성을 통해 문제들로 가득 찬 인간에게 구원을 약속하는 모든 종류의 현세적 메시아니즘의 허구를 깨닫게 하는 '종말론적사상(la pensée eschatologique)'이다. 앞의 것은 인간의 마음을 집단적으로 흥분시켜 실성케 하는 전체주의적 구호의 이데올로기를 말하고, 뒤의 것은 이 세상이 '본질적으로 깨졌기' 때문에 역사 안에서 어떠한 본질적인 수리도 불가능하다는 반(反)유토피아적인 사상의 제창이다. 반(反)전체주의와 반(反)유토피아니즘은 내가 익힌 구체철학이다.

나는 한편으로 내면적 정신의 신비를 그리워하는 철학과 다른 한편으로 이성에 의한 혁명적 현실 타파의 불가능성과 세상의 현상을 애매모호성으로 읽어야 한다는 상반된 철학을 안고 귀국했다. 유학 기간에도 나는 열암(박종홍)이 창도한 주체적 한국철학의 창조를 위한 당위적 명제를 어떻게 실현할 것인가에 하는 숙제를 풀기 위해 답을 찾으려고 노력했으나 성공하지 못했다. 나는 열암이 갔던 길을 따라 동양철학, 특히 유학을 공부하기 시작했다.

먼저 선진(先秦)유학과 주자학(朱子學) 공부는 한국철학의 정초를 위한 방법을 찾기는커녕 오히려 나의 철학적 갈등만 증폭시키는 결과를 낳았다. 즉, 유학사상은 맹자(孟子) 주자적(朱子的) 도학(道學)으로서 옳음[義]을 숭상하는 의리(義利)유학과 순자적(荀子的) 실학(實學)으로서 이로움[利]을 사회적 진리로 보는 실용(實用)유학이 모두 나에게는 진리적이라는 것 때문이다. 나는 조선조의 도학 선비들처럼 의리유학만 진리이고 이익을 중시하는 실용유학은 그르다는 주장을 수용할 수 없었다. 그럼에도 불구하고 나는 도덕적 옳음과 사회적 이로움을 어떻게 철학적으로 조화시켜야 할 것인가를 알지 못했다.

내가 그동안 공부한 철학적 문제의식의 상반된 갈등은 먼저 부드러운 내면적 신비와 거친 외면적 현실 경영의 두 가지 길과 본능을 대신한 과학적 지능철학과 역시 본능과 비슷하나 질적으로 다른 정신적 직관철학의 대립으로 명명할 수 있다. 이런 갈등의 이율배반성은 서양철학에서 얻은 대결 구조였다. 거기에다가 또 동양 유학에서 의리의 옳음과 실용의 이로움으로 나뉘는 진리 정신의 분열이 덧붙여졌다. 나는 이러한 모든 초점이 안 맞는 갈등을 녹일 수 있는 철학을 찾지 못했다.

그러면서 한편으로 조선시대가 일반적으로 너무 도학적 의리유학에만 경도된 나머지 순자적인 실용의 경영유학을 멀리하거나 적대시하기까지 한 사유의 편협성에 대한 비판적 반성의 시각이 강렬하게 솟아나기 시작했다. 비록 조선조 후기에 청대 고증학파의 영향으로 실학운동이 일어났으나 그것이 도학적 성결 의식의 순수성에서 완전히 벗어난 세속 정신의 성공적인 해방이라고 보기는 어려웠다.

여전히 열암의 철학적 요청이 나의 사고를 떠나지 않았다. 그래서 한국의 퇴율학(退栗學)과 다산(茶山)의 유학을 공부했다. 안팎으로 행복하려고 철학 공부에 매진했는데, 심리적으로나 사회적으로 나는 행복하지 못했다. 이런 불행이 나의 의식 안에서 저 상반된 갈등의 문제의식을 더욱 첨예하게 부각시켰고, 그 모순적 갈등을 철학적으로 풀어야 한다는 사명 의식은 나의 철학하기에 더욱 박차를 가했다. 열암은 율곡보다 퇴계를 더 가까이 했다. 그러나 나는 율곡이 더 좋았다. 율곡이 덜 낭만적이고 실사적으로 보였기 때문이다.

율곡의 소론 가운데 '기발이승일도설(氣發理乘一途說)'과 '이통기국론(理通氣局論)'은 아주 큰 철학적 충격으로 와 닿았다. 신바람과 같은 기운의 힘과 성리의 보편성이 분리되어서는 안 된다는 주장과 이성의 보편성과 기운의 특수성이 구체적으로 합일되어야 한다고 천명하는 율곡의 유학은 한국철학의 창조를 위한 논리적 뼈대가 아닐까 하는 흥분을 느끼기도 했다. 더구나 구체 철학을 좋아하는 나의 성향에 율곡의 논리는 아주 잘 맞아 떨어졌다. 그래서 나는 율곡의 사칠론(四七論)과 메를로-뽕띠의 살의 철학을 비교하기도 했다. 그러면서 나는 다산의 유학이 도학의 순수주의와 실학의 세속주의 사이에서 눈치를 보면서 쓰여졌다는 것을 느꼈다. 나는 사문난적(斯文亂賊)의 칼날을 피하기 위하여 겉으로는 도학적 순수주의를 표명하면서 안으로는 세속의 실용과 실리 의식을 감추고 있는 불행한 조선 후기 지식인의 비극을 다산에게서 보았다.

그러면서 나는 서서히 열암적인 한국철학의 주제적 창조론에 회의를 갖기 시작했다. 한국철학의 창조는 목적론적 당위론의 주장에서 열매를 맺는 것이 아니라, 자연스럽게 철학자들이 철학하기를 통하여 그

철학적 깊이와 통찰력에서 보편적인 공명을 얻을 때 저절로 생기는 것
이 아닌가? 율곡의 논리 위에서 철학을 한다고 하여도 그런 철학하기
는 주어진 도식과 설계도에 맞춘 인위적인 구축에 지나지 않은 가공품
아닌가? 열암의 언명이 사명 의식에 너무 경도된 것은 아닌가? 창조의
철학은 논리적으로 불가능하다는 생각이 더욱 일어났다. 창조적 한국
철학은 결국 자연스럽게 무의식적인 한국 문화의 토양에서 무위적으
로 꽃이 탐스럽게 필 때 명명할 수 있는 것이 아닌가?

그래서 나는 한국 문화의 무의식적 토양을 인식하기 위하여 의식의
철학에서 다시 무의식의 철학으로 내려가기로 마음먹었다. 나는 유학
시절에 눈여겨보았던 구조주의 사상을 공부하기 시작했다. 난해하기
도 하고 순수철학의 영역이 아닌 구조주의를 이해하는 데 제법 고통스
런 시간이 걸렸다. 나는 무의식의 구조에는 자유의지가 큰 역할을 하
지 못한다는 그런 필연의 물질 철학을 음미하기 시작했다.

그즈음에 나는 이미 가톨릭적인 신비 철학에서 제법 멀어졌고, 또
가톨릭적인 신앙을 거의 의식하지도 않았다. 구조주의 인류학자인 레
비스트로스(Cl. Lévi-Strauss), 프로이트 계통의 정신분석학자인 라깡
(J. Lacan), 구조역사학자인 푸꼬(M. Foucault), 그리고 역사적 이념가
로서의 마르크시스트(marxiste)가 아니라 구조적인 인식이론가로서의
마르크시엥(marxien)인 알뛰쎄르(L. Althusser) 등을 공부했다. 구조주
의 공부를 통하여 한국 문화의 심층을 탐구하려고 생각했다. 한국 문
화의 구조를 인식하여 다시 한 번 열암이 말한 창조의 논리에 그와는
다르게 도전하려고 했다. 표피적인 의식의 현상보다 심층적인 무의식
의 구조가 칠학적으로 더 중요해졌다. 구조주의에 대하여 원론적인 수
준에서 공부했으나 그것을 응용하기 위하여 한국 문화의 구조를 알려

주는 인류학. 언어학, 고문서에 대한 선행 연구가 너무 부족하여 그 길을 포기했다. 그 길을 새로 개척하기에 인생은 너무 짧다. 말하자면 나는 열암이 하고자 했던 한국철학의 주체적 창조와 한국인의 역사 재창조를 포기하고 말았다. 그것은 불가능한 꿈이었다. 철학사상은 작위적인 지성의 논리와 의지의 노력으로 되지 않고 자연스럽게 토착 생물처럼 생기할 뿐이다.

한국철학 사상의 주체적인 창조가 헛된 정열이 아닐까 하는 생각과 함께 나의 철학적 사유는 늘 따라다니던 상반된 이율배반의 구조를 극복하는 문제에 더 뚜렷이 집중되곤 했다. 제일 먼저 제기된 문제의식인 향내적 구원과 향외적 구원의 초점 불일치, 그 불일치를 잇는 존재론적 신비주의와 현실 역사적 진리의 애매모호성과의 불합치, 그리고 본능과 지능을 합친 현실적 문제 해결의 객관적 철학과 직관적 영성주의 철학과의 괴리 문제, 그리고 베르크손이 남긴 '열린도덕(la morale ouverte)'과 '닫힌도덕(la morale close)', 그것과 의미상으로 연관되는 유학 사상 내부의 도학적 순수주의와 실학적 실용주의의 어긋남 등이 한 곳에 공부를 정착게 하지 못하고 끝없는 여정의 길을 가도록 만들었다.

나의 사유는 어느 한 쪽을 선택하지 못하고 거의 예외 없이 양쪽을 다 인정하는 이중성과 양가성의 철학 방식을 표명했다. 그래서 중년기에 나는 '~일 뿐만 아니라, 또한(~not only~, but also~)'이라는 표현법을 자주 썼다. 그 표현법은 초기부터 대두된 나의 이율배반적 문제의식을 푸는 방법을 발견했다는 것을 말하는 것은 아니지만, 적어도 대립적인 것의 두 극단을 모두 용인하는 어중간한 타협을 나타낸다. 이런 이중성의 어중간한 사유방식이 결과적으로 구조주의 공부와 함께 나의 오랜 철학 여행을 쉽게 해줄 수 있는 조그만 나의 집을 발견하도록 하는 역할을 했다.

구조주의에서 내가 배운 성과는 의식과 인간의 소멸이 진리의 터전이라는 것이다. 자의식과 인간의 주제는 그동안 늘 나의 철학 공부에 빠지지 않고 등장하던 주 메뉴였는데, 이제 구조주의적 사유의 터득으로 자의식과 인간의 강한 목소리가 초점이 맞지 않는 나의 철학적 문제의식의 해결에 방해가 된다는 것을 느끼기 시작했다. 즉, 자의식과 인간의 목소리가 사라짐으로써 대립적인 것으로 여겼던 모든 문제의식이 무의미하게 사라졌다는 것이다.

그러기 위하여 나의 마지막(실질적으로 마지막인지 모르지만) 사유의 행정인 해체주의를 말해야 한다. 구조주의 철학에서 나는 데리다(J. Derrida)의 해체철학의 의미를 읽는 것을 배웠다. 데리다는 나의 후기 철학하기에서 매우 중요한 전환점을 암시한 사상가이다. 데리다가 불교의 연기법(緣起法)과 같은 이중적인 차연(差延; la différance)의 진리를 설파하는 것을 보고, 이것이 내가 젊어서 대학생 때 공부한 적이 있었던 노장(老莊)과 원효(元曉)의 이해할 수 없는 이상한 언설을 해설하는 것이 아닌가 하는 생각이 전광석화처럼 떠올랐다. 그랬다! 오랜 세월과 거리를 뛰어넘어 데리다와 노장과 원효가 서로 통했다. 나는 어떤 철학적 구원을 느꼈다.

또한 데리다의 철학은 그동안 학교에서 강의 시간에 듣고 공부했으나 잘 체득할 수 없었던 하이데거의 난해한 사유를 해오할 수 있는 길을 암시하는 것이 아닌가 하고 직감했다. 역시 나의 생각이 맞은 것 같았다. 내가 도달한 해체철학은 모든 구성적 능위(能爲)의 이성 철학을 거부하는 무위(無爲)의 철학과 같았다. 이 무위철학의 효시는 불가와 도가의 노장 철학이다. 인도의 나가르주나(Nagarjuna)와 아슈바고

샤(Aśvaghosha), 중국의 승찬(僧璨), 혜능(慧能), 현수(賢首)(法藏), 징관
(澄觀), 그리고 한국의 원효(元曉), 서산(西山) 등의 고승(高僧)들과, 노
자(老子)와 장자(莊子) 등이 해체철학의 옛 거봉들이다. 오늘날의 포스
트 모더니즘(post-modernism)과 비슷한 서양철학으로는 14세기의 에
크하르트(M. Eckhart)와 17세기의 스피노자(B. Spinoza), 그리고 20세기
의 하이데거(M. Heidegger)와 데리다(J. Derrida)와 들뢰즈(G. Deleuze)
와 바따이유(G. Bataille) 등이 있다.

　단적으로 말해 내가 도달한 해체철학이란 집은 의식과 인간의 소멸
그리고 양가성의 인정으로 집약된다. 그런 사유는 인간의 자연동형론
(physiomorphism)을 띤다. 인간의 자연동형론은 구성주의적인 자연의
인간동형론(anthropomorphism)과 다른 길을 간다. 나는 이 해체철학을
무(無)와 공(空)을 닮으려는 사유라고 명명하고 싶다. 이 사유가 나의
지나간 모든 철학적 이율배반을 해체시키는 것 같은 안심(安心)의 집이
라는 것을 간략히 말하련다.

　나는 처음에 향내적 부드러운 정신의 행복과 한국인의 거친 역사적
불행을 극복할 수 있는 향외적인 한국철학의 창조라는 이율배반적 요구
를 안고 철학하기를 시작했다. 나와 내 나라가 모두 행복하기를 기원하
는 소박한 낭만주의가 철학하기의 동력이었다. 나의 후기 사유는 불교
와 노장과 하이데거가 혼융한 삼위일체와 같다. 불교 유식학과 하이데
거를 통하여 나는 내면의 성역이 따로 있는 것이 아니라 마음은 능연심
(能然心)으로서 바깥의 세상으로 향하는 욕망이라는 것을 익혔다. 하이
데거가 말한 '현존재(Dasein)'가 곧 '세상에 존재함(das In-der Welt-
sein)'과 같다는 분석의 의미를 불교의 마음의 견분(見分)과 그 견분의
그림인 상분(相分)의 관계로 해석되었다.

그렇다면 세상은 내가 고칠 수 있는 대상이 아니라 같은 '공동현존재 (Mitdasein)'의 공동업(共同業)으로 살아가는 모든 이의 마음이 그리는 욕망의 표현인 셈이다. 마음의 공동업을 바꾸지 않으면 세상을 개혁한 다는 것은 모두 헛농사를 짓는 것과 다르지 않다. 세상을 이념으로 혁 명하겠다는 생각은 모두 어떤 이념적 정신으로 세상을 소유하겠다는 도덕주의 이상의 투사에 지나지 않는다. 그러나 세상은 수리할 수 있 는 대상이 아니다. 그러므로 향내는 정신이고 향외는 역사 사회라는 이분법은 의미가 없다.

과거의 철학에서는 경제기술주의를 형이하적 현실적 실용주의로, 사회도덕주의를 형이상적 도덕정신주의라고 여겼다. 그러나 해체주의 에서 보면 모두 소유주의의 철학일 뿐이다. 앞의 것은 세상을 과학기 술적 편리의 개념으로 개발하고, 뒤의 것은 사회도덕적인 정의의 진리 로 세상을 개조할 것을 역설하기 때문이다. 그렇게 세상을 기술로 개 발하든 공동선의 도덕으로 개조하든 모두 인간 이성이 장악하겠다는 소유의 권력의지와 다르지 않다. 이것은 존재론적 사유가 아니다.

마르셀은 '존재(l'être)'와 '소유(l'avoir)'로 철학적 사유를 구분하고, 하이데거는 '존재론적(ontologisch)' 사유와 '존재자적(ontisch)' 철학으 로 분류했다. 그런데 이 두 철학자의 철학하기는 통합할 수 있다. 존재 는 존재론적(ontologisch) 사유로 해체적이고, 소유는 존재자적(ontisch) 철학으로 구성적이다. 해체론과 구성론 철학으로 나뉘게 하는 것은 무 (無)와 공(空)의 이해다. 구성적 철학(인과론적 신학과 도학적 유학)은 무 (無)와 공(空)을 허무의 대명사로 간주하여 존재를 이해하는 데에 이것 을 배제했다. 그러나 불가와 도가에서 무(無)와 공(空)은 유(有)나 존재 와 양립할 수 없는 허무가 아니고, 하이데거가 밝힌 다함이 없는 무진장(Unerschöpflichkeit)의 상징이다. 그것은 장횡거가 말한 태허기(太虛氣)와 비슷하다. 하이데거의 존재나 불교와 노장에서 말한 유(有)는 명사적이고 개념적인 존재자가 아니라, 무(無)의 근거에서 솟은 생멸적 현상이다.

무(無)는 인과론적 원인이 아니다. 인과론과 근거론은 다르다. 하이데거의 소론을 요약하면 전자는 'davon=therefrom'이고 후자는 'darin=therein'이다. '…에서부터' 제조되는 것과 '… 안에서' 솟아나는 것은 다르다. 전자는 타동사적 운동이고, 후자는 자동사적 운동이다. 무진장한 허공에서부터 만물의 존재가 연생으로 생기하고 사라지는 반면, 최고 존재자인 신(神)으로부터 만물의 존재가 창조(제조)된다. 이 제조된 존재도 사실상 존재자이다. 신이 주인이고 만물은 그 주인의 소유물이다. 주종(主從)의 관계다. 소유론적이다.

마음은 허공과 같은 무(無)로서 개념이나 손으로 잡을 수 없지만 우리는 그 마음이나 허공이 있다고 여긴다. 그것은 칠정(七情)과 만물 때문이다. 칠정은 마음의 본체인 무(無)의 현상적 유(有)다. 칠정은 여러 가지 인연으로 얽혀 발생한다. 허공도 무(無)지만 해와 달과 구름과 별빛과 기러기의 행렬을 통하여 그 허공이 있다고 여긴다. 만물도 허공에서 인연의 얽힘으로써 생기한다. 이것은 불교의 화엄 사상과 연관된다. 이런 얽힘의 생기를 하이데거는 번역하기 힘든 용어인 'Ereignis(무(無)의 본성이 일어나는 것으로서의 성기(性起), 생기(生起)로서의 존재, 이기상(理氣相)의 존재사건 등)'라고 불렀다.

존재의 신비와 차연(差延; Unter-Schied=différance)으로서의 존재양식은 별개의 것이 아니다. 나가르주나는 공(空)이라는 신비와 현상적인 존재의 연기법은 별개의 것이 아니라고 언명했다. 연기법은 해체주의에서는 하이데거와 데리다가 말하는 차연(差延)으로 옮길 수 있다. 차연의 존재 방식은 노자가 말한 배메기와 같은 '병작(幷作)'이기에 메를로-뽕띠의 '교차배어법적 얽힘 장식(l'entrelacs chiasmatique)'이란 애매모호성과 같다. 그래서 이 현상학자는 해체주의의 철학에서 다시 음미된다.

존재의 신비와 존재의 애매모호성도 이율배반적이 아니다. 존재(Sein)가 무(無)의 현시가 아니라면 그 존재는 필연적으로 실재적이고 실체적인 존재자(Seiendes)의 개념으로 미끄러지고, 존재자의 형이상학은 더 위계가 높은 존재자의 소유론적 정당성을 불러온다. 소유론적 개념은 명사적 실체 논리로 가능하나, 연기법적인 차연의 존재방식은 이중적인 것이 혼용되어 있거나 병작되어 있기에 명사적으로 개념화할 수 없다. 그래서 불교와 노장 사상에서는 '현(玄)'이나 '황홀(恍惚)'이라는 애매한 용어를 쓴다. 이 용어는 술에 취한 사람의 몽롱한 의식이 아니라 흑백으로 갈라지지 않는 이 세상의 현상적 사실의 반(反)개념적 존재방식을 일컫는다.

해체철학은 경제적 실용 이익(현실주의)과 도덕적 공동선(이상주의)의 이율배반을 극복한다. 순자적인 경영철학과 맹자적인 도덕철학의 이율배반뿐만 아니라, 베르크손적인 닫힌 도덕과 열린 도덕의 상반성도 넘어서게 한다. 칸트(1. Kant)는 창세기 신화를 해석하면서 금단의 열매를 먹은 사건을 인간에게 이기심과 지능이 생긴 단초로 본다. 그러한 신법의 위반이 비록 도덕적 불량을 불러왔으나 인간의 역사에서는 경제기술을 움트게 했다는 것이다. 칸트는 인간에게 경제기술과 도덕의 초점 불일치가 있음을 통찰했다. 경제기술은 이기심과 지능이고, 사회도덕은 반(反)이기심과 도덕적 양심이 빚는다. 이 두 가지가 동서 철학사에서는 궁합이 맞지 않아 이율배반적 갈등을 빚어왔다.

그런데 이상주의적 사회도덕의 당위성이 별로 효과가 없다는 것을 밝힌 철학자가 16세기 동양의 무위적 유학자인 왕양명(王陽明)과 17세기 서양의 무위적 합리주의자인 스피노자이다. 그들에 의하면 마음은 도덕적으로 옳은 것을 따르는 것이 아니라 좋아하는 것을 좋아하는 기호(嗜好)라는 것이다. 그렇다. 마음은 좋아하는 것을 자발적으로 행하지 도덕적 이성이 옳다고 판단해서 그것을 즐겨 따르는 것이 아니다. 마음은 자연적 기호다.

이성(도구적 이성과 도덕적 이성)의 만듦을 진리로 여긴 것을 해체하는 무위 철학은 마음의 자연, 즉 무위적 자발성으로 다시 돌아올 것을 종용한다. 여기서 나는 다시 불교의 유식학과 노장의 무위사상, 그리고 베르크손과 라깡과 하이데거의 사유에서 어떤 가르침을 받았다. 마음의 자연성은 본능과 본성이다. 동물은 본능과 본성이 일치한다. 그러나 인간에게는 본능과 본성이 같은 위상에 있으면서 다르다. 그래서 베르크손은 본능을 닫힌 직관, 직관을 열린 본능이라고 불렀다. 절묘한 명칭이다. 인간의 본능은 이익이 되는 것을 얻으려는 생존의 소유적 욕망이다. 칸트의 지적처럼 이것이 과학기술을 낳는다. 본능의 소유적 욕망은 본디 무위적인데, 인간에게 본능의 콘텐츠가 너무 취약해서 소기의 욕망을 달성하기가 어려우므로 베르크손이 갈파했듯이 유위적으로 지능의 힘을 빌린다. 다른 한편으로 베르크손이 말한 직관을 나는 본성이라고 옮긴다. 본성도 자연적 기호를 갖고 있다. 이익을 좋아한다. 본능이나 본성이나 모두 이익을 좋아한다.

하이데거의 철학과 라깡의 정신분석학도 궁극적으로는 '그것이 말한다(Es spricht./Ça parle).'라는 사유로 귀결된다. 자아가 소멸되고 '그것 Es/Ça'이 주어로 등장한다. 그러나 '그것'의 콘텐츠는 다르다. 하이데거의 것은 불교적인 법계의 존재론적 본성(여래성)을 말하는 것 같고, 라깡의 것은 무의식적인 본능의 소유론적 성욕을 뜻하는 것 같다. 그리고 이익의 좋음을 취하는 방식이 다르다. 본능은 타동사적으로 바깥에 있는 이익을 소유하므로 타인들과 배타적인 아수라의 투쟁을 벌일 수밖에 없고, 본성은 자동사적으로 자기 안의 좋음과 그 이익을 스스로 존재론적으로 분비하기에 넘쳐흐르는 이익을 남들에게 시여한다.

전자는 이기배타적(利己排他的) 이익의 사냥이고, 후자는 자리이타적(自利利他)적 이익의 현시이다. 맹자의 의리유학과 순자의 이익유학의 갈등이 본성의 이익을 보는 사유에서 만날 수 있다. 그리고 도덕적 도학의 당위론적 무상명령이 후퇴하면서 본성의 자발적이고 존재론적인 욕망이 그 자리를 대신한다. 존재론적 사유가 도덕론적 사유를 밀어낸다. 앞으로 철학 교육은 존재론적 사유가 경제기술적 사유와 사회도덕적 사유를 보충대리하는 방향으로 진행되지 않을까? 나는 가톨릭에서 불자가 되었다.

어떻게 존재론적 사유를 자득할 수 있을까? 불교를 제외한 다른 해체적 사유의 영역인 노장의 도가 사상이나 양명학의 양지현성(良知現成)사상이나 서양의 해체적 사유(하이데거/데리다/스피노자)도 거기에 이르는 길을 말하지 않는다. 그 길은 바로 무아(無我)의 길이다. 무아의 길에 이르기 위해서는 먼저 본능의 소유적 욕망을 지워야 한다. 그래서 먼저 모든 소유의 무상함을 익히는 허무의 약이 등장한다. 소유의 집착이 괴로운 병을 낳는다는 것을 체득하는 허무적(虛無的) 무(無)의 세상 보기는 마음의 욕망을 소유에서 존재로 전회하는 계기를 이룬다.

그 다음 무(無)는 종용적(從容的)인 의미로 탈바꿈한다. '종용(從容; das Seinlassen)'은 만물의 생기를 그대로 여여하게 수용하고[容], 또 여여하게 보내는[從] '놓아둠(Gelassenheit)'이란 사유와 다르지 않다. 종용적 사유는 마음이 허공의 태허와 같은 본체를 닮을 때 일어난다. 허공과 허심은 함께 간다. 허심은 억지로 만들 수 없다. 그래서 불교는 만드는 것을 버리기 위한 수행으로 지관(止觀)과 염불(念佛) 등을 한다.

그러나 철학적으로 무념지념(無念之念), 무상지상(無想之想)으로서의 수행을 증득하기란 쉽지 않다. 그래서 욕망을 소유적 욕망에서 존재론적 욕망으로 치환시키면 더욱 쉽게 본성이 말을 한다는 것이다. 즉, 도덕론처럼 이기적인 본능과 기약 없이 싸우는 것이 아니라, 불성(佛性)이나 신성(神性)이나 양명학의 양지(良知)를 닮으려는 욕망이 자아의 본능적 욕망을 밀어내는 동시에 본성인 '그것'이 스스로 말하게 하면 된다는 것이다. 라깡도 본능의 욕망을 '그것'이라고 불렀다. 그런데 왜 여기서 본능적 욕망이 강력한 자아의 범주로 분류되는가? 라깡의 본능도 불교적 업감(業感; ça)과 비슷한데, 업감의 '그것'이 자꾸 언어활동에서 쌓아 두려는 집취(執聚)의 성향을 지니기에 나르시스적이고 공격적인 '나(我)'가 허상으로 등장한다는 것이다.

불성이나 신성이나 양지의 사유는 모두 무아(無我)의 발현이다. 특히 에크하르트가 무(無)와 공(空)의 신학을 이미 14세기에 전개했다. 무아(無我)의 사유는 모두 무선무악(無善無惡)의 원본이다. 지눌(知訥)이 이미 말했듯이 그런 무아의 존재론적 사유의 차원에서 저마다 타고난 재능은 모두 여래의 보광명지(寶光明智)의 한 조각 구름과 같다. 그 재능을 이기적 소유론적 본능을 위해서 발양하는 것이 아니라 무아적 존재론적 본성을 위해서 직업정신(calling spirit)으로 꽃피운다면, 각자의 자리적(自利的) 성공을 이룰 뿐만 아니라 이타적(利他的) 복덕을 짓는 것이기도 하다. 그렇다면 자리적 본성이 좋아하는 청아한 '마음의 가난'을 이루면서 이타적으로 사회생활에서 적성에 따른 일하기와 물질적·경제적 복락 well-being도 함께 얻을 수 있는 문명이 도래할 것이다.

무(無)의 존재론은 이기적(본능적) 경제기술주의가 자리적(본성적) 경제기술로 이행할 수 있게 하는 길을 찾을 것이다. '마음의 가난'과 '물질적 복락'이 양립할 수 있는 문명의 길, 이것이 21세기의 화두가 아니겠는가? 하이데거는 과학에서는 절차를 묻는 방법들(Methoden)이 귀중하나 철학적 사유에서는 오직 길들(Wege)만이 있을 뿐이라고 했다. 그는 그 길을 운동(Be-wegung)이란 뜻이 아니라 '마음의 길 닦기'라고 옮길 만한 'Be-wëgung'이라 명명했다. 나는 그 길 닦기를 무아(無我)의 집으로 가는 '길닦기'라고 해석하고 싶다. 그리고 그 무아(無我)의 집을 나는 '본성(本性)의 실용주의(實用主義)'라고 명명하고 싶다.

# 심원 김형효 선생과의 대담(불교평론: 2008)

## 동서를 회통하는 철학자, 김형효
## —해체로 불교를 읽고 불교로 해체를 읽다

---

**대담자 – 조성택·이도흠·한형조**

(불교평론 편집주간, 고려대 교수)

(불교평론 편집위원, 한양대 교수)

(한국학중앙연구원 교수)

김형효 선생은 1962년 서울대학교 철학과를 졸업한 후, 벨기에 루뱅 (Louvain)대학교 철학최고연구원에서 공부하였으며, 같은 연구원에서 1968년 박사학위를 취득하였다. 1969년 공군사관학교를 시작으로 서강대학교, 정신문화연구원, 루뱅대학교 철학최고연구원 등의 교수를 역임했다. 현재 한국학 중앙연구원 명예교수이다. 저서로『구조주의』 『데리다의 해체철학』·『노장사상의 해체적 독법』·『하이데거와 화엄의 사유』·『원효의 대승철학』 등이 있다. 김형효 선생은 자기 철학을 하는 몇 안 되는 국내 철학자 가운데 한 분이다. 왕성한 연구 활동과 동서고금의 철학세계를 넘나드는 지적 편력은 선생의 트레이드마크이다. '색즉시공 공즉시색의 철학'이 2006년 8월의 퇴임 강연 주제였다는 사실은 선생이 이제 불교를 통해 자신의 학문을 정리, 통합하고 있음을 보여준다. 이에 본지는 선생과의 대화를 통해 선생이 불교에 주목하는 이유는 무엇이며, 불교의 새로운 해석 또는 지평의 확대 가능성은 어떤 것인지를 짚어보고자 한다.

**조성택 :**

선생님을 뵈면 항상 놀라운 일이라고 생각합니다만, 서양철학부터 시작해서 동서의 사유 패턴을 모두 정리해 오셨는데 그러한 선생님의 학문적인 과정이랄까 수행의 계기에 대해 말씀해 주십시오.

**김형효 :**

저에게는 불교가 늦게 찾아왔습니다. 80년대 후반이나 90년대 초반 정도…… . 예전에 박종홍·이기영 교수님 등에게 불교를 배웠습니다만 이해도 잘 안 되고 의문도 풀리지 않고, 잘 여쭤보지도 못했습니다. 그래서 편력이 많았습니다. 박학다식이 목적이 아니라, 어떤 사상이든 공부해 보면 한계가 보이고, 한계가 보이면 그 반대쪽으로 갔습니다. 처음에 실존주의·현상학에서 시작해서 프랑스 가톨릭 철학자인 마르셀에게까지 갔다가 현상학에 들어갔는데, 현상학을 공부해보니까 세상에는 의식으로 설명 안 되는 부분이 많은 것 같았습니다. 현상학은 인간의 운명의 문제를 다룰 수 없는 것이 아닌가 하는 생각이 들면서 인간의 자유라는 것도 자기의식의 자유만으로 가능한 것이 아니고 의식을 제약하는 구조적인 요인이 있지 않겠는가 하는 생각이 들었습니다. 그래서 구조주의로 가게 되었습니다.

구조주의는 인간과 모든 역사와 문화의 하부구조를 말하니까 일종의 무의식학이거든요. 의식학에서 무의식학으로 넘어갔다고 할 수 있겠죠. 무의식학을 공부하니까 인류학을 알아야 되겠다는 생각을 하였습니다. 왜냐하면 인류학은 인류의 무의식을 설명해주기 때문이죠. 그다음에는 라깡 계통의 인간 정신의 무의식을 알아야 하고, 또한 언어가 인간 사고를 제약하는 기본적 요소이기 때문에 인류학, 정신분석학, 언어학 이 세 분야에 대해 공부를 했습니다. 공부해보니까 지하세계에 들어간 기분이랄까, 현상학에서 느낄 수 없었던 것을 느꼈고 하여튼 오묘하고 어려우면서도 재미있었습니다.

**조성택 :**

그 지하실에서 새롭게 느끼신 것은 무엇인지요?

**김형효 :**

단적으로 말씀드리면, 구조주의는 뼈만 얘기하지 피가 흐르는 생명에 대해서는 배제한다는 걸 깨달았죠. 다른 한편으로 박종홍 선생님의 영향인데, 한국 사람은 한국철학을 알아야 한다는 말씀 또한 화두로 떠올랐습니다. 그래서 유학으로 돌아오게 되었습니다.

처음에 『맹자』를 국문으로 읽었는데 서양철학자로서 보니까 너무 심심하고 기대보다 허전하다는 느낌이 들었습니다. 이후에 한문을 공부하면서 『논어』『맹자』를 보니까 차츰차츰 그 맛을 알겠더라고요. 그래서 이것이 동양철학의 맛이구나 싶어서 공맹(孔孟)에 몰두하다가 성선설(性善說) 말고 악(惡)을 설명하는 순자도 알아야겠다 싶어 『순자』를 공부했습니다.

그러면서 맹자와 순자를 비교하는 책을 쓰기도 하고, 그러다가 박종홍 선생님의 유훈을 따라 한국철학으로 오면서 퇴계, 율곡도 공부하고 다산도 조금 공부했습니다. 한형조 선생님, 다산으로 박사논문 쓰시면서 공부할 때 제가 많이 물어봤죠?

**한형조 :**

네, 그때 다산을 매개로 선생님과 고담준론(高談峻論)을 나눈 것이 생각납니다. 그렇지만 선생님께선 촛점불일치에 늘 의아해하셨고, 무엇보다 유교를 떠나 곧 불교로 가셨잖아요?

**김형효 :**

선생님과 다산에 대해 귀찮을 정도로 묻고 토론을 하다가 불교 쪽으로 오면서 원효에 대해 의심나는 것들을 연구했죠. 구조주의가 너무 구조만 따지다보니까 그것에 반발하다가 데리다를 알게 되었어요.

20대 후반 유학시절인데, 당시에는 데리다에 대해 교수들은 언급도 하지 않았어요. 그 무렵 데리다의 『목소리와 현상』이라는 책을 읽었는데 무슨 이야기인지 모르겠더라고요. 도저히 이해가 가지 않아서 당시 책 표지에다 "데리다는 미쳤다."라고 썼어요.

그런데 구조주의를 알고 나서 보니까 데리다에서 불교 냄새가 엄청나게 나는 거예요.

데리다의 이론으로 원효를 봐야만 원효가 읽혀지겠다고 생각했어요. 원효가 "불연지대연(不然之大然)이고 무리지지리(無理之至理)"라고 하는데 '무리(無理)'와 '지리(至理)'가 왜 같이 붙어 있는지 '불연(不然)'과 '대연

(大然)'이 왜 같이 붙어 있는지 그 사이에 갈지(之)자가 무엇을 의미하는지, 이게 말이 안 된단 말이지. 그렇게 말이 안 되는데 그걸 대승의 오묘한 진리니까 그렇게 이해하라고 하면 한숨밖에 안 나오는 거죠.

또 학생 때 노자『도덕경』을 배웠는데 노자 1장과 2장은 완전히 결이 안 맞습니다. 노자 1장은 무(無)의 형이상학이라고 배웠는데, 2장을 보면 완전히 유무(有無)가 상생(相生)하고 장단(長短)이 상생하는 내용이 나오니까 결이 맞지 않는단 말이죠. 이것에 대한 의문이 있었는데 선생님들께 질문하지 못했단 말이에요. 그런데 그 의문이 다시 떠오르더란 말이죠. 그때 "아! 이렇게 읽으면 되겠다. 맞아! 이게 이 소리야." 라는 깨달음이 왔죠.

그래서 제가 원효(元曉)와 노자(老子)를 꺼내서 보니까 너무도 놀라운 것이『금강삼매경론』서문이 확 풀리는 것 같고 노자『도덕경』81장도 확 풀리는 것 같았어요. 그래서『시경(詩經)』의 한 문구처럼 "부지수지 무지 족지도지야(不知手之舞之 足之蹈之也: 저도 모르게 손을 들어 춤을 추고 발을 들어 동동거린다.)"의 경지에 올라 너무너무 좋아서 옆에 누구라도 있으면 "내가 알았어." 하고 뛸 정도로 환희심이 차오르더라고요.

그래서 학생들에게 강의를 했는데, 학생들이 안 믿어요. 전혀 과거의 노자 해석과는 다르니까. 학생들이 권위에 눌려가지고 얼굴만 쳐다보며 의아하게 생각하더군요. 그래서 "이 사람들아, 자네들이 지금은 내 말을 안 믿지만 100년이 지나가면 믿게 될 것"이라고 말했어요. 그런데 장승구 교수가 지금은 세명대 교수인데, "선생님, 하와이 대학에서 나온〈Journal of Chinese Philosophy〉에 선생님께서 말씀하신 것처럼 노자와 데리다를 비교한 논문이 7편이 나와 있습니다."라고 했어요. 이때 제가 얼마나 좋았던지, 응원군이 나타난 거죠. 그래서 그 논문을 보니까 제가 한 이야기와 논지가 통하길래 복사해서 학생들에게 읽히고서 강의와 비교해 보라고 했죠. 그래서 불교로 들어가게 되었습니다.

노장과 불교, 그리고 동시에 하이데거에 들어가게 되었죠. 이전에는 하이데거도 제대로 이해하지 못했습니다. 사전적으로는 알았지만 와 닿지 않아서 자기화가 안 되는 거죠. 데리다가 제게 눈을 뜨게 해준 거죠. 데리다를 통해서 하이데거와 노장과 불교를 모두 이해하게 된 거죠.

이도흠 :

그렇게 데리다를 통해 불교를 읽고 나서 본 진리와 선생님의 세계는 전과 분명히 다를 터인데 무엇이 특히 다른 점이었나요?

김형효 :

철학이란 동서고금에 너무 많고 철학사를 보면 너무 복잡해서 진리가 무엇인지 회의가 들 것 같은데 그렇지 않다는 겁니다. 철학은 대단히 간단해서 동서고금을 통해서 보면 두 가지밖에 없습니다. 하나는 구성철학이고, 다른 하나는 해체철학입니다.

구성주의는 자연의 인간동형론이죠. 다시 말해, 인간을 설명할 때 자연과 비교하여, 즉 인간만 얘기하면 동어반복에 그치니까 변증법적으로 인간을 설명하기 위해서 자연을 인간 쪽으로 끌어들여서 설명하는 방식이라고 할 수 있습니다. 서양의 모든 이성주의 철학과 동양의 주자학을 들 수 있습니다. 구성주의 철학에는 두 가지가 있는데 하나는 형이하학적인 구성주의로 세상을 어떻게 편리하게 구현할 것인가

하는 그런 의미의 형이하적인 구성주의가 있고, 형이상적인 이성주의가 있는데 도덕형이상학적으로 정의의 입장에서 세상을 재편하겠다는 방식이 있습니다. 이것을 문명사에서 보면, 편리의 진리는 자본주의와 직결되고 정의의 진리는 사회주의와 직결된다고 할 수 있습니다. 자본주의와 사회주의가 이데올로기적으로는 대립하고 있지만 철학적인 면에서는 동일한 것입니다. 둘 다 이성에 의해서 세상을 구성하고 지배하겠다는 의도에 있어서는 모두 마찬가지입니다.

해체주의는 바로 이러한 구성주의의 철학적 한계에서부터 나타난 것입니다. 물론 해체주의가 불쑥 튀어나온 것이 아닙니다. 서양에서도 해체주의적 전통이 있었는데 에크하르트, 스피노자, 과거 독일의 심미주의 시인들, 예를 들어 하이데거가 대표적이고, 동양은 노장사상과 불교가 해체주의를 대변해왔던 것이 아닌가 합니다. 해체주의는 인간이 진리를 구성하려고 하지 말라는 겁니다. 보편적인 자아든 이기적인 자아든 간에 인간의 자아에 의해 생각된 진리로 세상을 구성하려고 생각하지 말라는 거죠. 세상은 이미 여여(如如)하게 있는데 인간이 그것을 알지 못하고 무명(無明)에 의해서 자기의 생각을 덮어씌우려고 하니까 괴롭습니다. 세상엔 여여한 법이 있는데 그 법을 무시하고 인간들이 자기 중심으로 세상에 자기의 생각을 덮어씌우려고 하니까 더 괴로운 것입니다. 도덕도 그렇게 되지 않습니다.

제가 볼 때, 해체주의가 중요한 것은 서양 구성주의는 전부 택일의 구조를 갖기 때문입니다. 정의/불의, 선/악, 미/추 등 택일의 문제로 만드는데, 세상은 그런 택일에 의해서 이루어지는 것이 아닙니다. 모든 진리는 반드시 그 그림자(shadow)로서 비진리를 갖게 마련이고, 모든 선은 자기 이면에 불선의 요인을 다 갖고 있고, 미는 추의 면을 갖고 있습니다. 나누어지지 않는 것을 억지로 나누려고 하는데 그것이 바로 분별심입니다. 지킬과 하이드는 같은 사람이고 선과 악은 같은 것의 양면성인데 그리스도와 적그리스도로 나누어서 그리스도가 적그리스도를 박살내겠다는 생각으로는 절대로 구원이 이루어지지 않습니다. 그래서 불교와 해체를 공부했습니다.

**조성택 :**

선생님의 지적 편력이자 사상세계를 요약해서 말씀하신 것 같습니다. 선생님께선 노장과 불교, 포스트모던의 해체철학을 하나의 사유로 보고 계십니다. 그것을 묶는 것을 지금 말씀해주셨고. 그럼 그것이 시대적, 역사적 맥락에 따라 어떤 차이점을 갖는지요?

**김형효 :**

인(因)과 연(緣)의 문제입니다. 노장과 불교를 같은 해체로 보더라도 인과 연이 다르면 다른 해체적인 사유가 나오게 됩니다. 불교는 인도 베다를 변환시킨 것인데 중국에서는 그런 전통이 없지 않습니까?

베다철학은 오랜 수행의 전통이 있는데 노장에는 그런 수행이 없지 않습니까? 이론적으로는 선/불선이 종이 한 장처럼 붙어 있는데 어떻게 인간이 불성이나 신성, 본성을 회복할 것인가의 문제는 노장에서는 찾아볼 수 없는 것이 아닌가. 그런 것이 연에 따라서 시대적 문화적 배경에 따라 달라지지 않겠는가. 하이데거와 데리다를 보더라도 독일의 신비주의적인 면과 수학적이고 명징한 차이도 연(緣)의 차이라고 할 수 있습니다.

조성택 :

연(緣)에 따른 차이라는 것은 좋은 비유 같습니다. 왜냐하면 불교에서 모든 중생에게 불성이 있다고 했는데, 부처가 되고 못 되고의 차이는 연(緣)에 있다고 했거든요. 우유가 요구르트가 되고, 버터가 되고, 치즈가 되는 것도 그 인(因)은 같은데 연(緣)의 차이에 따라 기본적인 변화를 설명하고 있거든요. 참 흥미로운 것 같습니다.

이도흠 :

데리다를 말씀하시면서 선생님께서 이분법과 분별심을 넘어서야 한다고 지적하셨습니다. 저도 데리다를 읽다가 세상을 이데아와 그림자, 진리와 허위, 이성과 감성, 말과 글 등 양자로 나누고, 이 가운데 전자에 우월권을 준 폭력적 서열제도가 모더니티(modernity) 위기의 핵심이라는 지적을 접하고 바로 이것이란 생각을 하였습니다.

예를 들면, 세상을 인간과 자연으로 나누고 전자에 우월권을 주니, 인간이 자연을 지배하고 착취하는 것을 당연시한 거죠. 이 패러다임에선 홍수를 막는 방법은 인간이 자연에 맞서 댐을 쌓는 것입니다.

그 댐이 당장의 홍수는 막았지만, 그 물이 썩어 그 물에 사는 생명체를 죽이죠. 비유하면 바로 이것이 근대성의 모순이라는 것이죠.

저도 포스트모더니즘에 대해선 여러 차례 비판하는 글을 써왔지만, 근대성의 모순과 위기에 대한 대안의 사유로서는 어느 정도 타당성을 갖는다고 봅니다. 이런 면에서 불교를 대안의 사유로 지적하는 분들도 있습니다. 그러나 불교와 포스트모더니즘의 관계도 불일불이(不一不二)의 관계일 듯합니다. 즉 어느 하나만이 대안이 아니라 불교에 모자라는 점을 포스트모더니즘이 보완해주고 그 반대도 성립한다 이거죠.

이에 대해 한 말씀해 주시죠.

**김형효** :

포스트모더니즘이란 말을 제가 잘 안 씁니다. 왜냐하면 그게 요즘 너무 유행이 돼서 격이 떨어져서, 뭐랄까 장삿속 비슷하게 돼서 좋아하지 않고, 또 요즘 텔레비전을 보면 턱없는 것을 가지고 나와서 포스트모더니즘이라고 하니까요. 고전음악도 광고음악으로 자주 쓰면 격이 떨어지듯이. 그렇게 되어서 그 말은 제가 좋아하진 않는데요, 제가 볼 때 모더니즘은 완전히 부정하기 어렵지 않겠는가 합니다.

특히 모더니즘에서 중요한 것은 편리의 문제입니다. 지금 우리 대화를 녹음하는 것도 다 편리인데, 이것은 다 과학기술의 소산이 아닌가. 과학기술의 소산은 부정할 수 없습니다. 과학기술에 대한 경시는 자기모순에 빠집니다. 저는 자본주의론자는 아닙니다만, 자본주의가 준 문명의 해택을 부정하면 위선에 빠집니다. 자본주의가 갖는 물신숭배와 배금주의적 요소는 배격해야 하지만 과학기술의 혜택은 경시할 수 없습니다.

제 대답이 이도흠 교수님의 질문에 꼭 맞는 것은 아닙니다만, 문명이 자본주의를 극복하기 위한 사회도덕주의가 세 번 있었다고 생각됩니다. 첫째는 맑스 엥겔스이고, 둘째는 프랑크푸르트학파이고, 셋째는 보드리야르입니다. 세 번 모두 실패했습니다. 실패의 원인은 이상을 밖에 투사하여 그것에 맞게 세상을 변화시키려고 했다는 거죠.

맑스가 먼저였고, 프랑크푸르트학파는 도구적 이성이 아니라 해방적 이성주의로 가자고 했죠. 해방적인 이성주의는 인간의 이성적인 사고를 계속 개발해서 해방으로 가려는 시도인데, 저는 이것이 불가능하다고 봅니다. 이성은 택일의 논리인데, 택일의 논리로는 절대 인간을 해방시킬 수 없습니다.

하버마스나 프랑크푸르트학파는 지금도 인기가 있고 많은 분들이 공부하고 있습니다만, 과연 인간이 이성적인가에 대해서는 회의를 느낍니다. 그나마 이성적이랄 수 있는 교수들도 세미나 할 때 보니까, 자기와 대립되는 의견이 나오면 그걸 꼭 코믹하게 제압하든지 아니면 속으로 앙심을 품고 다음에 보자는 식으로 나온다는 거죠. 그러니까 하버마스가 말한 이성적인 의사소통에 의한 인간의 해방은 안 된다는 생각이 들었죠.

그런 의미에서 인간은 절대 이성적인 동물이 아닙니다. 인간은 원초적인 호오(好惡)의 감정이 있기 때문에 이 호오의 감정을 무시하고서는 이성이란 것이 빛 좋은 개살구가 되는 거죠. 그래서 저는 하버마스와는 다른 길을 가게 되었습니다. 그리고 보드리야르는 소비사회를 어떻게 극복할 것인가 하는 대안을 제시하는데, 그 논리도 제가 볼 때 상당히 이성주의적입니다.

이러한 세 가지의 도덕주의적인 이성을 갖고서는 절대 자본주의를 극복할 수 없습니다. 저는 모더니즘의 장점은 인류에게 가난을 해결해준 점이라고 봅니다. 하지만 자본주의도 배설물이 있는데, 그것이 배금주의이고 황금만능주의이고 물신숭배주의이므로 이것을 극복해야 한다고 봅니다.

제가 볼 때 그 극복의 대안이 불교입니다. 불교는 사회주의나 이성주의의 방식으로 자본주의의 물신숭배를 극복하지 않습니다. 이성에 의해서는 지워지지 않는 감정의 호오를 지우는 불교 본연의 수행방식에 의해서 자본주의를 극복하되, 자본주의의 장점을 살려서 인간의 먹는 문제를 해결하면서 그 부작용을 극복할 수 있는 것이 불교이지 않을까. 모더니즘의 장점은 사회주의보다는 자본주의에 있다고 보는데, 자본주의의 경제 체제를 망가뜨리지 않으면서 지나친 물신화를 이길 수 있는 길이 불교의 해체주의가 아닐까 생각하고 있습니다.


## ※ 소유의 사유에서 존재와 연기의 사유로

한형조 :

응용 부분 쪽에 다시 논의가 나올 것 같군요. 그 전에 원론적 사유의 기반을 조금 더 짚어봤으면 싶고요. 조성택 선생님이 노장 불교와 포스트모던의 차이, 인연에 대해서 물었는데 저는 그 평행에 대한 논의가 더 진행되었으면 좋겠습니다.

제가 보기에는 공통 기반 중에 하나는 이름, 실체적 사고에 대한 반성이랄지 이름의 상대성에 대한 문제, 이성주의적 사고에서는 이것을 절대화하고 있거든요. 그런데 노장과 불교에서는 상대적이고 우연적인 사물의 모습에 대해 절대화하지 말라는 기본틀이 있고, 이것이 포스트모던이 다루는 근대성의 노모스에 대한 지평하고도 맞물려 있는 것 같습니다.

그런 측면을 선생님께서는 차연(差延)의 논리로 대입하셨는데 그 부분을 좀더 설명해 주십시오. 두 번째는 세상이 그대로 존재하는데 인간의 부당한 개입이 문제를 어렵게 하고 있다고 하는, 존재하는 것의 절대성에 대해 말씀해 주셨으면 좋겠습니다.

김형효 :

하이데거의 존재와 존재자의 차이가 있지 않습니까? 이것이 저는 매우 중요하다고 생각합니다. 흔히 많은 분들이 존재와 존재자의 차이를 설명하는데, 저는 그것이 와닿게 설명되지 않는다고 생각합니다. 하이데거의 그 말은 세상을 명사적으로 보지 말라는 것입니다.

존재자는 명사입니다. 이 찻잔, 볼펜, 종이처럼 명사적으로 보는데, 세상을 전부 쪼개서 명사적으로 보는 거죠. 존재를 이렇게 명사적으로 생각하니까 존재는 존재자가 되어 버립니다. 그래서 실체론적인 사고방식으로 가게 되죠. 찻잔이란 것, 물이란 것, 볼펜이란 것과 같이. 그렇게 보면, 결국은 명사에 대한 개념적인 파악이 중요하게 되어서 모든 사유가 소유론적인 사유로 가게 됩니다. 왜냐하면 독일말로 'begriff'가 개념인데, 'begreifen'하면 '잡다' 아닙니까? 영어의 'seize', 'grasp'가 잡는 것, 파악하는 것인 것처럼. 그래서 이성이 무(無)에서부터 신(神)까지 어떻게 개념으로 잡아 나아가는가가 헤겔의 개념철학이지 않습니까? 말하자면 이성이 다 파악해 내고 손아귀에 넣는 것이 개념입니다. 그러니까 서양철학은 개념철학, 명사철학이 되어서 세상을 전부 명사화하려고 했습니다. 서양어를 보면 명사가 상당히 발달해 있습니다. 이 의자의 팔걸이 부분에 대해서도 모두 명칭이 있는데, 보이는 모든 것을 명사화하지 않으면 직성이 안 풀리는 거죠.

이렇게 서양 사람들은 명사적인 사고를 해 왔는데, 하이데거는 이것을 소유론적이라고 합니다. 불교에서 개념적 사유를 알음알이라고 해서 거부하는데, 저는 이것이 매우 의미가 있다고 생각합니다. 그런데 하이데거에 있어서 존재는 쉽게 말하면 비소유거든요. 소유론적으로 세상을 생각하지 말라는 의미가 되는데 세상을 산, 흙, 낙엽 이렇게 쪼개 버리면

이게 존재자가 되는데 세상을 움직이는 것, 동사로 보게 되면, 세상에는 영향을 주고받지 않는 것이 없거든요. 조그만 것이 움직여도 영향을 주고받는다는 거죠. 이것이 불교의 연기설과 관계됩니다. 존재가 일체 존재와 관계되기 때문에 쪼개서 보면 존재자가 되어 버리지만, 전부 하나로 얽혀 있다고 보면 전체를 소유하는 것은 불가능하다는 거죠.

존재를 설명할 때 데리다의 말소리 중심주의에서처럼, 제가 거짓말하면서 참말을 동시에 하는 경우는 있을 수 없지 않습니까? 그러나 인간은 거짓말을 하면서 동시에 참말을 합니다. 내가 100% 참말만 하는 사람도 아니고 100% 거짓말만 하는 사람도 아닌 것처럼, 동시에 착종(錯種)으로 보자 이거죠. 이렇게 착종으로 보는 것이 차연(差延)적인 사고방식을 낳았습니다. 모든 것은 연(緣)으로 얽혀 있기 때문에 그 관계를 빼고서 명사적으로 말할 수 없는 것이죠. 제가 볼 때 차연이란 말도 데리다가 먼저 쓴 것이 아니고 하이데거가 먼저 썼습니다.

하이데거가 20세기 해체주의의 시작인데 오히려 서양학자들도 하이데거를 제대로 이해를 못한 것 같아요. 제가 서양에서 하이데거 강의를 들어도 잘 이해가 안 되는 이유가 서양의 일류 철학자들도, 제가 잘난 척 하려고 하는 얘기는 아닙니다만, 이렇게 이해하지 못하니까 설명이 안 된다 이거죠. 하이데거가 왜 인간의 실존을 짐이라고 보았는가? 짐은 업(業)이란 말이죠. 그런데 왜 짐이라고 보았는가에 대해서 아무 설명도 안 해줘요. 저도 잘 이해를 못했고. 그런 의문들이 있어서 제가 하이데거를 배우고 읽었지만 논문을 쓸 수가 없었죠. 제가 이해 못하는 걸 어떻게 논문을 쓰겠어요.

명사적인 사고방식을 떠나서 동사적으로 세상을 봐야 하는데, 동사적인 사고방식에는 두 가지가 있습니다. 하나는 타동사이고, 다른 하나는 자동사입니다. 기독교 신학은 타동사적인 사고방식입니다. 왜냐하면 신이 주체가 돼서 신이 세상을 창조하여 외부적으로 제조했다는 사고방식이니 타동사라는 거죠.

내가 무엇을 만들었다는 식으로. 불교는 주체도 없고 목적도 없기 때문에 결국에는 자동사인데 바다에서 거품이 스스로 일어나고 태양에서 빛이 스스로 나오듯이 우주는 무(無)에서부터 에너지가 자발적으로 나오기 때문에, 무라는 것은 무한대의, 무진장의 에너지 보고를 말하기 때문에, 그리고 스스로 일어나기 때문에 자동사적인 세계관이고 동시에 자기 자신으로 돌아온다 이거죠.

그러니까 재귀동사죠. 불교는 자동사인 동시에 재귀동사인 우주관이고 기독교 신학은 타동사적인 우주관인데, 타동사적인 우주관이 하이데거가 볼 때 제조적인 사고방식이고, 이는 중세기에 이른바 신에 의해서 세상이 창조되었다는 이야기는, 바로 근대를 넘어오면서 인간이 세계를 도덕적이고 기술적으로 제조한다는 사고방식과 같다는 하이데거의 지적은 대단히 정곡을 찌르는 이야기라는 거죠.

이제 불교나 노장은 창조나 제조의 사고방식, 명사적인 사고방식이 아니라 차연적으로 봐야 한다는 것이죠. 한국의 문제도 차연적으로 봐야만 우리의 인식도 한 단계 업그레이드 될 수 있다고 봅니다. 늘 한국은 너와 나를 나누어서 네가 잘했니 내가 잘했니 싸우는데 그렇게 해서는 절대 문제가 안 풀리죠. 모든 것이 서로 얽혀 있기 때문에 저것이 일어나는 것은 반드시 이것이 있기 때문에 일어나는 것이지 저것이 없이 이것이 일어나는 법이 없다는 말이죠. 이것이 일어났다면 자기도 연(緣)의 책임이 있는데 이것을 모른다면 절대 세상 문제가 안 풀린다고 봅니다.

이도흠 :

근본적으로 서양은 실체론적 사고를 하기에 사람에 대해 물을 때에도 "너는 누구인가?"라고 묻습니다. 하지만 동양은 관계의 사유를 하기에 사람에 대해 물을 때, "너의 아버지는 누구지?" "너는 형제 가운데 몇째지?"라는 질문을 던집니다. 사피어 워프의 가설대로 "언어는 세계의 형식을 규정하는 것"이기에 이런 사고의 패러다임 차이가 언어에도 그대로 투영되는 것이 아닌가요?

한형조 :

관계를 축으로 한 언어와, 소유에 토대한 언어가 다를 수밖에 없겠지요. 대학 시절, 언어분석철학 강의에서 느낀 곤혹이 새삼 기억나는군요. 거기서는 언어가 객관사물을 지시하고 언어의 구조를 알면 세계의 구조를 알 수 있다고 했습니다.

동양적인 것은 항상 욕망과 연계되어 있었는데, 재미있는 것은 개념이나 인식 자체가 욕망과 지위의 표현이라는 거죠. 오늘 유무(有無)를 말씀하셨는데, 한자의 '유(有)'자가 갑골문 어원으로는 벼를 움켜쥐고 낫으로 베는 형상입니다. 일종의 탈취의 형식으로 되어 있는 거죠. 존재한다는 게 객관적인 세계의 양상을 보여주는 게 아니라, 그냥 있는 세상을 내가 자기화하고 동일화시켜 나가는 근본적인 욕망의 구조 안에서 유무의 개념이 이해됩니다. 어떻게 보면 무(無)는 춤출 무(舞)자에서 분리되어 나왔다고 합니다. 무의식적으로라도 상징하고 있는 것 같은데 무는 춤추는 놀이를 보여주는 기호 같고, 유는 소유를 상징하는 언표인 듯하고……

김형효 :

있을 유(有)자가 낫으로 베는 형상이라는 재미있는 얘길 하셨는데, 뱅브니스트라고 프랑스의 유명한 언어학자가 있습니다. 일반언어학자인데, 그의 글을 보면 have 동사가 피동형으로 안 쓰인다는 거죠. "I have man"은 되는데 "Man is had by me"라는 말은 절대 안 쓰인다는 거죠. 이처럼 어느 나라의 언어든지 have의 의미를 갖는 동사는 수동태로 쓰이지 않는다는 것이지요. 이것은 인간이 원초적으로, 한자에 '있을 유(有)'자가 "가지다"라는 뜻도 되고 "있다"는 뜻도 되듯이, 또 우리말도 "가지고 있다"로도 쓰이듯이, 인간의 원초적 무의식에서는 having과 being은 거의 같다는 것이죠.

이것은 매우 재미있는 문제인데, 말하자면 같이 동거하고 있다는 것입니다. 중생의 제8아뢰야식에 중생의 종자와 부처의 종자가 같이 있듯이 이것이 같은 것인데, 이것이 being으로 가면 부처가 되고 having이 되면 중생이 된다 이겁니다. 그러니까 소유론적 사고를 갖고 세상을 보면 전부 중생이고 존재론으로 보면 부처가 된다는 것이죠. 바로 그런 점에서 보면 have와 be는 거의 이웃사촌이고, 부처와 중생처럼 종이 한 장 차이입니다. 그렇게 본다면 저는 뱅브니스트의 그 이야기는 대단히 의미가 있다고 봅니다.

인류 역사에서 불성이나 존재의 세계는 밀려나 버리고 소유와 지성의 논리가 앞서 나갔던 것이 아니겠는가? 창세기의 신화를 봐도 아담과 이브에게 금단의 열매를 먹지 말도록 하였는데, 그것을 먹으면 신처럼 선악을 알게 돼서 안 된다는 것이었죠. 선악을 안다는 것은 분별심이 생겨나는 것인데 그것을 결국 먹었거든요. 그러니까 분별심이 생긴 거죠. 그 분별심이 생기면서 동물적인 본능 대신 인간의 지능이 들어와서 이 사회를 만들었는데, 칸트가 인류 역사는 지능의 발달사와 같다고 보았던 것도 마찬가지죠. 이러한 측면에서 보면 그 동안 서양의 이성적인 요인, 도덕적인 이성이건 기술적인 이성이건 간에, 그 이성이 결국 인류 역사를 지배해왔던 것이 아니겠는가, 그것은 결국 소유와 존재가 같이 있지만 소유 쪽으로 방향을 틀고 올 수 밖에 없었던 거죠.

21세기에 들어서 소유의 한계를 알았기 때문에 어떻게 소유의 문제를 존재의 문제로 돌리느냐가 문제입니다. 저는 부처님의 팔만사천법문을 궁극적으로 단 한 가지로 보는데, 그것은 중생이 갖는 소유의 마음씀을 어떻게 존재로 돌리느냐 하는 자리바꿈 그것밖에 없다, 내가 자리를 바꾸어야지 세상을 바꾸려고 하면 안 된다는 것입니다. 서양이나 유교는 세상을 바꾸려고 했기 때문에 많은 사람들을 괴롭혔는데, 억지로 바꾸려고 하면 절대 안 바뀝니다. 세상은 말하자면 인간 마음의 사이버 공간인데 그 헛것을 자꾸 바꾸려고 하니까, 없는 것을 바꾸려고 하다 보면 새로운 환(幻)을 만들어내서 자꾸 괴롭히게 됩니다.

불교에서는 욕망을 너무 부정적으로 봐서 모든 욕망은 전부 소유로 봅니다만, 사실 존재도 욕망이요, 원력(願力)도 욕망입니다. 그러니까 내 마음을 소유의 욕심으로부터 존재의 원력으로 바꾸라는 겁니다. 그러면 세상은 달라진다는 거죠. 저는 그것이 인류에게 주는 아주 중요한 희망의 메시지라고 봅니다. 욕망도 존재론적 욕망이 있고 소유론적 욕망이 있는데, 욕망을 너무 무시하면 무기(無記)에 빠져서 목석(木石)처럼 될 수밖에 없는데, 인간은 절대 목석이 아니거든요.

한형조 :

불교나 노장을 읽을 때 저도 꽤 곤혹스러웠던 것이 유무에 대한 해석입니다. 불교 책을 봐도 어떤 때는 존재의 측면에서 유무라는 근본 욕망이 있고 그게 이분법이니까 극복해라, 이렇게 나오는 것이 꽤 있고, 또 화엄이나 노자 2장을 보면 유무가 동거의 관계를 맺고 있기 때문에 한 쪽을 고집하지 않도록 보다 넓은 안목으로 가자고 하는데, 이 두 가지가 서로 얽혀 있어서 읽을 때마다 착종이 되니까 상당히 혼동되는 측면이 있었습니다. 선생님이 말씀하신 차연이라는 논리는 존재의 측면에서 유무를 얘기하는 것이겠죠?

**김형효 :**

제가 볼 때 불교에서 말하는 유무(有無) 개념은 생멸로 대신해서 보는 경우도 있는 것이고, 그렇게 보면 생(生)이 있으면 반드시 멸(滅)이 있게 마련이고 멸이 없는 생이란 것은 성립이 안 됩니다. 때문에 유와 무도 이중성에 의해서 차연의 논리가 되는 것이고, 절대 무(無) 즉 공이 되어서 생사를 모두 초탈한 그런 개념으로서, 연기법에서는 연기가 생멸 세계이니까 그런 유무가 분리 안 되는 이중성으로 있지만, 유무를 모두 벗어난 비유비무(非有非無)의 초탈의 세계에서는 그것이 극복되는 공의 세계가 있는 것이 아니겠는가. 그렇게 읽어야 하지 않겠나 싶습니다.

**한형조 :**

선생님, 그러면 유무를 소유가 아니라 존재론적으로 보라는 것은 자기의 세속적 욕망을 개입시켜서 사물을 계획 짓고 정당화하지 말고 존재의 흐름을 그대로 수용하고 순응하라는, 그렇게 해석되는 것인가요?

**김형효 :**

한 교수님 말씀에서 암시를 해주셨는데, 서양은 소유의 철학이다 보니까 기독교 신학이든 현대분석철학이든, 무(無)라는 것은 말도 안 되는 소리이죠. 그들에게 무라는 것은 허무든지 무의미, 둘 중에 하나죠. 하이데거가 자꾸 무를 말하는 것은 상당히 중요한데, 무가 없는 유는 필연적으로 소유로 바뀝니다.

같은 유라도 무를 배제하고서는 필연적으로 존재자/소유로 바뀌어 버립니다. 무야말로 모든 유가, 존재자나 소유로 미끄러지지 않고 이것이 존재로 있게 해주는 중요한 약입니다. 인간도 죽음을 생각하지 않고 먼 훗날의 일로 보니까 자꾸 탐욕스럽게 됩니다. 지금 내가 살고 있다는 있음 자체를 소유로 조작하지 않고 존재로 느끼게 하는 중요한 약이 무(無)이기 때문에, 하이데거나 불교에서 무(無)를 매우 강조하는 것이 아니겠는가, 저는 그런 생각을 하고 있습니다.

**한형조 :**

공(空)과 같은 의미라고 볼 수 있을까요?

**김형효 :**

그때는 공(空)과 같은 것이죠. 무가 없는, 죽음을 배제하는 사유는 속물화되어 버립니다. 그래서 저는 한국에서 인문학의 철학 교육도 도덕처럼 그렇게 해서는 절대 안 된다고 봅니다. 한국은 너무 당위가 넘쳐나서, 극단적으로 얘기하면 당위 때문에 머리가 아플 지경이에요.

말은 옳지만 그렇게만 해서는 인문학이 병을 고치는 약이 안 된다이거죠. 윤리학 교수인데 자기의 이익 앞에서 다른 사람 못지않게 탐욕스러운 짓을 하는 것을 보고 제가 놀랐어요. 시급히 당위를 벗어나서 존재론적인 사유로 돌아가야 합니다. 이것은 어려운 사유가 아니라 비소유의 사유이고 전체를 하나로 보는 사유죠, 일즉일체(一卽一切)처럼. 당위는 이제 그만 이야기하고, 진짜 자기의 마음을 바꾸는 교육을 해야 우리나라가 다시 일어섭니다.

## ※ 자리이타의 욕망의 길

**한형조 :**

우리 식의 해소랄지 치유라든지에 대해서 말씀 부탁드립니다.

**조성택 :**

조금 더 구체적으로 말하면 욕망을 어떻게 대할 것인가의 문제에 대해서 부탁드립니다.

**김형효 :**

저는 욕망이란 말을 좋아합니다. 결국 인간의 마지막은 욕망이에요. 욕망을 배제하면 인간은 설명이 안 되지 않습니까? 인간은 이성이 아니고 욕망이라 이거죠. 인간뿐만 아니라 삼라만상이, 이 우주가 욕망이라는 거죠. 그래서 욕계(欲界)입니다. 적어도 세상은 욕계이기 때문에 욕망을 배제할 수 없고, 불교가 말하는 무욕(無欲)은 having에서 being으로 바꾸듯이, 소유론적인 탐욕을 존재론적인 원력으로 돌리는 것, 욕망을 없앤다는 말은 당위를 또 얘기하는 것입니다. 안 되는 당위를 자꾸 얘기해봐야 자꾸 상기만 되어서 머리만 아프고 안 되지, 안 되는 걸 억지로 얘기하지 말라는 겁니다.

가장 중요한 것은 내 마음의 소유론적인 탐욕을 어떻게 하면 존재론적인 원력으로 치환시키냐 하는 것입니다. 그렇기 때문에 욕망이 매우 중요한데, 세상은 살려는 의지로 꽉 차 있다는 것이죠. 의지가 매우 좋은 뜻인데, 주자학적인 당위 혹은 칸트적인 당위론에 너무 영향을 받아서 의지라고 하면 '당위를 실천하기 위해서 억지로 힘을 꽉 주는 것'이란 식으로 생각하는데, 저는 그렇게 의지를 생각하는 것에 반대합니다.

저도 옛날에 의지를 그렇게 생각해 왔거든요. 그런데 의지란 그것이 아니고, 말하자면 욕망의 다른 뜻을 의지로 봐야 합니다. 선(善)은 절대 옳은 것이 아니고 좋은 것, 스피노자의 말에 따르면 선이 좋기 때문에 행하는 것이지 선이 옳기 때문에, 해야 하기 때문에 하는 것은 아니라고 하거든요. 이것은 아주 자발적으로 좋은 것이기 때문에 하는 것입니다. 그러면 사람은 모두 도덕적이냐 하면 아니거든요. 그럼 뭐냐? 욕망에는 두 가지가 있는데, 본능적인 욕망과 본성적인 욕망이 있습니다. 본능적인 욕망과 본성적인 욕망은 같은 자리에 있습니다. 절대 다른 곳에 있는 게 아닙니다. 결국 수행한다는 것은 본능적인 욕망을 본성적인 욕망으로 휙 바꾸는 것, 이것이 중요한 것이지, 하지 말라고만 하면 인간은 절대 바뀌지 않습니다.

모든 생명은 살려고 하는 욕망이 있는데 또 죽어야 하니까 죽음도 설명이 되어야 합니다. 모두 살려고 하는 욕망이 있는 동시에 그 사이에는 상극(相克)도 있어서 서로 잡아먹지 않습니까? 자연은 낭만적인 곳이 아니라 처절하고 비극적인 곳이죠. 그러나 자연의 상극이 동시에 생명을 도와주기도 하는데 이것이 자연의 필연법입니다.

캐나다에서 늑대가 순록을 잡아먹으니까 순록을 기르는 사람들이 늑대를 다 죽여 버렸습니다. 그러면 순록이 잘 자랄 줄 알았는데 순록이 비실비실하면서 더 죽는다는 거예요. 천적이 있어야 에너지가 넘치는데 천적이 없다 보니까 더 죽는다 이거죠. 진드기도 인간의 피부에 병을 옮기는 것은 나쁘지만 동시에 우리 몸의 죽은 피부를 다 먹기 때문에 방안 공기를 정화시켜 준답니다. 양면적인 것이죠. 노자가 선(善)과 불선(不善)이 세상의 양면성이라고 했던 말은 세상의 필연적인 법이에요. 그것이 부처님의 법입니다.

이것이 뭐냐 하면, 자연은 아(我) 중심으로 욕망이 움직이지 않고 '그것'이 움직인다는 것이죠. 그래서 하이데거가 'Ich denke' '내가 생각한다' 대신에 'Es denkt' 곧 '그것이 생각한다'고 했는데, '그것'이 매우 중요하다는 거죠. 해체철학에서는 이제 '내가 생각한다'는 사유로부터 '그것이 생각한다'는 사유로, 욕망은 '내가 욕망한다'가 아니라 '그것이 욕망한다'로 바뀌어야 합니다. 서산대사가 임종 전에 "80년 전에는 그것이 나였는데, 80년 후에는 내가 그것이 되었다."라고 했는데, 내 마음이 우주 대자연의 여법한 그것과 일치되었다〔心物合一〕는 뜻입니다.

이것은 대단히 중요한 문제입니다. 이제 욕망도 내 욕망, 내 중심의 소유보다도 그것의 욕망, 우주의 욕망에 따라서 내가 살아갈 때, 서산대사처럼 대우주의 법도와 일체가 되어서 자연처럼 산다, 여여(如如)하게 산다 이것이죠. 욕망이란 결코 무시되어야 할 것이 아닙니다.

자연 자체가 욕망입니다. 다만 자연은 존재론적 욕망이지 절대 소유론적 욕망을 하지 않습니다. 의지도 마찬가지입니다. 로댕의 '생각하는 사람'이 있지 않습니까? 거기 보면 온몸이 근육질입니다. 제가 고등학생 때 '생각하는 사람은 몸도 별로 건강하지 않은 사람이 생각하지 무슨 운동선수 같은 몸을 가진 사람이 생각을 하나?' 하고 잘 이해가 안 갔어요. 늘 화두로 남아 있었는데, 파리 로댕박물관에 가서 로댕에 관한 책을 보고서 제가 탁, 그걸 알았습니다.

로댕의 지도교수였던 장 조레스(Jean Jaures)가 사회주의자였고, 로댕 자신도 사회주의를 대단히 신봉했어요. 19세기 후반 20세기 초반은 자본주의가 발달하면서 그 그림자가 깊어지는 시기였는데, 그걸 보니까 지옥이라는 거예요. 그래서 로댕이 단테의 『신곡』에 나오는 '지옥의 문'을 제작하고 그 위에서 '내가 어떻게 이 지옥 같은 세상을 바꿀 것인가' 하는 고민 때문에 앉아서 지옥을 내려다보고 있는 상이 '생각하는 사람'이라는 겁니다. 계급투쟁에 의한 지옥 같은 세상이고 빈부격차로 지옥 같은 세상이기 때문에 내가 이걸 고쳐야겠는데, 고쳐야 하니까, 의지가 발동을 하니까 힘이 콱 들어가게 되는 것이 아닌가, 저는 로댕의 작품을 그렇게 해석을 했어요.

그런데 신라의 미륵반가사유상은 전혀 그렇지 않아요. 앞으로는 근육질의 사고, 뭘 억지로 해야겠다는 사고가 아니고 미륵반가사유상처럼 근육 없이 자기 자신을 관조하는 사고, 혁명을 해야겠다는 사유가 아니고 자신을 관조하는 사유로 바뀌는 시대가 올 것이고, 그것이 21세기의 새로운 철학, 사유의 지평이 아닐까 생각합니다.

하이데거가 철학의 종말이라고 말했던 것처럼 모든 아상(我相), 아(我)의 의지, 아사(我思), 이런 자기중심의 의지에 와서 절정에 이르렀어요. 이제는 세상이 바뀌어야 해요. 왜냐하면 모든 것이 극에 이르면 반드시 바뀌기 때문에. 세상이 바뀌려면 이런 무의지와 무아상의 시대로 가야 하지 않겠는가, 이것이 세상을 구하는 길이라고 저는 생각합니다.

이도흠 :

욕망은 본능적이고 본성적인 것인데, 어떻게 하면 좋은 것으로서의 선(善)과 연결시켜서 세상을 좀 더 좋은 세상으로 만들 수 있을까요? 예를 들어 여기 비용을 아끼기 위해 폐수를 강에 그냥 버리는 악덕 기업주가 있다고 칩시다. 그가 폐수를 버리지 않게 하는 방법은 첫째 그 스스로 도와 덕을 닦아 그 짓이 나쁜 짓임을 알고 그만두게 하는 것입니다.

또 하나는 그가 어느 날 자신이 버린 물을 자신도 먹고, 또 그 폐수를 먹고 자란 물고기를 자신의 가족이 먹음을 알고서 그만두게 하는 것인데, 바로 이것이 존재론적 사고를 넘어선 연기의 사유라 할 수 있습니다. 저는 연기의 이치만 깨달아도 개인의 욕망을 타인의 욕망을 위하여 유보하는 배려와 자비의 세계가 저절로 이루어지리라 봅니다. 그런데 문제는 모든 이들이 연기적 사고를 깨달을 때까지 기다리지 못할 정도로 세상은 타락과 위기의 극에 달하였다는 점입니다.

그래서 아직 연기를 깨닫지 못한 자에게 폐수를 버리지 않게 하는 방법, 곧 인간의 심성수양에 더해서 사회적이고 시스템적인 것도 있어야 하지 않겠는가, 개인의 심성을 억압하는 시스템이 존재하는데 우리가 앉아서 도만 닦는다고 세상이 좋은 세상이 되지는 않겠죠.

김형효 :

지금 중요한 질문을 해주셨는데요. 저는 아까도 옳은 것이 아니라 좋아하는 것을 얘기했는데, 저는 이 우주 최고의 화두는 이익(利益)이라고 봅니다. 불교에서도 이익이 중요합니다. 불교의 궁극적 목적은 '요익중생(饒益衆生)이자 자리이타(自利利他)'가 아니겠는가? 불교에서 지혜라는 것이 매우 중요한데, 저는 만인에게 어떻게 이익을 줄 것인가를 생각하는 것이 지혜라고 보거든요. 절대 지혜란 공허한 것이나 개인의 이익을 보겠다고 잔머리를 굴리는 것이 아닙니다. 제7 말나식이 중요한데, 여기가 모든 이기심의 자리이자 모든 평등성지의 자리이지 않습니까? 이 식(識)이 확 바뀌어 버리면 모든 중생에게 지혜를 주는 자리이기 때문에 욕망이라도 자기의 이익이 아니라 자리이타를 일으키는 지혜를 일으키면, 그것이 바로 불교의 진리이고 부처님의 가르침이 아니겠는가, 저는 그렇게 생각합니다.

저는 이익이란 매우 좋은 것이라고 생각합니다. 세상 만물의 욕망이 모두 이익을 위해서 움직이는데 단지 이것을 우리가 어떻게 쓰는가의 문제가 있습니다. 불교의 삼신불에 법신불, 보신불, 화신불이 있지 않습니까? 마명의 『대승기신론』에 보면 화신불이 동시에 용대(用大)라고 했습니다. 체대(體大), 상대(相大), 용대(用大)라고 했는데 그 중에 용대가 중요한 것이 활용의 위대함인데, 결국 부처님이 이 세상에 온 까닭은 무엇인가, 어떻게 마음을 활용해야 할 것인가, 그 활용의 견본을 보여주신 것이죠.

부처님 말씀은 우주의 체대인 허공의 무한한 비어 있음, 그리고 체대가 스스로 분비하는 에너지의 광대한 힘, 이것이 보신불인데, 그것을 갖고서 인간들이 어떻게 마음을 활용할 것인가 하는 활용의 방식을 보여줬기 때문이죠. 그러나 한국에서는 종교적·정치적·사회적 근본주의 때문에, 근본주의가 너무 중시되어 체대만 중요하게 생각합니다. 그러지 말고 이것을 어떻게 활용할 것인가를 중요하게 생각해야 합니다. 저는 이것을 자리이타(自利利他)로 활용하면 이것이 바로 부처님의 가르침이 아니겠는가, 그것이 만약에 이익이 된다면 하라, 이렇게 생각합니다.

**이도흠 :**

제가 질문한 핵심은 자리이타가 되기 위해서라도 하나는 차이나 연기에 대한 인식을 해야 되는 것이고, 다른 하나는 그럴 수 있는 조건도 같이 가야 한다는 것이죠. 그렇지 않을 때는 자리이타라는 것이 윤리적이고 당위적인 목표가 되어 버릴 수 있다는 것이죠. 그렇지 않을 수 있는 것은 그러한 인식과 조건이 같이 가야 하는 것이 아닌가 생각합니다.

**김형효 :**

자리이타는 이 세상의 법이라 이거죠.

**이도흠 :**

그것을 깨달으면 되는데, 깨닫지 못하는 사람들을 위해서는 그 조건이나 시스템도 같이 가야 하는 것 아닌가 합니다. 체대에서 그렇다 하더라도, 용대에서는 인간 서로가 서로의 부처를 만나게, 곧 서로 사랑하고 보듬고 서로를 자유롭게 하도록 하는 시스템과 구체적 제도와 방법이 필요하지 않은가 합니다.

**김형효 :**

원효의 화쟁도 과거에는 당위적으로 보더라고요. 그건 당위가 아니고 자연의 여실한 법이라 이거죠. 자연의 여실한 법이 화쟁인데, 그것을 배워서 인간 사회에 적용하면 되는 것이지, 그것을 도덕적인 당위나 의무처럼 해서는 안 된다는 것이죠. 자리이타도 자연의 여실한 법이고, 부처님은 자연의 여실한 법을 우리에게 가르치셨습니다. 우리에게 어떻게 내 마음을 활용해야만 그렇게 되는 것인가를 이야기해 주고 있다는 것입니다. 이 용대(用大)라는 말은 단순히 쓰임이 위대하다는 뜻이 아니라 인간의 마음의 활용이다, 이겁니다. 마명의 『기신론』의 그 부분을 저는 그렇게 생각합니다. 결국 자연의 이치를 인간이 쓰는 겁니다.

**한형조 :**

도덕주의와 이성을 말씀하셨는데, 저는 자리이타가 사회적으로 시장 쪽하고 관계가 있다고 봅니다. 지금까지의 논란은 이익과 손해의 양자택일 식으로 생각해왔는데, 그렇지 않은 게 기본인 것 같아요. 자장면 집을 운영하는데, 음식이 맛이 있고 제대로 만들어 줘야 손님도 많이 오고 돈을 버는 것이거든요.

그런데 그 교환에는 도덕이나 이익, 손해가 끼일 자리가 없죠. 일종의 공존의 사고고 자리이타의 현장이란 말입니다. 제가 보기엔, 우리가 이런 측면은 고려하지 않고 충돌의 측면만을 너무 특필하는게 아닌가 싶기도 합니다. 충돌하는 갈등은 적절한 조정의 지혜로 풀어가면 된다고 본다면, 인간세의 베이스는 역시 자리이타의 교환의 현장이라고 볼 수도 있지 않을까요. 그것이 불교의 인식과 상당히 연관이 있지 않나 그런 생각을 합니다.

**김형효 :**

보조지눌의 『원돈성불론』에 "모든 공교기예(工巧技藝)가 다 보조광명(普照光明)의 지혜다."라고 했는데, 이는 불성(佛性)이 어떻게 실현되느냐는 것입니다. 각자가 가진 재주를 살려서 음식 만드는 요리사는 요리사로서 부처가 되라는 것이죠. 요리에 재주가 있으면 요리를 해서 돈 벌고, 돈 벌어서 성취해서 그것을 이타(利他)로 행하면 된다는 것이죠.

저는 우리 사회가 자유사회로 가야지, 반대로 가면 안 된다고 생각해요. 각자가 자기 재능을 따라서 신바람 나게 일하면서 자기 성공을 남에게 나누어 줄 때, 이것이 자리이타의 길이 이루어지는 것 아니겠습니까.

저는 탐욕이 많은 사람이 기업을 운영하면 그 기업은 안 된다고 봅니다. 노사문제도 생기고, 세상에 자기 혼자 이익 보려고 하는 걸 누가 참아요. 돈 벌어서 같이 잘살자, 이렇게 안 되면 기업주가 기업을 일으키지 못해요. 장군도 혼자 출세하려고 부하들을 희생시키면 안 된다는 거예요.

마음을 탁 비우고, 오로지 군인의 소명이 있어서 선업을 닦겠다는 마음으로, 장사하는 사람이 선업을 닦겠다는 그 마음, 그것이 부처되는 길이고, 그것이 보조 국사가 『원돈성불론』에서 자기 개인의 업을 선업으로 돌리라고 한 것이죠. 요리사가 요리를 통해서 많은 사람의 미각을 즐겁게 해주고, 위생적으로 해주어서 돈도 벌고, 돈 벌어서 좋은 데 잘 쓰고, 사회적으로 보시하고, 그것이 부처의 길 아니겠습니까. 부처는 먼 데 있는 것이 아니라 바로 거기에 있습니다. 저는 막스 베버가 말한 소명으로서의 직업이란 것도 그렇게 받아들여야 한다고 봅니다.

**조성택 :**

이야기가 현실 문제로 왔습니다. 선생님의 불교 입문 계기가 지적 편력의 과정이었고, 수행이라는 문제가 삶에 들어오면서 지금도 수행을 많이 하고 계신 것으로 알고 있습니다.

지금 이론적 측면에서는 대승불교에서 재가자와 출가자의 구분이 무의미하다는 이야기는 많이 하는데, 실제로는 아직 이루어지지 않고 있습니다.

실제 한국 불교, 제도적 측면에서의 한국 불교의 그런 측면에 대해 말씀 부탁드립니다.

김형효 :

불법승(佛法僧) 삼보(三寶)라고 하는데, 저는 재가나 출가에 관계없이 모두가 승(僧)이 아니겠는가 합니다. 물론 출가자와 재가자의 계(戒)에 차이는 있습니다만, 부처님에 귀의한다면 모두 승(僧)인데 너무 제도적 인 측면에서만 바라보면 어렵지 않겠습니까. 출산율 저하 때문에 앞으 로 우리 사회에서 출가 승려의 수가 점차 줄어들 것이라고 봅니다. 그렇 다면 자연히 출가자와 재가자의 간격이 줄어들지 않겠는가 하는 생각도 들고요. 그래서 한국 불교가 달라지지 않겠는가 하는 생각이 듭니다.

불교방송에서 본 것 같은데, 현각 스님이 "한국 스님들 너무 높아 요."라고 하시더라고요. 불자들에 비해서 너무 높다고 했는데 그게 와 닿았습니다. 그런데 재가자가 이런 얘기하면 출가자들이 기분이 별로 안 좋을 겁니다. 만사가 방식의 문제인데, 출가자 내부에서 그 얘기가 나와야죠. 재가자에게만 하심(下心)을 얘기하는 것이 아니라 스스로 일 반 대중과 신도들에게 하심을 하는 것도 매우 중요하지 않겠는가 생각 합니다.

공경만 받으려고 하지 말고 스스로 봉사하고 베푸는 발심을 출가자 내부에서 먼저 해야 하지 않겠는가. 외부에서 이런 말을 하면 자연히 기분이 안 좋아질 거라고요. 그래서 저는 내부에서 그 얘기가 나와야 한다고 생각하고, 앞으로 그 얘기가 내부에서 나올 거라고 봅니다.

조성택 :

그럼에도 불구하고 황우석 사태에서 보면 지관 스님이 불교계를 대표하는 입장에서 황우석 박사를 지지하는 것처럼 보였습니다. 그런 문제, 즉 불교계가 세속 문제에 대처하는 것이 다른 종교보다 많이 서툴거든요. 그 문제에 대해서는 어떻게 보십니까?

김형효 :

저도 그걸 잘 모르겠는데, 저는 황우석 박사처럼 생물학에 대해서 잘 알지 못해서 잘 모르겠어요, 전 모르는 문제에 대해서는 잘 얘기 안 하거든요. 황우석 씨가 100% 매도되어야 할 일인지도 모르겠고. 지관 스님이 그렇게 한 것도 황우석 씨가 그렇게 되기 전의 얘기이지 않아요? 그래서 좀 다르지 않겠는가 하는 생각도 들고. 그런데 실제로 얼마만큼 진실한지 거짓말을 했는지는 저는 잘 모르겠어요. 일체 모르기 때문에 언급하지 않고. 단지 의심하는 것은 왜 미국이 섀턴에 대해서는 침묵을 지키고 있는 것인가, 그것이 의심스럽다는 것이죠. 결국 특허권 문제도 그 이익이 엄청나다던데, 미국이 국가 이익을 위해서 입을 틀어막은 것인가, 그것도 잘 모르겠어요.

조성택 :

좀 더 큰 범위, 예를 들어서 생명공학이라든지 생명과학, 또 과학기술과 문명발전 전반에 대해서 말씀해 주셨으면 좋겠습니다. 조금 전에는 자본주의를 극복한다고 하셨지만, 자본주의를 부정하는 것이 아니라 자본주의의 문제를 해결하는 차원에서 말씀해 주셨는데, 자본주의의 다른 측면을 보면 과학과 문명 그리고 생명을 공학에서 다루는 문제에 대해서 불교는 어떻게 대처해야 할까요?

**김형효 :**

그 문제는 저는 잘 몰라요. 모르는 사람이 괜히⋯⋯.

**한형조 :**

저는 그런 게 있는 것 같습니다. 유교와 불교의 차이일 수도 있고⋯⋯. 구성과 해체를 대비시켜서 말씀해 주셨는데, 해체 쪽, 특히 노장이나 불교에서는 사회 문제의 구체적인 이슈에 대해서 해답이 열려 있는 듯합니다. 어디로 가닥을 잡아갈지 모른다는 뜻이지요.

불교 안에서도 보면, 지금은 우파 연대까지 나와 있지만 그전까지는 남북통일이 불교적 진영의 전유였습니다. 생명공학에 대해서도 처음에는 비판적이더니 황우석 교수가 불교계의 대표격으로 뜨니까 지지하는, 이런 식으로 왔다갔다한다는 말이죠. 그러니까 사회 이슈에 대해서 불교가 정답을 가지고 있는 것은 아니고, 각자 자기가 생각하는 불교에 따라서 다양한 의견에 열려 있는데, 이것이 자원이기도 하지만, 무책임이기도 하다고 생각합니다. 그러고 보니 이 지점이 주자학이 불교를 공격하는 주요 포인트군요.

**이도흠 :**

그런데 그게 진짜 다양성이나 차이로서 오픈되어 있으면 괜찮은데, 제가 보기에는 어떤 집단의 이해관계나 이데올로기가 작용하고 있는 것이 아닌가 하는데요. 결국 황우석 교수 문제만 봐도 그런 것이 많이 작용을 한 것이 아닌가 하는데요.


## ※ 한국 불교의 미래

**조성택 :**

저는 한국 불교의 미래에 대해서 어떤 방향으로 갔으면 좋겠다는 생각은 있지만, 지금으로서는 상당히 부정적입니다. 왜냐하면 미국에 불교 붐이 이는 것을 보았는데, 그때 불교가 저런 식의 수행이고 저런 식의 불교 운동이면 좋겠다고 하는 하나의 모범을 봤다고 생각했어요.

미국 불교의 특징은 지식인 불교이고 실천 불교입니다. 가족 간에 불교를 같이 믿고 수행을 일상화하면서, 동물보호, 채식주의, 환경보호에 상당히 적극적으로 참여하는 것을 보았습니다. 그런데 한국은 불교의 전통이 더 오래되었으니까 더 잘 되어 있을 거라고 생각하고 왔는데 전혀 아니라는 겁니다. 아직도 기복이냐 아니냐를 가지고 싸우고 있는 모습이나 출·재가 간의 너무나 엄격하면서도 형식적인 존경만 남아 있는 것을 보면서 한국 불교의 미래가 상당히 어둡다, 오히려 미국이나 유럽 불교를 수입해야 하는 것이 아닌가 그런 생각까지 갖고 있습니다.


**김형효 :**

제가 유럽에 있을 때는 불교에 관심이 별로 없어서 잘 몰랐습니다. 최근에 들어보니까 불교 붐이 일어나고, 또 지식인 불교도 일어나고 있다는 얘길 들었는데, 저는 다른 곳에서는 유럽에서 불교가 제3의 중흥기를 맞게 될 것이라고 말합니다. 제1기는 인도이고 제2기는 중국인데 제3기는 유럽과 미주를 포함한 서구에서 불교가 중흥된다, 앞으로 거기에서 훌륭한 현자나 성자가 많이 나올 것이라고 생각이 되는데, 그렇게 보면 서구의 새로운 지식인 중심의 불교가 대중화되면서 새로운 스타일의 불교를 일으킬 것이라고 봅니다.

현각 스님이 프랑스에 가서 불교신자들과 인터뷰를 할 때, 가정주부가 자기가 왜 불교도가 되었는지 마치 한국의 불교학자가 얘기하듯이 그 수준으로 얘기를 하더랍니다. 저는 그것이 상당한 저력이라고 생각합니다. 우리들도 좀 바뀌고 있답니다. 경전도 공부하고 참선도 공부하고 봉사활동도 하려고 한답니다. 우리도 달라지는 기미가 보인다는 것이죠.

**한형조 :**

제일 시급한 게 지식인인데, 미국은 기본적으로 기복에 관련된 종교적 열망을 기독교가 담당해주고 있습니다. 때문에 우리와 달리 법당이 중심이 아니라 참선하고 이야기하는 공간을 더 중시하는 듯합니다.

그럼 우리도 기복을 완전히 뺀 불교를 말할 것이냐? 믿음은 기본적인 힘입니다. 그것을 통해 자기 복만 찾는 것은 문제이지만, 보다 큰 회향의 힘을 통해서 불교를 만들어가고, 다시 자기 삶으로 육화시키는 과정에서 중요한 의미를 지니고 있다고 생각합니다.

**김형효 :**

저도 같은 생각인데요. 복(福)이란 것이 영어나 불어로 번역이 안 됩니다. 복은 한국 문화의 독특한 부분인데 우리가 갖고 있는 문화의 기본구조라는 생각이 들어요. 이것을 절대 가볍게 여기면 안 됩니다. 가끔 절에서 보면 나이 많은 보살들이 무릎도 안 좋은데 108배 하는 것을 보면 성스럽기도 해요. 가슴에 자식을 위해서 남편을 위해서 그렇게 절하는 분들 보면 나는 저런 신심이 없구나 싶어서 부끄럽기도 하고. 그래서 제가 느끼는 것이 저 마음이 자식이나 남편에게만 가는 것이 아니고 이웃에 가고 나라에 가서 확장되면 바로 그것이 보살의 길이 아니겠는가, 그 씨를 살려서 회향하는 길을 가르쳐줘야 하고 그것이 매우 중요합니다.

우리나라 문화의 토대에 샤머니즘적인 문화가 오랫동안 있어 왔기 때문에 불교를 받아들일 때도 복을 받는다는 생각에서 받아들이지 않았습니까? 이러한 우리 문화의 하부구조를 무시할 수 없었기 때문에, 복을 그냥 공짜로 비는 기복(祈福)이 아니라 수복(修福), 복을 받기 위해서 복을 닦으라는 것으로 수용한 것이죠. 복은 안 닦고 공짜로 빈다고 되는 게 아니고 스스로 복을 닦아야 되요. 저도 기도를 해봤는데 기도하는 과정에서 자기가 변해요. 처음에는 원하다가, 자기 자식 입학시험 잘 보게 해달라고, 자기 남편 출세하게 해달라고 빌다가 나중에는 오랫동안 기도하다 보면 자기 마음이 서서히 변하게 된다 이거죠. 그러니까 복을 너무 부정적으로 얘기할 필요는 없어요.

**조성택 :**

그렇습니다. 저도 작년 여름에 그런 경험을 했는데, 어떤 어려운 일이 있어서 기도를 시작했는데, 처음에는 그 어려운 일을 피하려고 기도를 시작했어요. 그런데 처음에는 그게 안 되다가, 나중에 기도가 조금 되기 시작하면서부터는 이게 내가 지은 업이면 받겠다는 자신감이 생겨났어요. 기도의 효력이 이런 것이구나 하고 느꼈습니다.

**김형효 :**

그게 바로 복을 받는 거죠.

**조성택 :**

박성배 교수가 그런 얘기를 자주 하세요. 처음에 출가해서 해인사에 있을 때 선배 스님들이 삼천 배를 보름만 하면 한 가지 소원이 이루어진 다고 해서 보름 동안 삼천 배를 매일 했는데도 아무것도 이루어지지 않았다는 거예요. 그런데 나중에 생각해 보니까 자기 나이가 70이 넘으면서 무효험이 기가 막힌 효험이었다는 걸 느꼈다는 거예요. 만일 그때 삼천 배를 해서 기도가 이루어졌으면 그분 표현에 의하면 기도병신이 되었을 거라는 거예요. 일만 생기면 기도를 했을 거라고. 그런데 70이 돼서 생각해 보면 그것이 기가 막힌 효험이었다는 것을 느꼈다고 해요.

**김형효 :**

참 역설적이네요. 가끔 종교학자나 불교학자들이 복에 대해 부정적으로 보는데, 저는 그 의견에 동조하지 않고 오히려 어떻게 해야 복을 받는지 인도해 주어야 한다고 생각해요. 그게 우리 문화고, 서양인들이 행복이라고 하는 것과 우리의 복은 조금 다르니까요. 우리 문화의 문법이기 때문에 긍정적으로 생각해 보자는 거죠.

**이도흠 :**

불교도 역사성을 무시하지는 못할 듯합니다. 우리는 기존의 신앙에 불교를 융합하다 보니 대웅전과 산신각이 한 절 안에 공존하는 형상을 갖게 되었고, 미국은 자본주의의 풍요와 물화(reification) 속에서 내면의 빈곤, 불안, 소외를 겪다 보니 마음공부에 주력하여 깨달음의 길로 가는 것이고. 하여튼 진(眞)과 속(俗), 부처와 중생은 둘이 아니란 생각이 듭니다. 우리 절에 부처와 산신령이 공존하듯, 깨달음을 추구하는 삶과 복을 빌고 빌어주는 삶이 하나가 아닐까 그런 생각을 합니다.

## ※ 불성(佛性)의 생활화

**조성택 :**

지금까지 주로 불교의 긍정적 측면에 대해 말씀하셨는데 불교도 어떤 한계가 있지 않을까요?

**김형효 :**

현대화하는 작업이 필요해요. 가톨릭에서 기도문 등을 현대 각 나라의 언어로 바꾸었듯이 우리 기도문도 모두 한국말로 바꾸어야 한다고 봐요. 『반야심경』도 한국어로 바꾸어서 해야 되겠고. 그리고 관례나 의식, 복제 등을 불교의 전통을 살리면서 어떻게 시대에 맞게 바꾸어 나갈지도 상당히 중요한 문제라고 생각해요.

미래 지향적으로 불교가 우리의 미래를 살려준다는 생각이 젊은 사람들에게 와 닿게끔 해야 하지 않겠는가, 그래서 참선에 대한 이야기도 중요하지만 기도문이나 의식이나 복제를 현대적으로 바꾸는 것도 중요하다고 봐요. 불교에 불변의 요인도 있을 것이고 가변의 요인도 있을 텐데, 가변적인 것은 바꾸자 이거죠, 시대에 맞게. 그러다보면 불교가 더 우리 대중들에게 와 닿지 않을까 합니다.

대만에 있는 성운 스님, 저는 그 분 참 좋더라고요. 불교방송에 보니까 어느 고승이 법회를 하는데 만 명 정도가 모였는데 상당히 대중적으로 알아듣기 쉽게, 그러면서도 대중들의 생각을 교화시켜서 환희심에 차서 나갈 수 있도록 해주더라는 거예요. 우리나라의 고승들도 좀 그렇게 다가가서 생활 속에서 내 마음에 내가 부처를 모시고 산다는 환희에 찬 생각을 할 수 있도록 해야 하지 않겠는가. 말하자면 산중 불교에서 시중 불교로 내려올 필요가 있다고 생각해요.

조성택 :

성운 스님 같은 경우에는 세속적인 문제에도 상당히 밝으시죠.

김형효 :

그것이 지혜 아니겠어요? 우리나라에도 지혜가 없어서 나라가 헤매는데 그러한 지혜가 필요하다는 거죠.

한형조 :

제가 거기 불광사에 두어 번 가봤는데 규모도 굉장하고……. 주요 경전을 대만 현대어로 번역한 것이 시리즈로 있었어요. 아프리카에서 유학 온 승려들도 봤습니다.

**조성택 :**

미국에서도 성운 스님은 영향력이 대단합니다. 저한테 공부했던 낸시라는 여학생이 있었는데, 대학원에 온 이유가 성운 스님을 뵙고 불교를 알게 되었기 때문이었습니다. 처음에는 비올라를 전공하다가 음악을 접고 불교학을 공부하겠다고 나선 것이죠. 서래사 대학(University of the West)도 성운 스님이 설립하신 것으로 알고 있습니다.

**김형효 :**

병원과 대학, 이 두 가지의 세상 사업을 참 많이 하신 것 같아요. 우리나라도 고승대덕들이 참선을 어느 정도 한 다음에 시중에 내려와서 시중이 바로 법당이라는 생각을 해야 하지 않겠는가, 그래서 참선도 생활 참선으로, 운전할 때도 밥 먹을 때도 공부할 때도 늘 그렇게, 선(禪)도 좌선만 가르치지 말고 생활선을 가르쳐서 전 국민이 불자든 아니든 상관없이 참선할 수 있도록 가르치는 게 어떨까 합니다. 미국에서도 불교신자만 참선하는 거 아니잖아요. 우리나라에서도 선이, 수행이 생활이 되었으면 좋겠습니다.

**조성택 :**

용화사의 송담 스님 같은 경우는 생활 속에서 참선하도록 가르칩니다. 재가자들에게도 조용한 데서 참선 못하게 합니다. 시끄러운 데서 소리 나는 데서 하라 이거예요. 우리 생활이 그렇게 되어 있다고 가르치시는데, 문제는 그런 가르침이 일부 그룹 내에서만 머물고 있는 거예요. 그게 탁 터져서 많은 사람에게 알려졌으면 좋겠어요.

**김형효 :**

제가 불교계 스님들을 잘 몰라서 종단 내부의 문제는 모르겠는데, 우리나라 사람들은 누가 훌륭하고 좋으면 마음을 열고 따르지 않고 '제 까짓 것 뭐' 이렇게 하는 경향이 있는 것 같습니다. 학계에도 보면 '제 까짓 것' 해가지고 뭐가 힘이 안 생기는 것 같은데, 누구에겐가 좋은 점이 있으면 서로 선양해서 우리 문화로 만드는 데 도와주고, 서로 덕 담도 좀 해주고 했으면 좋겠어요. 식자들이 그런 것은 잘 안 해주는 것 같아요.

**한형조 :**

제가 보면 눈송이 같아요. 눈덩이라는 게 기본 씨앗이 뭉쳐져 있어 야 굴러가면서 다양한 것들이 조금씩 붙어서 자기화할 수 있는데 중심 이 없으면 다른 요소들을 끌어들일 수가 없죠. 듣다 보면 남의 말 중에 한두 가지씩은 들을 게 있을 것 아닙니까. 자기가 모르는 분야는 모두 학습의 대상이 되는데, 그 정도를 하려면 기본적인 자기 씨앗이 있어 야죠.

**김형효 :**

우리 문화의 편협이 문제입니다. 지식과 지혜의 차이가 뭐냐 하면, 지식은 돈이나 명예처럼 소유로 갖고 있는 것이고, 지혜는 내가 지혜 인이 되기 바라니까 나를 가르쳐주는 사람이 있다면 귀담아 듣게 된다 는 거죠. 제 자랑이 아니라 제가 최근에는 작은 이야기를 들어도 섬광 이 팍 오면서 가르쳐 주더라 이거예요.

텔레비전에서 스님이 나와서 법문을 하실 때, 엊그제도 새벽 1시 반에 성수 스님이 법문하시면서 아주 쉬운 말로 하시는데 이게 팍 느껴지더라고요. 그런 것들이 매우 중요하지 않을까, 소유로서의 지식이 아닌 존재론적인 지혜와 한 몸이 되어야겠다는 것을 생각합니다. 이렇게 배워가는 가운데 반야지혜를 얻고 싶어요. 지식도 돈처럼 질투의식이 있어서 남의 지식에 질투하는 것이 우리를 자꾸 좁게 만듭니다.

**한형조 :**

배워가는 과정에서 최종적으로는 반야지혜를 얻고 싶다고 말씀하셨는데, 승가에서 말하는 즉각적이고 돌발적인 깨달음의 최종적인 경지와는 조금 다를 것 같은데, 어떠신가요?

**김형효 :**

잘 모르겠습니다. 제가 수행이 깊지 못해서 그 정도는 잘 모르겠고요. 그런데 사람은 누구나 순간적으로 부처가 된다 이거죠. 그게 오래 지속이 안 되어서 그렇지. 그래서 저는 점수(漸修)가 중요하다고 생각합니다. 깨달음은 순간적입니다. 예컨대 산보할 때 지나가는 아이가 너무너무 예뻐서 제가 환희심에 넘치기도 하거든요. 그래서 손자가 하나 있으면 얼마나 좋을까 생각하는데, 너무너무 예뻐요. 그 마음이 부처가 아닌가 하는 생각이 들어요.

그런데 아기를 보고 마음에 불심(佛心)이 가득해서 가다가 어떤 사람하고 탁 하고 부딪치면 순간 기분이 상하면서 조금 전에 있던 불심이 사라지거든요. 그런 것 같아요. 부처가 멀리 있지 않고 부처가 되는 길을 누구나 다 경험하는 것이 아니겠는가. 돈오점수가 저는 옳다는 생각이 들어요. 수행하는 것도 순간 깨닫는 불심이 오래가도록 해서 금방 왔다가 금방 사라지지 않도록 하는 게 아닌가. 그게 저는 수행이 아닌가 생각합니다. 우리가 너무 확철대오만 생각하고, 큰 것만 생각하는데 잘못하면 그것이 근본주의로 가기 쉬워요.

한형조 :

『육조단경』에도, 혜능이『금강경』을 듣고 마음이 환해졌다고 하지 확철대오했다는 말은 없거든요. 5조 홍인의 문하에 가서도 그렇고 나중에 10여 년 동안 산에 있으면서도 어떤 계기를 통해서 새로운 경지에 도달했다는 그런 얘기는 없습니다. 저는 돈오의 근본 취지는 그것이라고 생각합니다. 순간적이라고 했지만 좀 더 거칠게 해석해서 돈(頓)자가 이미 깨달아 있다는 뜻이라는 거죠.

조성택 :

그렇죠. 돈(頓)은 '단박에'라는 시간의 특수한 계기로 해석하는데, 돈의 의미는 그게 아니고 '이미 되어 있는(completeness)'이라는 것이죠. 사과 먹는데 한 입 딱 먹고서 '아, 이게 사과 맛이구나' 하고 아는 것이지 한 입 깨물었다고 10분의 1만 알았다는 것은 아니죠. 그렇게 되면 지식이라는 것이고, 지혜는 한 번 알면 와! 하고 아는 것이죠. 그러니까 돈(頓)이란 것이 시간의 특수한 계기는 아니라는 것이죠.

김형효 :

맞습니다. 와 닿습니다.

**한형조 :**

돈교와 점교의 차이가 거기서부터 전환되었다고 생각합니다. 점교
는 초기에서부터 우리는 중생이고 따로 부처가 있어서, 수억 겁을 태
워 버리고 가야 하는 단계적으로 구분된 것으로 보는데 돈교는 누구나
이미 다 깨달아 있는데 이것을 어떻게 스스로 확인하고 살 것이냐, 그
래서 돈오점수가 돈교의 핵심이라고 봅니다.

**조성택 :**

그런데 저의 말도 그렇고 한 선생님 말씀도 자칫하면 오해의 여지가
생길 수도 있습니다. 뭐냐 하면, 기독교에서 구원의 문제를 얘기할 때
는 두 가지로 나뉩니다. 먼저 우리는 이미 구원받았다고 주장하는 사
람들이 있어요. 왜냐하면 예수가 십자가에 못 박혀 그리스도가 되면서
이미 다 구원받았는데, 구원받은 것을 아직 모르기 때문에 그것을 알
기 위해 교회에 가야 된다는 겁니다.

그렇게 주장하는 신학자들은 이미 우리는 구원받았다고 보는 것이
죠. 반대편의 신학자는 교회에 가야 구원받는다고 주장합니다. 정통설
에서는 구원받기 위해서 교회에 가야 한다는 입장입니다. 불교에서도
이미 깨달아 있다는 것이 극단적으로 강조되면, 수행자들의 만행(萬行)
에서 잘못 나가게 하는 부분들, 옳은 것과 옳지 않은 것의 구분이 모호
해지는 문제들이 거기에서 발생하는 것이죠.

**김형효 :**

지금 조 교수님 말씀 들으니까 생각나는데, 도마복음이 외경인데,
거기 113장인가 보면, 마지막 장 바로 앞인데, 예수님 제자들이 천국은

언제 오냐고 묻습니다. 예수님은 천국은 오지 않는다고 대답합니다. 그러니까 제자들이 놀랐죠. 예수님 말씀은 천국은 이미 이 세상에 와 있는데 너희들이 보려고 하지 않는 것이다 이것이지요. 이미 세상이 천국인데, 천국은 여기 왔다 저기 왔다 이런 식으로 손가락으로 가리킬 수 있는 식으로는 오지 않는다는 것이죠. 이 이야기는 방금 말씀하신 그 이야기와 딱 맞네요.

조성택 :

신학에서는 카이로스적인 시간과 크로노스적인 시간을 구분하는데, 전 돈점이 그런 문제라고 봅니다. 항상 영혼의 시간인 카이로스적인 시간이 크로노스적인 연대기적 시간을 이렇게 안고 있는 거예요. 영혼을 바탕 삼지 않고서는 상대적 시간이 없다는 생각이거든요. 그러니까 우리의 깨달음이라고 하는 것도 그런 돈(頓)적인 사유를 바탕으로 해서 점(漸)적인 것이 이루어지는 것이지 그 반대는 곤란하다는 생각을 갖고 있습니다.

김형효 :

저는 앞으로는 기독교 신학도 역사신학에서부터 마음의 신학으로 바뀌지 않을까 생각합니다. 마음의 신학으로 바뀌면 앞으로 종교적 구분은 의미가 없어지고, 우리가 모두 리틀 그리스도가 되는 거죠. 예수는 한 사람이지만 우리는 모두 그리스도인 거죠. 불성을 찾든 그리스도성을 찾든 본성을 찾든 양지(良知)를 찾든 아무 관계가 없고, 그렇게 되면 미래에서는 종교의 구분이라는 것이 무의미하게 되지 않을까 생각합니다.

제 생각에는 앞으로는 많이 바뀔 것 같아요. 철학도 바뀌고 신학도 바뀌고 우리 불교도 조금 더 바뀌고, 그래서 불성 중심의, 불성을 생활화해 나가는 것으로 바뀔 것 같아요.

**조성택 :**

불성의 생활화, 결국 마지막에 선생님 말씀의 주제어를 찾은 것 같습니다.

**한형조 :**

그전에 깨달음의 사회화인가, 뭐 있었는데, 좀 안 맞아서 현실화하기가 어려웠던 것 같은데 불성에 포인트를 맞추는 것이 더 현실성 있어 보입니다.

**조성택 :**

또 불교가 갖는 장점을 가장 잘 살릴 수 있을 것 같아요. 불교를 자꾸 사회화하려고 해도 잘 안 맞거든요.

**김형효 :**

불성의 생활화. 그래서 저는 양명학이 좋습니다. 주자학보다는 양명학이 좋아요. 한국의 유교도 조선조 주자학적인 테두리를 자꾸 얘기하니까 시대에 안 맞아서 거리가 생기는데, 한국 유교도 자꾸 변화해서 양명학적인 해체의 방향으로 가야 한다고 생각합니다. 그러고 보면 불교나 노자나 양명이나 서양의 해체철학이나 다를 게 하나도 없다는 것이죠. 전혀 종교 가지고 싸울 일도 없고, 연(緣)이 다를 뿐이죠.

**이도흠 :**

전에 테레사 수녀의 수기를 보니까 이런 말이 있었습니다. "우리는 불의가 정의를 이기고 빈민들이 고난에 있을 때 신이 죽었다고 말한다. 그러나 신이 죽은 게 아니라 빈자들의 모습으로, 억압받고 가난한 사람으로 예수님께서 오신 것인데 우리가 보지 못한 것일 뿐"이라고. 이 것을 읽고서 상당히 불교적이라고 생각했습니다. 레비나스는 사랑하는 사람은 상대방의 눈에서 신을 발견한다고 했습니다.

이처럼 불성을 생활화 한다는 것이 매일 타인의 눈에서 부처를 발견하고 타인의 욕망을 위해 나의 욕망을 연기하는 것, 그런 게 아닌가 합니다.

**김형효 :**

네, 저는 그렇게 살고 싶습니다.

**조성택 :**

김형효 선생님, 좋은 가르침 주셔서 감사합니다. 한형조 선생님, 이도흠 선생님 수고하셨습니다. ■

녹취 정리: 마해륜(고려대 철학과 박사)

# 부록

심원 김형효 연보 및 저술 목록

# 심원 김형효 연보

1940년 3월 16일 의령에서 출생

1958년 마산고등학교 졸업

1958~1962년: 서울대학교 문리대 철학과 졸업

1963~1964년: 철학석사 Universite Catholique de Louvain, Belgium

1964~1968년: 철학박사 Universite Catholique de Louvain, Belgium

1969~1974년: 공군사관학교 조교수 겸 학과장

1974~1978년: 한국철학회 총무이사

1974~1979년: 철학연구회 상임이사

1975~1981년: 서강대학교 문과대학 부교수, 학과장

1979~1980년: 정신문화연구원 수석연구원 겸 합동연구실 실장

1981~1982년: 정신문화연구원 연구2부 부장

1982~1983년: 정신문화연구원 교학부장 겸 대학원 교수

1983~1985년: 정신문화연구원 부원장

1984~1985년: 정신문화연구원 부설 대학원 원장

1985~1988년: 제12대 국회의원

1988~1989년: 벨기에 루뱅대학교 연구교수

1988~2005.08: 한국정신문화연구원 한국학대학원 철학종교연구실
　　　　　교수
1991.12: 제10회 박종홍기념 열암학술상 수상
2005.09: 한국학중앙연구원 명예교수
2005.: 옥조근정훈장
2005.10: 제7회 율곡대상 학술부문
2006.01.05~2006.12.28: 서울신문에 2006년 기획칼럼 집필(김형효
　　　　　교수의 테마가 있는 哲學散策 52회 연재)
2006.11.08: 서울대학교 인문학연구원 저명학자 초청 특강에서 "놀이
　　　　　로서 세상보기" 강의
2007.05: 제19회 서우철학상(수상작: 철학적 사유와 진리에 대하여)
2010.01.23 ~ 02.27: 한국연구재단 주최 석학과 함께하는 인문강좌에
　　　　　서 "존재와 소유"를 주제로 5회 강의
2010.05: 제1회 (대한불교진흥원) 원효학술상 교수부문(원효의 대승철학)
2011~2013: 서강대학교 석좌교수
2018.02.24: 별세

# 심원 김형효 저술 목록

▶ 理性과 現實(공저), 박영사, 1974.

▶ 평화를 위한 철학, 물결사, 1976

▶ 현실에의 철학적 접근, 물결사, 1976.

▶ 韓國思想散考, 일지사, 1976.

▶ 문학과 인간(공저), 성바오로, 1981.

▶ 韓國精神史의 現在的 認識, 고려원, 1985.

▶ 東西哲學에 대한 주체적 기록, 고려원, 1985.

▶ 구조주의의 사유체계와 사상, 인간사랑, 1989.

▶ 가브리엘 마르셀의 구체철학과 旅程의 형이상학, 인간사랑, 1990.

▶ 孟子와 荀子의 철학사상, 삼지원, 1990.

▶ 베르그송의 철학, 민음사, 1991.

▶ 악이란 무엇인가(공저), 도서출판 창, 1992.

▶ 현대사상의 경향(공저), 정문연, 1992.

▶ 데리다의 해체철학, 민음사, 1993.

▶ 언어 문화 그리고 인간(공저), 고려원, 1993.

▶ 한국문화의 진단과 21세기(공저), 정문연, 1994.

▶ 元曉의 사상과 그 현대적 의미(공저), 정문연, 1994.

‣ 데리다와 老莊의 독법, 정문연, 1994.

‣ 栗谷의 사상과 그 현대적 의미(공저), 정문연, 1995.

‣ 메를로-뽕띠와 애매성의 철학, 철학과 현실, 1996.

‣ 知訥의 사상과 그 현대적 의미(공저), 정문연, 1996.

‣ 退溪의 사상과 그 현대적 의미(공저), 정문연, 1997.

‣ 茶山의 사상과 그 현대적 의미(공저), 정문연, 1998.

‣ 노장사상의 해체적 독법, 청계출판사, 1999.

‣ 원효에서 다산까지, 청계, 2000.

‣ 민본주의를 넘어서(공저), 청계, 2000.

‣ 하이데거와 마음의 철학, 청계, 2001.

‣ 하이데거와 화엄의 사유, 청계, 2002.

‣ 물학, 심학, 실학, 청계, 2003.

‣ 철학적 사유와 진리에 대하여(전2권) /청계, 2004.

‣ 사유하는 도덕경, 소나무, 2004.

‣ 원효의 대승철학, 소나무, 2006.

‣ 마음혁명, 살림, 2007.

‣ 김형효의 철학 편력 3부작(철학 나그네, 사유 나그네, 마음 나그네), 소나무, 2010.

‣ 김형효 철학전작 1~5, 소나무, 2015.

## 심원사상연구회 편집진

한형조(한국학중앙연구원 교수)
최진덕(한국학중앙연구원 명예교수)
장승구(세명대학교 교수)

## 심원 김형효의 철학적 사유와 삶
해체적 사유와 마음혁명

2023년 2월 20일 초판 1쇄 펴냄

**펴낸이** 심원사상연구회
**발행인** 김흥국
**발행처** 도서출판 보고사

**책임편집** 이순민
**표지디자인** 김규범

**등록** 1990년 12월 13일 제6-0429호
**주소** 경기도 파주시 회동길 337-15 보고사
**전화** 031-955-9797(대표)
    02-922-5120~1(편집), 02-922-2246(영업)
**팩스** 02-922-6990
**메일** kanapub3@naver.com / bogosabooks@naver.com
http://www.bogosabooks.co.kr

ISBN 979-11-6587-422-3  93910
ⓒ 심원사상연구회, 2023

정가 47,000원